Joachim Schumacher
Die Angst vor dem Chaos
Über die falsche
Apokalypse des Bürgertums

Syndikat

CIP-Kurztitelaufnahme der Deutschen Bibliothek

Schumacher, Joachim
Die Angst vor dem Chaos: über d. falsche Apokalypse d. Bürgertums.
Frankfurt am Main: Syndikat, 1978.
(Syndikat-Reprise)
ISBN 3-8108-0075-9

© Makol Verlag Frankfurt am Main 1972 nach der Ausgabe der
Editions Asra, Paris 1937
Syndikat Reprise
Alle Rechte jetzt bei
Syndikat Autoren- und Verlagsgesellschaft, Frankfurt am Main 1978
Motiv: Giovanni Battista Piranesi: aus der Folge *Carceri d'invencione*
Druck: Color- und Werkoffsetdruckerei Richard Wenzel,
Goldbach bei Aschaffenburg
Bindung: Klemme & Bleimund, Bielefeld
Printed in Germany
ISBN 3 - 8108 - 0075 - 9

Inhaltsverzeichnis

Erster Teil   Die Idee des Chaos   31

1. Kapitel   Die Nacht der Schöpfung und der Garten Eden
*Das kosmologische Chaos, die Lehre von Weltentstehung
und -untergang hat mit dem ›Chaos‹ sozialer Natur und Ängste nichts zu tun. Der Kosmos der Alten ist griechen- und bi-
belfest und das Chaos durch eine kluge ›Entelechie‹ ausbalan-
ciert. Plato und Aristoteles, Augustin und Thomas von Aquin,
Manichäer und ›Materialisten‹, Pan und Christus und die
treulos gewordenen Kirchen.   33*

2. Kapitel   Furcht und Frohlocken, Hölle und Eden auf Erden
*Die nominalistische Chaosidee fragt nicht nach dem Zustand
vor aller Weltschöpfung, sondern nach dem Zustand in Europa, bevor das städtisch-ständische Bürgertum revolutionierend und erweiternd in die geschlossene feudale Ordnung eingriff. Das Chaos ist ein erkenntnistheoretisches und nur von
Fall zu Fall praktisch zu überwinden. Gesetze werden nicht
entdeckt, sondern ›gesetzt‹.   38*

politisch = Aufstand der Massen; ökonomisch = Ruin durch Aufteilung des Reichtums; ethisch = zersetzende Kritik; ästhetisch = Chaos ex cloaca. — Der zweite Hauptsatz von der Energie und was daraus wird. Deutsche Helden-Physik. Engländer (Jeans und Eddington), Katastrophen-Physik. Katastrophen-Philosophie, Individua: Burckhardt, Nietzsche, Clemenceau, Goethe, Gurian, Aldanow, Ortega y Gasset, Rothschild, Weber. — Glauben ist älter als Vernunft, Aberglauben ehrfurchtgebietender als Wissenschaft, Heidentum suggestiver als Christentum. 116

Das Chaos totalitär. Der ›innere Soldat‹. Dialog in Ruhrort, frieren, weil es zu viel Kohlen gibt. Zerstörung von Menschen und Material Selbstzweck des Kapitalismus. Weltkrieg und Versailles. Die Funktion des Völkerbunds und des Internationalen Arbeitsamts. Das Kapital kennt keine Heimat und keinen Frieden. ›Autarkie‹ ist ein anderer Name für Kriegsbedarfswirtschaft. Hitlers Attentat auf Locarno: Hände hoch, ich bringe den Frieden! Der totale Krieg ist längst erklärt. Die Wertvernichtung ist nicht kapitalistische Fehlleistung, sondern kapitalistische Folgerichtigkeit. Widerspruch zwischen Herstellungsweise und Verteilungsweise ist der Grundwiderspruch des Kapitalismus. Er setzt sich als blindwirkendes Naturgesetz durch. Dies die Basis jeglichen Chaos. Wer bezahlt den Krieg? Kriege machen sich bezahlt gerade wegen der Wertvernichtung. Werden Revolutionen bezahlt? Bezahlte Revolutionen waren allermeist Konterrevolutionen. Das Hauptargument gegen den Faschismus: die Millionäre sind für ihn. Revolution heißt Einkehr. Drei Parolen. 147

13. Kapitel   Letzte Masken des Chaos, Militarismus und Bürokratie

Um die Zivilisation zerstören zu können, müssen die modernen Barbaren ihren Zerstörungsapparat zivilisiert haben. Kennzeichen von Barbaren und Sklaven: Kadavergehorsam und Führerprinzip. Jedes System unkontrollierter Autorität bedeutet praktisch Despotie. Jeder Staat ist Zwangsstaat, Faschismus vergöttlicht den Staat, Sozialismus entzaubert ihn. Despotie und Demokratie. Rassenprinzip und Dialektischer Materialismus. Der Detektiv ist homogen zum Verbrecher. Deutsche Rebellion gegen deutsche Knechtschaft (Ernst Moritz Arndt). Patriotismus und Chauvinismus. Antifaschismus ist heimischer Antikapitalismus. Der Erzieher muß selbst erst erzogen werden. Der Sieg des Sozialismus ist nicht ›unvermeidlich‹. Das nochmals auf den Kopf gestellte Kriterium der Praxis, die ›Generallinie‹. Erneuerung der Kampfmoral durch die illegale Opposition. Was ist Bürokratismus? Gesellschaftlich nicht notwendige Arbeit. Früherer Versuch der Selbstbewirtschaftung innerhalb der Arbeiterbewegung. Der Bürokratismus und Militärismus in der Sowjetunion, interne Hauptfeinde des Sozialismus. Die Korrektur ist selbst noch nicht fehlerfrei, ja abwegig. 169

Vierter Teil   Der Verfall des Verfalls   211

14. Kapitel   Das Losungswort

Der Kapitalismus ist geistig tot, aber noch vermag er zu töten. Der Sozialismus lebte schon, bevor er wirtschaftsfähig geworden. Harmonie nicht vorwegzunehmen. Sie ist kein Hammer, sondern etwas Herausgehämmertes, kein Triumph der Natur, sondern ein Triumph gegen gesellschaftliche Unnatur. 213

9

15. Kapitel   Anweisung, das Gruseln zu verlernen (zur Soziologie und Psychologie der Angst)

Die Krisenangst der Massen, die Massenangst der Herren. Das Kleinbürgertum wird von den Herren so klein gehalten, daß es seine Herren fürchtet, aber so bürgerlich gehalten, daß es seine Befreier noch mehr fürchtet als seine Unterdrücker. Freiheit ist keine reine Klassenfrage. Es gibt keine Freiheit ohne Willensfreiheit. Die psychoanalytische Angst-Theorie soziologisch unbrauchbar. Dagegen der Begriff der ›Projektion‹ von politischer Bedeutung. Historische Beispiele von Projektion. Angst der Reichen, es könnten Veränderungen eintreten. Angst der Armen, alles bliebe beim alten. ›Die Korporation der Furcht‹ (Silone). Le front populaire, der wiedergewonnene Mut eines Volkes. Es gibt keinen Seelenfrieden mehr ohne Frieden. Nicht nur ›die Furcht hat die Götter geschaffen‹, auch die Hoffnung hat die Götter geschaffen, und besonders Gott. Lenins Erklärung ›moderner‹ Religion. Sombarts Teufelsbeschwörung. Neudeutsche Midgartschlange. Afinogenows ›Angst‹ (Moskauer Künstlertheater). Gegen die ›Heidenangst‹ half nur die christliche Hoffnung. Dem kapitalistischen Grauen ist nur die sozialistische Hoffnung gewachsen. Das Todesproblem sozial nicht aufhebbar.   225

16. Kapitel   Verteidigung der Majorität

Der Zusammenhang von Geistesgrößenwahn und Massenverachtung. Familie ist dauernd notwendige Kompensation zur Öffentlichkeit. Die demokratischen Gemeinplätze leicht zu verachten, weil sie zu subtil sind. Nochmals über Despotie und Demokratie; sentimentale Naturverehrung. Aber Natur hat keine Rangordnung. Die faschistische Raubtier-Ethik und -Soziologie. Die bürgerliche Massenpsychologie. Demagogie und Mystagogie. Lenin und Hitler. Interessierte Wahrheit und interessierte Lüge. ›Aufrichtigkeit‹ kein Kriterium, sie zeigt nur, daß man, nicht woran man interessiert ist. Die psychologische und die soziologische Masse. Hitler meint nur die psychologische Masse, ignoriert die soziologische. Marxisten wenden sich zu ausschließlich an die soziologische Masse; aber die Psychologie ist in der Soziologie nicht völlig aufgehoben. Die Ambivalenz großer Gemeinplätze wie ›Vaterland‹, ›Freiheit‹ ›Chaos‹ etc. Majorität, die große Unbekannte, ihr wahrer Name ist Menschheit. 249

17. Kapitel Lob des Mutes des individuellen Mannes, der guten Kameradschaft und Moral

Der Pöbel ist Träger der Konvention und der großen republikanischen Tugenden wie Laster, sonderlich jeglichen Glaubens. (Mode ist Sache der Reichen.) Ist Theorie ein Streben zum Ziel, Gewalt das Mittel, so ist Glauben die einzige Sanktion. Die schädliche Isolierung und Idealisierung dieser drei Kampfweisen. Das Problem des ›Überschusses‹ (Ernst Bloch). Kameradschaft demokratisch. Moral keine Idee, sondern ein Verhalten. Menschen kämpfen zwar wegen materieller Ursachen, aber nicht für materielle Endziele. Die Innenseite der Klassenkämpfe. Die Pervertierung der Kameradschaftsidee zu mechanischer Disziplin durch die Nazis. Keine Zivilcourage in Deutschland. Die Schwäche der deutschen Stärke, Uniformismus, Opportunismus. Nicht Realität idealisieren, sondern Ideale verwirklichen. Es gibt keine ideale Praxis, aber höchst praktische Ideale. Eine praktische Rede aus G. K. Chestertons ›Don Quixotes Rückkehr‹. 275

18. Kapitel Verteidigung der Jugend und Zukunft des Knaben David gegen den Riesen Goliath

Die falsche Verherrlichung der Jugend ist jungen Datums. Sport als Ersatzleistung für das im sozialen Leben gesperrte ›freie Spiel der Kräfte‹. Hitler und die Jugend. Der Rechenfehler. Erzieher, die nicht erziehen, sondern die Brutalitäten in System bringen. In Deutschland versteinert die Jugend frühzeitig. Wo Kaserne herrscht, ist Feindesland. Jugend ohne Zukunft. Aber warum hat die Sache der Zukunft so wenig die Jugend? Ein verlorenes Paradox der Kriegskunst: David gegen Goliath. Nur der Schwache hat Mut. Die moderne Helden- und Riesenverehrung Zeichen der Schwäche. Hochmut kommt vor dem Fall. 299

19. Kapitel   Wie zu träumen sei

Geist der Utopie und moderne ›Utopien‹. Nicht einmal die Vergangenheit ist völlig abgeschlossen, geschweige denn die Zukunft zwangsläufig vorherbestimmt. Utopie und Wissenschaft. H. G. Wells, der Futurismus, Fourier. ›Fortschritt‹ wohin? ›Evolution‹ wessen? ›Träumen ist nötig‹ (Lenin) und Wachsein am richtigen Ort. Phantasie ist kein Gegensatz zu Realität, sondern Phantasie ist das Gegenteil von Illusion.   347

Aus einem Brief von Ernst Bloch an mich über
›Die Angst vor dem Chaos‹. *(Jedes der Kapitel
schickte ich ihm regelmäßig nach Prag. Sein
Brief ist datiert vom 6. Oktober 1936 in Prag.)*

Lieber Jojakin,

die neu zugeschickten Teile haben mich sehr scharmiert. Das
unvermittelt Subjektive, wie es in anderen Teilen zuweilen
stört, fehlt völlig. Dafür erscheint eine außerordentliche vis
comica . . . die auf der Stelle tötet (Du gibst hier Saures als
Blausäure). Ausgezeichnet die Sache mit der Kuh, der auf die
Bäume kletternden einerseits, der über den Mond springen-
den andererseits . . . Prachtvoll das über Schopenhauers›Asien‹
und eine Erkenntnis ersten Ranges: ›In Asien ist das Okkulte sozusagen das Offenkundige‹. Beste Chesterton-Schule; und
der Zweckinhalt der Antithesen geht uns mehr an als die Inhalte bei Chesterton. Weniger dagegen mochten mir gewisse
Billigkeiten grade solche des Witzes gefallen . . . Siehe das
Manuskript darauf vor dem Druck empfindlich darauf an, ob
es dergleichen völlig überflüssige Assoziationen gibt wie der
›Liebe Heilige Augustin‹. Ein Mann wie Du und der Autor
einer eigentümlich bedeutenden und funkelnden Schrift kann
nicht so ›gemütlich‹ witzeln. Ich schieße hier absichtlich mit
Kanonen auf Spatzen, damit sie endgültig verschwinden . . . Einige sachliche Irrtümer sind mir aufgefallen: so etwa über Schellings geringe naturwissenschaftliche Kenntnisse; das stimmt
nur für den Schelling von 1831, aber nicht für den früheren . . .
Doch das sind Nebensachen im frischen, farbigen, durchdrin-
gend gescheiten, und vor allem instinktsicheren Zug Deiner
Arbeit.
Ich habe noch nie eine gelesen, die so summarisch wäre im
schönsten und fruchtbarsten Sinne, so wenig ohne jeden be-
denklichen Beiklang des Wortes. Unvergeßliche Bilder darin,
oft so elektrisch, daß man zusammenzuckt . . . Der Sturm darf
nicht absinken und bloß würdig werden. Du hast eine Sache

geschrieben, die im Duktus marxistisch nicht ihresgleichen hat. Zum Vorbild Heine, zum Vorbild Chesterton bist Du selbst getreten und machst etwas recht Joachimitisches . . . Ich denke dabei an's Vorwort, das das Wort wahrmacht: ›Aus der Seele gesprochen‹. Aus einer jungen grundehrlichen. — Glückwunsch, lieber Jochen. Das Buch soll bald erscheinen.

herzlich Dein Ernst.

Es geht noch immer um, das Gespenst des Kommunismus, rumort in den Gemütern, vor den Türen, vom Keller herauf. Die Riegel vor! Es ist wer draußen, es ist was drunten, und will uns was tun!

Die Angst vor dem Chaos bezeichnet nicht die letzte, wohl aber eine besonders hinterhältige Frage unserer Zeit. Jeder spricht von ›Chaos‹ (es ist wahrscheinlich das älteste Geschwätz der Welt). Jeder meint damit etwas anderes, denn jeder meint damit den anderen. Nichts glauben freilich Zeitgenossen abergläubischer, als daß ihre Zeit keine Epoche sei, unter den besonderen Bedingungen sozialer und geistiger Widersprüche, sondern ein politisch pervertiertes Jüngstes Gericht; daß sie kein Übergang sei sondern ein Abgrund; daß sie keine Verwandlung sei sondern ein Untergang. Angst malt Chaos schwarz, Rachsucht malt es blutig. So malt es der ›Führer‹. Der stiert schwarz auf des Feindes Rot, und Schwarz stiert auf ihn zurück.

Weil Chaos höchst verschiedene Dinge bedeuten kann, einschließlich schrecklicher realer Dinge wie Arbeitslosigkeit aus Überfluß, Kriegsvorbereitung aus Unfähigkeit, die eigene Wirtschaft und Gesellschaft vernünftig einzurichten, weil vor unser aller Augen ein jeder der von Dürer dargestellten deutschapokalyptischen Reiter längst überboten wurde mit Hitler, Tod und Teufel — darum gelingt der falsche Feuerlärm, die interne Brandstiftung als Generalprobe zur äußeren, zum äußersten Zweiten Weltkrieg. Sie wissen sehr wohl, was sie tun, wenn sie die Feuerschrift ehrlicher Selbsterneuerung auszubrennen suchen. Es gälte Deutschland, nein die westliche Welt, die sie sonst nur höhnen, vom roten Terror zu retten. So stiften sie einen Weltbrand um die Fackel der Selbstbestimmung des Volkes der Völker einzuäschern. So drohen sie auszuziehen, das ›Chaos‹ zu bekämpfen, und werden ein wahres Chaos heimbringen. So prahlen sie, die Ketten von Versailles zu sprengen — unter denen lediglich das Volk gelitten, die Machthaber wie je prächtig neu gepraßt — während sie das eigene Volk versklaven. Um alle die wüsten Fesseln der Verführungen und Verfügungen als rassig deutsche Grundsätze zu erhärten, wird zumal an die Jugend appelliert, sie neudeutsch auf Messer, Größenwahnsinn, Rassenhaß und Reaktion dressierend. Deutsche Nationalsozialisten sind drauf und dran, den kaum erst begonnenen, in vielem gehemmten Sozialismus der Russen zu zerstören, was nur bedeuten kann, daß sie die eigene Nation ruinieren werden. Eine deutsch-nationale ›Arbeiterpartei‹ überantwortet die Arbeiterfrage den Generälen und Generaldirektoren und zumal der Geheimpolizei. Inzwischen verleugnen ›deutsche Christen‹ das prophetisch Messianische beider Testamente, eben den Christus der Tempelaustreibung. Deutsche Philosophie-Professoren verschaffen dem Führer die mythischen Masken scharfmachender Daseinsangst und ›vorauslaufender Entschlossenheit‹, des Heideggers hündische Heidenangst.

Sie wissen, was sie tun. Wissen *wir* aber auch nur, was uns geschieht. Verstehen wir etwa, was denn ein wirkliches Chaos sei? Sowohl der Popanz des Kleinbürger-Schrecks wie die Angst der Bessergestellten vor den Massen, die summarischen Abfertigungen des Marxismus von seiten der Halbgelernten, jegliche Arten irrationaler Angst sind Masken des Chaos und chaotische Reaktionen darauf. Was aber ist ein wahres Chaos, nicht nur ein vorgestelltes und auf die andern übertragenes? Ist es die Unruhe der Erneuerung oder die Furcht, der Reaktion zu widerstehen? Der Zustand von dem, was war, was längst überfällig, nunmehr aber im mechanisch gewordenen Verhängnis über uns kommt? Ist es die Phrase der Herrschenden, unbeherrschter denn je die materiellen wie geistigen Produktionsträger zu unterdrücken? Oder sollte die Analyse der Unterdrückten über das System der Unterdrückung und die jeweils mögliche Barbarisierung aller selber noch nicht frei sein von Elementen der Unterdrückung? Was ist in den Folgen anarchischer, die Scheinordnung des totalitären

16

Staates oder das schwere Erlernen, nebst Fehlermachen der Selbstbestimmung? Was denn unterscheidet eigentlich die zynisch zugestandene Diktatur des Faschismus von den Anmaßungen des offiziellen Marxismus (im Unterschied zu dem, was Marx wirklich erforscht und erfordert hat)? Sollte ein eigentliches, ein entsetzlich praktisches Chaos etwa erst aus dem Zusammenstoß der zwei unduldsamsten Arten stammen, die Wahrheit und das Freisetzen der Menschenrechte zu relativieren?

Wir versuchen in diesem Buch, durch genauere Fragestellungen bessere Antworten zu ermöglichen. Diese sollten so wenig relativ wie möglich sein. Um sie geben zu können, muß man allerdings solchen Real-Idealen nachgehen, die teilweise recht alt sind, aber andrerseits uns immer noch voraus sind. Aufforderungen bleiben einfach deswegen gültig, weil sie noch unerfüllt blieben. Um dem wirklichen Chaos unchaotisch, echt antifaschistisch zu begegnen, bedarf es gründlicher Überzeugungen darüber, was in Natur und Gesellschaft nicht nur kein offenbares oder verstecktes Chaos darstelle, sondern eine bessere Produktions- und Verteilungsordnung realisiere. Solche Grundsätze sind aber heute, wo der Boden unter uns wankt und eine technologisierte Hölle den Himmel besetzt und wo, furchtbarer noch durch die Verkehrung großer Theorie durch die verlogene Praxis, ›Revolutionäre‹ uns um die Freiheit zu bringen drohen, schwer zu erhalten, falls man nicht noch etwas gründlich Neues dazulernt. Humanistische Postulate, aus griechischer Aufklärung sowie aus prophetischer Heilsgeschichte gewonnen, je und je von Königen und Priestern als Aufwieglung verdammt, verblassen oder bleiben bloßes Bildungsgut, falls wir nicht aus Wissen und Gesinnung Sozialisten werden. Um die bestehenden Umstände hassenswert genug zu finden, um sie aufheben zu wollen, müssen echte Revolutionäre vor allem auch sich selbst revolutionieren. *Aber wir müssen ehrliche Demokraten, ja zornfähige Christen bleiben, um die mißbrauchte Erde und Menschheit einer menschenwürdigen Verwandlung für wert und fähig zu halten.* Wo immer sich Mittel zu Zwecken verhärten, Menschen als Mittel verbraucht werden, um Unmenschliches zu verrichten, da sollen wir inmitten prahlender Ordnungssysteme das Normwidrige erkennen und es ungescheut *Chaos* heißen. Die Machthaber und Nutznießer dieser Welt, die Potentanten und Usurpatoren, die Richter und Staatsanwälte abgefeimter Unrechtslehren, die Bonzen und Bürokraten mit ihren kalten Gesichtern, das Militär mit seiner grausamen Sicherheit gegen Unten, Servilität noch Oben, die pflichtfrommen Schreibtischbeamten hinter Ausnahmegesetzen und Staatsexekutionen, die wahnsinnige Anhäufung von Todesmitteln, auch staatskapitalistisches Ausbeuten der öffentlichen Lebensmittel wie Getreidebau und Fabriken, das politische Usurpieren des Privatlebens, die offiziellen Phrasen und staatserhaltenen Lügen — sie alle führen in die Irre, sie alle haben wahnwitzige Vorstellungen vom Wesen menschlicher Aufgaben und Möglichkeiten, sie alle betreiben das Geschäft des Todes und Chaos, weil sie die Freiheit der Selbstbestimmung zum schöpferischen Leben weder zu denken noch zu entwickeln vermögen.

Gewiß, Freiheit ist eine höchst beanspruchende Beziehung zwischen objektiver Einsicht in öffentliche Verhältnisse und subjektivem, aber mehr als privaten Willen zur Realisierung echter Möglichkeiten. Ohne politische Freiheit, also Presse-, Versammlungs-, Rede- und Forscherfreiheit grade auch Andersdenkender, denen die kollektiv gewählten und absetzbaren Leiter öffentlich Rede und Antwort zu stehen haben, ist die bloß abstrakt gewährte Freiheit der meist überall übliche Schwindel. An der Offensichtlichkeit dieser Feststellung mißt sich der Mangel oder aber das sorgfältige Einkapseln von Teilfreiheiten auf politischem Gebiet. Dagegen überläßt man dem Volke gerne Ersatzbefriedigungen im Trieb- und Betriebsleben. Zumal das deutsche Volk wird heute im Zaum gehalten durch eine ununterbrochene Reihe physischer wie psychischer Exzesse. Um von Einsicht in falsche gesellschaftliche Verhältnisse abzulenken, ist es immer am leichtesten, große Krawalle zu veranstalten und grade auch die Jugend auf bloße Vitalität im Sports- und Vergnügungs- und Geschlechtsbetrieb abzulenken. Den finanziell und geistig Bessergestellten überläßt man in den Universitäten die scheinbar entpolitisierten ›Geisteswissenschaften‹, den ungelesenen Goethe und Hegel. Beethovens *Fidelio* gerät in der Staatsoper einem Publikum, das die Beziehung der Handlung zum Kerker Deutschlands überhaupt nicht wahrnimmt, lediglich zur Musik-Narkose als Warmbier des Nationalismus.

Deutscher Kapitalismus gelangte spät auf den Weltmarkt, trachtete daher seine wirtschaftlichen Interessen durch militärischen Nachdruck zu verbessern. Geistig hat sich das öffentliche Deutschland nie vom feudalen Herrschaftsdenken freigemacht. Auch große Teile des gebildeten Bürgertums haben von je leichten Herzens den zivilisierten Anteil am europäischen Kulturerbe verworfen, und heute sehen sie nicht nur amüsiert sondern gradezu begeistert zu, wie die Führerbonzen und zumal der unsägliche Oberbonze selbst ihnen die Last der Gewissens- und Seelenbelange, also das sogenannte ›Über-ich‹ abnimmt. Mit dem Schwund der moralischen Selbstbestimmung, mit der Fähigkeit, wider die Untaten der repressiven Gesellschaft zu denken, zu schaffen und zu lieben, verschwindet bald sogar der Begriff der Menschlichkeit. So gelingt es den Nazis leicht, den barbarischen Teil der gewinnsüchtigen Gesellschaft noch barbarischer zu machen. Die Bruchstücke der im Liberalismus noch möglich gewesenen Kultur gehen in die Brüche, hochtrainierte Barbareien und Laster allein überleben, die Krankheit zum Tode und zum Töten überlebt. Dazu wachte Deutschland auf! Alle die großen Bejahungen der Geschichte, griechischer Humanismus, jüdische Prophetie, gothisches Sehnen und Bauen, Entdeckerfreude der Renaissance, aufklärendes Natur- und Menschenrecht, die Signale der Französischen und Amerikanischen Revolutionen, Idealismus und Musik der Deutschen, bevor sie wirtschaftlich und militärisch größenwahnsinnig wurden, alle solche Entwicklungen dramatischen Hellerwerdens trotz immer wieder gelingender Gegenrevolutionen werden heute in Deutschland als Rückständigkeiten verworfen. Nur fanatische Verneinungen bleiben, die mit abgefeimten Methoden massenpsychologischer Verdummung selbst den sogenannten Gebildeten eingepaukt und plausibel gemacht werden können. Windige Vernunftverächter wie Klages und (leider auch) Jung graben aus den dunkelsten Folterkammern der barbarischsten Phasen Archaismen wie Steinäxte aus, um sie als die letzten Rezepte gegen intellektuelle und moralische Ansteckungen herumzureichen. Offenbar haben wir es hier mit zügelloseren Motiven zu tun, als es dem sogenannten ›fortgeschrittenen Bewußtsein‹ auf der Linken der Volksfront gegen Faschismus bewußt ist. Nicht nur riesige Kenntnislücken sind dafür verantwortlich; es liegen auch schwere Verhaltungsfehler vonseiten der Linken vor, durch welche das Vertrauen in die praktische Kraft marxistischer Vernunft und ihrer vielfachen Quellen sehr erschüttert wird. Selbst den glühenden Worten des jungen Marx aus humanistischem Erbe hängt angesichts des Stalinismus eine Art Odem der Vergeblichkeit, ja der Verzweiflung an. Besonders rätselhaft erscheint im Rückblick auf die Menschheitsgeschichte als ganzer und Vorblick auf die Haupttendenzen unserer Zeit und Zukunft die offenbare Ohnmacht der immer noch, immer wieder ›Mühseligen und Beladenen‹ den eigentlichen Machthabern gegenüber. Man kann diesen Ausfall eigentlicher Initiative der Werktätigen, von der Lenin noch 1919 als dem entscheidenden Kriterium schöpferischer Revolution sprach, flach-materialistisch erklären wollen. Das übliche Argument, daß die Mehrheit der meisten Menschen, die im wirklich gelebten Leben fast alle lebenswichtigen Dinge erzeugen, für einen demokratischen Sozialismus noch nicht ›reif‹ seien, ist eine bloße Ausrede derer, die militär-politisch denken und diktieren. Die Pariser Kommune erwies sich als so instinktsicher und sozial erfinderisch, daß Marx, der zunächst skeptisch gesinnt war, sie bald enthusiastisch bejahte und in ihr ein wahres Modell für die Selbstbestimmung des Volkes begrüßte.

Das war Frankreich, das klassische Land gelingender Revolutionen, in welchem die Intelligenz sich am materiellen Leben orientiert, selbst das Kleinbürgertum das am wenigsten spießerische, der politische Impetus vorwiegend anarchisch, der Puls des Lebens sich an den Künsten, guter Küche, Liebe und brillanter Sprachlichkeit bewährt, zwar dem ›juste milieu‹ ergeben, aber, wenn es darauf ankommt, die Kraft zu elementarer Revolte beibehält.

Ich schreibe dieses Buch in einem winzigen Zimmer eines

20

kleinen Hotels in St. Tropez, einem minderen Hafenstädtchen Südfrankreichs. Ich schreibe aus Blickpunkten illegaler Emigration, 1932 erst aus Deutschland in die Schweiz gegangen, dann von dort, wo ich auch politisch gearbeitet (niemandem untertan), abstrakt ausgewiesen wurde, wie es bei allen Fremdenpolizeien die Mode. Ich kann hier jederzeit verhaftet werden als unangemeldeter und vermutlich unerwünschter Ausländer. Aber ich schreibe aus nicht bloß privater Unruhe. Gibt es so etwas wie Zukunfts-Frömmigkeit, die ist in mir und die bringe ich mit, wo immer ich sei. Ich schickte die fertigen Kapitel an Ernst Bloch nach Prag und von ihm kam ein Brief so großherzig und auch noch durch Kritik so ermutigend, daß in Thema und Tendenz ich mich in bester Gesellschaft weiß. Gewiß ist nüchterne Analyse dem moralischen Zorn die beste Waffe. Damit ist die Aufgabe der Richtung nach bestimmt: zu erkennen, was mit allem Auftrumpfen von Macht und Ordnung das eigentliche Chaos sei, was andrerseits, mit Marx zu sprechen, dahin drängt, ›alle Verhältnisse umzuwerfen, in denen der Mensch ein erniedrigtes, ein geknechtetes, ein verlassenes Wesen ist.‹

Wir wollen hier erst zurückblicken, um dann besser nach vorne sehen zu lernen. Wir fantasieren hier keine falschen Träume, bauen keine Hängebrücken ins abstrakte Blaue. Aus großem Erbe der Vergangenheit reichen uns zukunftskräftige Materien und Meister die Hand, verweisen auf solche Waffen und Ziele, die, vielfach vernachlässigt, die nicht gänzlich heillose Gegenwart von einer helleren Zukunft her sozusagen zurückzubekämpfen vermögen. Die Zukunft ist nicht ein Etwas unterm Horizont, das auf uns wartet. Die Zukunft sind wir, du, ich, und viele andere, unsere Müh' und Möglichkeit. Jeder von uns ist mitverantwortlich, trägt Schuld daran, daß die sogenannten ›Verantwortlichen‹, die verführenden ›Führer‹ und gesetzlosen ›Herren‹ dieser Welt immer unverantwortlicher werden. Denn jeder von uns bestimmt mit seinen Taten oder Untaten, Meinungen und Verneinungen die Geschicke unserer Zeit und Zukunft. Die Zukunft aber ist kein Datum und Geschick, sondern eine Aufgabe und Verwandlung. Die hier vertretenen Grundsätze elementarer Art (nur in den

Details komplex und manchmal vertrackt) entsprechen keinem parteipolitischen Programm. Wer eine objektiv mögliche, bessere Gesellschaft als eine Parteisache ansieht, wird an dem Buch viel auszusetzen haben, zumal auch die unbedingte Art seiner Parteilichkeit für Wahrheit und Gerechtigkeit. Es möchte aber mitsamt dem schrecklich wahrscheinlichen ›Chaos‹ seiner Fehler und Vorzüge der Aussprache unter denen dienen, die die so oft vernachlässigten *Real-Ideale* hinter einem antifaschistischen Programm diskutieren. Ich hoffe, damit solche Leser jeglichen Alters und Ausblicks anzusprechen, die mit Affinität für Wahrheit begabt genug sind, nicht erklärte Nazis zu werden, die aber auch vielfach nicht aufhören, unklare Anti-Demokraten zu sein. Was immer eine verteidigte oder neu zu gewinnende Demokratie enthalten mag, wie viele Wege und Umwege sie zu gehen haben wird, um wirklich eine ›des Volkes, für das Volk, durch das Volk‹ zu werden (Lincolns weiterhin zukunftshaltige Parole) — sie ist der unserm Denken und Tun, unserer Zeit und Planen anvertraute, lebenspendende Faktor. Gemeint ist nicht nur beseitigtes Chaos, aufgehobene Armut und Angst, sondern genauer die Hoffnung, die nicht zuschanden wird, die Kraft zur ehrlichen Utopie und die Initiative zu den jeweils nächsten, die Freiheit erzeugenden Schritten. Lassen wir unsere Ideale, nachdem wir nüchtern wurden, nun nie mehr unerreichbar sein. Fertigen wir sie auch nicht als bloße Ideologien oder Illusionen ab. Wir würden damit nur zugeben, daß wir nicht stark genug sind, so schwach zu sein wie das Herz der Welt.

Nachtrag zum Vorwort von 1936 — Woodbury, Conn. USA 1972

Entsetzlicheres geschah, nicht wetterhaft daherkommend, sondern mit strenger Düperie politisch-unmenschlich verursacht, als es objektiver Vorstellungskraft, die gewiß am Buch mitgearbeitet, möglich schien. Die Grundthesen der Schrift wurden in der Schweiz skizziert, in die ich bereits 1932 ausgewandert, wo ich eine Geliebte hatte, und nachdem es mir klar geworden, daß ich weder Neigung hatte, in Deutschland ein wirkungsloser Märtyrer zu werden oder als Wallfahrer nach Moskau zu gehen. Für einen jeden mittellosen Antifaschisten erwies sich die Gastwirtschaft-Schweiz bald konträr. In erneuter, diesmal peinlich illegaler Emigration im damals noch touristenfreien St. Tropez wurde das Buch druckfertig gemacht, geistig dort nicht ganz heimatlos und jedenfalls ebensowenig lebensfremd wie der Verfasser. Während das Buch 1937 in Paris erschien, von einem tapferen alten Arbeiter-Oppositionellen herausgegeben, der bald danach verschollen ging, waren wir bereits in Amerika. Das Buch kam zu spät und an zu ferner Stelle, um auch nur unter Gesinnungsgenossen Wirkung haben zu können. Es gelang ihm und mir auch fernerhin im Land der gar nicht unbegrenzten Möglichkeiten außer unter nächsten Freunden unbekannt zu bleiben — was manchmal gar nicht so leicht und an sich, vielleicht, keine ganz unschöne Eigenschaft.

Wenn jetzt in der wesentlich unveränderten Neuausgabe im Rückblick auf die Ereignisse sich diese manchem Leser, ja dem Verfasser selbst fast wie Plagiate an dem Buch ausnehmen, so scheint ihm das kein besonderes Verdienst. Zur Erklärung dieser Wechselwirkung bedarf es auch keiner flüsternden Vertrautheit des Verfassers mit Hegels berüchtigter ›List der Vernunft‹. Es genügt ein Maß ehrlichen Beobachtens, innerer Widerstandskraft gegen jedwedes Übel und sachlichen

Zieldenkens. Wißbar ist das zunächst Negative: was organisierte Bosheit zu tun vermag, wird sie auch tun. Erforschbar ist: Mehrdimensionalität gesellschaftlich gegenläufiger Tendenzen, deren Knotenbildungen und Knallpunkte. Vielleicht gibt es weiterhin so etwas wie einen Magneten des Schmerzes, der auch für die vermeidbaren, ja schändlichen Verfehlungen auf seiten des fortschrittlichen Denkens und Handelns empfindlich macht. Wir furchtbar lange dauerte es, bis es sich unter Kommunisten herumsprach, was bereits aus den vorhitlerischen ›Säuberungsaktionen‹ der Moskauer Diktatoren über das Proletariat und geistige Arbeiter offenbar geworden: im Namen des Marxismus und klassenloser Gesellschaft restaurierten sich die ältesten Knechtsgestalten zaristischer Staatsvergottungen, wurde Parteifrommheit zum Kriterium richtigen Verhaltens und jeder Andersdenkende als Verräter gebrandmarkt. Solche Diffamierung wurde einem auch als langbewährten Antifaschisten in der Emigration unter dem idiotischen Stichwort ›Trotzkist‹ angehängt. Es gibt bis heute keine primitiveren ›Revisionen‹ des Marxismus als die offiziellen in Sowjet-Rußland. Welche inner-gesellschaftlichen Gesetze sich in diesen Verkehrungen gegenrevolutionär auswirken, bleibt zu erforschen. Marx selbst hat sich über konkrete Organisationsfragen einer sozialistischen Gesellschaft nur in Fragmenten und im Frohlocken über die sozialistische Erfindungskraft der Pariser Kommune ausgesprochen. Marxens Grundthese über die nachweisbare Unmöglichkeit des Kapitalismus, Produktions- und Verteilungsverhältnisse rational zu ordnen (je kapitalistischer es zugeht, um so anarchischer die Folgen), bleibt auch dann bestehen, wenn durch unvorhersehbare technologische Erfindungen eine riesige Erhöhung der Produktionsmasse und des Massenkonsums erfolgt. Marxens absolute Verelendungstheorie blieb richtig nur in bezug auf den besonderen Ausbeutungsgrad kolonialer Bevölkerungen. Heute stimmt sie entsetzlich neu angesichts der ungeheuerlichen Aufspeicherung von Todesmitteln und der ungehemmten Pollution von Luft, Licht, Wasser, Erde durch die Industriescheiße der Großmächte. Gesetzmäßig bleibt die Tendenz des Kapitalismus, welche Form auch immer er als Staatskapitalismus oder

Manager-Kapitalismus annehmen mag, daß Arbeitgeber und Arbeitnehmer widersprüchliche Interessen haben, daß die Profitrate, auf die es dem Kapitalismus am meisten ankommt, auch dann sinkt, wenn die Produktionsmenge und die Mehrwertmasse steigen. Wo immer die Produktions- und Kontrollverhältnisse die Verteilungsverhältnisse bestimmen, was auch noch besonders der Fall, wo Manager oder Kommissare staatskapitalistisch, ja staats-sozialistisch agieren. Wo Selbstbestimmung der Produzenten fehlt, gibt es Ausbeutung. Diesen Einsichten kann man sich heute nicht mehr entziehen, die vor vierzig Jahren nur erst latent vorlagen, so etwa in prophetisch anmutenden Warnungen der Rosa Luxembourg. Ob etwa die Gradunterschiede zwischen Staatskapitalismus und Staatssozialismus, in denen die ursprünglichen Privatunternehmer in der Tat verschwinden, zugunsten verstaatlichter Bürokratien (mit ihren Sonderinteressen) so wesentlich werden können, daß eine humanere Existenzform möglich wird, bleibt eine offene Frage. Das Experiment etwa in Jugoslawien, in dem den Arbeitern und Intellektuellen wenigstens ein Modicum der Mitbestimmung zugestanden wird, ist kaum schlüssig genug, um ein mögliches Modell für entwickeltere Industrieländer abzugeben. Allerdings muß man, wo immer von ›Entwicklung‹ die Rede ist, mitbedenken, daß etwa ein winziges Land wie Nordvietnam sozial und revolutionär-moralisch so entwickelt ist, mit primitiven Mitteln der Agrarwirtschaft und Leichtindustrie einer gewaltigen und vergewaltigenden Industrie- und Militärmacht zu widerstehen, die ihrerseits zumindest in ihren Leitern und Bonzen geistig und moralisch heruntergekommen ist. Es gibt kaum ein anderes Gebiet, in welchem Selbsttäuschungen und interessiertes Blindsein eine solche Rolle spielen wie im Politischen. Dabei ist zu erinnern, daß eigentliches kritisches Denken, als eine besondere Erfindung und Begabung der pionierhaften Griechen Philosophie geheißen, sich je und je gegen zwei eingesessene Institutionen zu behaupten hatte, traditionelle Religion und Politik. Auch die großen Künstler, die in ihrer Art schöpferische Kritiker und Erneuerer der Formenkräfte sind, obwohl verführbar im Ideologischen wie auch die großen Philosophen (d. h. dem Schein notwendiger, gesellschaftlicher Illusionen untertan), bewahren und bewähren dennoch im Ductus ihrer Materialien und Methoden solchen Überschuß von produktiven Einsichten und Antizipationen, der über die Grenzen der jeweiligen Gesellschaft und Ideologie herauszugehen vermag und daher nicht antiquarisch, sondern, im Blochschen Sinne, utopisch in Frage kommt. Grundsätzlich sind schöpferische Forscher aller Art auch dann von Apologeten und käuflichen ›Sachverständigen‹ zu unterscheiden, wenn sie, wie die meisten von uns, politisch unerfahren bleiben oder der besonderen Politik der Apolitischen huldigen. Es gibt noch immer auf den Hochschulen aller Länder und Regimes kein eigentliches von Machtpositionen freies politisches *paedagogicum*, ebensowenig wie es im offiziellen Marxismus aller Arten so etwas gibt wie eine *Kasuistik revolutionärer Moral*. Es wäre die Aufgabe beider, noch unvorhandener Disziplinen, gegen die Willkür der eigenen Regierungsbonzen und Parteicliquen so abzusichern, daß die eigentümlichen *geistigen Mehrwerte der Erkenntnis und Kunst echtem Fortschritt zugutekommen können als ein wahres paedagogicum*. Das subjektive Anzeichen schöpferischer Kritik und kritischer Schöpferkraft ist allemal Wärme noch im Zorn der Vorwärtsimpulse. Dagegen ist es ein typisches Anzeichen byzantinisch-erstarrter Unterdrückungssysteme, die im fürchterlichen Stil kalt-ruhiger Verwaltungsmaßnahmen die individuell Gebildeten und Meistcouragierten unter den Kritikern im eigenen Lager, wenn nicht mehr in Sibirien, sondern in Irrenanstalten unwirksam zu machen suchen, genau wie einst im Zarismus. Die immer wieder unbedenklich verwendete Kategorie des Verräters gegen jeden Andersdenkenden, die ja wie die ebenfalls irrationale Verwendung des personalen Eides aus dem vorbürgerlichen Feudal- und Militärwesen stammt, verrät selber, mit welchen ältesten Repressalien marxistischer Humanismus gepredigt und Terrorangst vor dem neuen Chaos des Funktionärstaates praktiziert wird.

Aus der Zeit und dem Geist der Volksfront gegen Faschismus entstanden, die heute, bei weiter durchzuhaltenden Fernzielen zu einer wirklich klassen- und angstlosen Gesellschaft hin, anders vorliegen, erscheint das ursprüngliche Buch hier

nur wenig verändert. Der Abstand zwischen den damals entwickelten Gedankengängen und den wirklichen Ereignissen
soll zur heutigen Klärung beitragen. Kürzungen nicht mehr
relevanter Teile und einige Nachträge bezwecken ebenfalls
inzwischen notwendig und möglich gewordene Einsichten,
durchaus nicht Eitelkeiten einer Selbstrechtfertigung. Auf
Anregung des Herausgebers, dem ich die Initiative zur Neuausgabe schulde, wurde der ursprüngliche Untertitel fallenge-
lassen. Er lautete: *Gegenangriff durch Geschichte. Zugleich
Verteidigung der Demokratie des Christentums, des Mutes
des individuellen Mannes und anderer verachteter Ideale.*
Solche etwas altertümliche Ausdrucksweise, zumal wie solda-
tisch angeordnete Genitive, ein jedes bedingt und bedingend,
mag dem Stilgefühl neudeutscher Publizistik naiv erscheinen.
Mir liegt nichts daran, obige *Verteidigungen* literarisch zu verteidigen. Journalistisch verknappte Sätze mit lauter Stoß- und
Stichworten erzeugen noch nicht wünschbare Lakonik. Dazu
gehört Substanz, Mark und Bein, auf ein sachliches Ziel hin
noch im Emotionalen gedrängt. Wo längere Sätze vorkommen, spielt wohl auch ein rhythmischer Faktor mit. Diesem
kommt die Rolle zu, nicht künstlich zu erschweren, sondern
sachlich Schwieriges, wohl auch Dunkles, das bloßem Auf-
kläricht widersteht, in Denkbewegung zu bringen. Inhaltlich
weitzielende Intensiva wie Freiheit, Gleichheit, Brüderlichkeit,
Wahrheit, Hoffnung usw. mögen den Apparatschik-Journali-
sten wie abgestandene Buchstabensuppen vorkommen. Welches Feuer revolutionärer Gehalte solche Forderungen erneuert, haben diese Herren ›Murxisten‹ allerdings schmählich
vergessen. Jeglichem hochtrabenden Sprachschwulst gegenüber ist gutberlinische Lakonik (die mir als geborenem Berliner liegt) noch immer bestens angebracht: ›So siehste aus!‹
Eben lese ich in der Zeitung, daß Tito in Moskau angeklopft,
kaum daß Nixon als Handelsreisender dort schwadroniert
hat. Dazu fällt mir nun wirklich nichts Höheres ein als: ›rin
in die Titoffeln, raus aus die Titoffeln.‹
Fernziele der Selbstbestimmung, Selbstrealisierung, Selbstverwandlung des eigentlichen Volkes der Völker bleiben konkrete Ideale schon dadurch, daß sie noch immer im Dämmer der

Zukunft liegen, dauernd schwierig, kaum je ganz unmöglich. Mit Vorwärtsblick auf solche Zielgehalte, als Real-Ideale genauer zu bestimmen, wie es hier und in größeren Büchern tieferer Forscher angebahnt, haben sich ältere Ausdrucksweisen oftmals als besonders lebensnahe und -weise erwiesen. So hat besonders Ernst Bloch auf biblische Modelle deutlicher Empörungsimpulse mit Nachdruck hingewiesen, was ihn dann von gebildeten Verächtern des religiös-revolutionären Erbes als eine Art Roter Kirchenvater verdächtig macht). Auch in diesem Buch, in dem einigen Kapitel Leitworte aus einer altschweizerischen Übersetzung der *Offenbarung des Johannes* vorangestellt sind (von je ein Arsenal für prophetische Rebellion gegen Scheinheiliges) handelt es sich nirgends um Aufwärmen alter Semmeln. Wohl aber kommt es immer weiter darauf an, den ehrlichen Postulaten obiger Ideale, durch die Schandpragmatismen aller repressiven Regimes heimatlos gemacht, eine Art Schutzraum, ja Unterstand zu verschaffen. (Demnach überhaupt nicht Museales, wohl aber allenfalls Laboratorium mehr als Labsal; obwohl den Drangsalen noch immer urständig Hungriger, ja auch schlecht Übersättigter menschliche Labsal angemessener wäre als zellose Aufreizung). Hier nur ein Beispiel, wie an unerwarteter wiewohl kirchlicher Stelle, aus dem Lukas-Evangelium in das *Magnificat* aufgenommen und von Bach herrlich vertont, ein wahrer Zornausbruch vorkommt:

> ›Der Retter-Gott stößt die Gewaltigen vom Thron
> und erhöht die Erniedrigten, die Hungrigen füllt
> er mit Gütern und entleert die Reichen.‹

Dabei ist dieses eigentliche Stoßgebet der sonst immer so mildfrommen Maria anheimgegeben. Klingt diese Stelle nicht wie eine plötzlich durchkommende Erinnerung an das viel ältere demetrische Mutterrecht, dem Schutzfunktionen gegen die Männergesellschaft zukamen? Ja, tönt es hier nicht wie Marseillaise und Marianne? Demnach, nicht Semmel-Aufwärmen steht hier zur Frage, wohl aber Saatgut bewahren, zu Wachstum und Frucht bringen. Gewiß denke ich heute über viele Dinge anders, als sie im Buch vorkommen, und zwar nicht weniger radikal, sondern genauer, nüchterner. Des großen, alten Goethe ›Langsames Zurücktreten aus der Erscheinung‹ meint ja nicht wurzellos werden, sondern eher Eintreten in das wirklich geheimnisvolle Wesen der Dinge. Nur Illusionen stehen konträr zum Wirklichen, zum Wirklicherwerden, nicht aber die zukunftshaltigen Wachträume. Es war eine zu hastige und flache Ausdrucksweise des kommunistischen Manifestes, wenn es hieß, ›Religion ist das Opium des Volkes.‹ Mit Recht konnte hier ein Genie englischer Paradoxie einhaken, als es höhnte: ›Ja gewiß, daraus erklärt sich endlich die besondere Schläfrigkeit und Unterwürfigkeit der Iren.‹ Viel wirklichkeitsnäher wäre in der Tat zu konstatieren: Irreligion jeglicher Art, einschließlich politischer Täuschungs- und Betäubungsmittel, ist das Opium des Volkes. In dieser Hinsicht kann es wie ein Schleier der Vergeblichkeit, ja der Wahnschaffenheit das Gemüt noch des lang und treu durchgehaltenen Mannesmuts trüben, an den das Buch appelliert, daran denkend, wie sehr noch immer fast überall das eigentliche Volk der Völker, so ehrlich, so gutartig, so kraftvoll fast alles schaffend, auf das es primär ankommt, so wenig von sich selbst weiß, sich selber ständig unterschätzt. Zumindest in den Industrieländern ist es längst nicht mehr Religion, die das Proletariat davon abhält, seine Ketten abzuwerfen. Es ist die spätbürgerliche Ideologie, die noch in den scheingelehrten Abhandlungen ihrer geschichtslosen und wahrheitsscheuen Wirtschaftslehren, durch die Unterhaltungsindustrie und das Erziehungsunwesen bis in die Zellen des individuellen Haushalts herein Einsicht in die produktive Arbeit, soziale Gerechtigkeit und mögliche Lebensfreude verhindert. Schlimmer noch, die einstige Vorhut des marxistisch mobilisierten Gegenzuges hat durch furchtbare und kaum voraussehbare Verknotung des Detektivischen mit dem Verbrecherischen, der Revolution mit der Gegenrevolution selber neue Chaosängste erzeugt, die ihrerseits nur weiter verwildernd wirken können. Man höre diesbezüglich das folgende Vermächtnis aus dem Weisheitsmund des Großmoguls des Bolschewismus: ›Angst ist der größte Bewegungsgrund der Menschheit als ganzer.‹ Nun, dazu hat Stalin gewiß das spezifisch Seine mit äußerster

Verschlagenheit beigetragen. Er, der nicht nur von parteifrommen Kommunisten, sondern auch vom russischen Volk kraft auch echter Lenkung während des Krieges zur göttlichen Allmacht erhoben wurde, konnte sich dann die schreckliche Ruhe kalten Befehlens leisten, die oberhalb jeden Einwandes thront. Und dieses Idol byzantinischer Staatsvergottung, ungleich begabter als der schwerhysterische Hitler, ging erst durch die schließlich auch klinische Paranoia zugrunde. So schäbig-schrecklich starb nicht einmal Iwan der Schreckliche, sein eigentliches Modell. Ihm und den massenhaft Seinen unter den Apparatschiks gelang wirklich, was keine kapitalistische und faschistische Propaganda zu erreichen vermochte—, der volkstümlichen Vorstellung dessen, was Kommunismus sei und erstrebe, zum ehemaligen Ludergeruch zusätzlich den Abscheu vor Inquisition und Kadavergehorsam zu geben. Daran laboriert seither jegliche Linksaufklärung, und nur als echte Häresie gegen alle Arten eines dogmatisierten Marxismus (Marx selber: ›Moi, je ne suis pas marxiste‹) ist hier theoretisch und praktisch vorwärtszukommen.

Dem gelte zumal das gute Ungestüm jüngerer Geister, in seiner Art auch, was in diesem Buch noch unveraltet.

Erster Teil **Die Idee des Chaos**

1. Kapitel   Die Nacht der Schöpfung und der Garten Eden

Die Erde aber war wüst und leer. *Moses, Genesis*

... die rohe ungekochte Masse, Chaos genannt...
Ovid, Metamorphosen

Von diesem Chaos, wie es im Buch steht, sei hier nur zur ausdrücklichen Unterscheidung vom Chaos sozialer Natur und Ängste die Rede. Es bezeichnet den Zustand vor aller Weltschöpfung. Die Frage der Kosmologen, welches Minimum an Ordnung müssen wir vor der Gestaltwerdung der Welt unerklärt voraussetzen, um überhaupt eine Entwicklung erklären zu können, ist allerdings eine ernsthafte und lustige Angelegenheit für Spezialisten. Lange war es eine Monopolfrage für Theologen, bis *Kant* und *Laplace* sie zur Sache der Naturwissenschaft machten. Napoleon soll Laplace gefragt haben, warum in seiner ›Mécanique céleste‹ Gott nicht ein einziges Mal vorkomme. ›*Sire, ich hatte diese Hypothese nicht nötig.*‹ Und das ist keine Gotteslästerung, sondern lediglich Vertrauen zur natürlichen Weltordnung.

Anderthalb Jahrtausende früher schrieb einer der mächtigsten Denker der Christenheit, der *heilige Augustin,* in seinen Bekenntnissen (um 400) folgendes über das Chaos: ›Vom Wesen dieser ersten wüsten Masse dachte ich in ungezählten wechselnden Gestalten, und also dachte ich sie gar nicht. Ich dachte an sie als an immer häßliche, schrecklich durcheinander geworfene Formen. Gleichwohl waren es Formen, an die ich dachte. Aber formlos nannte ich diese Masse, nicht weil sie keine Form besessen hätte, sondern weil sie eine ständig andere Form aufwies. Meine Vernunft riet mir, wenn ich ein völlig Formloses mir denken wolle, müsse ich aus dieser Vorstellung auch den letzten Rest von Form tilgen. Grade das aber gelang mir nicht. Viel leichter war es mir zu glauben, was keine Form besitze, besitze auch kein Sein. Ich hätte mir kaum etwas denken können zwischen Form und nichts, nicht Form, nicht Nichts, als Formloses nur nahezu Nichts.‹

Auch hier herrscht natürliche Ordnung und kommt Gott nicht vor. Gottes Schöpfungsakt besteht erst darin, Kosmos und Chaos zu trennen. Im Himmel herrscht die göttliche Ordnung, das Naturreich aber ist noch Dämonen untertan. Dieses irdische Chaos kann nur schrittweise von den himmlischen und kirchlichen Heerscharen erobert und planiert werden, bis endlich ein wahres Gottesreich auf Erden möglich wird. Nur der menschliche Sündenfall steht solcher himmlischen Tendenz entgegen.

Indem Augustin einen für seine Zeit selbstverständlich theologisch formulierten Entwicklungsbegriff eingeführt — da er die Geschichte vom natürlichen Chaos zum himmlischen Paradies führt und über den Sündenfall den Weg zu einem irdisch-himmlischen zweiten Paradies offenläßt —, ist der Anfang gemacht zu einer wirklichen Geschichtsschreibung über die statische Kosmologie und kalenderhafte Chronologie hinaus. Auch noch spätere katholische Lehre, obgleich in anderer Weise längst heiligenscheinig geworden, liegt noch in dieser positiven Linie, wie etwa Franz Xaver von Baaders Philosophie einer ›Detartarisation des Tartarus‹.

Die christlich-katholische Kosmologie spiegelt in ihrer Überwindung des ursprünglichen Chaos die *vorgefundene* Ordnung und die funktionierenden Lebensverhältnisse des Feudalismus wider. Den Höhepunkt, aber auch Torschluß einer so geschlossenen Natur- und Gesellschaftsordnung stellt *Thomas von Aquin* in seiner großartigen ›Summa‹ dar (um 1250). Die grundlegend nüchterne Erkenntnismasse des großen *Aristoteles*, des Chefredaktors des gesamten der Antike überhaupt zugänglichen Sachwissens und einer daraus abgelesenen Logik, erhält nun eine allerchristlichste Professur. Aristoteles, Schüler *Platos*, den er rasch meistert, Lehrer Alexanders des Großen, der erst Griechenland nach Asien, dann Asien nach Europa bringt, hatte zwar in seiner Philosophie eine natürliche Unordnung der Außenwelt angenommen. Ordnung setze Beständigkeit voraus. Den Dingen wohne aber ein chaotisches

Bewegungsprinzip inne, das die Welt der Formen dauernd verändert. Das Chaos der Veränderung sei aber nicht gänzlich chaotisch; gäbe es doch ein Bewegungs- und Veränderungsprinzip, das eine immer höhere Ordnung anstrebt. Das ist die ›Entelechie‹ des Aristoteles. Auf der Basis der akzeptierten Chaosidee wird den Dingen eine innere Zielhaftigkeit zuerkannt, die die Materie hier die Form des Kristalls, dort der Weinrebe und zuletzt die der menschlichen Gesellschaft annehmen heißt.

Als das Hochmittelalter Artistoteles beerbte (weil da nichts besseres zu beerben war, und die Platonischen Ideen inzwischen nicht nur vertrocknete Götzen geworden waren, sondern grade als ›Idealismus‹ ein viel gefährlicheres Stück Heidentum enthielten als der ehrliche Materialismus des Aristoteles), mit anderen Worten: als das Christentum stark genug geworden war, das Beste des Heidentums zu beerben, war es auch stark genug, jegliche Form eines Platonismus oder Dualismus und Manichäismus zurückzuweisen. Jede dieser metaphysischen und gnostischen Lehren Asiens enthielt irgendwie die Behauptung, daß ein Grundübel in der Natur wurzele, daß also der Schöpfer der Welt auch der Schöpfer des original Bösen sein müsse. Diese Lehre trat in vielerlei Gestalt auf; sie ließ Gott und den Teufel oft die Plätze wechseln, aber nie ihren grundsätzlichen Dualismus. Obwohl diese Lehre durch den heiligen Augustin in die Kirche gedrungen war, ist sie der älteste Feind des Christentums geblieben, oder sagen wir: sie ist das am meisten Heidnische und das wenigst Christliche am Christentum. Jede Kirche, die sich auf diese Lehre einließ, wie später besonders der Kalvinismus, hat doch die großen Worte der Schöpfungsgeschichte gegen sich: ›Gott sah alle Dinge, und sie waren sehr gut.‹ Jedes dieser Worte besagt, daß es keine schlechten Dinge gibt, sondern nur einen schlechten Gebrauch guter Dinge. Das Übel, das es gibt, ist kein Naturböses (was unaufhebbar bleiben müßte), sondern es liegt hauptsächlich in der ›Natur‹ menschlicher Motive und Ziele. Gegen *diese* Natur richtet sich aber die Essenz des Christentums. Während jede Verherrlichung und Verdammung bloßer Natur (sei es durch Gnosis, Platonismus, Astrologie, Kalvinismus, Darwinismus etc.), also jede Art Determinismus, sofort zu etwas Unnatürlichem und Menschenfeindlichem wird, — verhilft grade das scheinbar lebensfremd ›Übernatürliche‹ der christlichen Heilslehre zu der einzig praktischen und menschenfreundlichen Natürlichkeit, auch Sittlichkeit genannt. Bloßer Pantheismus war immer zur guten Hälfte Panik. Christus aber hat Pan nicht getötet, sondern hat Pan erlöst; er hat die Materie und die Freuden des Lebens nicht verdammt, sondern geheiligt. Nichts anderes bedeutet schließlich moralisch und theologisch die Verwandlung von Wasser in Wein, von Heiden in Christen, von Naturnotwendigkeit in menschliche Freiheit. Das ist die Dialektik des christlichen ›Wunders‹ und die Weisheit der christlichen Dialektik, die den größten Heiden der Antike dahin brachte, ein Christ zu werden. Aber das heidnische Mißtrauen in die Vernunft blieb in Augustin zu groß, um gänzlich getilgt zu sein. *Thomas von Aquin* besiegte zwar Aristoteles, indem er ihn beerbte, um dann mittels Aristoteles den Platonismus Augustins zu bekämpfen. Aber in *Luther* lebte der alte Dualismus wieder auf, das Mißtrauen in die Vernunft wurde zu einem Hauptgegenstand der deutschen Philosophie. Diese chaotische Verneinung der Wahrheit blieb nicht zufällig in einem Land zu Hause, in dem unaufhörlich die Vernunft mittels sentimentaler Gefühle geleugnet wird, die begüterten Herren über das soziale Chaos jammern und jegliche Wahrheit über dieses Chaos mit ›nominalistischen‹ Regelungen beseitigen möchten.

Die folgenden Kapitel werden die Erklärung mitenthalten, wieso die christliche Heilslehre so heillos gemischt blieb und mit der wachsenden Kapitalisierung der Kirchen nahezu zum Teufel ging. Die heutigen Kirchenmänner sind meist behagliche Apokalyptiker. Der platonische Traum Augustins und die aristotelische Vision des Aquinaten wurden zum rationellen Kompromiß mit den Diesseitsmächten. Die Kirche wurde treulos und reich, wo sie früher furchtlos und arm gewesen. Aus Karitas wurde kapitalistische Enzyklika. Nur ein kleines Häuflein aufrechter Christen geht heute angesichts Neros in die Katakomben. Aber bekämpft man Nero in Katakomben? Und die Masse der Gläubigen, der die Not hündische Treue hält? Orgelton und Glockenklang, der alte Glanz der Feste bindet das Volk noch hier und da an den Krummstab. Aber mitten durch die Kirche geht auch der weltliche Zwist. Der untere Klerus hält oftmals treu zum Volk und seiner Not. Aber was wurde aus Rom?

Mit Ausnahme weniger Sekten und Personen haben sich die großen Kirchen ihrer Hirtenmacht begeben und sich den Wölfen zugesellt. Sie vor allem hat vor dem Kapital kapituliert, die volksbetörende Herrenreligion, die allzu modern gewordene Hierarchie Roms. Die sonst nur Bußen auferlegt hat, sie wird das heidnische Paktieren büßen müssen, unter dem nächsten Papst. Sie wird um Gnade nachkommen bei den von ihr Verworfenen, denen sie keine Gnade gewährt hat, als es noch wahrhaftig christlich und gefährlich war, den Rechtlosen Recht zu fordern, Frieden für die Welt zu fordern, anstatt Frieden mit der Welt der Mächtigen zu schließen, die Krieg und Krisen machen. Wenn die nach namenlosem Entsetzen vielleicht erneuerte Welt den großen Atemzug der Mühseligen und Beladenen erfährt, dann mag sich die Kirche vielleicht urchristlicher Tugenden entsinnen und, indem sie Christus zum Proletarier erklärt, das Proletariat christlicher Sendung für würdig befinden. Aber was dann noch von Religion bleibt, humanitäre Sittenlehre und soziale Gerechtigkeit vor allem, wird außer dem ewig brennenden und unverändert offenstehenden Todesproblem kaum mehr der Kirche gehören. Denn als die Ärmsten der Armen darangingen, praktisch am Paradies auf Erden zu bauen, da ist die Kirche nicht dabei gewesen; sondern da hat sie Tanks gesegnet und Weihrauch abgeblasen für die Bombengeschwader über Abessinien und Spanien, da hat sie Konkordate mit jedem Satan gemacht, der sie bezahlte; da hat sie ihre Hände im Blut Unschuldiger gewaschen und Christus nicht dreimal, sondern ständig verraten. Christentum wird nie aufhören, es kündet nicht nur, es hat auch ewiges Leben. Aber die Kirchen haben schon aufgehört, denn sie haben sich dem verbündet, was zeitlich sterben muß, damit die Menschheit nicht stirbt.

2. Kapitel   Furcht und Frohlocken, Hölle und Eden auf Erden

Die Kirchenväter und Kosmologen hatten im Gedanken an die Ursprünge der Erde gefragt: was fand Gott vor, um die Welt schaffen zu können? Mythos und 1. Buch Moses antworteten: ein Chaos. Die Frage war ebenso alt wie die Welt, und die Antwort ging auf griechen- und bibelfeste Autoritäten zurück. Das genügte dem frühen Mittelalter, dem hierarchisch gerundeten.

Im elften Jahrhundert ging es jedoch wie ein Schauer durch die Welt der Christenheit. Plötzlich war auch die bebaute Erde keine Gottes mehr, sondern des Teufels. Auf Grund der inneren unverstandenen Zwistigkeiten (zwischen Land und Stadt, Klerus und Staat) und fürchterlicher Invasionskriege, Hungersnöte und allgemeiner Rechtlosigkeit verbreitete sich die Furcht vor dem Jüngsten Gericht, eine wahre Chaosangst vor dem unmittelbar bevorstehenden Untergang der Welt. Die Kirche gab dieser Stimmung sogleich die suggestiven Parolen. Sie allein gewann dabei, wo alle alles verloren glaubten und viele ihren Besitz der Kirche vermachten. In Italien, dem Zentrum der Christenheit, ging es auch am greulichsten her. Die Kirche wurde hier mächtig genug, den *Gottesfrieden* autoritär einzuführen. Es war dies aber ein bloßer Burgfrieden für bestimmte Tage und Wochen und nicht zuletzt die Brutstätte neuer Qualen.

Das moderne Reden von dem beruhigten Mittelalter ist überhaupt eine fromme Lüge. Es gab nur Enklaven des Friedens, kein wie immer geartetes ›Reich‹.

Frieden gab es zumal nicht aus Gründen innerer Kämpfe. Grade die original ›korporative‹ Ordnung barg in sich den Keim zu allen späteren Klassenkämpfen (geschweige denn, daß sie als bloße Ideologie die heutigen Klassenkämpfe abzutreiben vermöchte). Subjektiv wurden diese Kämpfe nur als

Angst und Schrecken erlebt. Objektiv aber erweiterten sie ungemein die gesellschaftliche Basis. Die *vorgefundene* Ordnung des Feudalismus und seiner selbstgenügsamen Markgenossenschaft zerbrach. Die feudalen kaufmännischen Korporationen selbst zerbrachen sie, getrieben von einem wirtschaftlichen und geistigen Ungenügen, dessen Ursachen sie zwar nicht zu erkennen vermochten, dessen lockende und nur für die andern katastrophalen Folgen sie aber sehr genau kannten. Tatsächlich war diese permanente Krise eine eigentliche Vorgeburt der bürgerlichen Welt mit allen begeisternden wie erschreckenden Erscheinungen gleichzeitigen Sterbens und Neuerstehens.

Noch sind die alten Bande nicht gesprengt, ist der Landbesitz feudal, die Kirche Großgrundbesitzerin sowie Inhaberin des Bildungsmonopols (weil da niemand war, es ihr zu bestreiten). Überall aber drängt das Kaufmannskapital über seine Grenzen als Vermittler zwischen Stadt und Land, auch zwischen Nationen. Noch gibt es keinen eigentlichen Kapitalismus, der immer erst eine Trennung der Produzenten von ihren Produkten voraussetzt. Aber alle neuen Kräfte drängen zum Kapitalismus hin. Träger dieser revolutionären Bewegung ist das städtische und ständische Bürgertum. Es bildete sozusagen einen Stand gegen alle anderen Stände, eine Korporation gegen das Wesen der Korporation.

Man kann diesen Klassenkampf des ausgehenden Mittelalters in fünf Stadien erkennen. Zuerst standen die leibeigenen Bauern gegen ihre Feudalherren auf. Die Bauern unterlagen der besser bewaffneten und organisierten Übermacht. Zweitens erhob sich die Stadt gegen die Landfürsten. Das Ergebnis war ein doppeltes: Unterwerfung der Feudalherren und Feudalisierung der Stadt. Der dritte Kampf sah die großen Handwerker- und Kaufmannskorporationen der Stadt die kleinen fressen. Daraus resultierte das immer mächtiger werdende, nur noch formal korporative Kaufmannskapital und nach allerlei ausgetragener Feindschaft sein definitives Bündnis mit der Landfeudalität, die ihm wirtschaftliche Monopole zuerkannte und dafür von diesem die Gelder für ihre luxuriöse Haushaltung und Militarisierung entgegennahm. Die fünfte Stufe des Kampfes sprengte diese Verbindung und noch die letzten Korporationen, und unterstellte die *gesamte* Produktion, also nicht nur die städtisch-handwerkliche und feudalagrare, sondern vor allem auch die neue technisch erweiterte Manufakturwaren-Wirtschaft und das Außenhandelsmonopol der Organisation des gesamten besitzenden Bürgertums. Diese Stufe aber hieß bereits Französische Revolution. Ein Minimum an politischer Ökonomie müssen wir wenigstens mit solchem schematischen Querschnitt einführen, um den geistigen Wandel zu verstehen, der der feudalen Kirche einen großen Teil ihrer Lehrgewalt entreißt und aus Glaubenssache Wissenschaft macht.

Die Universitäten waren bisher kirchliche Institute. Das Wissen hatte nur Glaubensgehalte zu beweisen. Was darüber ging, war göttliches Wunder oder aber schwarze Magie des Teufels. Die erste Emanzipation des Wissens vom Glauben erfolgte durch die *Nominalisten*. So nannten sich die Philosophen des spätmittelalterlichen städtischen Bürgertums. Die geistige Bedeutung dieser Philosophie entsprach der wirtschaftlichen Funktion der bürgerlichen Korporation. Wie diese eine Korporation gegen die Korporationen, so war der Nominalismus eine Theologie gegen die Theologie. Die Nominalisten behaupten die Unbeweisbarkeit der kirchlichen Dogmen und folgern daraus deren Unbrauchbarkeit für die reale Welt. Sie trennen das bisher Ungetrennte, Glauben und Wissen. Nach außen hin vollzieht sich die Emanzipation des Wissens durch Gründung der bürgerlichen Akademien gegen die feudal-reaktionären Universitäten.

Die Nominalisten erfinden unter anderem auch die Theorie des ursprünglichen Chaos. Sie fragen nicht mehr, was war die Welt, bevor Gott war, sondern: was war die Welt, bevor wir Menschen des neuen Bürgertums organisierend in sie eingriffen? Oder, diese Frage nach Art jener mißvergnügten, geschäftstüchtigen Privatdetektive des bürgerlichen Erkenntnisdienstes (auch Agnostiker genannt) aktuell herausgekehrt: was war London, bevor es Scotland Yard gab? Antwort: ein Saustall, genannt Chaos!

Die Unruhe und Unbeherrschtheit der Dinge, behaupten sie,

muß in den Dingen selbst liegen. Die Natur der Dinge ist chaotisch ›von Natur‹. Sie unterhalten keine dauernden und kontrollierbaren Beziehungen zueinander. Sie müssen erst vom Menschen dazu gezwungen werden. Der Zwang erfolgt in Form der Allgemeinbegriffe, die von den Philosophen als eigentliche Kommandos über die gründlich verrottete und gottlose Natur aufgestellt werden. Aus den menschlichen und dinglichen Verhältnissen werden Beziehungen nicht entdeckt, sondern müssen diesen gesetzt werden. Die *Gesetze* werden der Natur und Gesellschaft vorgeschrieben, nicht aus ihnen abgelesen.

Die Klassenbedeutung der Chaostheorie liegt darin, daß das Bürgertum aus ihr die eigentümliche Aktivität ableitet, die es in der Welt des auseinanderbrechenden Mittelalters entfaltet. Die außer Rand und Band der Kirche geratenen Dinge sollen endlich wieder Order parieren. Das Wesen der Dinge an sich ist dabei nicht so wichtig wie der Grad ihrer Beherrschbarkeit. Dieses *Kriterium der Praxis,* somit vom frühsten Tag bürgerlicher Praxis in die Philosophie eingeführt und im bürgerlichen Geschäft als praktische Kritik betätigt, macht die fortschrittliche Seite der Chaosidee aus. Solange sich das Bürgertum in aufsteigender Linie befindet, betont es die positive Aktivität gegenüber dem ›Chaos‹. Es ist Kaufmann, Manufakturherr, Kolonisator, Atheist, Künstler, Mathematiker, Physiker, Metaphysiker und Revolutionär in einem. Die Welt ist ihm ein Bauplatz, wo zwar noch alles durcheinander liegt; aber dafür ist man ja Baumeister und Unternehmer großen Stils.

Sobald sich aber die eigenen Widersprüche demonstrativ äußern, sobald es beispielsweise im Wirtschaftsleben, was es bisher nie gegeben, eine Absatzkrise gibt, eine Krise aus Überfluß, und gleichzeitig das Proletariat als neue Klasse auftritt und seine Ansprüche revolutionär geltend macht, erhält auch der alte Chaosbegriff eine neue Bedeutung. Aus der positiven fortschrittlichen Entwicklung und Fortschrittsidee wird nun Stabilisierung, Abwehr, Reaktion, Restauration, zuletzt Faschismus. Alles war anfangs von der Verheißung des Fortschritts erfüllt, gleichgültig, wie weit der Fortschritt tatsächlich für das praktische Leben gediehen war. Die Renaissance war ein Zwischending von Chaos und Schöpfung, mit einem Ziel bei aller Ziellosigkeit. Das Bürgertum war damals kraftvoll und unentwickelt zugleich. In der Französischen Revolution und der Kolonisation Nordamerikas feierte es seinen höchsten Triumph und gab ihm den großen Namen der Menschenrechte. Aber vierzig Jahre später begann etwas im bürgerlichen Leben genau so rapid falsch zu gehen, wie es bisher gut gegangen war. Wir kennen heute das Gesetz diese plötzlichen Verfalls. Wir stehen mitten in seiner schrecklichen Klimax.

Von diesem Abfall in ein wirkliches Chaos wird hier noch genauer die Rede sein. Wir müssen uns dabei bewußt bleiben, daß in solcher Entwicklungskurve nur die herrschende Grundlinie gezeichnet wird. Gegenläufige Kräfte, auch Ruhepunkte und zeitweilige Stabilisierungen können wir kaum flüchtig streifen.

Wer aber von den einsichtigen Kapitalisten glaubt heute noch an den Kapitalismus? Nur noch Phantasten vertrauen einer erneuten Prosperity. Selbst die Meister eines bullenbeißerisch rationalisierten, ›gesunden‹ Kapitalismus, auch die Amerikaner, vermögen heute nur noch den Abbau zu organisieren. Wo immer der Kapitalismus noch ›positiv‹ auftritt, erweiternd, heißt das schon unmittelbar Krieg. Japan, Italien demonstrieren ihn. Der Kapitalismus ist ein in den eigenen Voraussetzungen *innen* zerstörtes System. In ihm — und das ist sein Todesurteil — liegen keine Selbstkorrekturen mehr. War er anfangs kraftvoll und unentwickelt zugleich, so ist er jetzt überentwickelt, eingepanzert in seine eigene Monstrosität wie ein Saurier. Der Kapitalismus trägt das Stigma der Verwachsenheit. Es gibt in der Gesellschaft wie in der Natur nur diese Sünde, die Entwicklungsmöglichkeit zu verlieren. Die bloße Zunahme an Größe, zur Enormität, ist die geringste Kunst in der Natur und viel eher eine Abnormität, die auf den Aussterbeetat gesetzt ist wie Saurier und Riesen. Wenn wir aber etwas Zerstörtes erneuern, erneuern wir die Zerstörung. Das ist der letzte Sinn des Faschismus, der den Kapitalismus erneuern will. Und darum bedeutet der Faschismus Krieg, Krieg und Verderben und Jahrhundertfluch.

Das doppelgesichtige Chaos verkehren wir hier nicht willkürlich in zwei mechanisch auswechselbare Masken, in eine positive und eine negative. Schon der flüchtige Blick auf die Geschichte des Bürgertums zeigt jene krassen Kurven des Aufstiegs und Abfalls. Das ›Chaos‹ des aufsteigenden Bürgertums, rund gerechnet von 1400 bis 1900, enthält in seinen produktiven Phasen viel gutes Anti-Chaos. Erst mit dem Ausbruch periodischer Krisen und proletarischer Revolutionen, also seit 1848, wird die Chaostheorie zu einem Argument der Unterdrückung und überwiegt ihr schlecht-mythologischer Gehalt (mit dem wichtigen Unterschied, daß das ›ursprüngliche Chaos‹ eben den Ausgangspunkt der Entwicklung betraf, hier aber den Endpunkt unser aller Zukunft betrifft). Heute ist Chaos wieder ein wüster Dämmer, ein Bann und Nachtgespenst wie in der Vorzeit. Vergessen ist Renaissance, vergessen ist Aufklärung und Klassizismus, vergessen Menschheitsfrühling und Marseillaise. Es thronen wieder und drohen, die sich Titanen nennen, Riesen und Übermenschen. Die Riesen aber haben nicht die Himmel gestürmt, die Führer haben nicht geführt, sondern die Erde verwüstet und zur Hölle gemacht.

3. Kapitel   Zeugnisse des Antichaos

Es gibt einen wesentlichen Unterschied zwischen feudaler Philosophie, die Theologie plus Scholastik, und bürgerlicher Philosophie, die Metaphysik plus Physik ist. Diesen bis auf die Basis, also auf die praktischen Lebensverhältnisse zurückgehenden Unterschied kann jeder bemerken, der nur einmal eine Philosophiegeschichte durchblättert. Wir müssen dabei nur das große Schlüsselverhältnis betrachten, das aller menschlichen Geschichte zugrunde liegt: die Beherrschung von Natur und Gesellschaft.

Die unbeherrschte Natur rief als Chaos zuerst nach ihrer übernatürlichen Beherrschung durch Zauberei, Wunder und Gebet. Dieser Ruf der inneren Stimme verhallte auch nicht ganz ungehört, indem durch die vorgestellte phantastische Beherrschung die tatsächliche Aktivität des Menschen eine Stimmung des Gelingens, ein Gestimmtsein auf den Erfolg erhielt. Magie heißt unbewußte, spontane Naturbeherrschung. Zwischen Ursache und Folge tritt ein bestimmter Zusammenhang ein, den man handhabt, ohne ihn zu erkennen. Theorie und Praxis sind nur erst eine magische, keine wissenschaftliche Einheit. Magie verwechselt dabei allzuleicht die Folge mit der Ursache. Daher steht so vieles ›Richtige‹ auf dem Kopf. Ein Mittel, ein ›Medium‹ wird gefunden, den Zweck zu erreichen; aber es erreicht ihn nur blindlings. Grade die ›reine‹ Praxis wird daher so irrational genommen. Denn es ist ja die Praxis des Irrationalen, des Zufalls.

Mit dem Beginn bewußter Technik in der Renaissance — erinnern wir uns: *Leonardo* und andere waren ebenso Festungsbaumeister, Ingenieure und Experimentalphysiker, als sie Maler und Bildhauer waren — durch eine revolutionär erweiterte Gesellschaft erweitert sich auch das aktive Verhalten zur Natur. Immer mehr ›materia brutta‹, immer mehr Chaos wird abgebaut oder urbar gemacht. Die Kurve der Menschheit führt deutlich aufwärts, nachdem sie unter den Jahrhunderten feudaler Herrschaft ein beschränktes, zeitweise auch ruhiges Niveau gehalten.

›Der Menschengeist hat sich auf seine Füße gestellt‹, mit diesen Worten leitet *Hegel* seine Schilderung der Renaissance ein. Zitieren wir aber eine Reihe zeitgenössischer Kronzeugen der ersten großen Revolution der Menschheit. In seiner ›Abhandlung über die Malerei‹ schreibt Leonardo (um 1500): ›Mir scheint, als sei jedes Wissen eitel und fehlerhaft, das nicht aus der Sinne Erfahrung, der Mutter aller Weisheit, zur Welt gebracht wird und im wahrgenommenen Versuch abschließt.‹ Andrerseits aber seien ›jene, die sich in die Praxis ohne Wissenschaft verlieben, wie der Lotse, der ein Schiff ohne Steuer und Kompaß betritt und daher nie weiß, wohin die Reise geht... Es irren nur eure Urteile. Das Experiment selbst irrt nie.‹

Galilei ist der Hauptbegründer der modernen mechanischen Naturphilosophie. Er schreibt der Natur keine Philosophie vor, er liest sie ihr ab. Um sie buchstabieren zu können, bedarf man freilich der Mathematik. Diese ist die Grundwissenschaft, für den Himmel sowohl als auf Erden. Durch Experiment und Kombinieren von experimentell erlangten Resultaten wird schließlich die ganze Welt vom Menschen als wohlgefügtes, bewegtes Ganzes erkannt und beherrscht. Die eigene Vernunft erkennt sich in der Vernunft der Dinge.

Gleichzeitig mit der Entdeckung der mechanischen Naturgesetze werden auch die gesellschaftlichen Beziehungen der Menschen rücksichtslos durchschaut. *Machiavelli* stellt in seinem ›Principe‹ zum erstenmal die Geschichte nicht als das dar, was sie sein sollte, sondern was sie wirklich ist: eine Geschichte von Klassenkämpfen. Am Exempel der wilden Kämpfe in Florenz zwischen altem Feudaladel und den neureichen Revolutionsgewinnlern aus dem Hause der Medici schildert er mit großartigem Zynismus die Methoden des Zweifrontenkrieges, wie die alten staatlichen und kirchlichen Mächte ausgeschaltet werden und doch gleichzeitig dem ›Volk die Autorität Gottes und der neuen Gesetze erhalten bleiben müsse‹.

Andernorts ergreift er offen Partei für den Islam und gegen das Christentum. Die Mohammedaner waren ihrem Verruf nach damals ungefähr die ›Bolschewisten‹. Diese Parteilichkeit zugunsten der neuen bürgerlichen Klasse ist für Machiavelli ganz selbstverständlich, und er gibt ihr im entscheidenden Schlußkapitel eine geradezu hinreißenden Ausdruck. Er unterstellt hier die Menschheit klipp und klar der Herrschaftsidee des Handelskapitals der Medici und sieht in diesen die Führer der neuen Nationalitätenidee Italiens. Das hat ihm in solcher Ehrlichkeit lange keiner nachgemacht. Wir haben dafür heute unsern Spengler.

Neben Machiavelli, der die zeitgenössischen Klassenkämpfe realistisch und suggestiv dialektisiert, muß *Hobbes* genannt werden, der sozusagen die Naturphilosophie und Soziologie machiavellisiert. Denken ist Rechnen, Berechnen der Wirkungen von Ursachen. Auch das Wollen ist von Ursachen streng determiniert. Die menschliche Natur ist ursprünglich nur von Selbstsucht bestimmt, durch Krieg aller gegen alle. Gegen solchen barbarischen Zustand verbinden sich die Menschen durch einen gegenseitigen Vertrag im Staat. Der andere große Engländer dieser Zeit, *Francis Bacon,* hat in seiner eigentümlichen Lehre von den ›Idolen‹ (=Trugbildern), die fast schon eine Ideologielehre vorwegnimmt, ebenfalls die bewußte Erhöhung des Naturstandes auf die Stufe menschlicher Kultur gefordert. Nur beherrschte Natur ist Kultur. Also muß der Natur auf die Sprünge gekommen werden, um sie dann erst überspringen zu können, indem wir zu eigenen Erfindungen und Gesellschaftsformationen gelangen, die in der Natur selbst nicht vorkommen. ›Tantum possumus quantum scimus‹, lautet die stolze Parole. Der Mensch vermag soviel, als er weiß. Bacon faßt also zusammen, was die Menschheit bisher positiv weiß und stellt darüber hinaus einen ›Katalog dessen auf, was noch zu entdecken ist‹. Mit diesen Worten charakterisiert d'Alembert sehr schön Bacons Hauptwerk ›De dignitate et augmentis scientiarum‹, von der Würde und dem Fortschritt des Wissens.

Kürzlich begingen drei Parteien die Vierhundertjahrfeier des gleichen Mannes. Die Katholiken reklamieren *Thomas Morus* ob seiner katholischen Herkunft und Inspiration, die liberalen Bürger seiner liberalen Lordkanzlerschaft wegen und die Kommunisten seiner kommunistischen Utopie willen: ›Der beste Zustand des Staates und die neue Insel Nirgendwo‹. Einem Katholiken wird sogar die von ihm geschilderte Religionsfreiheit nachgesehen, falls er seine Freiheitsreligion eine katholische sein ließ. Die Bürger sehen ihrem Lordkanzler lächelnd seine Schwäche für die literarische Gattung der Staats- und Schundromane nach: er hatte so viel Phantasie und Gemüt, unser Lord. Die Bürger vergessen, daß es Phantasie gibt, die nicht spielt, um das Gegenwärtige zu überblenden, sondern die das Kommende sieht und begrüßt, um das Gegenwärtige zu erhellen. Der Geist der Utopie hat sich heute freimütig unter die universale Begrenzung der Wissenschaft begeben; er schmiedet nicht mehr Pläne, ohne daß der Plan eine neue Menschheit schmiedet. Das Bürgertum kann allerdings nicht mehr Utopien beerben, wo seine eigenste geistige Erbschaft ihm ›utopisch‹ geworden.

Die Renaissance-Philosophie war im Unterschied zum streng naturwissenschaftlichen 17. Jahrhundert ein noch platonisierendes, theosophisches Tasten nach neuer Weltharmonie. ›Der Mensch erkannte, daß die Erde rund, also ein für ihn Abgeschlossenes sei, und der Schiffahrt war das neu erfundene technische Mittel der Magnetnadel zugute gekommen, wodurch sie aufhörte, bloß Küstenschiffahrt zu sein: ›das Technische findet sich ein, wenn das Bedürfnis vorhanden ist.‹ (Hegel). Die Magnetnadel der Seele weist unterdes zitternd unbeirrbar auf Utopia, die ferne Insel. So bei *Giordano Bruno*. In seinen herrlichen Dialogen ›Von der Ursache, dem Prinzip und dem Einen‹ sieht er ›nach Beseitigung der nächtlichen Fackeln die Welt mit einem neuen Tag begnadigt‹. Dabei ließ er über die Dunkelmänner der Erleuchtung so wenig Zweifel, daß diese ihm nach acht Jahren Kerker am 16. Februar 1600 den Scheiterhaufen zündeten. Welch kühner, universaler ›Materialismus‹, der der Kirche nahm, was Wissenschaft ist, Kopernikus rechtfertigte und die Philosophen auf die ›Vortrefflichkeit der Materie‹ verweist, ›namentlich wenn diese sich dergestalt nach den Regeln und der Übung der Vernunft richten, daß schließlich aus ihnen etwas Wertvolles und praktischer Nutzen erwächst, ohne den jede Betrachtung als eitel anzusehen wäre.‹ Hier ein Dialog-Bruchstück:

›Wie wollt Ihr aber den Tod, den Untergang, die Laster, die Leiden, die Mißgeburten erklären?‹ —›Diese Dinge sind nicht Wirklichkeit und Vermögen, sondern Mangel und Unvermögen, die sich in den einzelnen entwickelten Dingen als Unentwickeltes finden, weil diese nicht alles sind, was sie sein könnten, und zu dem, was sie sein könnten, *gezwungen* werden.‹ Hier haben wir das entscheidende, revolutionäre Antichaos. ›Chaos‹ ist diesem positiven Bürgertum ein Negatives, das negiert werden kann; und die Dinge können vom Menschen zu einer höheren Harmonie bewegt werden. ›Ist nicht das letzte Stadium der Vernichtung das Anfangsstadium und Prinzip des Neubaus?‹

Das heutige Bürgertum wagt sich diese Frage weder mehr zu stellen, noch zu beantworten. Es stiert auf Schwarz, auf Abgrund und Chaos, und sieht im Morgenrot nur Flammen des Untergangs. Da sieht es rot, und rechnet von nun an nur noch mit motorisierten Divisionen.

4. Kapitel   Neue Zeugen des Antichaos

Gott (oder die Natur) hat das Meer geschaffen.
Der Holländer aber die Deiche. *Sprichwort um 1700*

Baruch Spinoza (um 1650) findet nach alledem schon eine
fertige Welt vor. Er kann sie daher in die fast endgültig anmutende, ›geometrische‹ Fassung seiner ›Ethik‹ bringen. Für
diesen beispiellos strengen und daher heiteren Geist ist ›die
Ordnung und Beziehung der Dinge die gleiche wie die Ordnung und Beziehung der menschlichen Ideen‹. Es gibt nur
›Gott oder die Natur‹, die Natur ist göttlich und Gott natürlich. Der menschlichen Gesellschaft aber ziemt Selbsterkennt-
nis zum Zweck der Selbstbeherrschung, Naturerkenntnis zur
Naturbeherrschung. Gottesdienst ist die Dankesfeier für ge-
glückte Wahrheitsfindung. Wahrheit ist Freiheit, und Freiheit ist die Einsicht in die Notwendigkeit. Die Bestimmung
des Menschen meint aktive Glückseligkeit.
Der geschichtliche Boden, auf dem solche ebenso reale wie
ideale Meisterschaft gedeihen und Schule machen konnte, war
Holland. Holland hatte sich in achtzigjährigem Krieg von der
feudalen Vorherrschaft Spaniens befreit und in diesem Kampf
zugleich eine nationale Erhebung wie eine soziale Revolution
durchgekämpft. Die geographisch günstige Seelage und die
gesellschaftlich errungene Gewissensfreiheit gewannen Holland ein europäisches Handels- und Schiffahrtsmonopol wie
auch eine Unmasse von den Religionskriegen außer Landes
geworfener Emigranten, also ›freier‹, billigster Arbeitskräfte.
›Weshalb es wenig Pflügen und Kornsäen in Holland gibt oder
Aufziehen von Jungvieh; sondern ihr Land ist verbessert durch
den Bau von Häusern, Schiffen, Maschinen, Deichen, Werften,
Lustgärten, außergewöhnlichen Blumen und Früchten.‹ (Nach
Petty, Ökonomische Schriften)

Das Sprichwort hat recht: Gott (oder die Natur) hat das Meer erschaffen, der Holländer aber die Deiche. Der Holländer, Jude aus Portugal und Kristallglasschleifer Spinoza aber lehrte die ganze Menschheit durch seine Linsen auf ein Land und in eine Zukunft zu sehen, wo Freiheit und Notwendigkeit, Gefühl und Vernunft wahrhaft einander zu umarmen vermögen. Welches Land ehrt heute den großen Spinoza?

Auch *Descartes* konnte seine ›Abhandlung über die Methode, sich der Vernunft richtig zu bedienen und die Wahrheit in den Naturwissenschaften zu suchen‹ nur in Holland zum Druck bringen (1637). Man kann dieses grundlegende Büchlein als eine Art Autobiographie der bürgerlichen Vernunft bezeichnen. Alle Wahrheitsforschung stellt Descartes auf die mathematische Methode. Auch im Mittelalter hatte die Mathematik schon einen ansehnlichen Platz. Aber sie durfte ihre Kreise nicht über kirchlich abgezirkelte Räume hinausziehen. Im 14. Jahrhundert beginnt zwar die Mathematik ihre kühne Emanzipation. Aber erst das streng analytische und geometrische 17. Jahrhundert macht sie zur Grundwissenschaft. Descartes wendet die Mathematik auf das Denken an, Spinoza auf das gesamte Leben, Galilei auf die Naturwissenschaft, Newton auf das Universum, Leibniz auf infinitesimale Größen und auf die Logik. Alle Philosophen dieser Zeit sind ›geborene‹ Mathematiker.

Die Griechen und die Kirche kannten nur die kristallisch erstarrte Geometrie. Jetzt aber kommt mit der Durchbrechung des Feudalismus, einer ebenfalls hierarchisch geometrisierten Gesellschaft, Bewegung ins Leben und also ins Denken und Tun. Die von Newton und Leibniz entdeckte Differentialrechnung ist die Mathematik der Bewegung, die Logisierung von Funktionen und nicht mehr von festen Größen. Es ist ein Erweiterungsdenken ins bisher Ungemessene hinein, nicht nur mehr Ausmessen gegebener Flächen. Der ökonomisch analoge Vorgang dazu ist die Erfindung von Maschinen, die ja ebenfalls keine bloße Kraftübertragung, sondern Kraftverwandlung und Potenzierung bezwecken (von Wasser- und Tierkraft in Bewegung, von Rohstoffen in Waren; auch die ›Verwandlung‹ von Leibeigenen zu ›freien‹ Lohnarbeitern, von selbständigen Handwerksstätten zu vom Zunftzwang unabhängigen und vom Handelskapital abhängigen Manufakturbetrieben, schließlich die von Geld zu ›Kapital‹ gehört in diesen Zusammenhang).

›Es ist möglich‹ — schreibt Descartes in seiner ›Methode‹ — ›zu Kenntnissen zu gelangen, die für das Leben sehr nützlich sind, und an Stelle jener spekulativen Philosophie, die man in den Schulen lehrt, eine praktische Anwendung dieser Kenntnisse zu finden, durch die wir (Kräfte und Wirkung des Feuers, des Wassers, der Luft, der Gestirne und aller andern Körper, die uns umgeben, ebenso genau kennend wie die verschiedenen Gewerbe unserer Handwerker) unsere Kenntnis in derselben Art zu all den Gebrauchszwecken verwenden könnten, für die sie geeignet sind; wir können uns dergestalt zu Meistern und Besitzern der Natur machen.‹ Für Descartes ist nur wahr, was sich praktisch bewährt. Wie sehr er übrigens mit den Augen der Manufakturwirtschaft und der frühkapitalistischen Akkumulation sieht, zeigt seine Definition der Tiere als bloße Maschinen. Hundert Jahre weiterer Manufakturarbeit, und Lamettrie und Helvetius definieren nur mehr auch den ›Mensch als Maschine‹. Das heißt ökonomisch nichts anderes, als daß sowohl Tiere wie Menschen als bloße Bestandteile von Maschinen gewertet werden. Die ganze Praxis dieser Theorie sollte sich freilich erst mit der Entwicklung der Tier- und Menschenkraftmaschine zur Dampfmaschine im Laufe des 19. Jahrhunderts erfüllen.

Hatten die Nominalisten Glauben und Wissen getrennt, so betrachtet Descartes Metaphysik und Physik als bereits getrennte Welten, die nur die ›Substanz‹ Gottes gemeinsam haben. Seele ist denkende, Materie ausgedehnte Substanz. Beim Menschen berühren sich beide in der Zirbeldrüse.

Bei Newton (1643 im Todesjahr Galileis geboren) ist Gott nur noch als ›erster Beweger‹ zugelassen, der dem Uhrwerk-Kosmos den Anstoß gibt. Alles bewegt sich dann automatisch weiter. Vom ursprünglichen Chaos keine Spur mehr! Wir werden erst später sehen, in welch unerwarteter Weise es sich in der mechanistischen Naturwissenschaft verborgen hält, um heute plötzlich wieder daraus hervorzuspringen.

Während Frankreich und England in diesen Jahrzehnten einen großen Entdecker und Denker nach dem andern hervorbringen (die sich immer einstellen, wo sie nötig sind), und deren Entdeckungen nicht nur bahnbrechend sind, sondern auch alle in der gleichen fortschrittlichen Richtung liegen, hat das wirtschaftlich und geistig verspätete Deutschland nur eine Gestalt, die man als typisch großen Philosophen in der Fülle und Tiefe seiner Probleme ansehen kann. *Leibniz* (1646, also kurz vor dem entscheidungslosen Erschöpfungsfrieden des Dreißigjährigen Kriegs geboren) ist geradezu Allerwelts-Spezialist, mit den verblüffendsten ›Ungleichzeitigkeiten‹ begabt. Jurist, Alchimist, politischer Geheimagent, mathematisches Genie, Historiker, Sprachforscher, Philosoph, ja auch Theolog; mit allen Wassern gewaschen, auch mit geweihtem; alles vermischend, zwischen allen vermittelnd, zwischen Frankreich und Deutschland zugunsten der Niederlande, zwischen Bürgertum und Feudalität, zugunsten der Kurfürsten von Hannover, zwischen Protestantismus und Katholizismus, mechanischer und organischer Naturphilosophie; überall die ›beste aller Welten‹ rechtfertigend, dem Katechismus des goldenen Mittelwegs verpflichtet, Harmonie setzend um jeden Preis, auch um den der Aufrichtigkeit: ein unabsehbares deutsches Genie. Für uns ist wichtig dieser Leibnizsche Satz: ›Es gibt in der Welt nichts dauernd Ordnungswidriges, Unfruchtbares, Totes; Chaos und Konfusion existieren nur scheinbar.‹

Des Deutschen typische zwei Seelen, ach, in seiner Brust, beengen auch den halb romantischen, halb aufgeklärten *Herder* (geb. 1744). Der Generalsuperintendent, Shakespeare-Enthusiast, Goethefreund und Geschichtsmorphologe formuliert immerhin diesen Optimismus: ›Wie, und im menschlichen Leben sollte nicht eben dies Gesetz walten, das, innern Naturkräften gemäß, aus dem Chaos Ordnung schafft und Regelmäßigkeit bringt in die Verwirrung der Menschen? Kein Zweifel! wir tragen dies Prinzipium in uns und es muß und wird seiner Art gemäß wirken. Alle Irrtümer des Menschen sind ein Nebel der Wahrheit.‹

Auch die Gestalt *Kants* (1724 geboren) hat ein doppeltes Gesicht und Ansehen. Seine Bedeutung für die bürgerliche Philosophie in Deutschland liegt im Geist der Aufklärung, der er folgende Bestimmung gibt: ›Aufklärung ist der Ausgang des Menschen aus seiner selbst verschuldeten Unmündigkeit. Unmündigkeit ist das Unvermögen, sich seines Verstandes ohne Leitung eines andern zu bedienen, Sapere aude! Habe Mut, dich deines eigenen Verstandes zu bedienen! ist also der Wahlspruch der Aufklärung.‹ Schuld an der noch herrschenden Rückständigkeit tragen nur Trägheit und Feigheit des Herzens: ›Es ist so bequem, unmündig zu sein!‹

Wesentlich war der europäischen Aufklärung des 17. und 18. Jahrhunderts, daß sie das praktische Handeln allein aus der Vernunft abzuleiten unternahm. Dadurch wurde aber die Vernunft zu einer metaphysischen Macht, der Allvermögen und Unbefehlbarkeit zukam. Es war eben die Vernunft eines Bürgertums, das sich von allen Seiten beschränkt sah, von Kirche und Feudalität grade dort am meisten bedroht, wo es nicht zum offenen Klassenkampf kam wie in England und Frankreich, sondern wo wie in Deutschland die Gegensätze vom Staat autoritär unterdrückt wurden und höchstens ihre theoretische Versöhnung gestattet war. Die ›Kritik der reinen Vernunft‹ wurde jedenfalls ebenso akut wie die der ›praktischen‹, und von Kant so angelegt, daß allzeit ein Rückweg zur Metaphysik und zum Untertanenstaat offenblieb. Im Gegensatz zu dem skeptisch-empirischen Materialismus und Puritanismus der Engländer und zum logisch-epikuräischen Materialismus der Franzosen leitete der kluge Aufklärer und Pietist Kant den deutsch-reaktionären Kampf gegen die Aufklärung ein.

Deutlich beginnt hier schon der Boden zu wanken. Wir werden im folgenden Teil noch Kant und anderen begegnen, die die Vernunft gebrauchen, um die Vernunft zu widerlegen, als die sozialen Erdbeben die Grenzen der *bürgerlichen* Vernunft anzuzeigen begannen. Zitieren wir als Kronzeugen hier noch den letzten aus der Reihe großer Bürgerphilosophen, *Hegel,* der — über alle deutsche Misere erhaben — wenigstens kraft objektiven Geistes und echter Dialektik demonstriert, was der wirklichen königlich-preußischen Praxis indessen ganz abgeht: ›Wer die Welt vernünftig ansieht, den sieht auch die Welt vernünftig an; beides ist Wechselwirkung.‹

Die Wechselwirkung zwischen der Philosophie des Geistes und dem deutschen Elend konnte jedoch nicht Gegenstand der Philosophie bleiben; denn selbst die Hegelsche Philosophie war unterdessen in ihren besten Schülern, die, wie sich's gehört, den Meister meisterten, ein Gegenstand der Polizei geworden.

Nachtrag zu Kapitel 3 und 4

Obige Aufrisse sind zumal in Hinsicht auf Leonardo und Kant ergänzungsbedürftig. Nicht nur als Maler, dessen Hauptwerke endlich nach langer Bemühung des Verfassers gesellschaftskritisch erschließbar wurden, sondern auch als Erkenntnistheoretiker steht er einzigartig in seiner Zeit. Er allein sprach der Materie als einer selbstbewegten und sich entwickelnden eine innere Gesetzmäßigkeit zu. Homo faber, der arbeitende Mensch ist ein Produkt der Natur, der objektivierend zu verfahren habe, um dann seinerseits im Erkennen und in der Kunst als eigentlichen Produktionsprozessen der primären Natur eine ›Zweite Natur‹ oder Kultur zuzusteuern. Er unterschied Nachbewußtes und Vorbewußtes. Er verwandelte die apokalyptischen Untergangsvisionen um die Jahrhundertwende in erstaunliche kosmologische Zeichnungen, in denen schließlich griechische Götter, ja Adam und Eva neu erschienen.

Gewiß, Kants vertrackte Kategorie des ›Ding an sich‹ wurde zur Einbruchsstelle eines jeglichen Irrationalismus nach Kant: Schellings ›Unbewußtes‹, Nietzsches ›Nihilismus‹, Freuds ›Libido‹, Heideggers ›Angst‹ usw. Dennoch strahlen bei Kant als wahre Banner: Sein Zorn gegen Gewaltherrscher, seine Widerlegung der Gottesbeweise, die ihm erstmalig gelungene Darstellung einer materiellen Kosmogonie, seine Betonung des Erzeugungsfaktors im Erkennen, in der Moral und in der Kunst: ›Habe Mut, dich deines eigenen Verstandes zu bedienen‹, und zwar mit ›Ahnung unserer künftigen Freiheit‹.

Zweiter Teil   Die Ideologie des ›Chaos‹ oder die falsche Apokalypse des Bürgertums

5. Kapitel   Furcht und Zittern

Ich weiß deine Werke und deine Trübsal und die Armut (du
.bist aber reich) und die Lästerung von denen, die da sind
des Satans Schule. *Apokalypse 2, 9*

Das normale Sein ängstigt nicht. Die Ausnahme, das Ungewöhnliche macht Angst; das Unbestimmte, dem man sich
nicht anzupassen vermag, das der bisherigen Praxis widerspricht, ist Grund der Angst, ist Angst vor einem Abgrund.
Die Sicherheit des Australnegers seiner begrenzten Umwelt
gegenüber, sein sicheres Verkehren in der Buschwelt besteht
in der Regelmäßigkeit von Tag und Nacht, Sonne und Regen,
Wildpfad und Pflanzennahrung. Jede Ausnahme davon erscheint ihm als Willkürakt von Dämonen, dessen unabsehbaren Folgen durch einen sofortigen Gegenzauber vorgebeugt
werden müssen. Da alles ursächlich bestimmt ist, ist die Ausnahme die Wirkung einer unbekannten Ursache. Unbekannte
selbsttätige Ursachen sind Dämonen.
Noch heute fühlen Bauern so. Wer Wind und Wetter ausgeliefert ist und darüber hinaus noch Hypothekenzinsen ›anony-
mer Erwerbsgesellschaften‹, fühlt sich Dämonen ausgeliefert,
ist *abergläubisch* und verfällt dadurch auch dem kirchlichen
Gegenzauber. Eine Katze mit zwei Köpfen, ein Komet in der
Nacht, ein Brand der fernen Stadt hinterm Wald: das ist schon
überwältigend schlechte Botschaft, die durch Gebet und Mes-
se kollektiv gesühnt werden muß. Jede Kettenbildung irgend-
welcher Zufälle wird von solchem auf älterem Boden placierten,
ungleichzeitigen und stadtfremden Bauerntum argwöhnisch-
agnostisch wahrgenommen; berührt nur ein Glied den eignen
Lebenskreis, ist schon die Katastrophe da.
Das ist Urweltsage, archaischer Bann, Bauernspuk und Macht
des Katholizismus auf dem Lande. Wir tun gut, daran zu den-

ken, wenn wir rückwärtsblickend geschichtliche Katastrophen als *Naturkatastrophen* von den Zeitgenossen dargestellt finden. Hinterher sind wir alle schlauer. Not lehrt beten, aber noch nicht unbedingt ›dialektischen Materialismus‹.

Zu bestimmten Zeiten sprachen die Menschen immer wieder vom drohenden Weltuntergang im christlich-apokalyptischen, im astronomischen und auch im politischen Sinne. Die Unterscheidung der Gründe und des Ortes dieser Katastrophen, besonders der sozialen Gründe und des politischen Ortes, die einigen von uns heute geläufig ist, fehlt dem Buschneger Australiens und dem Bauern Hinterpommerns nicht weniger, als sie dem durchschnittlich gebildeten Mitteleuropäer fremd ist. Die große Hoffnung der bürgerlichen Aufklärung und Fortschrittsgläubigkeit, wie wir sie in den letzten beiden Kapiteln kennengelernt, bleibt ständig von dem Chaosgerücht heimgesucht. Das bürgerliche Bewußtsein bleibt eines mit doppeltem Boden, es ist immer das Bewußtsein plus Unbewußtsein. Im modernen Betonhaus ist sozusagen eine Falltür in die Angst und das Grauen der Vorzeit angelegt. Bei solchen Ungleichzeitigkeiten ist nach der jeweils *übergreifenden* Tendenz zu fragen und nach dem eigentümlichen Interesse, das die Menschen bestimmt, hier blinder sich zu machen, als sie sind, dort hellsichtiger zu sein, als sie eingreifend zu verwirklichen vermögen. Intellektueller Hochmut kommt dabei genauso zu Fall wie moralischer Sklavensinn. In beidem haben wir Deutschen es zu einer traurigen Meisterschaft gebracht.

Chaos und Kosmos bezeichnen zwar einen Wesensunterschied, aber dieser läßt Gradunterschiede zu. In Zeiten eines relativen Gleichgewichts — etwa während der ersten Jahrhunderte des mittelalterlichen Agrarfeudalismus —, ja selbst während der kurzphasigen Stabilisierungen des Kapitalismus während der ›Gründerjahre‹ nach 1870 oder nach dem Weltkrieg bis 1929, wird der nagende Wurm im Holz vor lauter lackierter Oberfläche nicht wahrgenommen. Wenn aber der Widerspruch zwischen Regel und Ausnahme, zwischen beherrschtem und unbeherrschtem Sektor in Natur und Gesellschaft brutal nach außen bricht, so äußert sich das praktisch als Krieg und Revolution oder als Konterrevolution plus Krieg. Im Bewußt-

sein der breiten Massen wird die Krise zwar in hundert einzelnen Tatsachen wahrgenommen. Die Tatsachen selbst werden
aber nicht verknüpft, nicht umfassend genug rationalisiert.
Sie werden unmittelbar erlebt, aber die unmittelbare Erklärung ist meist gerade falsch, zumal wenn sie von oben suggeriert wurde. ›Der Jud' ist schuld‹, das klingt plausibel, stimmt
mit wenigen isolierten Erfahrungen und mit Vorurteilen der
meisten überein; es wird also geglaubt, als sei es rationale
Wahrheit, während es doch eine gradezu gespenstisch irrationale Ablenkung von der Wahrheit ist. Gibt es aber für die
Massen im Moment keinen solchen Sündenbock, so wird die
genau begrenzte Schuld weniger Machthaber als Schicksal
oder Naturkatastrophe schlechthin erlebt. Die herrschende
Klasse aber übt sich in zwei scheinbar entgegengesetzten Methoden, Katastrophen der eigenen Mißordnung zu rationalisieren. Die erste Methode, die wir die deutsch-imperialistische
nennen können, führt dazu, durch einfache Projektion des
eigenen momentanen Circulus vitiosus, zurück in die Vergangenheit und nach vorn in eine fatale Zukunft hinein, die
Kontinuität der Kultur und Geschichte einzurollen in geschlossene, voneinander unabhängige, ›morphologische‹ Kulturkrei-
se. Das Musterbeispiel dafür lieferte *Oswald Spenglers* ›Untergang des Abendlandes‹. Deutschland hatte soeben den
Untergang seines zweiten Kaiserreiches erlebt. Nun war das
Bedürfnis denkbar groß, den Untergang einer noch halbfeudalen deutschen Beamten- und Militärkaste nicht nur etwa
als Untergang der deutschen Zivilisation zu sehen; nein, das
ganze Abendland sollte mit ihr fallen. Oder sogar: die ganze
westliche Demokratie der ›Sieger‹ erweicht und zerfällt zuerst, während dem eisernen Preußen-Deutschland noch eine
triumphale Rache- und Ehrenrunde zusteht. So wurde die
Niederlage des deutschen Imperialismus im Weltkrieg zu einer
Weltuntergangslehre von berauschender Plausibilität und Perspektive umgedeutet, uneigentlich gemacht. Spengler leugnete
nicht nur den Zusammenhang, die Kontinuität gewesener Kulturen, sondern mit solcher Verabsolutierung des Bruchs und
Abschlusses grade auch jene *Kontinuität in Sprüngen,* die
man Revolution nennt. Bedeutet eine Revolution Unterbre-

chung, Interferenz, so doch gleichzeitig zielbewußter Sprung, Brückenbau. Das konnte Spengler nicht brauchen, speziell nicht die revolutionäre Chance eines Sprungs in den Sozialismus hinein, der grade die Kontinuität der abendländischen Kultur bestätigt hätte. Denn der Sozialismus, wie ihn Marx gelehrt, hat eine dreifach europäische Wurzel in französischer Soziologie, englischer Nationalökonomie und deutscher Philosophie. Er ist also die Summe des Besten, was jedes dieser Länder aus seinen Erfahrungen gemacht hat.

Diametral entgegengesetzt zu Spenglers Untergangsromantik und Chaos-Vergötzung mit imperialistischen Repressalien ist jenes Musterbeispiel demokratisch-westlicher Geschichtsschreibung, wie sie *H. G. Wells* geübt. Beide widersprechen sich und lösen einander ab. Wells verabsolutiert die Kontinuität der Kulturgeschichte zu einer fadenförmig aufgerollten Fortschrittsidee. Durch einfache perspektivische Verlängerung der momentanen Nachkriegs-Prosperity nach rückwärts bis zum Urnebel und nach vorwärts bis zum ›Weltstaat‹ gewinnt er jene sanft ansteigende Kurve ohne merklichen Bruch, Zivilisation geheißen. Die Weltgeschichte wächst wie ein Bandwurm, die Zellen werden allmählich dicker und klüger, bis einmal ein kugelrunder Kopf anwächst, H. G. Wells geheißen, in dem das Dümmste und Klügste des Kultur-Bandwurms kulminiert. Ja, da kann nach Wells überhaupt nichts Besseres mehr kommen. Er hat nicht nur die ganze Vergangenheit endgültig abgespult, sondern auch schon die Zukunft vorweggenommen, buchstäblich ausgeschrieben. Das Amüsante bei alledem ist, daß Spenglers ›Untergang des Abendlandes‹ in dem Moment unterging, einfach vergessen wurde, nachdem die Reaktion in Deutschland gesiegt hatte und an der Nachkriegs-Konjunktur mächtig teilnehmen konnte (trotz, ja *wegen* ›Versailles‹). Dafür erlebte dann Wells' ›Outline of history‹ grade auch im Deutschland Spenglers einen märchenhaften Publikumserfolg. Ein großer Sortimentsbuchhändler versicherte mir, er habe nach 1926 auch nicht mehr ein einziges Exemplar ›Untergang‹ absetzen können, der um 1920 der größte Schlager gewesen. Dafür gingen jetzt die optimistischen Wälzer von Wells wie frische Semmeln ab — um 1936 bereits wieder vergessen zu werden. Beide aber, der ›positive‹ Pessimismus Spenglers wie der negative Optimismus von Wells, dienen der Stabilisierung des Bestehenden. Denn beide verabsolutieren je eine der zwei Seiten des Kapitalismus, um die dritte Möglichkeit, seine revolutionäre Überwindung nicht sichtbar werden zu lassen oder sie als unmöglichen Sprung darzustellen, das heißt als Abgrund an sich.

Die neue Qualität des Vergessens scheint überhaupt im System der Sicherung des Bestehenden eine phantastische Rolle zu spielen. Das schwache Gedächtnis der Untertanen ist eine Hauptstärke der modernen Diktaturen. Das System, dreimal täglich Zeitung zu lesen, ist das sicherste Mittel, täglich dreimal zu vergessen, was auch nur vor einem halben Jahr passierte, was geschrieben, versprochen, paktiert wurde. Hitlers Mairede von 1933 wäre im Deutschland von 1937 ein glatter ›Landesverrat‹, von seinem ›Unabänderlichen Programm‹ von 1927 ganz zu schweigen. Spengler wurde vergessen, aber überboten: wir leben nicht mehr in selbstgenügsamen Kulturkreisen und -krisen von fünfhundert Jahren, sondern — wenn es hoch kommt — von 48 Stunden. Hitler wäre nie an die Macht gekommen, hätten die Deutschen ein besseres Gedächtnis, nicht zu reden von einer besseren Moral. Bei Spengler ging das Abendland unter, weil die Ausbeuter Deutschlands zeitweise von außen und innen bedroht waren. Bei Hitler geht gleich die ganze Welt unter, falls Hitler untergehen sollte. Der ›Antichrist‹ kommt, falls Hitler nicht Christus zum SS-Standartenführer kommandiert. Kurz, jede ernstliche Bewegung in die Zukunft hinein, in den Sozialismus hinein, wird von der abtretenden Klasse als ›Chaos‹ erlebt und suggeriert. Nur der im Vormarsch befindliche Teil der Menschheit, die Armen, geben nicht allzuviel auf solche abstrakten Untergangslehren. Sie sind viel zu sehr in realer Not, sie kämpfen für eine bessere Ordnung, nicht für eine abstrakte Ordnung an sich, und begreifen in ihren fortgeschrittensten Kadern jede Krise auch immer als eine Krise zum Besseren, jeden Bruch immer auch als eine Aufforderung zum Sprung hinüber. Die Armen sind daher in ihrer Not die einzig Hoffnungsreichen. Sie sind die einzigen, die handeln und hoffen können, ohne an

Geld zu denken. Sie unterwerfen sich Tatsachen, nicht Unter-
gangstheorien (aber auch nicht bloßen Theorie-Revolutionen).
Das ist nicht immer eine Tugend, kann aber im Zeitalter von
Wahnsinns-Theorien ein Trost sein.

Es folgen nun wieder eine Reihe Zeugnisse, eigentliche Pro-
tokolle der Chaosangst. Wir lassen dabei zu weit zurücklie-
gende ›Außenängste‹ aus, als da sind: die Germanenangst der
Römer, die Türkenangst der Christenheit, die Judenangst der
Araber. Was heute davon aus der Zeit der Völkerwanderung
und Kreuzzüge noch rezent ist, so etwa die Nibelungensage,
geht uns nur in Rücksicht auf den aktuellen Anlaß an, der
mit sonst längst erkalteten Mythen den Menschen von heute
einheizt. Bayreuth hat ja nicht nur seinen Wagner, sondern
dieser auch seinen ›Siegfried‹ und Hitler gefunden: ›Heil sei
dem Tag . . .‹

Ein anderes Lied sangen die Menschen im Mittelalter. Und
ihre Angst war ehrlicher, denn sie war nicht nur begründet,
sondern unergründbar. Im ehernen Hymnus des ›Dies irae‹
klingt durch alle Strophen die Anrufung und Beschwörung
des Jüngsten Gerichts wieder als des unmittelbar bevorstehenden Weltuntergangs, wie ihn die Apokalypse geweissagt:

> *Tag des Zorns! an solchem Tage*
> *wird vertan der Zeiten Lage . . .*
> *Tod und Dinge werden beben,*
> *das Geschöpf muß sich erheben . . .*
> *an dem Tag des Stabzerbrechen*
> *laß, Herr, deine Gnade sprechen.*

Das war keine bloße Chaosangst-Ideologie. Der Christenheit
wurde es hier Ernst überhaupt. Die Kirche setzte damals den
Allerseelentag ein, den noch heute bis in die Großstadt hinein ein wahrer Grabesernst umgibt.

Auch Dantes Divina Commedia (um 1300) ist ein einziges
Weltgericht über die Weltgeschichte des ausgehenden Mittelalters und der Kaiserkirche. Dante verklärt das alte, konservative Kaisertum deutscher Stämme gegen das Rom der neuen,
›aufgeklärten‹ Päpste, die es mit der Bourgeoisie hielten. Den
neunten Himmel, einen Himmel über die meisten Heiligen

der Kirche hinaus, hält Dante für Heinrich VII. reserviert: ›Der Geist ist unten Rauch, hier ist er Licht.‹

Als Michelangelo zweihundert Jahre später in die Wölbungen der Sixtinischen Kapelle sein Weltgericht malt, verklärt er mit der ausholenden Imperatorengeste von Christus grade jene neue Herrschaft der Renaissance-Päpste, die von Dante verdammt wurde, und die ihrerseits die deutschen Feudalkaiser verdammten.

Die städtisch-mystische Predigt der Eckhart, Tauler und Seuse ist derweil in diesem von seinen Kaisern und den landfremden Päpsten gleichermaßen gemarterten Deutschland ein einziges Gebet um Morgenröte in Nacht und Grauen.

In Rom aber geht seit der Prophezeiung Joachims von Fiore das Gespenst des kommenden Antichrist um. Der Teufel wird damit an die Wand der Heiligen Stadt selbst gemalt, aber nicht beschworen. Beschworen werden mit diesem Mythos nur alle folgenden Revolutionen.

Die lassen nicht auf sich warten. In Deutschland ist der Teufel los, sagt Rom. Rom ist die große Hure, flucht Luther zurück: der Papst selbst ist der Antichrist.

Die alten Wertmaße zerbrechen. Die neuen Tafeln stehen schon parat. Luther braucht nur zuzupacken. ›Ich hab dem Papst das Herz abgebissen‹, rühmt er sich. So spricht kein Evangelist, kein reiner Glaubensengel, sondern ein Dämon, der er von Herzen ist. Aber er meint ja den Zehnten, den er zugunsten der mitteldeutschen Landesfürsten dem Papst sperrt, konfiszierte Kirchengüter zugunsten frühkapitalistischer Akkumulation nun auch in Deutschland. Die Interpretation aber heißt: der Gnadenschatz der katholischen Kirche sei verbraucht, die Bannkraft des Papstes gebannt. Wofür dieser riesige, auch tiefe Aufwand Luthers? Er erwartet ernstlich das Weltgericht spätestens um die Mitte dieses apokalyptischen Jahrhunderts, wie es im Buche steht.

Astrologen haben den Weltuntergang auf das Jahr 1524 gesetzt. In diesem Jahr aber geht die Welt nicht unter, sondern *Thomas Münzer* steht auf mit seinen wiedertäuferischen Scharen aus Bauern, Bergknappen und Stadtproletariat. Von Luther maßlos denunziert, von protestantischen wie von katholischen Fürsten durch die Lande gehetzt; denn dieses furchtlose Herz meinte es ernst, und nicht ›allein im Glauben‹ ohne die guten Werke wie Luther oder wie der Fürsten nur ›gedichtete Güte‹. Münzer fiel aber nicht nur diesen Mächten, sondern auch dem politisch ohnmächtigen Bündnis mit dem niederen Adel zum Opfer, dem ärgsten Blutsauger der Bauern, der in vorkapitalistische Zeit zurück will, dem schädlichen Heimweh zum Gestern verfallen; während das untere Volk nach vorne drängt: ›Es nahet gen den Tag‹, zur mystischen Kommune Thomas Münzers, des reinsten deutschen Revolutionärs in Christo.

So aber schreibt Ranke Reformationsgeschichte:

›Nachdem die Gewalten aneinander und unter sich selbst irre geworden, erhoben sich die elementaren Kräfte, auf denen sie beruhten. Aus dem Boden zuckten die Blitze auf: die Strömungen des öffentlichen Lebens wichen aus ihrem gewohnten Lauf, das Ungewitter der Tiefe, das man so lange brausen gehört, entlud sich gegen die oberen Regionen; es schien sich alles zu einer vollkommenen Umkehr anzulassen.‹

Ranke nennt Luthers Parteinahme für die landesfürstliche Obrigkeit gegen Münzers heldenmütige Rebellion ›heldenmütig‹! Wenn aber Luther hier heldenmütig gehandelt hat, muß Münzer verbrecherisch gehandelt haben. Das ist lutherdeutsche Heldenverehrung, Geschichtsschreibung vom Standpunkt der Riesen; dem deutschen Untertanenstaat genau die Untertanenmoral gebend, die dieses Staates und dieses Luthers ist: mit Gott für Kaiser und Vaterland immer auf Seiten der stärksten Bataillone. Dort stand er, denn er konnte *doch* anders!

Aber bald half auch kein Lutherscher Seelenschmalz mehr in die Ohren deutscher Untertanenhörigkeit gegen die Posaunen eines Dreißigjährigen Krieges und donnernd einschlagender Revolutionen. Das große, vom Krieg nur noch mehr gestaute Wetter entlud sich zuerst in England. Der englischen Revolution gilt Miltons ›Verlorenes Paradies‹ (1667) mit seinem Sang auf Adams Fall, Luzifers Himmelsturz, lautem Preis göttlicher Vorsehung, Auserwähltheit des englischen Volkes, briti-

scher Commonwealth, Herrschaft über die Meere und des endlich (kraft Cromwells Navigationsakte) ›Wiedergefundenen Paradieses‹ oder — wie es ein revolutionäres Siegel von 1651 prägt — ›der im dritten Jahre restaurierten Freiheit‹.
Doch wenden wir uns gleich zum kontinentalen Hauptereignis, von dem ab die moderne Menschheit recht eigentlich beginnt. Mit solchen Worten hat ihr kühner Initiant Mirabeau zwei Jahre vorher die Anzeichen der Französischen Revolution wahrgenommen und wahrgesagt: *›Unser Land ist aus dem stillen Chaos zum wild bewegten übergegangen; es kann, es muß daraus eine Schöpfung hervorgehen. Wird es eine Totgeburt, wird es ein Mensch sein? Ich weiß nicht; aber es ist unmöglich, daß wir stehenbleiben, und hinunter sinken können wir nicht tiefer.‹* Unmittelbar nachdem das geahnte und ängstigende Ereignis wie ein Donnerkeil in die Stickluft Europas hereingefahren mit dem prachtvollen, blitzscharfen ›ça ira‹ des Volkes, beurteilt es Mirabeau so ruhig und richtig wie kein zweiter Zeitgenosse: ›Man wird das Gute und Schlimme, was die Revolution uns bereitet, nach ihrer Gesamtheit und nicht nach der Anarchie und Zügellosigkeit zu beurteilen haben, die in diesem Augenblick herrschen und die einen Zustand bilden, der zu gewaltsam ist, um von Dauer zu sein . . . Die aufgeklärten Menschen werden also die ersten sein, zu merken, *daß man dem Stoß helfen muß, damit er weniger heftig sei.‹* — Ein wütendes Mitglied der Rechten ruft Mirabeau zu, er sei ein Aufrührer. Da gibt er zurück: ›Ich sage, die wahren Aufrührer, die wahren Verschwörer sind die Leute, die von Vorurteilen reden, die man schonen soll, indem sie an die Irrtümer unserer Vorzeit und das Unglück unserer schimpflichen Sklaverei erinnern. Aber die Herren vom Rückschritt sollen mich gerüstet finden . . . *Ich bin der Mann der Wiederherstellung der Ordnung und nicht einer Wiederherstellung der alten Ordnung.‹*
Mit diesem Satz hat Mirabeau das Geheimnis für das Gelingen jeder wahrhaft sozialen Revolution ausgesprochen, wie später *Karl Marx,* der die Revolution definiert als ›Freisetzen der neuen Ordnung, die sich im Schoß der alten Gesellschaft schon herausgebildet hat.‹

Als ahnungsvoller Erzengel der Revolution erweist sich Mirabeau auch in einem Brief an einen deutschen Freund: ›Ob ihr vielleicht schon in der Bildung weiter vorgeschritten seid, seid ihr doch nicht so reif wie wir, die es doch noch vor kurzem gewesen sind. Ihr seid es nicht, sage ich, weil das, was euch bewegt, seine Wurzeln in eurem Kopf hat, *und weil die Köpfe bei euch seit unvordenklichen Zeiten zur Knechtschaft erzogen sind*, weil bei euch also die Explosion viel später kommen wird als bei einer Nation, bei der alles dramatisch und momentan ist.‹

Dieses Urteil ist bis heute beschämend richtig. Es fehlte uns Deutschen damals nicht nur die materielle, sondern heute vor allem die moralische Basis für eine Erneuerung im Ausmaß der demokratischen Revolution der Franzosen. Der Enthusiasmus für Freiheit und Menschenrechte war zwar rein, aber er blieb auch rein intellektuell.

Hegel feiert den ›herrlichen Sonnenaufgang‹, den alle denkenden Wesen dieser Epoche mitgefeiert haben. Die französische Nation ist durchs Bad ihrer Revolution nicht nur von vielen Einrichtungen befreit worden, über die der Menschengeist als über Kinderschuhe hinaus war und die darum auf ihr wie auf den andern als geistlose Fesseln lasteten, sondern auch das Individuum hat die Furcht des Todes und das Gewohnheitsleben, das bei bloßer Veränderung der Kulisse keinen Halt mehr in sich zu gewinnen hat, ausgezogen. Dies gibt ihr die große Kraft, die sie gegen andere beweist. Sie lastet auf der Verschlossenheit und Dumpfheit dieser, die endlich gezwungen, ihre Trägheit gegen die Wirklichkeit aufzugeben, in diese heraustreten, und vielleicht, indem sich die Innerlichkeit in der Äußerlichkeit bewahrt, ihre Lehrer übertroffen werden.‹

Hölderlin, der junge Schiller und Fichte, Herder, die besten Geister Deutschlands, begeistern sich für die Französische Revolution. Selbst der kühle Kant gerät aus dem Häuschen im weltabgewandten Königsberg und prophezeit: ›Ein solches Phänomen in der Menschengeschichte vergißt sich nicht mehr, weil es eine Anlage und ein Vermögen in der menschlichen Natur zum Besseren aufgedeckt hat, dergleichen kein Politiker aus dem bisherigen Lauf der Dinge herausgeklügelt hätte.‹

Nur Goethe, das andernorts weltweite, ja polizeiwidrige Genie und kaum zum Hausgebrauch deutscher Kleinbürgerei geschaffen (Faust ist Reformation, Renaissance-Mystik plus französisch-amerikanische Menschenrechte, expansive Unternehmer-Ideologie), der Herr Geheimrat also dichtet unterdes der Reaktion ein schlechtes Stück nach dem andern. Jene deutsche Doppelheit Luthers, Leibniz', Kants, Hegels, Goethes usw., die von den Meistern an bis zum Volksschullehrer und Parteibonzen von heute reicht, ist das Ergebnis von vierhundert Jahren Untertanenmoral bei gleichzeitiger Anlage zum Höhenflug ohne zuverlässige Basis. Goethe, der im ›Prometheus‹ nicht prahlend genug die Götter herausfordern konnte, gibt in der ›Natürlichen Tochter‹ folgendes geheimrätliches Gutachten über die deutschen Folgen der Französischen Revolution ab:

> *. . . Diesem Reiche droht*
> *Ein jäher Umsturz: Die zum großen Leben*
> *Gefugten Elemente wollen sich*
> *Nicht wechselseitig mehr mit Liebeskraft*
> *Zu stets erneuter Einigkeit umfangen;*
> *Sie fliehen sich, und einzeln tritt nun jedes*
> *Kalt in sich selbst zurück. Wo blieb der Ahnherrn*
> *Gewalt'ger Geist, der sie zu Einem Zweck*
> *Vereinigte, die feindlich kämpfenden,*
> *Der diesem großen Volk als Führer sich,*
> *Als König und Vater dargestellt?*
> *Er ist entschwunden! Was uns übrig bleibt,*
> *Ist ein Gespenst, das mit vergebnem Streben*
> *Verlorenen Besitz zu greifen wähnt.*

Ganz im goethisch-bürgerlichen Ordnungsstil wird hier die Chaosvision, die aus dem ›bolschewistischen‹ Frankreich herüberschien, mit Vergangenheitsmythos und Führerideologie bekämpft. Die ›natürliche Tochter‹ Eugenie hat dabei vorher diese sehr natürliche Frage gestellt:

> *Was ist Gesetz und Ordnung, können sie*
> *Der Unschuld Kindertage nicht beschützen?*

67

— um vom ›Gerichtsrat‹, dem nachmaligen Herrn Gemahl, also metaphysisch belehrt zu werden:

> *In abgeschlossnen Kreisen lenken wir,*
> *Gesetzlich streng, das in der Mittelhöhe*
> *Des Lebens wiederkehrend Schwebende.*
> *Was droben sich in ungemessnen Räumen*
> *Gewaltig seltsam, hin und her bewegt,*
> *Belebt und tötet, ohne Rat und Urteil,*
> *Das wird nach anderm Maß, nach andrer Zahl*
> *Vielleicht berechnet, bleibt uns rätselhaft.*

Bei Goethe gibt es freilich noch viel handfestere Empfehlungen und Gutachten gegen Jakobiner und ›Atheisten‹ zu Händen gnädiger Herren und Heiliger Allianz. Er, dem es ›gefiel zu konversieren mit Gescheiten, mit Tyrannen‹, soll sich doch geäußert haben, Ungerechtigkeit sei das kleinere Übel gegenüber Unordnung. Und auch dieses echt Goethische Urteil: ›Nichts ist widerwärtiger als die Majorität, denn sie besteht aus wenigen kräftigen Vorgängern, aus Schelmen, die sich akkommodieren, aus Schwachen, die sich assimilieren, und der Masse, die nachtrollt, ohne zu wissen, was sie will‹ — dieses echte Spießbürgertum erklärt sich nur aus dem zwanghaften Versuch, zwei disparate Perspektiven zur Deckung zu bringen: die Froschperspektive eines deutschen Duodezstaates und die inkommensurable Perspektive eines geistigen Riesen, der politisch immer Untertan geblieben, um sich seine erhabenen geistigen Kreise ja nicht stören zu lassen. H. H. Houben hat in seinem amüsant dokumentierten Büchlein ›Der polizeiwidrige Goethe‹ dieses Dilemma beschrieben und grade auch der ›Furcht vor dem Chaos‹, mit der Metternich seine Reaktionspolitik bestritt, eine kluge Analyse gewidmet.

Wir sprachen von der deutschen Resonanz der Französischen Revolution. Chaosidee und Fortschrittsbejahung gehen durcheinander. Die praktische Politik sperrt alles praktisch Revolutionäre aus und den absoluten Geist in seine Isolierung ein. Hegel hatte wohl recht zu sagen, die Französische Revolution sei nach Deutschland als Philosophie gekommen; aber dafür blieb auch alles im Kopf und kam nicht in die Herzen und erst recht nicht in Schwung. Wer die Bürgerrevolution praktisch nach Deutschland trug, war ein französischer Bürgergeneral. Aber diese Revolution von oben und außen, die Napoleon wenigstens in die süd- und westdeutschen Provinzen und in die Schweiz trug, war deswegen nicht so sehr Herzenssache des Volkes, als Fürsten- und Beamten- und Philosophenpolitik. ›Demokratie‹ wurde hier nicht vom Volke getan, sondern ihm *angetan*. So auch konnte Hegel im großen Usurpator Napoleon den ›Weltgeist‹ reiten sehen, der — Gott sei's gedankt — bei Jena über die total vertrottelten Deutschen gesiegt und nun auch im Reich der Geister die Aufgabe übernommen, das Chaos wie eine preußische Provinz zu erobern. Hegel hatte nämlich der philosophisch geschulten Weltgeschichte in die Karten geschaut und vermochte nun das Geheimnis auszuplaudern, wie das anscheinend Unvernünftige und Chaotische ein ganz besonders kräftiger Trumpf in der Hand der Notwendigkeit und des Fortschritts sei und frei ausgespielt die schwärzesten Buben zu schlagen wisse.

Hegel bestimmte die Rolle des Bösen in der Weltgeschichte positiv. Durch ›List der Vernunft‹, die den Dingen innewohnt, leistet das Böse für das Gute Vorarbeit, indem es die Gegensätze schärft, zum Austrag zwingt und schließlich in höherer Einheit versöhnen läßt. Dieser Sieg der Vernunft, wie ihn Hegel wahrhaben wollte, kämpfte indessen recht blamabel mit jeder revolutionsfreundlichen Anekdote, die aus Frankreich nach Deutschland kolportiert wurde. Ja, die schmutzigste Schrift konterrevolutionären Geistes, dessen trübe Hauptquellen die reaktionären Zeitschriften und Flugblätter aus der Zeit des Direktoriums waren, übernahm als Titel geradezu den ›Triumph der Philosophie im 18. Jahrhundert‹ (erschienen 1803). Das klang also deutschen Ohren dieser Zeit ironisch genug, um hier Reaktion zu wittern. Darin wurden solche Geschichten verarbeitet: die französischen Revolutionsmilizen seien mit Stiefeln aus Menschenhaut beliefert, man habe die eingekerkerten Aristokraten mit eingesalzenem Schlachtfleisch guillotinierter Aristokraten gefüttert usw. Der Geist der Aufklärung wurde schließlich mit solchem Satz verabschiedet: ›Besser unsre dickste Finsternis als euer stinkend Licht.‹

Der Maler Rethel entwarf unterdes eine ganze Serie Revolutionsgreuel ›Auch ein Totentanz‹. Auch ein deutscher Held. Der Lutherzorn gegen die ›Hure Vernunft‹ ist nicht umsonst gewesen. Er hat Schule gemacht, der Meistersinger von Wittenberg, die deutsche Nachtigall mit dem Kernbiß.

Was dann kam — der Gesang wird bang und bänger — mag das nächste Kapitel berichten. Das Chaos ward hier schon zu dick. Bald dringt es auch in die besten Köpfe und Stuben, das Kellergespenst. Bis der neue Stern aufgeht, ist Nacht über Deutschland, und dann erst recht herrschen Dunkelmänner. Die aber im Keller sitzen, sehen zuerst den Stern. Die beste bürgerliche Jugend ist auch dabei. Jung-Deutschland war nicht zimperlich gegen Metternich und geheime Polizei. Von der Avantgarde des Volkes aber kam die Erleuchtung: die französischen Arbeiter standen auf. Das deutsche Bürgertum aber verriet ein zweites Mal das deutsche Volk, seine Bauern und Arbeiter und Intelligenz. Die sind seither die echten Kinder des Lichts und sind es am meisten, wenn sie im Finstern sitzen.

6. Kapitel   Und das Chaos absolut, wenn's nicht unsern Willen tut!

Ihre Macht war, zu beschädigen die Menschen.

Apokalypse 9, 10

Seit der Französischen Revolution ist das Bürgertum Herr der westlichen Welt. Das, was die Engländer *industrial revolution* nennen in dieser vorwiegend objektiven und technischen Bedeutung des Wortes Revolution (aus der Astronomie des Kopernikus ›De revolutionibus‹ = über die Umdrehung der Himmelsköper in die politische Sprache übernommen), war dabei ebenso Ursache wie Wirkung der politischen Neuordnung.

Revolution gibt es immer nur, wenn die alte Ordnung und Gesellschaft nicht mehr so weiterleben *kann* und wenn die neue Ordnung innerhalb der alten sich so stark fühlt, daß sie nicht mehr so weiterleben *will*. Beide Bedingungen sind notwendig, aber fallen nur selten zusammen. Daher sind große Revolutionen auch selten.

Industrie kann es erst geben, wenn es freie, disponible Arbeitskräfte gibt und Absatzmärkte. Die Arbeiter müssen frei sein vom Zunftzwang und frei von eigenen Arbeitsmitteln; so außerordentlich frei, daß sie gezwungen sind, als Verkäufer ihrer Ware auf den Arbeitsmarkt zu kommen: als Verkäufer ihrer Arbeitskraft. Handwerker und Bauern mußten also erst ›freigesetzt‹ werden oder, wie es zeitgenössisch hieß, ›gelegt‹ werden, gewaltsam von ihrer Werkstatt oder von ihrem Bauernhof getrennt werden, ehe das großbürgerliche Unternehmertum sie so weit hatte, Proleten werden zu müssen.

Wir schreiben hier keine Revolutionsgeschichte, sondern suchen ein flüchtiges Stück menschlichen Irrens und Hoffens festzuhalten, wie es sich im Bewußtsein der Menschen vor und nach jeder Revolution spiegelt. Wir sehen hier Philosophen und Dichter nur als Wortführer ihrer gesellschaftlichen Grup-

71

pen an. Das ist immer schon eine gewisse Beugung der Wahrheit im Medium der Literatur. Aber wir müssen sie sprechen lassen, da die Massen selbst noch über keine notierten Stimmen verfügen. Die Ereignisse kommen also nur mittelbar, durch das besondere Bewußtsein der zeitgenössischen Intelligenz gebrochen zu Wort. Bilder der Angst und Hoffnung des Volkes aber begleiten die ökonomischen und politischen Tageskämpfe so, als seien die Bilder die wahren Ereignisse. Phantasie und Affekte spielen für das Volk eine ganz andere Rolle als Ratio und Analyse. Es gibt daher eine Innenseite der Klassenkämpfe, die grade von bewußten Klassenkämpfern immer noch ignoriert wird.

Die schrecklichen Schreie der Angst und Verzweiflung jener Handwerker und Bauern sind in keine Literatur eingegangen und leicht lesbar, gemütlich gemacht geworden. Der Sieger schreibt die Geschichte (das Volk erfand dagegen Märchen und Lieder). Der Kapitalismus läßt dieses Kapitel voller Grauen einfach aus und begräbt es in Archiven und notiert nur, was ihm objektiv bei allem Grauen zukommt, den objektiven Fortschritt. Erst der Sieger über den Sieger sieht das Ganze. Marx schreibt das ›Kapital‹, in dem das innere Bewegungsgesetz des Kapitalismus aufgedeckt wird; und hier kommen nun auch zum erstenmal (aus lauter offiziellen Quellen belegt) die kapitalistischen Greuelpraktiken des Bauernlegens, des Handwerkertods und der Kinderarbeit vor. Der Sieger von heute aber fälscht die Geschichte von gestern und heute nur solange, bis er der Besiegte von morgen ist.

Alle bürgerlichen Revolutionen waren bisher von proletarischen Kräften zumindest militärisch mitbestritten worden. Denn wer ging allemal auf die Barrikaden, wenn nicht das Volk? Jedesmal kam dann noch der kritische Moment, wo die als neue Regierung und Bürokratie stabilisierte Revolution sich gegen ihre eigensten Kinder wandte. Es ist dies die berüchtigte *zweite Stunde* der Revolution, in der das Volk im sicheren Instinkt, um nicht die Früchte seiner Opfer zu verlieren, zur *zweiten Revolution* drängt. Die neue Front und Todfeindschaft bilden sich dann immer erstaunlich rasch heraus. Die bürgerliche Revolution ist im Verlauf von vier Jahrhunderten Klassenkampf gegen den Agrar- und Manufakturfeudalismus nur etappenweise zur ökonomischen und rechtlichen Herrschaft gelangt; die Französische Revolution als solche war dann nur noch ein *politischer* Sprung, der das bis dahin Errungene lediglich bestätigte und erweiterte. Aber kaum vierzig Jahre bürgerlicher Herrschaft genügten, um die nächste unterdrückte Klasse kämpfend auf dem Plan zu sehen.

Das ›Chaos‹ des Bürgertums war bis dahin im großen und ganzen Theorie, ein Gespenst, das im akademischen Überbau spukt. Es war einer jener ambivalenten Begriffe, dem je nach Interesse und Standort eine geradezu entgegengesetzte Bedeutung zukommen konnte (auch ›Freiheit‹, ›Nation‹, ›Ehre‹ sind solche Begriffe). Am Höhepunkt des bürgerlichen Fortschritts und seiner rational-mechanischen Weltinterpretation war das ›Chaos‹ nur noch eine unkultivierte Provinz und einfach dadurch abzubauen, daß man es kapitalistisch anbaute.

Mit dem immer deutlicher und selbständiger werdenden Auftreten der Arbeiter als neuer Klasse in der Menschheitsgeschichte fährt nun der Bourgeoisie ein begründeter Schrecken in die Glieder. Das ›Chaos‹ rutscht plötzlich in den Unterbau, wird Kellergespenst der bürgerlichen Mietskaserne.

Das Proletariat, bisher eine unterschiedslose Masse alles dessen, was unterhalb der besitzenden Klassen stand, meldet 1830 erst zögernd, 1848 aber schon nachdrücklich innerhalb der noch bürgerlich formulierten Revolutionen seine Forderungen einer selbständigen Klasse an.

So sieht es in dem europäischsten Land Europas, so sieht es in Frankreich aus, wo von je die kleinste Spanne zwischen Unter- und Oberbau, zwischen Sein und Bewußtsein herrschte. England macht unterdes ohne großen ideologischen, aber mit desto geschäftlicherem Aufwand seine ›industrielle‹ Revolution und gleichzeitige Kolonisierung durch, die ihm beide zusammen eine soziale Revolution zunächst ersetzen. Es nimmt der Fortschritt nicht metaphysisch, sondern wörtlich; er heißt es vom Königreich zum afrikanisch-australisch-indischen Empire fortschreiten und den andern Kapitalisten zuvorkommen. Auf Grund seiner kolonialen Extraprofite und Monopole kann es auch einem Teil seiner heimischen Arbeiterschaft eine relativ bessere Lebenshaltung geben (die sich im Laufe der kapitalistischen Krisen bis heute mehr als bezahlt machen sollte; nämlich unbezahlbar als Rückversicherung gegen die Einigung der englischen Arbeiter mit indischen Kulis und — englischen Arbeitslosen).

In Deutschland aber ist die Lage völlig verquer. Ökonomisch zurückgeblieben, in geistiger Isolierung und in moralischer Reaktion, vermochte Deutschland zwar durch seine ›Freiheitskriege‹ ein Stück geographischer Nation aufzurunden. Aber sozialpolitisch wurde es eben durch die reaktionären Folgen der Freiheitskriege zurückgeworfen oder blieb in feigen Reformversuchen stecken. Das Bürgertum war zu schwach, die feudale und längst faule Basis der Bürokratie und des Militarismus zu sprengen, wie das England und Frankreich getan hat. Dafür eignete sich die deutsche Intelligenz nur die geistigen Resultate der fortgeschrittenen westlichen Demokratien an. Sie erlebte auf diese deutsche Weise Freiheit und Fortschritt lediglich im Geiste (oder: ›allein durch den Glauben‹ und dort allerdings nicht ganz ohne ›gute Werke‹). Diese schiefe und unglückliche Lage der gesamten deutschen Verhältnisse verunklärte auch den echten Ruf nach sozialer und nationaler Freiheit, der grade nach den nur für die feudalen Mächte Deutschlands gewonnenen Freiheitskriegen durch die betrogenen und zurückversklavten Massen ging. Lassen wir einige gewiß unverdächtig nationale Zeugen sprechen.

Ernst Moritz Arndt (dessen herzlich banale Vaterlandslyrik seinen Ruhm ausmacht, während die größere Prosa seines ›Geist der Zeit‹, aus dem ich hier durchweg zitiere, resonanzlos verhallte), dieser furchtlose Mann entwirft uns ein Zeitbild der Jahre von 1813 bis 1818, das an die Dämonologie des Mittelalters oder an die Antichrist-Angst der Renaissance unmittelbar anzuknüpfen scheint:

›Die Natur ist voll Sünde und Grausen, sie wimmelt von dunklen geheimen Kräften, die uns mit Gier und Geiz und Mord und Wahnsinn anblasen. Eben eine solche Gruft der Schrekken ist in uns und in den Begierden, die in uns bellen und schlängeln. In dem dunkel brütenden und gestaltlosen und

74

lichtlosen Tartarus weilen und wurmen wohl noch schreckli-
chere und finstere Kräfte als die, deren Herrschaft sie entrin-
nen wollten. Wir alle stehen und wandeln auf diesem Boden
und müssen die ungeheuren Kräfte einsaugen. Wir können
uns dieser Natur, welche unsere Natur ist, nicht entziehen.‹

Der Boden, auf dem diese halbfeudale, halbbürgerliche Gesellschaft in Deutschland steht, ist der Boden gärender Rückständigkeiten. Der Napoleonsche Stiefel drückte nicht so sehr,
als daß er zu groß war für den deutschen Fuß. Deutschland
hinkte in halben Reformen. Nichts war eigentlich angepaßt.
Goethe war Minister in einem Zwergstaat. Er konnte sich
nicht richtig bewegen. Kants Glück war seine obskure Kanz-
leisprache. Dafür mußte er in Königsberg sitzen und seine
Robespierresche Seele pietistisch gebückt halten. Schelling,
in jungen Jahren ein improvisierender Brausekopf, wird alt
und blaß, ein Mönchlein in München. Hegel aber, der mächtigste Verstand, sein Dynamit sorgfältig verpackt in Paragraphen der Rechtsphilosophie, eine Systematik und Person dazu, die in Betracht kommt, dieser freie Geist läßt sich krönen
bei den Preußen, ›leider auch ein bißchen salben‹ (Heine).
Aber auch als solcher gesalbter Schwabe und Idealist ist Hegel real genug zuzugeben:

Die bürgerliche Gesellschaft bietet in ihren Gegensätzen das
Schauspiel der Ausschweifung, des Elends und des beiden
gemeinschaftlichen physischen wie sittlichen Verderbens dar.‹

Hegels Kollege, Niebuhr, erschrickt zu Tode, wie ungebildet
sich die Julirevolution von 1830 benimmt:

›Jetzt blicken wir vor uns in eine, wenn Gott nicht wunderbar
hilft, bevorstehende Zerstörung, wie die römische Welt sie
um die Mitte des dritten Jahrhunderts erfuhr: auf Vernich-
tung des Wohlstands, der Freiheit, der Bildung, der Wissen-
schaft.‹

Heute haben wir statt Hegel und Niebuhr unsern Heidegger
und Jaspers. Wir kommen noch zu diesen Professoren, die es
mit der ›Angst‹ haben: ›Dasein überhaupt scheint nichts als

Angst zu sein.‹ Also avanciert Hitler zum Gott, der freilich nicht gar so wunderbar hilft. Und Gott kommt dabei vollends auf diesen Hund.

Um 1830 ist bei den Deutschen wiederum der Teufel los. Goethe übertreibt:

›Nord und West und Süd zersplittern. Throne bersten, Reiche zittern.‹

Tieck frohlockt romantisch-abstrakt:

›Willkommen denn, unstetes, wildes, erfreuliches Chaos.‹

Bei Kant war von diesem Chaos nur nominalistisch-theoretisch die Rede. Es war das fatale ›Ding an sich‹. Nach ihm sind die Menschen einem Chaos von Sinnesempfindungen ausgeliefert, in die erst durch die Begriffe Sinn und Ordnung kommt. Der gänzlich teutonisierte Carlyle bekennt andernorts:

›Ich lebte merkwürdigerweise in einer fortwährenden unbestimmten quälenden Angst. Zitternd, kleinmütig und besorgt und ich weiß nicht was. Es war mir, als ob alle Dinge oben im Himmel und unten auf Erden für mich zum Schaden da wären und Erde und Himmel nichts weiter seien als der grenzenlose Rachen eines gefräßigen Ungeheuers, von dem ich zitternd erwartete, verschlungen zu werden.‹

Sehr gut wird hier als Hauptelement sowohl des Chaos als der Angst geschildert: die Unbestimmtheit.

Dem Hegelschen Weltgeist, der Bestimmtheit, ›Gesetztheit‹ in Person, ist in der eigenen Höhe schwindlig geworden:

›Sollte hier von einem Untergang gesprochen werden können? ...Dieser Mißton ist in Wirklichkeit vorhanden. Die Vernunft flüchtet sich allein in die Form des Privatrechts ... die Sucht des Privatrechts und Genusses ist an der Tagesordnung ... Die Härte eines objektiven Befehls, die Macht des Staates kann hier nichts ausrichten; dazu hat der Verfall zu tief eingegriffen ... Wenn das Salz dumm geworden und alle Grundfesten stillschweigend hinweggenommen sind, dann weiß das Volk, für dessen gedrungen bleibende Vernunft die Wahrheit

76

nur in der Vorstellung sein kann, dem Drang seines Innern nicht mehr zu helfen. Es steht dem unendlichen Schmerze noch am nächsten. Aber . . . so sieht es sich von seinen Lehrern verlassen. Diese haben sich zwar durch Reflexion geholfen und in der Endlichkeit, in der Subjektivität und deren Virtuosität und eben damit im Eitlen ihre Befriedigung gefunden. Aber darin kann jener substantielle Kern des Volkes die seine nicht finden.‹

Das Volk sieht sich nicht nur von seinen Lehrern verlassen, auch den großen Lehrer verlassen seine besten Schüler. Zuerst springt Feuerbach ab und ist nicht auf den Kopf gefallen. Aber Kleinmut kam nach dem Fall, und jener abstrakte Schrei nach dem ›Allgemein-Menschlichen‹ war der Klageruf einer deklassierten Intelligenz, die freimütig und einsichtig genug war, die eigene Klasse geistig zu liquidieren, aber die noch keinen neuen, genauen Boden vorfand, um auch politische Avantgarde zu werden. Oder aber es wurde eine Avantgarde ohne Armee, ja ohne festes Kampfziel.
Der Personen und Zeugen solcher deutschen Zwischenheit sind viele. Die geistreiche, ja ›expressionistische‹ Sprache als Sprache der Zerrissenheit und des gebrochenen Herzens ist das Stilmerkmal, das die bodenlos gewordene Wirklichkeit anzeigt. Die irrationale *Ausdruckskraft,* nicht der reale Inhalt bestimmt diese Literatur. Sie ist nicht mehr Konvention, noch nicht Tendenz, sondern ein animalisch schweifendes Dazwischen, *Stimmung,* Wetter, Gewitterstimmung. *Georg Büchner* verdichtet in seinem ›Woyzek‹ die dumpfeste, geladenste Chaos- und Angstvision aus unterer Sphäre, die in deutscher Dichtung Wort wurde. Man höre:

›Wie hell! ein Feuer fährt vom Himmel und ein Getös herunter wie Posaunen! Wie's heraufzieht! fort!‹

In Kierkegaard schlägt der Protestantismus in Naturdämonie und reines, leeres Protestieren gegen die Sonntagskirche zurück, um dann unfehlbar auf den bürgerlichen Nihilismus und Pessimismus zu weisen. Der Romantiker gegen die Romantik *Heine* wird notgedrungen der erste große Journalist, der bewußt nicht für die Ewigkeit, sondern für bestimmte Zeitungen und Zwecke schreibt. Arndt, der weder über einen Hegelschen Horizont noch über Heines Witz verfügt, dafür aber einen klaren, sprachmächtigen Bauernverstand sein eigen nennt, der die Lähmung der Leibeigenschaft längst überwunden und den man erdverbunden nennen dürfte, wäre dieses Wort nicht durch den reichsdeutschen Mißbrauch anrüchig geworden (Arndt stammt aus dem damals schwedischen Rügen), dieser aufrechte Mann weiß seismographisch genau die durchschnittliche Erregungslage der Zeit zu notieren und sie in eine klassische Bildersprache zu übersetzen, wie sie seit und durch Schiller in Deutschland der kleinen Verhältnisse und großen Gefühle sich eingebürgert:

›Schaffet unten nur etwas Festes und Gesetzliches, eine frische lebendige Gestalt und ein freies Maß der einfachen Dinge, und die teutschen Gelehrten werden lernen, daß das bloße Fliegen und Steigen und Überfliegen und Übersteigen selbst die kühnste Wissenschaft und Philosophie bodenlos und gehaltlos macht und in der Himmelsluft droben eine Herrenlosigkeit walten läßt, wie sie unten auf der Erde ist.‹

Dieses praktische Mißtrauen gegen bloßes Idealisieren mag zwar Nachklang einer in Deutschland noch nicht deutlich gewordenen, französisch instrumentierten Revolutionsstimmung des Bürgertums sein. Jedenfalls kennzeichnet es die bis heute fatale Mittellage der deutschen Intelligenz, die an den wirklichen Erschütterungen zwischen unten und oben nur seismographisch, nur im Geiste teilnimmt. Ein Überschuß nicht grade kleinbürgerlicher Kühnheit kam dem einzigen Arndt zugute, ›... so frech heraus zu erklären, daß ich die Wissenschaft und Philosophie nicht einen Deut wert halte, welche sich unfähig oder gar für zu vornehm hält, an meiner Erde und irdischen Not teilzunehmen und die Erde einrichten und verwalten zu helfen.‹

Wenn ein bäurisch-kräftiger Mann in mittleren Amt und Würden einer deutschen Universitäts-Kleinstadt der Sicherheit und Gediegenheit das Wort redet, vertritt er ein mittelständisches Interesse. Was aber sagt der Poet, der fahrende Gesell, der seine Sach' auf nichts gestellt sieht? Es kann nicht anders sein, in solcher Zeit wird die Poesie krank. Die Romantiker leben als Dichter geradezu von dieser ihrer Krankheit, die Fernensucht, deutschtümelndes Blümelblau und Vergißmeinnicht, Verzauberung jedes Mangels und Scheins in Musik und Ironie ist.

Da ist Brentano, sein ›Frühlingsschrei eines Knechts aus der Tiefe‹ rührt an die bodenlose Angst der Deklassierten. E. Th. Hoffmann sieht überall Gespenster, Masken, Fratzen, Unholde, Hohlräume und Vampire. ›Die ganze Natur war ihm ein mißgeschliffener Spiegel, worin er, tausendfältig verzerrt, nur seine eigene Totenlarve erblickte; und seine Werke sind nichts anderes als ein entsetzlicher Angstschrei in zwanzig Bänden‹ — so sieht ihn der selbst tief an Deutschland krankende Heine.

Das Gefühl krank, die Vernunft gestört, Sekundenzeiger um ein Jahrhundert verspätet im Weltentag, den sie nicht einholt, das ist die deutsche Romantik. Wer sie (wie ich) liebt, sage nicht, hier sei Gemüt und Tiefe der Deutschen, denn es war ebenso Angst und Fatalität der Deutschen. Was die Romantik darüber hinaus ist, jene seltsam *verfrühten* Zukunftssüchte — oh Hölderlin! — gehören ebenso wie das verspätete Heimweh zum Gestern der eigentlichen *Ungleichzeitigkeit* jener Zeit und Stimmung an. Sie bauen mittelalterliche Burgen, während die ersten Fabriken entstehen. Im Zeitalter der Dampfmaschine pflegen sie Umgang mit Elfen und Dämonen. Während Deutschland verdirbt, suchen sie das Land der Seele bei den Griechen und Indern.

7. Kapitel Pessimismus, Wille zur Macht und das Unbewußte (Schopenhauer, Nietzsche und Hartmann)

Und ich sah aus dem Munde des Drachen und aus dem Munde des Tieres und aus dem Munde des falschen Propheten drei unreine Geister gehen. *Apokalypse 16, 13*

In Goethes ›Bürgergeneral‹, einem angeblichen Lustspiel, das einen gewöhnlichen Tagedieb als jakobinischen Revolutionär mit wahrhaft entwaffnender Harmlosigkeit der szenischen und begrifflichen Vorstellung entlarvt, predigt der ›Edelmann‹ am Schluß diesen Sonntags-Sermon:

›Bei sich fange jeder an, und er wird viel zu tun finden. Er benutze die friedliche Zeit und schaffe sich und den Seinigen einen rechtmäßigen Vorteil, so wird er dem Ganzen Vorteil bringen . . . Was in der Welt geschieht, wird Aufmerksamkeit erregen; aber aufrührerische Gesinnungen ganzer Nationen werden keinen Einfluß üben. Wir werden in der Stille dankbar sein, daß wir einen heiteren Himmel über uns sehen, indes unglückliche Gewitter unermeßliche Fluren verhageln . . . Fremde Länder laßt für sich sorgen, und den politischen Himmel betrachtet allenfalls einmal Sonn- und Festtags.‹

Auch der große Bürgerphilosoph, auch Hegel hat nach seinem eigenen Wort ›am Sonntag des Lebens‹ philosophiert, ›von Gott dazu verdammt, ein Philosoph zu sein‹. Er weiß, daß der bürgerliche Werktag ein anderes Gesicht hat als seine Sonntags-Philosophie und sein Sonntags-Christentum, daß Religion und Philosophie zu spät kommen oder sich unglücklich verfrühen — der Sonntag ist dann wie ein blauer Vormontag —, daß der Philosoph zwar staatlich sanktioniert ist, aber von eben diesem Staat gezwungen wird, eine unmögliche Versöhnung zu predigen:

›Die Philosophie ist in dieser Beziehung ein abgesondertes Heiligtum, und ihre Diener bilden einen isolierten Priesterstand, der mit der Welt nicht zusammengehen darf.‹

Gewiß gelten auch Descartes, Spinoza und Leibniz als ›Idealisten‹. Aber sie waren es in einem besonderen Sinne, sozusagen nur im Vorwort und in den allgemeinen Konklusionen, in denen sie sich an die akademischen Spielregeln der Zeit halten mußten. Ihre tatsächlichen Entdeckungen dienten sehr wohl dem praktischen Geschäft, und zwar einem aufblühenden.

Die Frage, ob Hegel entsprechend positiv am Aufbau der bürgerlichen Gesellschaft teilhatte, müssen wir in diesem unmittelbaren Sinne verneinen. Sein Anteil ist mehr der eines Hohenpriesters als der eines Baumeisters. Wir wollen aber nicht vergessen, daß Hegel etwa im Gegensatz zum späten Schelling in den Naturwissenschaften und besonders in der Mathematik auf der Höhe seiner Zeit stand, und, wenn von ihm gesagt wurde, er stände auf dem Kopf, uns immerhin zu wundern: was für ein Kopf! Hegel bildete auch in dieser Beziehung den Scheitelpunkt des bürgerlichen Denkens. Er, der alles in Prozeß und Bewegung aufgelöst hat, die Religion in Religionsgeschichte, die Philosophie in die Geschichte des Weltgeistes, die Geschichte in dialektische Logik, die Logik in Ontologie, sollte schließlich seine wahre Dialektik darin haben, sich selbst zu prozessieren, in Gestalt seiner Schüler Feuerbach, Marx und Engels an sich vorbeizukommen, auf die Beine zu kommen und weiterzumarschieren.

Indessen macht nur eine kleine bürgerliche Gruppe diesen Schritt mit. Schelling, dem nach Hegels Tod 1831 die Anwartschaft auf den höchsten deutschen Lehrstuhl (der Berliner Universität) im Gutachten Minister Altensteins ausdrücklich mit der Begründung verweigert wurde, er sei ›in seinen naturwissenschaftlichen Kenntnissen weit hinter der Zeit zurückgeblieben‹, erhält zehn Jahre später ebenso ausdrücklich Hegels Platz zugesprochen, um ›die Drachensaat des Hegelschen Pantheismus zu bekämpfen‹

Vergegenwärtigen wir uns rasch, was in der übrigen Geisteswelt geschah, während Schelling in Berlin ohnmächtige Vorlesungen über die Philosophie der Offenbarung hält. Aus München, ›dieser Stadt der Finsterlinge‹ — Anselm von Feuerbach nennt sie so —, ist Schelling ins aufgeklärte Berlin versetzt worden. In München lehrten derweil der katholische Franz Xaver von Baader eine Böhmesch anmutende Theosophie, der Naturphilosoph Heinrich von Schubert, Entdecker der ›Symbolik des Traums‹ und der wahrhaft finsteren ›Nachtseiten der Naturwissenschaft‹, der Historiker Josef von Görner, der an einer ›Christlichen Mystik‹ arbeitete, Nepomuk von Ringeis, der im erklärten Krieg gegen die neue naturwissenschaftliche Medizin eine Heillehre aus der Offenbarungsphilosophie abzuleiten unternahm. Diese Dinge haben heute nur noch eine Kontrastbedeutung. Die positive Forschung der Zeit aber sieht so aus: im Jahrgang 1842 von Liebigs ›Annalen‹ steht die Entdeckung der Erhaltung der Energie durch Robert Mayer, der Helmholtz 1847 die endgültige Begründung gibt; 1843 veröffentlicht *Ludwig Feuerbach* seine ›Grundsätze einer Philosophie der Zukunft‹, 1844 *Karl Marx* seine vehemente ›Kritik der Hegelschen Rechtsphilosophie‹ in den berühmten ›Deutsch-Französischen Jahrbüchern‹, *Friedrich Engels* gleichen Orts seine ›Umrisse zu einer Kritik der Nationalökonomie‹; 1845 deckt er vor dem ahnungslosen Europa die ›Lage der arbeitenden Klasse in England‹ auf; Marx schreibt 1847 das ›Elend der Philosophie. Antwort auf Proudhons ,Philosophie des Elends'‹; die vierte durchschlagende Auflage von Johannes von Müllers ›Handbuch der Physiologie des Menschen‹, ein grundlegendes Werk, erscheint 1841—44; gleichzeitig veröffentlicht Faraday in England seine ›Experimental researches in electricity‹, eine neue Epoche der Technik einleitend; Armstrong erfindet 1846 den Akkumulator; 1845 gründet Alexander von Humboldt die der internationalen Naturwissenschaft geöffnete Zeitschrift ›Kosmos‹. Und das ist nur eine kleine Liste aus dem überwältigenden Inventar damaliger Forschung.

Die eminente Nutzlosigkeit dessen, was man Philosophie nennt, seit man darunter nicht mehr Naturwissenschaft oder sonstwie einen praktischen Lehrgang einbegreift, ist in Deutschland etwa mit Schellings beschämenden Berliner Auftritt und baldigem Abdanken (1846) ausgemacht. ›Philosophie‹ bedeutet heute den meisten Menschen nur noch etwas wie unpraktische, schwierige Bemühung um eine Erkenntnis, zu welcher Kenntnisse von abstrakten Begriffen, eine Professur oder sehr viel Freizeit und Langeweile gehören. Das (variierte) Possenwort meint dazu: Philosophie (Kunst) ist das, was nicht jeder kann; denn wenn es jeder könnte, wär's keine Philosophie. Im französischen Sprachgebrauch aber hat sich dieser einstmals strahlendste Begriff noch erheblich possierlicher spezialisiert. Wenn nämlich ein Passant in Paris der Werbung einer Berufsschönen widersteht, so weiß sie dem außerordentlichen Asketen kein treffenderes Wort nachzurufen als eben dieses: quel philosophe!

Die nachhegelschen Philosophen haben zur Degradierung der Philosophie selbst das meiste beigetragen. Es war dies zunächst kein praktischer Schade, es zeugte nur von Schäden der gesellschaftlichen Praxis. Nur für die Folge muß man die gefährliche Art bedenken, mit der hier nicht etwa falsche Begriffe aufgelöst, sondern alle Begriffe überhaupt zuschanden werden. Sie zersetzen nicht etwa eine dogmatische Philosophie, sie selbst sind zersetzte dogmatische Philosophen. Ihre Dogmen sind nur die von vorgestern, die sie zur Wahrheit von morgen machen wollen.

Mit andern Worten: bisher hatte die Wissenschaft die Unwissenheit stets abgebaut und ganze Städte bewohnbarer und gefestigter Wahrheit gegründet. Galilei, Descartes, Newton haben die Gesetze von Raum und Bewegung bestimmt, Ingenieure haben mit diesen Gesetzen Maschinen gebaut und — was immer das soziale Motiv sein mochte — Unternehmer haben Waren über die Bedarfswirtschaft hinaus geschaffen und einen internationalen Handel erschlossen. Kant und Laplace beschrieben die Entstehung der Erde aus dem Urnebel, und das bedeutet, daß sie Zeit und Geschichte in das physische Geschehen und Geschichtetsein brachten. Darwin stellte auch die Menschwerdung in eine natürliche Entwicklungsreihe. Faraday, Lavoisier und Liebig legten dann die Grundlage zu einer qualitativen Bestimmung der Materie in der Chemie. (Allerdings werden hier die Qualitäten auf Quantitäten reduziert; aber das liegt überhaupt im Wesen der kapitalistischen Gesellschaft und ›Natur‹. Daß den Quantitäten an bestimmten Knotenpunkten Qualität zukommt, diese Einsicht ist erst eine nachbürgerliche und hat ›Weiterungen, denen sich die bürgerliche Wissenschaft allermeist verschließt.) Ins 19. Jahrhundert fällt dann auch die wahrhaft epochemachende Erfindung und industrielle Verwertung der Dampfmaschine, das heißt die Verwandlung von Wärme in Energie (was ein quantitativ-qualitativer Prozeß ist). Der nächste Schritt ist dann die rationelle Verwandlung von Energie in ›Energie‹, das heißt in Elektrizität. Diese Kraft und dieses Licht überbietet alle zufälligen Blitze, sie überwindet die Nacht und den Raum. Von der Mitte des 16. Jahrhunderts an bis zur Mitte des 19. machte also die Menschheit nicht nur eine lebenswichtige Entdeckung nach der anderen, sondern sämtliche Wissenschaften und Wahrheitsimpulse lagen auch auf der gleichen Ebene und dienten dem gleichen Fortschritt. Die Naturwissenschaften insbesondere blieben unverdächtig, und es gab keinen Maschinensturm ›von oben‹, solange sie ein naiv gehandhabter Hebel zur Gewinnung gesellschaftlichen Reichtums waren. Da aber die bürgerliche Gesellschaft nicht nur Reichtum, sondern auch Elend und Krisen erzeugt, und also die Empörung gegen das Elend die Gesellschaft immer wieder ins Wanken bringt, kamen bürgerliche Denker auf die Idee, die Naturwissenschaften nun auch auf die menschliche Gesellschaft selbst und nicht nur auf die Natur anzuwenden. Adam Smith und Malthus unternahmen in ihren ökonomischen Werken diesen Versuch, der dann neben Stuart Mills naturwissenschaftlich-positivistischer ›Ethologie‹ am großartigsten in Auguste Comtes umfassender Soziologie kulminiert: ›savoir pour prévoir, prévoir pour prévenir‹.

Das war nun bei aller ethischen und positiven Einstellung der Positivisten zur Wahrheit eine rein mechanische Applikation mechanischer Gesetze auf die Gesellschaft. Erst Marx und Engels entdeckten das *dialektische* Bewegungsgesetz in der Gesellschaft wie in der Natur und erkannten nicht nur die natürliche Latenz, sondern auch die gesellschaftliche Tendenz zu der höher organisierten menschlichen Ordnung des Sozialismus.

Mit der Revolution von 1848 erfolgte für das gesamte Bürgertum, roh gesprochen, der Umschlag vom Fortschritt in Rückschritt. War bis dahin alles nicht nur gradlinig, sondern aufwärts verlaufen, so ging nun mit einemmal alles schief und nur noch relativ aufwärts. Denn der Boden selbst kam ins Wanken, so daß nicht mehr zu bestimmen war, was als Fortschritt und was als Rückschritt gelten darf. Dieser deutliche Balanceverlust ist das erste Charakteristikum der bürgerlichen Gesellschaft nach 48.

Die Reaktion auf so widerspruchsvolle innere Krisen der kapitalistischen Länder konnte wiederum nicht anders als widerspruchsvoll sein. England und Frankreich versuchten, die Krise durch rationalisierte Technik und Soziologie zu überwinden, ohne damit an den Kern des Übels zu stoßen. In Deutschland erfolgte die Reaktion wiederum gänzlich unvermittelt und chaotisch. Das Bürgertum hatte dort mit seiner eigensten Revolution, die im kläglichen Kompromiß mit den alten Feudalmächten endete, auch den raschen Anschluß an den westlichen fortgeschrittenen Kapitalismus und also an den ›Positivismus‹ verpaßt. Nach Hegels Sonntagsphilosophie des ›objektiven Geistes‹ setzte nun eine wilde Flucht in den blauen Dunst des Montags ein; es wurde jetzt nur noch subjektiv philosophiert. Auf dem ganzen Gebiete, wo Metternich herrschte, herrschte auch Restauration und Romantik — und heute Faschismus. Es gab dann noch in den Gründerjahren von 1870 bis 1890 eine sozusagen zweite bürgerliche Pubertät, einen Scheinpositivismus. Dessen Wesen war aber nicht mehr Verabsolutierung der Naturwissenschaft zur Soziologie, sondern ihre bewußte Isolierung, um nämlich überhaupt kein verbindliches Wissen auf die Gesellschaft anwenden zu müssen. Da in der kritischen Stunde der 48er Revolution in Deutschland Gesellschaft und Wissenschaft auseinanderfielen (anders als in den westlichen Demokratien), blieben sie getrennte Lager. Von hier datiert die fatale deutsch-imperialistische Trennung von ›Naturwissenschaft‹ einerseits, von ›Geisteswissenschaft‹ andrerseits.

In beiden glücklich auseinandermanövrierten Lagern herrschte nun ein gleichermaßen negativer Optimismus. Die Naturforscher hielten sich für angekommen. Nichts Neues gäbe es mehr zu erforschen, nur noch Erworbenes zu registrieren und auszubeuten. In seiner Berliner Akademierede formulierte der Physiologe Dubois-Reymond, nachdem er ›Über die Grenzen des Naturerkennens‹ gehandelt, nicht nur jenes fatale ›Ignoramus et ignorabimus‹ — was als Altersweisheit gelten mag —, sondern auch jenes ungleich schlimmere Wort von den deutschen Professoren als der ›geistigen Leibgarde Seiner Majestät des Kaisers‹, was logisch und moralisch einen Skandal enthielt. Das war mehr als negativer Optimismus und Abschlußwahn; das war auch nicht Gottesfurcht, sondern hochachtungsvolle deutsche Untertänigkeit, die dem Kaiser grade das noch gibt, was nicht des Kaisers ist. Das hat den Deutschen inmitten des zweiten das Dritte Reich der Knechtschaft präpariert. Mit dem andern Lager und den Philosophen von der traurigen Gestalt werden wir uns gleich noch ausführlicher beschäftigen. Die einmal Getrennten bleiben es bis ins 20. Jahrhundert und treiben jeder in seiner Weise Sumpfblüten oder Dienst für Kaiser und Reich in idealer Methodentrennung. Die späte Heidelberger Altweibersommerblüte der deutschen ›Soziologie‹ und ›Kulturwissenschaft‹ war nur eine künstliche Treibhauszüchtung, ›zeitlos und wertfrei‹ nur im Herbst demokratisierender Professoren und Heroen verherrlichender Humanisten, ehe sie die Folgen sehen konnten.

In Frankreich führte indessen von den zukunftsgerichteten Utopisten eine klare Linie zu den Positivisten, so zum Beispiel von Saint-Simon zu Comte. Von den rückwärtsgerichteten deutschen Romantikern aber führte der Weg ganz restaurationskonsequent zum ›Empiriokritizismus‹ Ernst Machs und zum Fiasko Eugen Dührings; dem einen stand, was von Kant reaktionär war, zu Gebote, und der andere beerbte Metternich — Adam Müller. Nicht zufällig hat sich die marxistische Dialektik grade an diesen beiden Mystagogen geübt, so daß wir der Polemik Engels' gegen Dühring und Lenins gegen Mach die Vorschule des Dialektischen Materialismus verdanken.

Dühring und Mach sind dafür typisch, daß sie sich *zwischen* die beiden Lager setzten, die wir hier geschildert haben. Sie wollten die Gegensätze vermitteln. Aber ihre Basis war viel zu schwach, und so geriet es ihnen schlimmer als mittelmäßig, nämlich ridikül. Ein Dritter im Bunde ist meines Wissens nie genannt worden, verdiente das aber in mehr als einer Beziehung und schon um des außerordentlichen Titels seines Hauptwerkes willen. Ich zitiere hier aus Richard Wahles ›Das Ganze der Philosophie und ihr Ende‹ nur je einen Satz aus dem Vor- und Nachwort:

›*Es kann nicht unrecht sein, der uralten Philosophie, die aber nicht ewig jung, sondern ewig schwächlich war, ein Ende bereiten zu wollen — kein Ende mit Schrecken, sondern eine sanfte Liquidation, in der Haltbares dauernd und unveränderlich für Wissenschaft und Lebensauffassung nutzbar gemacht wird. Wissenschaften sind unendlich; die Philosophie muß bald beendigt sein . . . Möge die Zeit anbrechen, in der man sagen wird, einst war Philosophie.*‹*

Als einzigen unleugbaren Fortschritt führt Wahle an, ›daß die einzelnen Klassen, Stande, Rassen, Völker sich von anderen immer weniger knechten lassen‹ und daß das Studium dieser Tatsachen ›vielmal reizvoller, lehrreicher und ersprießlicher sei als die ganze Philosophie‹.

Doch das sind mehr oder weniger Außenseiter (auch geographisch), die kaum ins Bewußtsein der deutschen Intelligenz gedrungen sind, obwohl sie für den negativen Optimismus der deutschen Gründerjahre höchst bezeichnend sind. Wie steht es aber mit jenen ungleich populäreren Philosophen, die im Namen einer ›Philosophie des Lebens‹ alle Wissenschaft und lebendige Forschung als lebensfeindliche Mächte zu traktieren begannen? Wir haben hier von *Schopenhauer, Eduard von Hartmann* und *Nietzsche* als von denjenigen zu reden, die die Kritik an der idealistischen Philosophie des Bürgertums und seiner mechanistischen Naturwissenschaft höchst unkritisch im Namen neuer Ganzheitskategorien, lauter auf den Hund gekommener Idealismen, en canaille vollzogen. Alle drei bekämpfen den ›Theologen‹ Hegel und fühlen sich rebellenstolz im Gegensatz zur offiziellen Philosophie des Positivismus. Ihre Umwertungen bestehen in einer Unterbewertung des Rationalen und Überbewertung alles Irrationalen. Sie kehren die Schwächen der Vernunft gegen die Stärken der Vernunft. Ihr springender Punkt ist nicht; daß sie das in den Vordergrund stellen, was wir noch nicht wissen, sondern daß sie mit Wissen und Willen grade das zerstören, was wir wissen.

Schopenhauer sucht hinter allen Erscheinungen wieder das Ding an sich, aber er sucht es, weil er völlig sicher ist, es nicht finden zu können. Was er hingegen findet, ist ein verzweifeltes Zweitbestes, kein Ding, sondern etwas Unbedingtes, einen überall gleichen, blind dreinfahrenden biologischen Drang, komisch genug ›Wille‹ genannt. Ein Ei ist kein Ei, sondern Rührei oder Gackern. Die Schwerkraft ist Wille, der Leib ist Wille, der Geist ist Wille, im Magnet wirkt Wille, in der Zwiebel treibt Wille. Alles ist Wille, aber er hat keine Wahl, kann also auch nichts ›wollen‹. Er ist grundlos und hat keine Ziele. Nur als ›Wille zum Leben‹ weiß er, *daß* er will (aber nicht *was* er will). Alles Leben ist von Anbeginn mißlungen. Gott hat gezielt, aber nicht getroffen. Der Wurf setzt sich nun sinnlos fort. Nur die Erhaltung der Energie erhält ihn. Es gibt aus diesem Mechanon keine andere Rettung, als den Willen zum Leben zu verneinen. Logisch gilt es also zu einer Theorie zu kommen, die alle Theorien auslöscht. Die ethische Form des Verneinens ist hingegen das Mitleid.

Mit Recht ist diese Jammermoral als Rentnermoral gekennzeichnet worden (wenn man schon nicht auf bestimmte Feinheiten eingehen will). Es ist also, roh gesprochen, die Weisheit derer, die keinen produktiven Anteil an der Welt haben, die nur als Konsumenten, nur ›als Wille und Vorstellung‹ vegetieren und dabei ihre Sonderlingsrolle zur Genierreligion überkompensieren, Menschenverachtung und Tierfetischismus treiben. Politisch gesprochen: Bismarck sperrt der mittelständisch-liberalen Fortschrittspartei zwar nicht die Rente, aber den Einfluß.

Hartmanns Ding an sich ist noch konsequenter, nicht das, was zu wissen ist, sondern was keiner wissen kann: das Unbewußte. Diesen Begriff, der seither wie ein Krebsgeschwür sich auswächst, hat er von Schelling, der's nicht so bös gemeint. Letzter Sinn des Denkens besteht nur noch darin, die Zwecke des Unbewußten — Erlösung der Welt vom Übel des Wollens und hoffnungslosen Glückstrebens — bewußt zu betreiben. Der Jüngste Tag tritt dann prompt ein, wenn die Vernunft, das gesamte bewußtgewordene Sein sich selbst aufgefressen haben wird, wenn es nur noch Unbewußtes gibt.

Schon bei Schopenhauer war Asien: Buddhismus. Aber dies ist ein sehr unasiatisches Asien, etwa ein Frankfurter oder Berliner, das den tibetanischen genius loci, die nüchterne Meditation und weiße Magie geistigen und körperlichen Trainings völlig ausläßt und nur eine minderwertige Philosophie von dort bezieht. In Asien ist das Okkulte sozusagen das Offenkundige. Dies aber ist nur schlechte Mythologisierung der großen asiatischen Schlange von seiten müder Europäer: Schlange, die sich in den Schwanz beißt; Vernunft, die sich selbst leugnet; Libido, die sich selbst auffrißt; ›Schau‹, die nichts sieht, sondern nur döst. Das ist die fatale asiatische Kurve, die alles in sich begreift und zu nichts führt; die Bettelweisheit, ja das Prahlen, jeder Schluß sei ein Zirkelschluß, ein bloßes Aufhören, Rückkehr zum Nichts.

Ganz offenbart sich solcher Nihilismus erst in Nietzsche. Sehen wir hier von dem peinlich populären Zarathustra ab, seinem eigentlichen Schwächezeugnis, das er für seine esoterischste Jahrtausendleistung hielt. Halten wir uns nur an die Lehre von der ewigen Wiederkehr des Gleichen und an den Übermenschen-Mythos. Eigentliches Symbol der Wiederkehr des Gleichen ist das Parallelrad Buddhas, Swastika genannt. Die Deutschen, die es adopierten, nennen es heute Hakenkreuz. Das Krummkreuz ist tatsächlich ein Rad, das sich nur um sich selber dreht, eine Art schwarzer Feuerwerkskörper. Ein Rad, das nicht rollt, des gnadenlose Speichen sich nur drehn, ist bloßes Mechanon, Lust ohne Ziel und Klimax, Verewigung der Qualen. Harmlos wär's ein Kätzchen, das nach seinem Schwanz hascht. Urbös aber diese Schlange Leviathan, die kapitalerzeugte, die sich selbst aufschluckt und einschlingt, Wiederkäuer an Volkes Mark und Blut. Das ist nicht ›Autarkie‹, das ist des Gleichen ew'ge Wiederkehr. Nietzsche, so philosophiert er mit dem Hammer, mit dem Hakenkreuz? Kein Rausch war tief genug, es kam der Katzenjammer. Und Übermenschen nahmen Platz.

Schopenhauer, Hartmann und Nietzsche meinten das Christentum zu töten mit asiatischer Mythologie. Aber sie wurden nicht der christlichen Religion und Moral tödlich, sondern sie belebten nur auf unerwartete Weise, was vom Christentum heidnische Dämonologie war; dafür bedrohten sie, was vom Christentum humanitäre Sittenlehre war. Mit andern Worten: sie suchten St. Georg, der freilich kein reiner Ritter ohne Fehl und Tadel geblieben, mit der asiatischen Drachenschlange zu überwinden. Es war aber grade St. Georg, oder genauer, sein christlichster Erbe in schlicht materialistischem Gewand, es waren Wissenschaft und Entwicklungsprinzip, die in die abgeschiedene Höhle der sich selbst verzehrenden Schlange einbrachen und ihr mit dem stählernen Speer nun auch etwas Tödlicheres zu kauen gaben als den eigenen Schwanz. Mit Schopenhauer, Hartmann und Nietzsche erwacht das eigentliche schlechte Gewissen des Bürgertums. Auf die einfachste Formel gebracht lautet ihre Lehre: wahrscheinlich geht alles unsäglich viel dümmer und bestialischer zu, als wir bisher glaubten. Die Aufklärung war demokratisch-plebejisch, der Fortschritt ein Wahn, Hegel ein Esel; die Welt ist notorisch sinn- und zwecklos; Gott hat als widerlegt zu gelten, der Teufel nicht. Dem Chaos sinnloser Vorgänge und blinder Wechselfälle ist mit einem äußerst gesteigerten ›Willen zur Macht‹ zu begegnen oder in die ›würdig trauernde Resignation des Unbewußten‹ (Hartmann) auszuweichen.

So begründet sich der bürgerliche Verzicht auf Logik tautologisch. Das ist nie zu Zeiten eines echten Irrationalismus passiert, das bleibt einem unwirklichen Rationalismus vorbehalten, dessen Kernstück (Rasse, Blut und Boden, Kampf ums Dasein, Recht des Stärksten, Führerprinzip etc.) lauter auf den Hund gekommene Liberalismen birgt, lauter schlechten ›Materialismus‹ aus der Zeit, als er noch in den Kinderschuhen steckte. Bei den üblen Erben Nietzsches — die sich seiner Schlagworte und seines Spazierstocks bedienen und die Stirn haben, sich vor Nietzschebüsten photographieren zu lassen — ist erzbürgerliches Gedankengut nicht nur auf den Hund gekommen, sondern ist dieser Hund auch vollends tollwütig geworden.

Mit Nietzsche selbst soll man sich den Fall nicht zu leicht machen. Es ist unmöglich, ihn auf einen Nenner zu bringen. Er hat nie eindeutig Partei genommen; wohl aber haben ihn die Faschisten für sich in Beschlag genommen. In der Psychologie glückten ihm wertvolle Entdeckungen. Alles schillert bei ihm bunt, und es ist nicht alles Fäulnis, was glänzt. Spuren echten Goldes finden sich namentlich in den Aphorismen und sonderlich im erstaunlichen Nachlaß (aller Bäumlerschen Bräunung zum Trotz). Derselbe Nietzsche verkündet in Treitschkes treuteutscher Manier das üble Chaosgerücht, der Kapitalismus schaffe ›geordnete‹, der Sozialismus aber ›ungeordnete‹ Zustände; leichtherzig wie ein preußischer Junker gibt er das böse Stichwort von der ›Herrenmoral‹ gegen die ›Sklavenmoral‹ heraus und erfindet eben zum bequemen Gebrauch dieser junkerlichen Deutschen, die er andernorts nicht laut genug zugunsten ›guter Europäer‹ heruntermachen kann, den famosen ›Übermenschen‹, eine Kategorie, die normalerweise für Akrobaten oder Alpinisten in Frage käme. Und genau so aphoristisch und unverbindlich tönt es dann wieder ganz anders:

›Wenn einmal die Arbeiterstände dahinterkommen, daß sie uns durch Bildung und Tugend jetzt leicht übertreffen können, dann ist es mit uns vorbei. Aber wenn das nicht eintritt, ist es erst recht mit uns vorbei!‹

Hier scheint der erstaunliche Höhlenbewohner gradezu mit Hammer und Sichel zu philosophieren. Aber vom gleichzeitigen Marx und Engels weiß er nichts. Den Sozialismus kennt er nur aus den Schmähartikeln Treitschkes, und der hat ihn auch nur aus zweiter und dritter Hand.
Nietzsche, dies sollte das kurze Verweilen beweisen, ist nicht so kurz abzutun. Fragen wir nur noch, was in der besonderen Situation des deutschen Imperialismus der Gründerjahre bis zum Weltkrieg Nietzsches ›Wille zur Macht‹ und der Übermenschen-Mythos bedeuten. Nach Macht strebt nur, wer seine Existenz bedroht fühlt und den Ausweg der entmutigten Flucht und Resignation (Schopenhauer-Hartmann) verschmäht. Von eigentlicher Machterweiterung kann nur gegenüber der sozialen Umwelt die Rede sein, die ihrerseits gegensätzliche

Machtansprüche birgt. Der ausgesprochene ›Wille zur Macht‹ schließt ein Verlangen nach Überlegenheit ein, eine Überkompensation für eine gefürchtete Unterlegenheit im Klassenkampf (dessen Vorhandenseit man theoretisch leugnen muß, um ihn praktisch desto rücksichtsloser führen zu können). Volkstümlich lautet diese Erfahrung: wer viel hat, der braucht noch mehr.

Das ökonomische Gesetz hinter dieser zunehmenden Schwäche und Begehrlichkeit der Reichen und Starken heißt aber *Akkumulationstrieb*. Es muß immer mehr akkumuliert werden, um den gleichen Gewinn zu realisieren, der sich auf Grund immer größerer Umwege der Ware vom Erzeuger zum Verbraucher ständig verkleinert. Der Macht- und Akkumulationswille ist also kein freiwilliger. Vielmehr besteht für den Kapitalisten unausweichlich ›die Notwendigkeit, die Produktion zu verbessern und ihre Stufenleiter auszudehnen, bloß als *Erhaltungsmittel* und bei Strafe des Untergangs‹ (Marx).

Grade der Hymnus auf den Primat des Willens und der Macht ist also das sichere Anzeichen eines Zusammensturzes. Schrankenlose Willkür führt schon psychologisch Lähmung des Willens herbei. Die Kapitalisten erkannten die zerstörende Wirkung *ihrer* Vernunft; ihr Machtwille, ihr ›nationaler Selbsterhaltungstrieb‹ aber, sagen sie, sei ein schaffendes Prinzip. Höchste Autorität hat nicht mehr die Vernunft, sondern der Wille. Aber nicht *warum* ein Machthaber etwas will und befiehlt, sondern *daß* er will und befiehlt, darum handelt es sich bei den faschistischen Diktatoren nur noch. Sie glauben kraft dieser Willenslehre den Folgen ihrer Unvernunft entgehen zu können. Aber sie können es nicht. Denn sie können nur wollen, was sie müssen. Und sie müssen vertrusten, zentralisieren, zunehmend produzieren und zunehmend die Massen verarmen, um den Profit aufrecht zu erhalten; sie müssen konstantes Kapital und Elend reproduzieren, Kriege führen, um die Arbeitslosen und die Waren zu absorbieren, Produktionsapparate schaffen, die der Vernichtung fremder Produktionsapparate dienen, statt dem Konsum des eigenen Volks. Sie müssen Menschen knechten, um Menschen zu vernichten, von ›Frieden‹ sprechen, wenn jede ihrer Taten Kriege meint.

Sie sind nur die Knechte ihres Knechtens. Ihre ›Macht‹ ist Ohnmacht, ihr ›Wille‹ Willkür. Sie, die ›Hüter der Ordnung‹, können nicht aufhören, Chaos zu zeugen. Nicht aufhören können mit Krieg und Unterdrückung, keine Grenze finden des Verwirrens und Verleumdens, aus der Anormalität nicht zur Norm zurückfinden, die Ausnahme zur Regel machen, die Krankheit Gesundheit nennen und die Verrücktheit Führerprinzip, mit Folter argumentieren, in jeder Weise die Selbstkontrolle verlieren und die Fremdkontrolle ablehnen — gibt es für alles das keinen zusammenfassenden Namen? Dieser entsetzliche Zustand ist heute in Deutschland herrschend und sein Name heißt *Faschismus,* sein Wesen aber ist *Anarchie.*

Um zu verstehen, was Anarchie ist, wenn sie nicht die Revolution ist (Revolution aber ist die Selbstbefreiung der Unterdrückten, also die Wiederherstellung der Norm), brauchen wir wirklich nur den Kapitalismus zu verstehen, seit er Faschismus ist. Sein Verhängnis ist mechanisch geworden, er hat die Selbstkontrolle und -korrektur verloren, kommt nicht in die Normalität zurück, kann nicht aufhören mit entsetzlichen Dingen, kann kein Ende finden des Schreckens: und *das* ist Anarchie.

Es ist nicht Anarchie, wenn die Belegschaft einer Fabrik zur Unterstreichung ihres Streiks in den Fabriksälen einige Tage tanzt statt zu arbeiten; aber es ist Anarchie, wenn der Fabrikbesitzer die Arbeiter auf Jahre arbeitslos macht. Armut ist nicht Anarchie, auch Reichtum ist nicht notwendig Anarchie; aber es ist Anarchie, wenn die Armen dazu verdammt sein sollen, ewig arm zu bleiben, um eine Minorität von Reichen sinnlos reich bleiben zu lassen, obwohl es allen gut gehen könnte. Es ist nicht Anarchie, ein Glas Wein über den Durst zu trinken; aber es ist beidemal Anarchie, ohne Durst ständig betrunken zu sein und den Wein trotz Durst und Wein überhaupt zu verbieten, besonders den Armen. Armut aus Überfluß, Reichtum auf Kosten der Majorität, *das* ist Anarchie. Kein Ende zu finden mit dem, was notwendig ein Ende haben sollte, damit die menschliche Gesellschaft sich weiter entwikkeln kann, *das* ist Anarchie.

Hitler hat Erfolge, aber es erfolgt nichts. Alles, was er wollte, konnte er frei entfalten; aber er entfaltete nur den Tod, der in ihm ist. Er regiert, aber er herrscht nicht. Er redet und redet und redet, er kann nicht aufhören, von ›Chaos‹ und Anarchie der andern zu reden: und *das* ist Chaos und Anarchie.

Kinder zerbrechen das Spielzeug, das keinen Zauber mehr hergibt. Sie zerbrechen es, um ihm das letzte Geheimnis herauszubrechen, die Seele der Bewegung eines Automaten, das Hirn im Kopf einer augenklappenden Puppe. Dann kommt die Stunde der Anarchie, wo die Puppe zerbrochen ist und die Kinder den Hund quälen, bis er endlich beißt. Dann weinen sie und laufen zur Mutter. So zerbrechen die Menschen die ›Kultur‹ und rufen dann nach dem Führer, dann wollen sie gepeinigt sein, dann verlangt es sie nach Knechtung und Krieg. Grade die Apostel des Willens zur Macht sind nur Vollstrekker einer blindwütigen Ohnmacht, hoffnungsloser Wiederkehr des Gleichen. Auch das ›Unbewußte‹ der Herren ist sehr wohl Bewußtsein, nämlich der Wille, nicht wissen zu lassen, was man will. Sie sind nicht Schlangenbändiger; sie selbst schlängeln sich erst, dann stampfen sie nach der großen Pfeife Chaos.

8. Kapitel   Zeitgemäße Mythologen, rückwärtsgewandte Fortschrittsüberwinder, Geometer im irrationalen Raum (Klages, Jung und Freud)

Und ich sah ein ander Tier aufsteigen aus der Erde, und hatte zwei Hörner wie ein Lamm und redete wie ein Drache.

Apokalypse 13, 11

Wir streiften im vorigen Kapitel mit der Erwägung der großen heidnischen Schlange die allzu bewußt inszenierte Tendenz, Vernunft durch Gefühl, Wissen durch Unbewußtes, Wahrheitsforschung durch Diktatur der Willkür zu ersetzen. Wir müssen hinzufügen, in der gleichen rückwärtskrebsenden und sich einpanzernden Richtung liegen die verschiedenen Versuche, Kunst und Wissenschaft, ja selbst die Seele der europäischen Kunst und Wissenschaft, die durch prophetische und ethische Rufe der Bibel zumindest Signale, wenn auch nicht Programme in bezug auf ›neuer Himmel, neue Erde‹ erhielten, durch Mythologien zu ersetzen; und — was an den Lebensnerv direkt rührt — die Revolution gegen die herrschenden Zustände durch die Diktatur unzuständiger Herrscher zu ersetzen. Nun ist gewiß — ob sie recht oder unrecht hatte, Recht oder Unrecht mit sich brachte — jede weltgeschichtliche Revolution, wie das Christentum oder wie die Französische und Russische Revolution, der konzentrierteste Ausdruck von Vernunft und Gefühl zugleich, von Bewußtsein und Sehnen nach dem noch nicht Bewußten, nach dem wahrhaft Neuen und Erweiterternden, das zugleich alles Gute der Vergangenheit enthält.

Wenn sich ehrlich forschende Mythologen wie Levy-Brühl mit der Forderung ehrlich kämpfender Revolutionäre einverstanden erklären, so ist das ein ehrliches Bündnis, das keinem des andern Handwerk und Konzeption verdirbt. Denn die Wahrheitsforschung dient allemal dem gleichen Ziel. Die Revolutionäre vertrauen darauf, daß alle Wahrheit auch ohne

95

Parteiabzeichen schon revolutionär wirkt, und die Forscher mißtrauen nicht länger der Parteilichkeit von Revolutionären für die Wahrheit und Gerechtigkeit. Der Glauben an Wahrheit und Gerechtigkeit verbündet Wissenschaft, Christentum und Revolution zumindest heimlich untereinander, und zwar gegen Mythologie, Pilatus und ›Realpolitik‹.

Eine Lehre, die zugegebenermaßen nicht vernünftig sein will, die im offenen Bündnis mit hochkapitalistischen Interessen Mythologien mobilisiert, um Wissenschaft und Christentum und Revolution zu bekämpfen, dient jedenfalls keiner Wahrheit und Freiheit, sondern ist nur noch Vorwand zur besseren Unterdrückung des Volkes.

Nicht so unmittelbar demokratisch oder antidemokratisch ist die Irrationalität von Dichtern und Denkern zu beurteilen, die sich grade im Vorgefühl des Neuen und des noch nicht Bewußten mangels schon angepaßter Begriffe noch mythologischer oder mystischer Bilder bedienen. Das Erkenntnisvermögen der Phantasie und der Wahrheitsgehalt von Bildern ist nicht ein für allemal zu bestimmen. Wir wissen aber, daß Dichter und Denker mit charakteristischer Hellsichtigkeit sowohl rückwärts als vorwärts zu sehen vermögen, daß man sie also als richtige Forscher nehmen soll, die Spezialisten sind und manchmal etwas Ungewöhnliches entdecken. Dann sind in jedem einzelnen Fall sehr wohl die Gedanken und die Bilder zu bestimmen nach dem Zweck, dem sie dienen. Es ist vor allem danach zu fragen, ob es bloße Ruhebilder, statische Mahnmale, Götzen der Vorzeit, müde Archaismen zum bequemen Dösen und Dämmern sind. Unverkennbar ist allemal schon die Latenz und Tendenz des Tons: spricht aus ihm Menschenliebe oder Menschenhaß, Freiheit oder Knechtschaft, Verständigung zwischen dir und mir oder Isolierung? Ist eine Lehre gemacht, uns zu ermutigen oder uns zu deprimieren? Sind die Worte die Waffen, die aus der Vergangenheit die Gegenwart bekämpfen, um die Zukunft zu verhindern, oder sind die Worte vorausgeeilt, um aus der Zukunft die Gegenwart als Vergangenheit zurückzubekämpfen? Sogleich erweist sich der Gehalt echter Urbilder und noch nicht erfüllter Ideale und unvollendeter Werke, die wie Signale zur Zukunft sind. Falsche Bilder und falsche Ideale entmutigen, sie starren und bannen, sie wollen uns nach Methode des Bösen erst hoffnungslos machen, um uns dann hilflos zu machen. Der Ruf des Lebens aber, dem wir begierig folgen, ermutigt zum schier Unmöglichen, kennt den Überschwang des Herzens und holden Wahnsinn der Kunst, lehrt uns heftig lieben und exakt hassen; er haßt zumal allen wüsten Rausch und Katzenjammer; er liebt aber das Leben und ruft nur fürs Leben selbst in den Tod. Auch das Phantastische läßt eine genaue Unterscheidung zu. Das Kriterium für das echt Phantastische liegt immer bei einer beibehaltenen Vernunft des Unvernünftigen, bei einer Angemessenheit des Unangemessenen, bei einer gewissen Proportion und durchscheinenden Ordnung des Außerordentlichen. Diese Probe kann freilich nicht immer sonnenklar aufgehen, ebenso wie es Täuschungen des Tons gibt, die — wie wir später analysieren werden — fundamentale Lügen mit vollkommener Aufrichtigkeit äußern.

Erst seit der Romantik ging es windig und bildersüchtig zu; also seit es in Europa hundert Philosophien gibt, aber keine Philosophie. Es gibt heute dutzendweise großartig formulierte Zweifel darüber, ob überhaupt Philosophie möglich sei. Es gibt begründete Zweifel am grundsätzlichen Zweifel. Es gibt sogar Glauben an den Glauben. Aber nichts ist seltener als der Glauben an die Tatsachen, daß die Wirklichkeit wirklich ist und daß Menschen etwas womöglich noch Wirklicheres sind als nur Existentsein und Vegetieren. Die Überzeugung, daß die stofflichen Kräfte der Außenwelt sich weder blindlings in unseren Hirnkasten hineinstürzen, um dort ›Materialismus‹ zu erzeugen, noch daß spirituelle Kräfte aus der Stirngegend herausstürzen, um die Außenwelt ›idealistisch‹ zu zeugen als bloße Gaukelbilder, — solch gesunder Menschenverstand ist derart ungewöhnlich geworden, daß man ihm den höchst ungewöhnlichen und indirekten Namen ›Dialektischer Materialismus‹ gegeben hat. Er ist dabei die einzig praktische und von allen großen Denkern (oft nur instinktiv) geübte Methode, ein kühnes Denken mit einer noch unbekannten Wirklichkeit in Kontakt zu bringen, so daß unser Handeln zweckmäßig sei.

Romantische Bilder aber sind keine Anleitung zum Handeln, sondern dienen meist der Stabilisierung des Bestehenden durch die Verklärung der Innenwelt. Sie lehren uns nicht hineinzusehen und uns für die Welt zu interessieren, aus uns selbst herauszugehen und nach dem Rechten zu sehen, sondern sie geben vor, in uns hineinzusehen und unsere Seele zu verstehen. Romantiker sind daher am liebsten Höhlenbewohner. Denken wir nur an den Zarathustra Nietzsches, der dem des Materialismus müden Bürgertum das neue verdächtige Pathos, dieses Erwachtsein und Erregttun am falschen Platze, brachte: Archaismen als Opium, nicht als Alt-Gekeltertes. Diese Töne schlugen ein und konnten rasch angeeignet werden; nicht aber die kritischen Gehalte, die in Nietzsches besten Aphorismen-Bänden doch oftmals echten Sturm, ja sogar Bildersturm anzeigen. Ist Nietzsche keine Sammellinse wie Hegel, sondern ein nicht gar so starkes Medium, in dem sich alle Strahlen der Zeit brechen und reflektieren, seine eine hochgemute Reflektion schließlich zerbrechend, so nimmt sich doch jeder der Nietzsche-Epigonen ein Thema, das *auch* bei Nietzsche steht, und improvisiert darüber ganze Philosopheme. So ermäßigt sich Nietzsches herrscherlicher Wille (als Akkumulationszwang) bei *Bergson* zu einem frisch-fröhlichen élan vital. Es ist dies eine bei Ingenieuren und Unternehmern beliebte Privatphilosophie (Ferienpsychologie minus kapitalistisches Kalkül, aber plus Konjunkturbewußtsein). Das alte erkenntniskritische ›Chaos‹ hält Bergson unverändert aufrecht; die einzige Funktion des Intellekts ist ihm immer noch, den Dingen, die sonst schief gingen, Gesetze vorzuschreiben. Der letzte Bergson, das sei hier ausdrücklich angemerkt, hat ein anderes Gesicht, das der Vernunftfeindschaft und dem blinden Profitrummel sowie dem kalten Rausch und Zechen auf Volkes Kosten in später Erkenntnis die Stirn bietet.

Max Scheler bemächtigt sich Schopenhauers (auf Renten- und Altenteil gesetzten) ›Willens‹, den Nietzsche imperialistisch herauskehrt, und macht ihn zum ›Drang an sich‹. Nietzsches Verherrlichung der frühkapitalistischen Renaissance-Bestie zu Zwecken spätkapitalistischer Unternehmer-Ideologie katholisiert sich indessen bei Scheler zu einer sanften und ›verstehenden‹ Wissenssoziologie und Harmonielehre, die auf Ausgleich und Therapie durch den rein theoretischen Menschen bedacht ist. Als Erkenntnistheoretiker bekennt aber Scheler ein ›grundsätzliches Mißtrauen in alles Gegebene‹, und als ›vorauszusetzende Grundlage aller neuzeitlichen Philosopie . . . im wesentlichen das zu überwältigende Chaos‹.

Ludwig Klages aber, ein Mann im Sinne der Apokalypse ›mit Haaren wie mit Weiberhaaren‹, dagegen mit antiapokalyptisch künstlichem Gebiß, gab erfolgreich auch die letzte Funktion des Intellekts noch preis zugunsten urweltlicher Seelenbrunst. Er lehrt einen verweiblichten Nietzsche, einen Nietzsche ohne Löwenzähne. Er ist ein wahrhaftes Lamm, das wie ein Drache dröhnt. Alle Vernunft sei unvernünftig; alles durch Bewußtsein und Technik beherrschte Leben sei lebensfeindlich; der Geist sei Widersacher der Seele und des Leibes; in die schiebt er sich ›von außen her, einem Keil vergleichbar, mit dem Bestreben ein, . . . den Leib zu entseelen, die Seele zu entleiben und dergestalt alles ihm erreichbare Leben zu ertöten‹. Für die erlebende Seele aber ist die Welt eine kaleidoskopische Folge von Bildern, Farben, Linien, Gerüchen, Tönen. Nur ›in dieser Welt der Anschauungsbilder erscheint die Wirklichkeit‹. Der Geist betreibt auch den großen Frevel am Leben, den ›Abbau der Bilder‹. Realitäten können nach Klages überhaupt nicht begrifflich erkannt, nur in Bildern erschaut werden. Das moderne ›Schau‹-Budenwesen gerät mit ihm allerdings gänzlich aus dem Häuschen und unmittelbar in jenen Bildungsrummel, wo nicht das Volk auf Glaskugeln schießt, sondern wo die großen Herren unter sich Maschinensturm und Geistesverachtung treiben. Um was für ›Urbilder schauervoller Mythen und Metamorphosen‹ es sich bei Klages handelt, das mag man in seinem schaurig schönen ›Kosmogonischen Eros‹ nachlesen (lauter sumpfiges Diluvium im Jugendstil, lauter kohlensaurer Sauser aus allen faulen Abwässern von Schwabing um 1905, der sich als uralten Wein gibt). Der Leser erinnere sich dann unserer Unterscheidung echter und falscher Urbilder, guter und schlechter Phantasie. Alsbald werden des Ludwig Klages kosmisch abgestempelte Präservativmittel gegen intellektuelle Ansteckung platzen und ihn selbst im

Licht der endlich angekommenen Metamorphose zeigen: als grotesken Tarzan auf spiritualistisch dünnen Beinen.

Die entscheidende Erbschaft an Nietzsches psychologischen Entdeckungen hat aber nicht der dafür viel zu weiche und bildersüchtige Klages, sondern *Sigmund Freud* vollzogen. Der Begriff des Unbewußten ist erst durch ihn ins Allgemeinbewußtsein gedrungen. Kein Zweifel kann darüber sein, daß es sich bei Freud um eine ernsthafte Erforschung des normalen wie des kranken Seelenlebens handelt. Aus seinen Schriften strahlt vergleichsweise ein gutes Tages-, ja Laboratoriumslicht der Aufklärung. Aber selbst an Freud hat es sich gezeigt, daß im Halbschatten des bürgerlichen Bewußtseins kaum mehr Forschung gedeiht, die nicht grade als Krankheitsdiagnose ihrerseits Krankheitssymptome trägt. Freuds Stärke wie Schwäche besteht darin, die Psyche gesondert untersucht zu haben. Man soll ihn aber wegen dieses seines antidialektischen Verfahrens nicht unterschätzen. Ich vermute, daß ohne diese einseitige Methode viele von seinen feinsten und scharfsinnigsten Analysen zur intellektuellen Läuterung seelischen Gerümpels unmöglich gewesen wären. Man muß nur sehen, daß hier die Grenze dieses einleuchtenden und zwingenden Geistes liegt. Freud kann die Psychologie nicht ganz verstehen, weil er ausschließlich Psychologe ist. Er kann daher auch das Leben nicht ganz verstehen, weil er seine Widersprüche außerhalb der Psychologie nicht sehen will.

Freud hat freilich dem Krisenbewußtsein des Bürgertums mit den Begriffen des Unbewußten, der Verdrängung und Fehlleistung viel eher einen neuen schweren Schock zugefügt, als schon vorhandene Komplexe damit aufgelöst. Denn das Bürgertum nahm von ihm weniger seine naturwissenschaftliche Methode, die auf Heilung aus ist, als seine Kulturphilosophie, die selbst ein Stück Todeskrankheit enthält. ›Das Unbehagen in der Kultur‹ (1930), ›Die Zukunft einer Illusion‹ sind Schriften von Freud, die das längst vorhandene Unbehagen der Bürger um eine recht fatalistische Desillusionierung ihrer eigenen Zukunft vermehren.

Die Lehre, der Mensch sei ursprünglich amoralisch und aso-

zial, das Perverse sei lediglich das Primitive, ließ sich andererseits das aufgeklärte Großbürgertum und auch Banausentum
sehr wohl gefallen. Las man doch aus Freuds Empfehlungen
eines gut auszubalancierenden Lust-Unlust-Budgets die Berechtigung für das eigene frisch-fröhliche Triebleben heraus.
Auch die Freudsche Dreiteilung des Selbst in ein amoralisches,
vorsoziales ›Es‹, ein normal angepaßtes bürgerliches ›Ich‹,
und ein diktatorisch bewußtes, ja klassenbewußtes ›Über-Ich‹
verschaffte dem Großbürgertum in der Übertragung dieser
Ich-Hierarchie auf die Gesellschaft den sehr schmeichelhaften
Platz des ›Über-Ich‹ oder das Anrecht der geschichtlich gewordenen und bestätigten Führerrolle. Das normale mittel-
ständische ›Ich‹ sieht sich einerseits zur Abwehr genötigt gegenüber den sich aufdrängenden Wunschbestrebungen des
ganz unten befindlichen ›Es‹, andererseits muß es die Tyrannei des ›Über-Ich‹ bekämpfen. Das ›Es‹ ist sozusagen das Proletariat der beiden andern Ichs, oder das Proletariat ist das
›Es‹ der Gesellschaft. Das ›Es‹ ist, wie Freud meint, ›ganz
amoralisch, das Ich ist bemüht, moralisch zu sein, das Über-
Ich kann hypermoralisch sein und dann so grausam werden
wie nur das Es‹.
Freuds erstes psychotherapeutisches Gebot, du sollst nicht
verdrängen, gilt nun ausschließlich zugunsten des sozial arrivierten Ich, dem gleichzeitig empfohlen wird, einen bestimmten Betrag vom Lustkonto nicht ›auszuleben‹, da sonst dem
Über-Ich die gesellschaftlich notwendige ›Sublimierung‹ von
Triebenergien in ›geistige‹ Gehalte gesperrt würde. Das ›Es‹
kann sich weder selbst sublimieren noch normal ausleben. Ist
es doch das Perverse, Asoziale, Amoralische, Chaotische und
Barbarische in Person. Hingegen kann es zu gewissen Teilen
›von oben‹ gebändigt oder ›sub liminem‹, hinter den Limes
der Zivilisation zurückgedrängt werden. Praktisch wird es
freilich zu größten Teilen ›verdrängt‹ und verursacht dann
im Rückschlag die zahlreichen unbehaglichen inneren Krisen
und Rebellionen.
Die Ergebnisse der individuellen Psychologie erweisen sich
also auffallend ähnlich der gewöhnlichen, negativ bestimmten Massenpsychologie; beide enthalten ihrerseits nur Elemen-

te, die dem bürgerlichen Klassenbewußtsein ohne alle Wissenschaft längst geläufig waren. Die versteckt ökonomische Bedeutung des Freudschen Gebotes: verdränge nicht, sondern lege den Trieb produktiv an und sublimiere den Rest, erinnert auch an den *Energetischen Imperativ* Wilhelm Ostwalds, der ebenso negativ besagt: vergeude keine Energie! positiv: veredle sie! Nach Ostwald gehen die Wertstufen der Energie vom niedrigsten Grad, der Wärme, über die mechanische, elektrische, zu den chemischen, psychischen und kulturellen Energien. Die Gesellschaft wie jeder Mensch ist ein Energie-Transformator und soll danach trachten, immer mehr geringwertige Energie in höherwertige überzuführen. Das beste Transformationsverhältnis der Rohenergie in hohe, technische Zweckformen ist zugleich Lösung des Problems, das persönliche Leben so glückvoll und reich wie möglich zu gestalten. (Ostwald, Der energetische Imperativ, 1912; Die Philosophie der Werte, 1913.) Es leuchtet ein, daß sowohl Freuds wie Ostwalds Imperativ, deren Gleichzeitigkeit und Begriffsbildung aus dem Bereich der Technik und Chemie (Transformation und Analyse) den Vergleich geradezu herausfordern, einem noch höheren Gebot gehorchen, das befiehlt: akkumuliere, profitiere, verwandle die geringwertige Arbeitskraft der Arbeiter in höherwertiges ›Kapital‹!

Man kann mir mit Recht vorwerfen, daß ich hier lediglich den Ideologiengehalt, das falsche oder schiefe Bewußtsein der jeweiligen Lehre aufdecke, dabei aber ihren Erkenntnisgehalt außer acht lasse. Besonders im Falle Freud dürfte der objektive Gehalt über die Ideologienhaltigkeit hinaus tatsächlich erheblich sein. Darüber steht nur dem Fachmann ein Urteil zu. Es sei mir zu dieser Sache nur noch eine Anmerkung gestattet, die keiner Fachkenntnis, wohl aber einer gewöhnlichen Menschenkenntnis entspringt. Freud untersucht nur die von ihren Objekten isolierten Triebe, nicht aber das wirkliche Tun der Menschen. Es mögen im Menschen amoralische und asoziale Triebe sein, das faktische Tun einer Menschheit, die Arbeit und Brot und gutes Wohnen hat, verrät mindestens gleich starke Triebe zum Sozialen und Moralischen.

Ferner: wenn das ›Ich‹ unwissend über sein ›Es‹ ist, sein zweites Selbst, wie soll ›Ich‹ wissen, ob ›Es‹ unwissend ist? Dem Bewußtsein ist doch der Boden geraubt. Das Wohnzimmer enthält eine Falltür in einen sonst völlig unzugänglichen Keller. Das Unbewußte spukt nun als Kellergespenst in den auch besser möblierten Träumen, ja ins Wachsein hinein. Das Bewußtsein kann dann aber auch nicht behaupten, vom Keller nichts Genaues zu wissen, aber genau wissen zu wollen, es führe vom Keller keine normale Tür auf die Straße. Grade das kann es ja nicht wissen. Es weiß nicht einmal wie Sokrates, daß es nichts weiß. Denn auch das Nichtwissen ist womöglich eine Täuschung, eine Fehlleistung des Unbewußten. Das Unbewußte kann ja genau so gut unbewußte Allwissenheit wie unbewußter Agnostizismus sein. Der Keller kann stockfinster sein, eine wahre Drachenhöhle; es kann dort aber auch ein fast unverständig helles Licht herrschen. Das kommt: es ist einfach die Portierswohnung.

Ich beschreibe hier lediglich das Dilemma der Psychoanalyse, wenn ich auch gestehe, daß es mir Spaß macht. Freud ist in dieser Frage steckengeblieben. Er traut nicht seinem Portier. Aber wer meint, an Freud vorbeikommen zu können, ohne ihn als einen Meister zu grüßen, den mag man ruhig als einen Schwätzer und Aufschneider stehenlassen. Wir wären weiß Gott schon froh, nur erst einen Freud der Parapsychologie zu haben. Seit sich nämlich C. G. Jung von allen gut liberalen Methoden Freuds wegentwickelt hat, alles befingert und befragt, in allen Menschen nur Patienten sieht und Urbilder wie Drogen handhabt, wenn sie nur möglichst alt sind, ist nämlich ein sonderbarer Asiate ins Reich der Schweizer Rückversicherung eingedrungen.

Die Dämonologie mit ihren ausgesuchten Monden und Dämmerungen, der Triumph gelehrter Talismane und das Zauberwerk der Medizinmänner ist wiederaufgelebt. Aber der Medizinmann ist ein Professor der Psychiatrie. Seine Kraft und Lehre ist nicht, was seines Amtes wäre, Dämonen auszutreiben; nein, er selbst bringt noch sieben ärgere Teufel mit. Ihn interessiert überhaupt nicht so sehr die Heilung als die Krankheit. Jungs sonst wohlbestallte Patienten leiden nicht an einem spezifischen Mangel oder Teufel, sagen wir an unglücklicher

Liebe oder an Arbeitslosigkeit, sondern an nicht genug Teufeln; denn sie sind, sagt Jung, nicht unbewußt, nicht archaisch, nicht primitiv und ›tief‹ genug. Er vermittelt ihnen dann den durch ›fünftausend Jahre Zivilisation‹ verlorengegangenen Anschluß an die alten Mächte und Mythen des ›Kollektiv-Unbewußten‹.

Freud ist immerhin (auf geträumten und rückerinnerten Hintertreppen des Unbewußten) in den Keller gegangen, um dort aufzuräumen. Jung dagegen baut nicht auf den Grund ab, sondern stockt den Keller mit lauter Grundmaterial auf. Alle Fenster nach außen, besonders in die soziale Wirklichkeit, werden sorgfältig verhängt, künstliches Dämmerlicht wird eingeschaltet. Und nun erscheinen die Poltergeister und Vergangenheitsseelen, sprechen als ›Urbilder wie mit tausend Stimmen‹. Dann erhebt der große Kommentator aus Bauches Tiefe bramarbasierend seine Stimme: Alles ist Phallus, alles ist Mutterleib, alles ist Mythos, alles ist Mond, alles ist kalbende Kuh, alles ist alles und längst gewesen. Nichts Neues geschieht allerdings im Dämmer des Sprechzimmers, unter der künstlichen Sonnenfinsternis dieser ›Psychosynthese‹.

Auch hier beschreibe ich lediglich die Atmosphäre und nicht die Lehre. Es ist eine Verbindung des Beichtstuhls (in dem alle Sünden ›gutgeschrieben‹ werden) mit dem Irresein einer spiritistischen Sitzung, des Okkulten mit dem Obszönen, verschönt durch Bildung. Jung hat Beziehungen zu Urbildern wie andere Männer seiner Klasse Beziehungen zu Ministern und Bankiers haben. Alle Religionen ›bejaht‹ er gleichermaßen; er verehrt also die Götter, die alle nicht Gott sind. Je mehr er in die inneren Zimmer geht, die Türen schließt, ›Introspektion‹ treibt, um so mehr ist er allein mit seinen schrecklichen Götzen der Selbstvergaffung. Es ist dies grade nicht das christliche Insichgehen. Denn vom Christentum nimmt Jung nur das allgemein Mythische, bringt es damit auf die Stufe der animistischen oder Naturreligionen. Folglich läßt er grade das vom Christentum aus, was nicht Mythos ist, sondern was den Mythos aller anderen Religionen überwindet: jenes einzigartige ›Urbild‹ von der Menschwerdung Gottes, des Logos, also die Erlösung des Menschen durch Vernunft und Liebe und die

Verheißung eines Paradieses ›wie im Himmel, *also* auch auf Erden‹.

Schließlich will das Christentum, was immer es damit meint, Teufel ausgetrieben haben. Die schöne Geschichte von der Heilung der Besessenen durch Teufels-Austreibung und -Übertragung auf eine Herde Schweine kann Jung nur so erzählen, daß er nichts ausläßt außer der Heilung und den Heiland. Die ›Archetypen‹ des Teufels und des Schweins wird er mythenfest beibehalten und sonderlich den Moment erwähnen, wo sie sich ins Meer des Unbewußten kollektiv-kopfüber stürzen.

Wir haben nie geglaubt, daß Klages oder Jung und die anderen gebildeten Vernunftverächter dieser Klasse aus dem gleichen Stoff wie Träume gebildet seien. Werden sie angesichts ihres Untergangs (oder der Heilung der Menschheit durch Vernunft und Gerechtigkeit) zu Mythologen und Götzenanbetern, so legen wir ihnen die Angst- und Wunschträume dahin aus, daß die okkulte Springflut und After-weisheit nunmehr zu solchen Plätzen vorgedrungen ist, die nicht nur tief, sondern auch wüst und leer liegen.

Die Menschheit leidet nicht Mangel an Urbildern, sondern an heilsamen Urbildern. In diesem Kapitel war immer wieder davon die Rede, daß die verspäteten Mythologen des Bürgertums am falschen Ort ›nach unten‹ gehen und die Fenster schließen. Wir haben diese isolierende und schlecht apokalyptische Tendenz als vernunftfeindlich und chaosfreundlich bekämpft. Daraus kann der Eindruck entstehen, als bekämpften wir das Unten. Es ist aber das genaue Gegenteil der Fall, und der mitdenkende Leser wird es bemerkt haben. Christentum, Wissenschaft, Reformation und Revolution haben von unten herauf zu wirken, nur die Einsicht in die niedersten Dinge führt zu den höchsten Erkenntnissen. Gott mußte Mensch werden, die Wissenschaft mußte Wirklichkeits-Erkenntnis werden und die Demokratie zur wirklichen Selbstbefreiung des Volkes führen.

Der absolute Geist hat absolut versagt. Es hilft nun keine Regression zu absoluter Natur, denn da kommen wir ja her, und es war Hölle genug. Es ist auch hoffnungslos, den Geist oder ein abstraktes Humanitätsideal einfach nur hochzuhalten. Das haben unsere Väter zur Genüge getan und im Moment, wo es darauf ankam, den Geist — fallen gelassen. Aufgabe ist vielmehr, den Geist und die Intelligenz anzuwenden. Das Ideal muß in eine unmittelbare Beziehung zur Möglichkeit seiner Realisierung gebracht werden. ›*Es wird sich dann zeigen, daß die Welt längst den Traum von einer Sache besitzt, von dem sie nur das Bewußtsein besitzen muß, um sie wirklich zu besitzen.*‹ Das hat ein ›Materialist‹ gesagt, einer der auch exterritorial ein Deutscher geblieben war und zeitlebens ein tatengewaltiger Idealist. Er hieß Marx.

9. Kapitel   Selbst das Trägheitsgesetz katastrophal. Neue Entdeckungen der Physik und neue metaphysische Bedürfnisse

Und die Sonne ward schwarz wie ein härener Sack und der Mond ward wie Blut; und die Sterne des Himmels fielen auf die Erde; und der Himmel entwich wie ein zusammengerollt Buch; und alle Berge und Inseln wurden bewegt aus ihren Orten *Apokalypse 6, 12*

Man kann die Geschichte der Naturbeherrschung in drei großen Etappen sehen. Zuerst gab es nur magisch-intuitive *Naturanpassung* der primitiven vorbürgerlichen Menschheit. Die nächste Stufe zeigt eine rational-mechanische *Bändigung der Natur* durch die bürgerliche Gesellschaft mit Ausnahme ihrer eigenen ›Natur‹. Das nachbürgerliche Stadium wird in der umfassenden dialektischen Erkenntnis und *Beherrschung der Natur und Gesellschaft* bestehen; die Natur wird vergesellschaftet und die Gesellschaft wieder natürlich sein. Wir befinden uns im Übergang von der zweiten zur dritten Etappe, wobei die erste primitive Stufe noch reaktionär-hemmend und die dritte humanitäre Stufe revolutionär-fördernd hineinwirken.

Es bleibt die welthistorische Leistung des Bürgertums, die Natur weitgehend entzaubert und brauchbar gemacht zu haben. Andererseits geriet dadurch alle bisherige ›Zauberei‹ in die Grenzbezirke der Natur hinein, die sich damit wiederum bis ins Phantastische erweiterten.

Zauberei, magische Naturanpassung war überall da, wo zwischen Mittel und Zweck, zwischen Ursache und Wirkung ein Zusammenhang eintrat, der zwar spontan gehandhabt, aber nicht erkannt und beliebig reproduziert werden konnte. Ursache und Wirkung verwechselten in der Vorstellung leicht die Plätze. Aus der tatsächlichen Wechselwirkung wurde eine einseitige Determination mit Gott oder mit einem Dämon als letztendlichem Determinator, je nach gut und böse der Wirkung für die Menschen.

Das magische Weltbild war sozusagen nach unten hin offen. Alle Beherrschung mußte von oben her, von Gott her erfolgen und reichte doch nie bis auf den Grund der Dinge, der ein Abgrund blieb und eine Teufelsresidenz. Mit Untergang der Sonne begann die Herrschaft schwarzer Magie. Jeder Schritt in die Nacht hinaus stieß auf Gespenster. Der Stern von Bethlehem ging nur alle Jahre einmal auf. Solche Angst der Menschen ist nicht eingebildet. Noch heute haben abgelegene Bauernhöfe ihre Kobolde, grinsen Teufel aus der Wand und birgt der Stall eine Falltür in die andere Welt.

Da kam das aufgeklärte und pioniertüchtige Bürgertum und vertrieb alle bösen Geister, verdrängte sie zumindest aus dem täglichen Stadtleben in abgelegene Orte, Ruinen, alte Schlösser, Flüsterwälder. Geister vertrugen gar kein elektrisches Licht. Der erste Anschluß eines Dorfes an das städtische Elektrizitätswerk vertrieb allein mehr Gespenster als alle Traktate der Aufklärung zusammen.

Die Aufklärung selbst war noch zu polemisch gegen den Aberglauben und gegen das ›finstere Mittelalter‹ gestellt und anerkannte sie grade dadurch als noch existent. So wie Atheismus immer noch Theismus ist (und ein gut Teil antikapitalistischer Propaganda mechanisch-kapitalistisch determiniert ist), war Aufklärung immer noch ein Stück Metaphysik. Im Hintergrund ihrer Vorstellung bewahrte sie ein allzu klares und kaltes Schema eines Uhrwerkkosmos, in dem jedes kleinste Rädchen seine vorbestimmte Stelle und Rolle hat und die beste aller Welten ohne Geheimnis und Seele (die Seele war nur die ›Unruhe‹ oder Zirbeldrüse) zu Ende tickt.

Dieser Kosmos schien ein gänzlich auskennlicher Uhrmacherladen. Und doch spukte in ihm ein seltsam unerkanntes Gespenst. Alle Uhren zeigen die gleiche Weltstunde an. Leib und Seele, Materie und Geist sind mittels eines himmlischen Mechanismus synchronisiert. Streng folgt die Wirkung aus einer Ursache. Selbst die moralischen und ästhetischen Fragen sind zurückführbar auf physiologische, die physiologischen gehen ihrerseits auf physikalische Grundfragen und diese auf mechanische Modelle zurück. Die letzte Frage aber, auf was geht die Mechanik zurück, was bewegt die Bewegung, blieb der theologisierenden Metaphysik überlassen, wie das Descartes getan. Die Theologie aber hat immer schon geantwortet, ehe noch zu Ende gefragt wurde.

Die Dogmen der Theologie haben grade dieses Interessante an sich, mit vollkommener Genauigkeit eine Frage abzuschließen, die noch offen ist. Der bloße ›Ort‹ eines Dogmas bleibt schon dadurch wichtig. Es ist, als sei der Rahmen eines Flügelaltars gleichzeitig eine Tür in einen größeren Raum dahinter. Sie nennen's ein Jenseits, noch hinter und über der Kirche ein Ort, wo uns ein Abschluß versprochen. Das Dogma, die Kirche selbst ist also eine Zwischentür, als Tür mit Innenseite nur gemalt. So malt die Kirche vor jede Tür ein fromm abschließendes Bild, und das ist ihr Altar. Die unendliche Frage hat vorerst Platz im Endlichen. Dann aber steht sie auf und sucht eine Tür. Sie findet die Tür im Bild. Da ist Zwang des Weiterdenkens ein Schlüssel: wir stehen vor *offener* Tür. Gott als letzter Beweger und Uhrmacher war ein Zwischenbild und Abschlußwahn. Offne Tür heißt Tür in ein größeres Zimmer. Neues Zimmer, heißt das nun eine türlose Wand mit wieder nur gemalter Weltanschauung darauf? Nun, die Welt ist groß und rund, wir stoßen schon nicht an. Die Erde aber ist unser Ort und Baugerüst. Die Resultate des Weiterdenkens sind nicht vorwegzunehmen. Wenn irdisch alles stimmt, weil es dann menschlich stimmt, ist auch der Himmel kein unglückliches Jenseits mehr, aber vielleicht der Ort für eine *strengere* Mystik.

Der unendliche Determinismus der mechanischen Physik machte einen Gott als Determinator nötig. So ernannte Newton billig genug Gott zum *einmaligen* Uhrmacher, der das Pendel nur anstößt. Die Welt läuft dann von alleine weiter, der Anstoß reicht für eine Ewigkeit. Schon in diesem Newtonschen Bild der unendlichen Pendelbewegung ist ein Gesetz vorgeformt, das zugleich eine unendliche Trägheit bezeichnet (Newton ›Prinzipia‹, Buch III). *Ein Ding, ein Pfeil bewegt sich, aber die Richtung der Bewegung steht fest.* Das ist das große dialektische Problem der Bewegung, über das das bürgerliche Denken und Tun nicht hinauskommt. Erst sahen sie von der Bewegung nur den Fortschritt, jetzt sehen sie nur noch die

Trägheit, weil sie selbst auf der alten Basis nicht mehr fortzuschreiten vermögen. Zuletzt entdecken sie noch einen neuen Trick.

Wir haben im ersten Teil den Zusammenhang der bürgerlichen Chaosidee mit dem Trägheitsgesetz schon angedeutet. Edward Conze hat in seinem enzyklopädischen Werk ›Der Satz vom Widerspruch‹ diesen Zusammenhang sehr gut beschrieben:

>*Die Chaosvorstellung drückt in der Erkenntnistheorie dasselbe aus, was das Trägheitsgesetz in der Physik meint. Beide nehmen der Natur ihre Eigengesetzlichkeit, um sie in den Menschen zu verlegen. Das Trägheitsgesetz der modernen Physik lautet: ein von allen Einflüssen seiner Umgebung isoliert gedachter, ruhender oder bewegter Körper beharrt in Ruhe oder in gleichförmiger Bewegung. Er hat keinen Anstoß zur Veränderung seines Zustands der Ruhe oder Bewegung in sich selbst. Er ist also unbeweisbar, da wir keinen Körper haben, der von allen äußeren Einflüssen losgelöst ist. Es ist also eine Forderung, die erst in der modernen bürgerlichen Physik an die Materie gestellt wurde. Welche Haltung muß man zur Materie haben, um so etwas von ihr fordern zu können? Wird Physik getrieben mit dem Zweck, sich die* Macht *über die Natur anzueignen, dann wird man die Natur entmachten müssen. Denn das Ausmaß der Macht, das man über die einzelnen Körper hat, kann man nur berechnen, wenn man das Quantum Macht des einzelnen Körpers gleich Null setzt, da man sonst eine unbekannte Größe, die* Selbsttätigkeit *der Körpers, in den Gleichungen dulden müßte, einen Faktor, der unberechenbar unsere Bemühungen immer durchkreuzen und ihnen die Sicherheit des Erfolgs nehmen könnte.‹*

Der genaue Sinn solcher Forderung an die Materie, von der das bürgerlich-mechanische Denken ausgeht, ist die Voraussetzung kleinster Materieteilchen, die sich völlig gleichen, aber von denen jedes den Anstoß zur Bewegung von einer äußeren Ursache, nämlich von einem benachbarten Massenteilchen empfangen hat und weitergibt. Es entsteht so eine gespenstische Irrealität von Punkten, die nicht wirken, sondern die bewirkt werden und die durch eine Punktreihe leerer Durchgangspunkte, die durch die Durchgangspunkte erfüllt werden, hindurchgehen. Die Sprache selbst wehrt sich gegen den Irrsinn dieser exakt notierten Vorstellung, die nichts als eine Projizierung des praktischen bürgerlichen Warenumgangs und seiner Bedürfnisse in die Sphäre der Physik ist. Hegel bemerkte schon dazu (im § 230 der Kleinen Enzyklopädie), daß dadurch ›jedes physikalische Dasein zu einem *Chaos von Materien* und deren Aus- und Eingehen in den erdichteten Poren jedes andern gemacht wird, und nicht nur aller Begriff, sondern auch die Vorstellung ausgeht‹.

Solche Summierung von Null plus Null ergibt doch immer nur Null und fordert zuletzt einen Gott als Adam Riese am Rechenschieber. Das war mal eine feine Schiebung. Erst soll Gott gerechnet haben, dann hat er geschoben und dann stimmte die Rechnung nicht? Oder Gott als Rangierlokomotive vor lauter leere Waggons gestellt, ein Pfiff, Gott gibt einen Anstoß, ein Pfiff, Gott bleibt stehen, der ›unbewegte Beweger‹, aber die Bewegung rollt weiter und die Weiche war richtig gestellt? All das greuliche Zerren und Drängeln ist nun ›Kausalität‹?

Dieses gespenstische Mechanon beherrschte praktisch das bürgerliche Denken bis die Dampfmaschine kam. Bisher war die Maschine innerhalb der Manufakturproduktion und Feudalität lediglich eine *Transmission* von Kraftquantitäten. Mit der Dampfmaschine aber und ihrer neuen kapitalistischen Gesellschaftsgrundlage entsteht und löst sich dem Bürgertum dieses doppelte Problem einer *Verwandlung* von Kräften. An der Maschine mag dieses Problem sinnfällig werden, das freilich ein viel umfassenderes ist: wie kann Wärme in Energie verwandelt werden? Oder ganz allgemein: wie gehen Quantitäten in Qualitäten über?

Für Liebhaber der Materie gebe ich nur dieses vorläufige Aperçu. Das bürgerliche Denken hat im 19. Jahrhundert zwei voneinander isolierte Antworten auf diese Frage versucht, die ihm ja in aller Direktheit von seiner eigenen Praxis gestellt wurde. In naturwissenschaftlicher, ökonomischer und politischer Beziehung hat es die Qualitäten auf Quantitäten reduziert (zum Beispiel das Kapital zu gleichen Teilen auf ›Geld‹

und ›Rohstoffe‹). Die andere Seite der Sache beließ es hübsch platonisch; nämlich die ›Praxis‹ der Qualitäten überließ es — den *Romantikern.* Die Vorliebe der Romantiker nicht nur für asiatisch-mythologisches Bildergut, sondern auch für Vergleiche aus dem gleichzeitig frisch entstehenden Reich der Chemie (die es ja zunächst mit Qualitäten zu tun hat im Gegensatz zur quantitativen Mechanik) mag hier nur als flüchtiger Beleg für das Wesen der Romantik — zum Beispiel bei Novalis — erwähnt sein, die Welt der Qualitäten zu entdecken. Da die Romantiker aber die Qualitäten isolieren, entsteht keine Dialektik, sondern vielmehr Mystizismus oder rein subjektives, intuitives Dialektisieren auf Teufel komm raus. Nur Hegels ›Objektive Dialektik‹ (der Sachen und der Begriffe) gibt wenigstens einen Begriff davon, daß es in der Natur wie in der Geschichte nicht mechanisch, sondern dialektisch zugeht. Das wirkliche Bewegungsgesetz der Gesellschaft sollte jedoch erst durch Marxens ›Kapital‹ und das der anorganischen Natur wenigstens in Problemsätzen in Engels’ ›Naturdialektik‹ aufgedeckt werden. Der volle Umfang dieser Probleme aber übersteigt nicht nur die Begriffe des bürgerlichen Denkens, sondern vor allem die heutige gesellschaftliche Basis. Wir haben nur erst den Schlüssel und wissen, daß es in einer Wand eine Tür gibt, die zu etwas führt, das wir ›klassenlose Gesellschaft‹ nennen. Ich will damit nur sagen, daß die klassenlose Gesellschaft jedenfalls keine problemlose Gesellschaft sein wird.

Das Bürgertum erlebt heute noch vor seiner politischen eine ›physikalische‹ Revolution, von der sich die arrivierte Generation von 1890 nichts hat träumen lassen. Das Trägheitsgesetz war nicht träg genug. Die Erhaltung der Energie ließ sich nicht vollständig erhalten. Selbst die Schwerkraft wurde plötzlich beklagenswert leichtsinnig und tanzte nach Professor *Einsteins* Geige aus der Reihe längst gefestigter Vorstellung. Ja, das per Definition unteilbare Atom war nicht unteilbar genug und lief in ein aller Beschreibung spottendes Pack von Elektronen auseinander. Was ist passiert? Geht die Welt unter?

Es ist in der Tat etwas passiert, aber nur eine veraltete Theorie geht unter. Das ist passiert, was immer passiert, wenn energische Forschung die Wand entlang geht, eine Tür findet und sich plötzlich einem größeren Zimmer gegenüber befindet, dessen Dimensionen neue Maßstäbe notwendig machen. Nicht die Kausalität ist untergegangen, wie vorschnelle Metaphysiker jubeln, denen es heute gar nicht chaotisch genug zugehen kann, sondern eine alte Kausalitätsdefinition. Das zertrümmerte Atom bedeutet keine zertrümmerte Welt, sondern eine zertrümmerte Atomtheorie. Die Relativitätstheorie beugt nicht die bisher gradlinige Wahrheit, sondern erkennt die Relation von grad und krumm, von Gravitation und Eigenbewegung, von Zeit und Raum als wahr.

Einstein selbst hat zu unserem Thema dieses einem Forscher adäquate Wort geschrieben:

›Bei jedem wesentlichen Fortschritt findet der Physiker, daß sich seine Grundgesetze vereinfachen, je mehr die Experimentalforschung weiterkommt. Er wird staunend gewahr, wie eine erhabene Ordnung sich aus dem anscheinenden Chaos herausschält. *Und dies kann nicht etwa auf die Tätigkeit seines eigenen Verstandes zurückgeführt werden, sondern es beruht auf einer Eigenschaft, die der Welt der Wahrnehmungen innewohnt.‹*

Die Bedeutung dieser Aussage (deren am Schluß leider Machsche Formulierung hier nicht zur Frage steht) erhellt schon aus der Wut, mit der Einstein heute von allen Faschisten und zugehörigen Hurra-Physikern bedacht wird. Wieder wird es klar, daß heute jede sachliche und kühne Wahrheitsforschung schon unmittelbar einen Schlag gegen ideologische Reichstagsbrandstiftung und Chaosprovokation ergibt. Es ist nichts belustigender und zugleich bezeichnender als die Reaktion der ›Geisteswissenschaften‹ auf diese Ergebnisse der modernen Physik. Wie ein Triumphgeschrei geht es durch die bürgerlichen Zeitungen und Bücher: es gibt keine Kausalität mehr! Welt ohne Ursachen! Namhafter Gelehrter konstatiert Tischrücken und Levitation! Überwindung des Materialismus!
Die Herren freuen sich. Was für eine unbequeme Einrichtung war doch diese Kausalität, wie gleichmachend, wie demokratisch. Jetzt aber sind wir an kein Gesetz mehr gebunden, wir

geben nur noch Gesetze! Wir sind zu nichts mehr verpflichtet, also zu allem berechtigt, sonderlich zu ›spontaner‹ Aufrüstung und Gestapo. Gesetze sind endlich wieder Polizeivorschriften. Den jeweils niedersten Elementen, den Elektronen geht die Kausalität (sozusagen das physikalische Bürgerrecht) ebenso ab wie geistige Führung den Proleten. Nur in den mittleren Verhältnissen gilt noch Kausalität. Ganz unten wie ganz oben herrscht die reine Willkür, die nur statistisch registrierbar ist (wir erinnern uns der Freudschen ›Grausamkeit‹ des ›Es‹ wie des ›Über-Ich‹). Selbst in der Physik scheint es etwas wie Willen zur Macht und ein Unbewußtes zu geben. Zumindest herrscht da ein sagenhafter ›Maxwellscher Dämon‹ und die ungemütliche ›Heisenbergsche Unbestimmtheitsrelation‹. Das ›Entropiegesetz‹ aber ist schon, wie das nächste Kapitel zeigen soll, ganz und gar verdächtig einer jüdisch-kommunistischen Gleichmacherei und Zersetzung.

Parallel zu Einsteins Votum gegen das Chaosgerücht möchte ich hier noch seinem Kollegen Freud das Wort geben, der zu entsprechenden Vorgängen in der Psychologie gesagt hat:

›Wenn noch andere, z. B. die von den Spiritisten behaupteten Phänomene erweisbar werden sollten, so werden wir eben die von der neuen Erfahrung geforderten Modifikationen unserer Gesetze vornehmen, ohne an dem Zusammenhang der Dinge in der Welt irre zu werden.‹

Zum Schluß drängt es mich, die von ihren bürgerlichen Verächtern erst allzu billig erworbene, dann so billig arbeitende und nun überflüssige und gratis abgegebene mechanistische Weltanschauung in Schutz zu nehmen. Wir liegen heute mit zügelloseren und unergründbareren Phantasien im Kampf als die Wissenschaft im Zeitalter Büchners oder Huxleys oder Häckels. Selbst der mechanische Materialismus aus der fortschrittlichen Epoche des Bürgertums enthält immer noch mehr Wahrheit und Ethos als die unaufhörlich in ›Tiefen‹ absinkende Metaphysik der Herren von Rom und Berlin. *War der Materialismus auch ein mechanischer und weit entfernt von der umfassenden Realeinsicht des dialektischen Materialismus, so hatte er doch darin seine Bewährung und Dialektik,*

eine Mechanik zu etwas zu sein. Mit Hilfe mechanischer Gesetze ließen sich Maschinen bauen, ja da sind gar keine anderen Gesetze, mit Hilfe derer sich Maschinen bauen ließen. Ich
hielte es doch für überaus gewagt, etwa in einem ›dialektisch‹
gebauten Flugzeug zu fliegen. Die wissenschaftliche Physik
hat den Beweis ihrer Tüchtigkeit wahrlich geliefert. Sie hat
auf der ganzen Linie der praktischen Lebensökonomie gesiegt.
Nur die miserable mechanische Philosophie hat versagt und
das kapitalistische Produktionssystem, sobald mehr als Mechanik und Profit in Frage stand.

Die moderne, fast schon nachbürgerliche Physik ist notwendig elastisch und dialektisch geworden. Andererseits huldigen
auch noch moderne Physiker ersten Ranges in ihren philosophischen Konsequenzen einer Metaphysik dritten Ranges, während erklärte bürgerliche Philosophen beklagenswerte Nicht-
Physiker in einer Zeit bleiben, die grade von der Physik aus
entscheidende Weiterungen des Denkens erfährt. Dieser dumme Zustand, daß jeder vom andern das Unwesentliche übernimmt, erklärt sich zwar immer noch aus der verschiedenen
Rolle, welche die Naturwissenschaften einerseits und die ›Geisteswissenschaften‹ andererseits in der bürgerlichen Gesellschaft spielen. Die Naturwissenschaften haben einen direkten
und proportionierten Anteil am Leben, die ›Geisteswissenschaften‹ aber einen disproportionierten und zu großen Teilen unwahrhaftigen.

Es handelt sich aber für uns darum, diese Trennung der Methoden und Motive nicht länger mitzumachen. Wenn wir auch
gut daran tun werden, die Physik Heisenbergs aufmerksam
zu studieren, und bestimmt nichts verlieren werden, wenn wir
auf die Heideggersche Metaphysik verzichten, so ist die Zukunft der Menschheit doch nicht allein polytechnisch zu pla-
nieren. Schließlich wollen wir nicht nur wissen, worin wir
fahren, sondern auch, wohin die Reise geht und wer dabei ist.
Wir sehen ja nicht süchtig von uns fort und von den Feinden
ab und nach vorn. *Hier und jetzt ist unser Ort.* Da ist Hoffnung und Not genug. Unsere Ideale aber sollen nun nimmer-
mehr unerreichbar sein. Physik umfaßt nicht die Welt, aber
löscht den bösen Schein.

10. Kapitel   Entropie oder die Entwertung aller Werte durch allgemeine Gleichmacherei

Und alle Inseln flohen und keine Berge wurden gefunden.
Apokalypse 16, 20

Der Entropiebegriff, wie er aus der Physik in die Vulgär-Metaphysik eingedrungen ist, birgt eine besonders hinterhältige Variante des Chaoswahns. Das Chaos wird nicht mehr als einbrechende Katastrophe gemeldet, sondern als Beginn eines unaufhaltsam vorkriechenden Nivellierungsprozesses. Aus dem Chaos als Abgrund wird ein Chaos der Verflachung, Verödung. Nicht einmal mehr die Feuer der Revolution prasseln als sichtbares Zeichen: hier geschieht ein riesenhaftes Verbrechen. Es herrscht nur noch erstickender Qualm.
Die Physik des ausgehenden 19. Jahrhunderts hatte das erschreckende Bild eines Kosmos geschildert, der langsam aber sicher stirbt. War es auch nicht mehr der Schweif eines Kometen, der die Erde zu Asche glüht, so wurde dieser alte Spaß doch exakt und neu durch den *zweiten Hauptsatz von der Energie*. Dieser besagt, die Entropie der Welt strebe ihrem Maximum zu, wobei unter Entropie die Summe aller nicht mehr arbeitsfähigen Energie zu verstehen sei. Etwa so: sehen wir die Oberflächengestalt der Erde als ein geologisches Kräftefeld an, so ist die Entwicklungstendenz erkennbar, daß alle Berge allmählich durch Flüsse und Witterung abgetragen und Inseln vom Ozean verschlungen werden. Vergleicht man die Höhe der Berge mit der Tiefe des Flachlands, so entspricht eine kleine Entropie großen Bergen und große Entropie kleingewordenen Bergen. Wenn der ›Zahn der Zeit‹ fertig gekaut hat, ist alles nur noch ein abgestandener Urbrei; also einer, der nicht einmal mehr gärt; kein morgendliches Chaos, sondern die absolute Dämmernacht, aus der es kein Erwachen gibt, ein Sand- und Nebelmeer; die letzte Amöbe starb soeben an Trostlosigkeit und Erkältung.

116

Klassisch formulierte Helmholtz die Sache:

›Wenn das Weltall ungestört (!) dem Ablauf seiner physika-lischen Prozesse überlassen wird, wird endlich aller Kraftver-brauch in Wärme übergehen und alle Wärme in das Gleich-gewicht der Temperatur kommen. Dann ist jede Möglichkeit einer weiteren Veränderung erschöpft, dann muß vollständi-ger Stillstand aller Naturprozesse von jeder nur möglichen Art eintreten.‹

Der Endzustand kennt keine ›Berge‹ oder ›Inseln‹ irgendwel-cher Art mehr, besonders keine thermodynamischen. Ob die-ser Zustand Kälte- oder Wärmetod definiert wird, bleibt sich gleich. Dem letzten Menschen macht es wenig aus, ob er auf dem Mont Blanc gebraten wird oder in Zentralafrika erfriert. Hingegen zeigen sich unsere zeitgenössischen Philosophen schon jetzt sehr besorgt. Leopold Ziegler orakelt tiefgründig in seinem ›Heiligen Reich der Deutschen‹, schon 1925 die Sprache und das Reich und die Heiligkeit von heute vorweg-nehmend:

›Wir nennen die Lehre von dem unvermeidlichen Wärmetod der Welt eine zeitgemäße und wissenschaftliche, folglich (!) unheldische und untragische Fassung des düsteren Dämme-rungsgesichtes unserer nordländischen Völuspâ.‹

Die Sache ist ihm also nicht zu düster und zu dumm, sondern nicht düster und tragisch und neblig genug. Ziegler holt aber von alledem nach, malt dem erschauernden Leser ein grauen-haftes Bild solchen Weltsterbens, das in einigen Jahrmillionen eintreten wird; dann aber ermannt er sich und ruft uns zu hel-dischen Handlungen gegenüber einem solchen Asphalt-Kos-mos auf. Zwei Seiten weiter unten wird bereits auf einen hoff-nungsvollen Retter verwiesen. Der deutsche Physiker und Nobelpreisritter Nernst hat nämlich mit der Entropie verhan-delt und glaubt sagen zu dürfen, daß das angekündigte Mo-ratorium zurückgenommen werden könne. Einem jeweils sterbenden Kosmos entspräche ein an anderer Stelle frisch entstehender. Der deutsche Abonnent des ›Kosmos, Zeitschrift für Naturfreunde‹ kann also beruhigt sein. Die Entropiegefahr, der rote Wärmetod bzw. der Tod durch kalten Terror ist der Menschheit dank deutscher Helden-Physik erspart worden.

Immerhin war es die zwölfte Stunde, heißt es, als Hitler eingriff. Er kam, sah auf die Uhr und löschte den auf Punkt 12 geplanten kommunistischen Weltbrand dadurch, daß er den Reichstag und die Welt selbst ein wenig ankohlte. Der Reichstag mußte dran glauben. Aber die Welt glaubte nicht daran.

Nun sehen Autoritäten selten auf die Uhr, außer es ist schon zu spät. Wir wissen nicht, was die Entropie-Uhr geschlagen hat, deren Konstruktion Eddington beschreibt als ein Instrument, ›dessen eigentlicher Zweck ist, den Grad der Desorganisation einer Materie anzuzeigen‹. Sein Kollege und Landsmann Jeans hält wenig von Nernsts ›Ektropie‹, dem Gegenspiel zur Entropie:

›Er darf diese Meinung entweder aus Spekulationen oder als fromme Hoffnung hegen. Wir können darauf nur sagen, daß die Chancen gegen das Eintreffen seines Traums wie eine hohe Potenz von 10^{79} zu 1 stehen.‹

Nun, ich kann mir weder die Zahl noch den Weltuntergang vorstellen, den sie weissagt. Aber wenn jemand wie Jeans, ein gewiß erleuchteter Lehrer, mir erst die Existenz der Außenwelt fraglich macht, nach Berkeleys Muster sie in bloße subjektive Wahrnehmungen auflöst, so daß der objektive Regenbogen eine objektive Täuschung ist (da jeder nur ›seinen‹ Regenbogen sieht), wie soll ich an den 10^{79} mal sicheren Untergang einer Welt glauben, an deren einfache Existenz zu glauben mir verwehrt wird? Gegen die idealistische Leugnung der Außenwelt habe ich nur schwache Widerstände. Das ist eine phlegmatische Marotte von Engländern und Sozialdemokraten, die man nicht so furchtbar ernst nehmen soll. Wenn einer von ihnen sagt: Der Pudding ist ein bloß Gesehenes, Gerochenes, zuletzt nur ein Wort, — gut, sprechen wir nicht mehr davon. Sagt unser appetitloser Agnostiker aber: er wisse nichts über Größe, Bauart, Baumeister, Material, Bewohner usw. eines Hauses; er wisse aber bestimmt, daß in diesem Haus sich ein Keller befinde, in dem der Maxwellsche Dämon am 9. November des Jahre 7910 nachts um 8.45 Uhr eine Ladung von 10,79 Zentnern Dynamit zur Explosion bringen wird, — so geb' ich mich geschlagen.

Was an der Entropiesache wissenschaftliche Physik ist, bleibe Sache der Physiker. Dafür interessiert uns hier um so mehr der Gebrauch, den die Metaphysiker und Ideologen mit diesem Begriff treiben. Man wappnet sich mit ihm gegen den wachsenden ›Materialismus‹ der Welt. Nun heißt Materialismus zunächst gar nichts anderes als: die Welt aus sich selbst erklären; und: es gibt für den Menschen kein Ziel über sich selbst hinaus als der Mensch. Wer hat eigentlich etwas dagegen einzuwenden, die kapitalistischen Krisen aus dem Wesen des Kapitalismus zu erklären und aus dem Wesen eines realen Humanismus zu überwinden? Wer erklärt uns die künstlich verbrannten Kaffee- und Getreidemassen Brasiliens metaphysisch? Das kapitalistische Interesse an Metaphysik fällt zumindest mit einer interessierten Blindheit vor Tatsachen zusammen, die nur dem Kapitalismus eigen sind. Soweit man den ›Geist‹ hoch droben schweben läßt und eine unglaubliche komplizierte und indirekte ›geistige‹ Erklärung für materielle Dinge anführt, die direkt und ohne Umschweife aus dem verdinglichten und entmenschten Wesen des Kapitalismus erklärt werden können, nimmt allerdings die Entropie der Metaphysik ständig zu. Wir wünschten nur, ihr ein ähnlich genaues Moratorium errechnen zu können wie Jeans dem Kosmos. Und ein kürzer befristetes.

Wichtiger als alle diese Sonderheiten sind aber fraglos die Allgemeinplätze, die über die politische Entwicklungsgeschichte der Menschheit vom Königtum über die Demokratie zur Pöbelherrschaft im Schwange sind. Für die Propaganda gegen die Propaganda des Sozialismus hat sich das Argument der Entropie als unentbehrlich erwiesen. Es heißt: die Revolution ist zwar katastrophal genug, aber noch viel schlimmer sind ihre Folgen einer allgemeinen Verproletarisierung. Nicht so sehr, was sie zerstört, sondern was nach ihr vorkommt, ist zu fürchten.

Auch hier gab Nietzsche der landläufigen Vorstellung das Stich- und Schlagwort: ›Die erste Bewegung ist unbedingt die

Nivellierung der Menschheit, große Ameisenbauten usw.‹ Das böse Wort vom ›Termitenstaat‹ stammt daher, ebenso eine Reihe ähnlicher Bildungen, die immer nur wieder beweisen, wie ahnungslos die Gebildeten urteilen, wo es sich um lauter ›erste Fragen‹ ordinärer Lebenserfahrung handelt. Mit einem Satz setzt hier die ganze Intelligenz aus und summarisches Schimpfen ein. Nie wird ›Materialismus‹ materiell gewertet, immer nur höhnend von oben herab verächtlich gemacht mit Worten wie: oberflächlich, roh, dumm, borniert, geistlos, unheroisch, pöbelhaft, widerlich, zersetzend, rein negativ atheistisch, asiatisch, jüdisch, geldgierig, vaterlandslos, zynisch, satanisch, chaotisch. Schließlich ist es besonders beliebt, ›Marxismus‹ nicht nur mit Pöbelgeruch zu verbinden, sondern ihm nach einer großmütig-ironischen Anerkennung seiner Verdienste um die Technik der Sozialforschung und des Stiefelputzens als eine Sache zu behandeln, die man sich unter Sombart und Scheler längst an den damals noch jugend-bewegten Sohlen abgelaufen habe und die wissenschaftlich sowieso längst erledigt sei. Und es ist dies der dümmste Trick nicht, interessiertes Nichtwissen sich und seinesgleichen vorzumachen. Es gibt wahre Spezialisten dieser Methode, Marx zu überwinden, indem man sein Wesen in seine Umgebung auflöst, die 19. Jahrhundert heißt. Aber das ist ordinäre Mystifikation: die Ränder der Dinge wegschmelzen, ein Wesen in seine Umgebung auflösen.

Ich begnüge mich nach der Methode dieses Buches mit der Wiedergabe einer Reihe verblüffend identischer Zeugnisse. Alle sollen dem Beweise dienen, daß man als erheblichstes Zeichen vom Anfang des Endes nicht die Katastrophe der Revolution als solche ansieht, sondern einen ihr nachschleichenden Prozeß des Zerfalls. Aus dem qualitativen Sprung oder Eingriff der Revolution will man quantitative Nivellierung machen.

Jakob Burckhardt sah für die Zukunft nur die Alternative ›zwischen völliger Demokratie, völliger Durchnivellierung des gesamten öffentlichen und geistigen Lebens und einem absoluten, rechtlosen Despotismus‹:

›Ein bestimmtes und überwachtes Maß von Misere, mit Avance-
ment und in Uniform, täglich unter Trommelwirbel begon-
nen und beschlossen, das ist's, was logisch kommen müßte.‹

Dieser Zustand ist tatsächlich eingetroffen, nur haben grade
die ›Eliten‹ ihn verhängt, während die geschmähten Massen
nie unterdrückter und die Demokraten nie bedrohter waren
als heute.

Lange vor dem Weltkrieg notierte Clemenceau eine luziferi-
sche Vernichtungsvision:

›Das menschliche Leben bestand bisher in tödlicher Beherr-
schung über alles niedere Leben. Neue Lebensbedingungen
schaffen jetzt neue Kampfbedingungen. Die Stunde der gro-
ßen Revanche der unteren Natur gegen die obere Natur ist
gekommen. Der niedere Organismus, weniger anspruchsvoll
als seine großen Konkurrenten, begnügt sich mit minderen
Existenzbedingungen. In dem Maße, wie die Lebensbedin-
gungen dünner werden, werden Mensch, Tier, Pflanze arm-
seliger, blutleerer, kümmerlicher. Unfähig, länger das finstere
Wachstum der primitiven Formen aufzuhalten, weichen die
andern zurück: und das niedere Leben bricht in die ungeheu-
re Domäne ein, aus dem das höhere Leben es früher vertrieben.
Das ist die letzte, die äußerste Schlacht, der große Verfall des
besiegten Lebens, das Schritt für Schritt nachgibt unter dem
Blick der Jahrhunderte, grenzenlos gleichgültig gegenüber
einer gedemütigten Fäulnis irgendwo im untersten und unbe-
kanntesten Abhub des Volkes, die von jetzt ab ihrer Stunde
harrt.‹

Eugen Rosenstock, der diesen Dithyrambus auf den Weltuntergang in seinem bedeutsamen Werk ›Die Europäischen Revolutionen‹ zuerst notiert, bemerkt dazu:

›Es ist nur der bürgerliche Mensch, dem dieser Tod der Mensch-
heit Nervenkitzel bereitet. Luzifers Ideen führen schon heut,
schon gestern, schon immer und nicht erst am Ende der Welt-
geschichte zur Vernichtung. Der ‚Tiger‘ braucht nicht auf die
niederen Organismen zu warten. Er selbst hat alles getan, um
durch Haß die Welt schon zu seiner Zeit zu vernichten. Die

niederen Organismen, die er den großen Individualitäten pro-
phezeit, rücken heran. Die ‚Situation Mensch' wird bedroh-
lich. ‚Exit homo sapiens', das Einzelwesen wird bedroht vom
Massentritt des marschierenden Proletariats.‹

Wer aber ist Luzifer-Mephisto, dessen Ideen zur Vernichtung
führen sollen? Goethe läßt in der ›Natürlichen Tochter‹ einen
König also sprechen:

> *›O, diese Zeit hat fürchterliche Zeichen!*
> *Das Niedre schwillt, das Hohe senkt sich nieder;*
> *Als könnte jeder nur am Platz des andern*
> *Befriedigung verworrner Wünsche finden,*
> *Nur dann sich glücklich fühlen, wenn nichts mehr*
> *Zu unterscheiden wäre, wenn wir alle,*
> *Von Einem Strom vermischt dahingerissen,*
> *Im Ozean uns unbemerkt verlören.‹*

Einen programmatischen Leitartikel ›Wie groß ist die bol-
schewistische Gefahr?‹ beendete die Neue Zürcher Zeitung
folgendermaßen:

›Auch ohne zu siegen, kann der Bolschewismus zugrunde-
richten, und nicht als einen Nachfolger oder Erben des mo-
dernen Staates soll man ihn fürchten, sondern als seinen selbst
dem Verderb geweihten Totengräber.‹

Auch Waldemar Gurian hört (›Bolschewismus als Weltgefahr‹) deutlich ›den Schritt der Pöbelbataillone‹ als

›drohenden Aufstand primitiver Massen unter zynischer Füh-
rung. Seine Führer sind Erben der Mongolen und Tataren-
fürsten, die jahrhundertelang die abendländische Welt be-
drohten.‹

Mark Aldanow:

›Das Dunkel rückt heran, ein undurchdringliches Dunkel, wie
es die Menschheit nie gekannt hat. Kein reaktionäres Dunkel,
sondern ein fortschrittliches im wahrsten Sinn des Wortes.
Jetzt kann es keinen Zweifel mehr geben: der Entwicklungs-
prozeß hat dies und nichts anderes vorbereitet. Die Geschich-

122

te hat fortschreitend das Modell des fortschrittlichen Affen vorbereitet, und wir werden Zeugen des großen Experiments einer Veraffung der Welt.‹ (Roman in der Neuen Zürcher Zeitung ›Die Flucht‹.)

Leontjew:

›Alle gehen dem gleichen Ziele zu, irgendeinem mittleren Typus und der Herrschaft irgendeines mittleren Menschen. Die Herrschaft der mittleren Leute, der mittleren Zustände, der mittleren Gewalt wird das Ziel sein, bis daß der Punkt der Sättigung mit Gleichheit und Gleichartigkeit erreicht ist.‹

Mainländer:

›Trügen die Zeichen der Zeit nicht, so stehen wir am Anfang des Endes. Denn, wenn die Gesellschaft nivelliert, die Herde eine einige geworden ist, was soll dann noch anderes kommen als die Erlösung?‹ (Hier Kommunismus als apokalyptische Figur.)

Nietzsche:

›Alles verjüdelt oder verchristlicht oder verpöbelt sich zusehends.‹ — ›Das Tempo dieser Einströmung ist prestissimo, die Eindrücke wischen sich aus; man wehrt sich instinktiv, etwas hereinzunehmen, tiefzunehmen.‹ — ›Wir haben daher ein Gefühl der ungeheuren Weite, — aber auch der ungeheuren Leere voraus: und die Erfindsamkeit aller höheren Menschen besteht in diesem Jahrhundert darin, über dies furchtbare Gefühl der Öde hinwegzukommen. Der Gegensatz dieses Gefühls ist der Rausch . . .‹

Entropie aller Werte. Ortega y Gasset widmet ihr in seinem vielgelesenen ›Aufstand der Massen‹ die gradezu wimmelnde Fülle seiner erstaunlich oberflächlichen und denkschwachen Eliten-Apologie. Die Masse definiert er als ›die Gesamtheit aller nicht besonders Qualifizierten‹. ›Grundverfassung ihrer Seele ist Unzulänglichkeit und Unbelehrbarkeit; es ist ihr angeborener Fehler, nichts zu berücksichtigen, was außerhalb ihres Horizontes ist (!), seien es Tatsachen, seien es Personen‹ — wobei es des großen Gelehrten Geheimnis bleibt, etwas zu berücksichtigen, was außerhalb seines Horizontes ist, seien es Tatsachen, seien es Personen.

Das ›Volk‹ wird allgemein vom Bürgertum als biologisch, logisch und ethisch minderwertig bezeichnet oder aber, falls das Wort wie bei den Faschisten einen ›positiven‹ Akzent trägt, einfach mit ›Bürgertum‹ identifiziert. Die unglaubliche Fremdheit der herrschenden Klasse zu wirklichen Arbeitern und Bauern, sobald diese eine organisierte oder auch nur spontan menschliche Aktivität in politischen Dingen äußern, läßt sich jeder bürgerlich ›wissenschaftlichen Massenpsychologie‹ ablesen (die in der Tat nur einiges über die psychische Masse der Herren verrät). Alle Eigenschaften, die man der eigenen Klasse positiv zuschreibt: Führergenie, Organisationstalent, unermüdliche Arbeitslust, Verantwortungsbewußtsein, Risikoeinsatz, ›schöpferische‹ Entscheidung usw. werden dem Proletariat negativ angeschrieben. Wenn dieses in eigener Sache agiert und wieder einmal so ungebildet ist, seine Haut für sich selbst zu riskieren, so ist es: unbeherrscht, von landfremden Aufwieglern genarrt; arbeitslos, weil von angeborener Arbeitsscheu, unverantwortlich für höherwertige Arbeit; dumm, faul, gefräßig, ›kommunistisch‹; seine Organisation gerät ihm nur als Zusammenrottung, als Plünderzug. All dieses Minus ist in den Augen der Herren die Folge angeborener Minderwertigkeit und des Untermenschentums; niedere Geburt und polizeiwidriges Verhalten erscheinen ihnen keinesfalls etwa als Folge unmenschlicher sozialer Verhältnisse. Keiner hat stärker als Hitler aus dieser Fremdheit des Bürgertums und namentlich der verarmten Kleinbürger zum Proletariat so blutiges Kapital geschlagen. Eine ›Arbeiterpartei‹ gegen die Arbeiter! Der deutsche Arbeiter, ›der jüngste, schutzbedürftige Sohn des Volkes, der unserer Führung bedarf‹ — so Ley an Hitler über den deutschen Arbeiter —, wie man ihn sich zu dem zur Monumental-Operette gewordenen 1. Mai *wünscht:* verniedlicht, nett kleinbürgerlich, viel Muskel, treues Herz, wenig Hirn, anhänglich den Herren, so hätte man ihn gern. So kann man ihm die Biedermannshand geben und die ›Ehre‹ wiedergeben (und sonst nichts), am Tag darauf die Gewerkschaften

124

zerschlagen, Arbeitermord schneidig mit hepp und heil tätigen, ›Untermenschen‹ überbieten, das rote Herz kalt und weiß machen, und dann abends in die Meistersinger von Nürnberg, im dritten Akt kommt es an den Tag, wie Deutschlands Erwachen gemeint ist. — Aber wie heißt doch das andre schöne Lied, das so schneidig aus der Rolle fallend aus der hohen Schule der Volksgemeinschaft plaudert?

> *›Arbeiter, Arbeiter, wie wird es dir ergehen,*
> *wenn die Brigade Ehrhardt wird unter Waffen stehen?*
> *Die Brigade Ehrhardt schlägt alles kurz und klein,*
> *wehe dir, wehe dir, du Arbeiterschwein!‹*

Oben sang aus Kleinbürgers Herzen Hans Sachs, hier aber singt die Stimme ihrer Herren. So meinen sie's doch, wenn sie ehrlich sind und unter sich, getrommelt und gepfiffen, — es pfeifen die bleiernen Todesvögelchen mit blanken Schnäbeln den Brüdern mitten ins Herz.

Es gäbe indessen nicht so tödliche Perversionen und solchen Blutrausch von Söldnern, wenn nicht dem Verruf der ›Kommune‹ weit ältere Gerüchte von Chaos und Abgrund vorangingen. Alles ›Unten‹, die Materie, also der ›Materialismus‹, also die Sündenangst und der Sintflutkomplex der Besitzenden, wie man sie sich als Fressen, Saufen, Huren vorstellt, als Bauchfrage und Eingeweidephilosophie, erscheinen plötzlich dem kleinen Mann schon ihrem *Orte* nach als abgründig böse, verworfen, drachenhaft. Gegen solche Archetypen des Naturbösen, der zumal von der Kirche zweitausend Jahre lang gepredigten Höllenangst, auch des allemal chaotisch Weiblichen, des höhlenhaft verschlingenden Prinzips, der Lockung und des Verderbs versumpfter Großstädte, des hygienischen Grauens ihrer Cloaca maxima, der Unterwelt von Verbrechen und Notzucht, von Zusammenrottung und Feuerbrand, — gegen so vielfachen und dunklen Verruf ist freilich das Licht derer, die selber schon deutlich droben ›im Lichte‹ stehen und mit der Sprache der Begeisterung und der Berauschung unaufhörlich versprechen, ›dem deutschen Volk den von Juden und Kommunisten geschmähten Platz an der Sonne zurückzuerobern‹, die billigste Erleuchtung. Mit diesen Gefühlen und diesen Menschen muß man rechnen. Wer liest schon Klages oder Ortega y Gasset und all die verfeinerten Räusche aus Nietzsches Küche? Nur eine dünne Oberschicht, die rein kontemplativ sich mit Politik befaßt, falls sie es nicht mit Herrn Johst bevorzugt, den Revolver zu entsichern, wenn von ›Kultur‹ die Rede ist.

Antimassen-Psychose als Massenpsychose, idealistische Verachtung des ›Materialismus‹, wie ihn sich die Spießer vorstellen als Spiegelbild ihrer eigenen Praxis, ›Volk‹ als Gefolgschaft der Herren mit zünftigem Aufmarsch auf der Festwiese von Nürnberg, eine schöne Sonntagserhebung, die Spitzen der Nation sind dabei, Reaktion mit Eichenlaub und Schwertern plus Krummkreuz und 48er Maibäumen, geblümt als Revolution, schließlich pure Existenznot, Chaosangst als Unterwerfungshysterie unter den ›Führer‹, das alles brachte ›sein‹ Volk zu Hitler und diesen an die Seite der Herren; Revolution mit Erlaubnis des Herrn Reichspräsidenten. Erst aus dieser unheimlich geschürten Psychose und Komplexbereitschaft derer, die eben mehr zu verlieren hatten als ihre Ketten, erst aus dieser Praxis des tatsächlichen Klassenkampfes (der viel mehr birgt als nur Klassen-›Bewußtsein‹, nämlich Klassenhaß und Klassenhysterie) folgt an zweiter und dritter Stelle die Blindheit für die Theorie der Arbeiterbewegung. Angst, die das ›Unten‹ blutrot malt, Blindheit, die es schwärzt, sind deshalb auch nicht rein theoretisch widerlegbar, aber auch nicht durch simple ›Praxis‹ ohne aufgewiesenen Leitstern.

Wichtiger, als ihn zu konstatieren und im übrigen nichts Neues dagegen zu unternehmen, ist die dringliche Frage, was hilft wider diesen Verruf? Im vierten Teil werden wir unter dem Kapitel ›Verteidigung der Majorität‹ einiges zu beantworten suchen. Hier hat nur noch der Nachweis über den spezifischen Irrtum zu folgen, der Sozialismus sei ›Aufteilung des Reichtums‹. Die Angst vor der ›allgemeinen Proletarisierung‹ nach erfolgter Umwälzung stammt nämlich aus der Vorstellung eines Rattenzuges, der über die vorhandenen Vorräte herfällt und alles ratzekahl hinterläßt, um dann übereinander herzufallen. Solches Schreckensbild, das wider alle auch nur technologische Vernunft in hundert Variationen die Herzen

der Bürger ängstet oder empört, entspricht genau der ›Entropie‹. Die falsche und fälschlich dem Marxismus zugeschriebene ökonomische Formel dafür heißt: Aufteilung des Geldes und des gesamten Privatbesitzes unter die Besitzlosen, gleiches Einkommen für alle. Selbst so gebildete Praktiker wie Rathenau oder Bankier Rothschild oder Professor für Volkswirtschaftslehre Adolf Weber sind in ihrem eigensten Gebiet interessiert ungebildet genug, allen Ernstes uns vorzurechnen, daß bei einem solchen Aufteilungs-Sozialismus pro Kopf der Bevölkerung sagen wir 14,32 Mark entfielen, und das das Ziel der sozialen Revolution zu nennen. Natürlich haben sie diese Summe exakt berechnet. Irrsinnig und böswillig ist nur ihre Unterstellung, Sozialismus bedeute einfache Aufteilung von Geld und Gut, wobei dann fraglos diese idiotische Quote herauskäme. Während Sozialismus in Wahrheit bedeutet: Nationalisierung der für das gesellschaftliche Leben entscheidenen *Produktionsmittel,* eine neue Produktions*ordnung,* die die Widersprüche der alten beseitigt. Kapitalisten und Kapitalhörige können sich einfach eine Wirtschaft ohne Profit nicht vorstellen. Darum meinen sie, alle Wirtschaft müsse überhaupt aufhören, wenn der Profit aufhört. Daß der Profit in allen seinen gut versteckten Formen (nicht etwa nur als Zins und Rente und Dividende und Luxusgehalt) allerdings grundsätzlich mit dem Privatbesitz von Grund und Boden und Fabriken und Rohstoffen zusammenhängt, ist für die Kapitalisten eine zu peinliche Einsicht, um sie dulden zu können. Darum also wird das Dogma von der Unentbehrlichkeit der Privatinitiative erzählt (im Zeitalter der Trusts und Monopole!) und das Greuelmärchen von der physikalisch und sozialen Entropie (oder dem Wertschwund) verbreitet. Die Kapitalisten sind nicht etwa zu dumm, die sozialistische Planwirtschaft richtig zu verstehen, sondern sie sind klug genug, das, was in Wahrheit das Schlüsselgeheimnis zur befreiten Produktion bringt, als so dumm und einbrecherhaft wie möglich darzustellen und die Träger der Schlüsselgewalt zum endlich menschlichen Haus als Brandstifter anzuschwärzen.
Dagegen hilft allzu klares Wasser der Aufklärung nicht nur nichts, sondern verhilft noch ausdrücklich zur Bestätigung

des Verrufs; denn die Aufklärung war oftmals nicht nur klar, sondern auch schal. Vertrackt genug gelingt jene scheinbar so einfache Richtigstellung der Dinge und Begriffe zu ihrer wirklichen Proportion noch lange nicht gegenüber besessenen Kleinbürgern: *Chaos*, das ist genau die kapitalistische Wirtschaftsanarchie und der Wahnsinn des Krieges. *Ordnung:* das ist doch grade Planwirtschaft, beherrschte Natur und Gesellschaft, auf erhöhter Basis freigesetze Norm, realer Humanismus. Gegen diese aufweisbare kapitalfeindliche und antifaschistische Vernunft werden nun aber alle Dämonen des Aberglaubens und der Irrationalität losgelassen, und mit welch aufwühlendem Erfolg, das zeigt das furchtbar ernste Beispiel Deutschlands. Hier hat es auf Seiten der Vernunft und Nüchternheit nicht an Spott und Hohn gefehlt und noch weniger an Entlarvungsmethode; wohl aber mangelte es an wirklicher Kraft, Dämonen auszutreiben. Diese Einsicht drängt sich auf und wird auch endlich gezogen: man kann Aberglauben nicht mit den Mitteln der Vernunft allein bekämpfen, wenn man ihn nicht gleichzeitig mit der Kraft neuen Glaubens bekämpft. Kühnheit, Logik und lügenlose Ideale gehören zusammen. Mit sachlicher und auch richtiger Analyse kann man wohl kämpfen, aber siegen kann man nur, wenn noch etwas dabei ist: die Stimme eines intensiven, herzgewinnenden, frohen und zornvollen Glaubens an das Wahre, Gute und Schöne der eigenen Sache, der Menschheitssache. Viele Seiten Statistik, Analysen der politischen und ökonomischen Lage, Aneignung gänzlich neuer Begriffe und Perspektiven, etwas streng und umfassend Rationelles, das eine Änderung unseres Verhaltens zur Umwelt und zu den Menschen fordert, bieten schon dem normal interessierten Menschen eine wirkliche Schwierigkeit. Wieviel mehr wachsen diese Hindernisse gegenüber einer interessierten Blindheit und Lethargie in Zeiten, die alle scheintoten Dämonien und Dämmerungen der Vorzeit zurückrufen.

Glauben ist älter als Vernunft, Gefühle sind älter als Ideen, Aberglauben ist viel ehrfurchtsgebietender als ungläubige Wissenschaft. Heidentum ist älter und suggestiver als Christentum. Mythos und Fatalismus kamen früh in die Welt und

128

verbreiteten sich schnell. Wissenschaft und Aufklärung kamen spät und verbreiteten sich gar nicht, insbesondere wenn Affekte und Interessen dagegen standen, wie zu allen Zeiten der Reaktion und Revolution. Auch der Trieb nach unheimlicher und abscheulicher Erniedrigung vor den alten bösen Mächten ist älter und eingewurzelter als das Streben nach Herrlichkeit und dem noch nicht Dagewesenen. Denn der unterwürfige Trieb geht auf Jahrtausend-Epochen von Versklavung und Ohnmacht zurück. Der Abenddämmer von Mythos und Untergangsbann und Vergeblichkeitswahn ist noch immer Gespenstern und Despoten günstig gewesen. Aber grade weil sich die Freiheit eines Christenmenschen noch nicht als irdisch durchgehaltener Zustand erfüllte, ist diese Morgendämmerung, dieser Menschheitsfrühling, diese Reformation im rechten Moment der größere Appell, das unsagbare Hellerwerden auf Erden zuletzt strahlender und jünger als der Jüngste Tag.

11. Kapitel a. Chaos ex cathedra oder das Professoren-Chaos
b. Chaos ex machina oder das Pfaffen-Chaos (Die Maschine ist schuld)

Und ich sah Stühle und sie setzten sich darauf.
Apokalypse 20, 4

Und das Tier, das ich sah, war gleich einem Pardel, und seine Füße als Bärenfüße, und sein Mund als eines Löwen Mund. Und der Drache gab ihm seine Kraft und seinen Stuhl.
Apokalypse 13, 2

ad a

Zu sagen, etwas sei einem Pardel ähnlich, ist eine höfliche Art zu sagen, es sei kein Pardel. Tatsächlich handelt es sich bei dem hohen Tier, das Platz nahm, um einen Professor.

Jedesmal, wenn eine Gesellschaft und Philosophie zerfiel, zerfiel die Gesellschaft in eine wüste Anti-Demokratie und in eine revolutionäre Volksfront, die Philosophie in Skeptizismus und in einen neuen Humanismus. Skeptizismus bedeutet in Wahrheit nichts anderes als zersetzte Philosophie und zersetzter Glaube, er ließe sich — was hier nicht zur Frage steht — leicht definieren als doktrinärer Aberglauben an die Allmacht des Zweifels und an die Ohnmacht der Besitzlosen. Im Ausgang der Antike, des Feudalismus und des Kapitalismus entarten die Weisen zu Sophisten und Skeptikern und Anbetern schwarzer Magie, das heißt zu gedungenen Rhetoren der Unvernunft und Unterdrückung. Jedesmal wird der Mensch für böse erklärt, nur durch Furcht regierbar, das Wissen für eitel und die Welt am Ende. Jedesmal auch verschreibt sich die herrschende Gesellschaft eine größere Dosis Okkultismus und Opium aus dem Orient und aus dem ›Unbewußten‹. Da der Philosoph nur noch ein Fatalist und Angstmacher ist, kann er ebensogut ein Gaukler und Pfaffe werden.

Die jedesmaligen revolutionären Gegenpositionen haben wir hier im ersten Teil wenigstens kursorisch kennengelernt. Sie hießen am Ende der Antike: Christentum; des mittelalterli-

130

chen Agrarfeudalismus: Renaissance und Reformation; des absolutistischen Manufakturfeudalismus: französische Enzyklopädie und Revolution; des Kapitalismus: internationale sozialistische Planwirtschaft und Planwissenschaft.

Wir können hier auf eine gründliche Darstellung dessen verzichten, was sich deutsche Philosophieprofessoren und Akademiedichter an intellektueller Unredlichkeit anläßlich des Dritten Reiches trüber Ankunft und Herkunft geleistet haben. Diese Herren machten wieder einmal ihr Quidproquo wie die Inflationshuren mit dem Rechenschieber. Dieses Wort ist kaum zu streng. Wie es die einzig absolute Handlung absoluter Könige beim Sieg einer Revolution war abzudanken, so wäre es hier einzig philosophisch gewesen, fürder kein öffentliches Wort Philosophie mehr verlauten zu lassen, das nicht in irgendeiner Weise der Kritik an der öffentlichen Schande des Volkes der Denker und Dichter dienen könnte. Wir sind froh, sagen zu dürfen, daß eine bedeutende Schar Deutscher sich in dieser Weise aktiv philosophisch verhalten hat, andere auf Wort und Würden verzichteten; während der Rest nicht Schweigen ist, sondern laute Unterwürfigkeit.

Es wäre übertrieben zu sagen, daß die neudeutsche Philosophie nur eine ›Märzgefallene‹ sei. Grade einige Primadonnen brauchten gar nicht mehr umzusatteln. Schon lange vorher war es Mode, den theologisch beschlagenen Gaul in hoher Schule ontologisch zu reiten. Die ›Existenzphilosophie‹ verdankt ihre Existenz der Theologie und der kapitalistisch bedingten Existenznot. Grob historisch gesprochen heißt das: das Bürgertum nahm seine Trennung von Glauben und Wissen (Nominalismus) und von Physik und Metaphysik (Aufklärung) wieder zurück, um angesichts der nicht mehr gemeisterten Welt weder mehr glauben noch wissen zu müssen und alles auf irrationale ›Entscheidung‹ zu stellen. Bis es auch das nicht mehr muß und Hitler ihm diese Sorge ›ganzheitlich und existentiell‹ abnimmt.

Da ist Martin Heidegger in Freiburg im Breisgau im Schwarzwald. Ein metaphysisches Pardel mit Bärenfüßen und dem Mund eines Löwen. Sein Hauptwurf ›Sein und Zeit‹ ist ein etwas rätselhafter Publikumserfolg in Anbetracht der unbe-

schreiblichen Pedanterie und Hochstapelei dieses Philoso-
phems, das sich als lauter abgründiger Tiefsinn gibt und — ein
weiteres reichsdeutsches Kennzeichen — sich der Kontrolle
der meisten Leser schon rein sprachlich entzieht. Jener mystische Schuhmacher, der philosophierte und als Jakob Böh-
me Schuhe und Philosophiegeschichte machte, kann uns kaum
mehr böhmisch vorkommen, gehalten gegen diesen Dozen-
ten des ›. . . ursprünglichen geworfenen In-der-Welt-Sein als
Unzuhause‹, der uns die durchgelaufenen Schuhe besohlen
will. Er hat nämlich die Absicht, ›das Dasein vom Alltag her
zu begreifen und begrifflich zu machen‹. Man höre und stau-
ne, wie ihm das gelingt:

›*Anthropologisch gesehen ist der Mensch ein in der Welt seiendes, in seinem Sein an Kosmos und Mitmenschen gekoppel-
tes, in seinem tiefsten Grunde gestimmtes, verstehendes Wesen, das sich zur Umwelt besorgend, zu den Mitmenschen
fürsorgend, zu sich selbst sorgend verhält; eine endliche, zwischen Geburt und Tod gestellte, angsterfüllte schuldige Kreatur, die durch den Tod aufgerufen wird zu ihrem eigensten
Sein-Können. Ihr Sein ist ein Sein zum Tode, d. h. ein zeitlich
endliches Sein, ein Sein der vorlaufenden Entschlossenheit.*‹

Heidegger ist — wie man sieht — Hitler entschlossen vorge-
laufen; aber er hat sich überholen lassen, die ontologischen
Sohlen taugten doch nichts: seine Hacken und das Freiburger
Rektorat sind abgetreten. An Kosmos und Drittes Reich hat
er sich wirklich (vom Alltag her gesehen) äußerst vorsorglich
verkoppelt. Diese Angst und Sorge dozierende Kreatur aus
dem Schwarzwald, wo er am finstersten ist, hält sich auch genau in der vorlogischen ›Stimmung‹ und ›Befindlichkeit‹ des
deutschen Bürgertums, nämlich heroisch-zustimmend im ›Sinne des fragenden, ungedeckten Standhaltens inmitten der Ungewißheit des Seienden im Ganzen‹, wie's Arbeitermord inmitten der Volksgemeinschaft ziemt. Sah Heidegger schon
vorher die ›Zeit‹ als ewigen statischen Bann, als Schicksal und
Sarg schlechthin, worin alle tätige Hoffnung und Auffahrt begraben, so genügte ihm doch anderseits ein einziges schlichtes
Jahr Drittes Reich und Rektorat, die ›Übermacht des Schick-

sals‹, die ›schlechthinige Nichtigkeit und Unkraft des Wissens‹ unter Beweis zu stellen.

Genau der Mann, der die Martin Luthersche Verachtung des ›Herrn Jedermann‹ und der ›Hure Vernunft‹ gradezu reißerisch übernommen hat, grade Martin Heidegger, der Autor des ›Man‹, überantwortet sich und seine Studenten dem zeitgemäßesten ›Wissensdienst‹ als Wehrdienst am Volke und seiner ›Macht der tiefsten Bewahrung erd- und bluthafter Kräfte‹. In ‹Sein und Zeit› (S. 127) konnte Heidegger nicht erhaben genug der entropischen Gleichmachung entgegentreten:

›Abständigkeit, Einebnung konstituieren als Seinswesen das Man, das, was wir als Öffentlichkeit kennen. Sie regelt zunächst alle Welt- und Daseinsauslegungen und behält in allem recht. Und das nicht auf Grund eines ausgezeichneten und primären Seinsverhältnisses zu den ‚Dingen', nicht weil sie über eine ausdrücklich zugeeignete Durchsichtigkeit des Seins verfügt, sondern auf Grund des Nichteingehens ‚auf die Sachen', weil sie unempfindlich ist gegen alle Unterschiede des Niveaus und der Echtheit.‹

Dieser Mann befolgt jetzt die Kommandos des ›Man‹ mit einem so knieweichen Dreh nach rechts und zugleich mit einer solchen das Führeroriginal überbietenden Arroganz, daß es selbst den Nazis zu dumm wurde. Sie haben schließlich nicht auf Heidegger gewartet, um die ›Geworfenheit‹ des Subjekts vor den kapitalistischen Staat spruchreif zu machen.

Warum wirkte Heidegger auf uns Studenten? Ich entsinne mich deutlich einer (rasch ausgeheilten) Betroffenheit, als Heidegger uns das präparierte und skandierte Rätsel ›Was ist Metaphysik‹ zu knacken gab. Wir, die wir unsere Existenz auf das Nichts gestellt sahen, sofern der alte Herr nicht weiterhalf, waren mit dem ›Nichten des Nichts‹ ganz einverstanden. ›Sorgen‹ konnten wir nicht leugnen und die ›Langeweile‹ in den Hörsälen war unbeschreiblich. Heidegger bestätigte und heilte unsere schlimmsten Komplexe. Er lehrt uns den status quo als ›Ewigkeit‹ anbeten und als ›Jahrtausendschicksal des Menschen‹ hinnehmen, vor dem es nicht verfing, ob es noch ein paar Jahre kapitalistisch hergehe oder nicht. Immerhin brachte solche Zeitlehre ohne historische Zeit viele ihrer Zeitgenossen auf die Seite der Riesen. Denn den Status quo anbeten heißt die grade aktuellen Riesen vergöttern.

Die reale Not schlug nach innen und machte blind grade als ›Existenz‹. Mit einer Borniertheit, die nicht nur metaphysisch, sondern reaktionär genannt werden muß, wies Heidegger auf die soziale Bedingtheit der Angst hin, wollte sie ausdrücklich nicht als nur private oder psychologisch zu erklärende verstanden wissen, sondern als kollektive und ›kreatürliche‹. Sofort hinterher fing er uns den hier möglichen Blick in die gesellschaftliche ›Verfallenheit‹ ab und lenkte ihn in die erkenntnislose, abstrakte, vorlogische Innerlichkeit. Indem Heidegger die ›Zeit‹ zur ›Ewigkeit› überdehnte (um dadurch den noch immer frischen Materialien des ›Historismus‹ sich zu entziehen) und die aktuelle Lebenssorge ins ›Kreatürliche‹ überdimensionierte, entzog er sie jeder irdischen Analyse.

Wenig später fiel mir dann freilich die ›Deutsche Ideologie‹ in die Hände und die vorerst noch platonische Selbstkorrektur des allzu jungen, nämlich greisenhaften und bodenlosen Idealismus begann sich zusammen mit den ersten, noch schockhaften Erfahrungen mit Arbeitern durchzusetzen:

›Die Sorge ist nichts anderes als die gedrückte und geängstigte Gemütsstimmung, die im Bürgertum die notwendige Begleiterin der Arbeit, der lumpenhaften Tätigkeit des notdürftigen Erwerbs ist. Die ‚Sorge' floriert in ihrer reinsten Gestalt beim deutschen guten Bürger, wo sie chronisch und ‚immer sich selbst gleich', miserabel und verächtlich ist, während die Not des Proletariers eine akute, heftige Form annimmt, ihn zum Kampf um Leben und Tod treibt, ihn revolutionär macht und deshalb keine ‚Sorge', sondern Leidenschaft und Empörung produziert.‹

Ebenso traf Engels' Urteil über Feuerbach haargenau auf den Fabrikanten der Freiburger Zaubersprüche zu:

›Etymologische Kunststücke bilden das letzte Auskunftsmittel der idealistischen Philosophie. Nicht was das Wort nach der

134

geschichtlichen Entwicklung seines wirklichen Gebrauchs be-
deutet, sondern was es der Abstammung nach bedeuten sollte,
das soll gelten.‹

Einmal dem falschen Zauber und Ernst auf die Spur gekommen, verblaßte er sogleich zu Literatur, und die feierlichen Götzen schrumpften ein. Inzwischen hat man lachen und rebellieren gelernt. ›Sein und Zeit‹ waren eine sehr begrenzte Pardel-Philosophie.

Heidegger lokalgeistig und reichszeitlich benachbart, lehrt in Heidelberg Karl Jaspers. Er hat die erheblich längeren Beine und wäre, käme es darauf an, ein großer Philosoph. Seine Natur gestattet ihm aber nur tugendhaft zu sein. Er ist der tugendhafteste Philosoph nach den Begriffen der Theologie. Er hat sich Kierkegaard, dem Transzendieren und ›Scheitern‹ verschrieben. Der Welt außerhalb Heidelbergs hat sich Jaspers durch ein schon in zweiter Auflage vergriffenes Göschen-Traktätchen ›Die geistige Situation der Zeit‹ beliebt gemacht. Auch er kann nicht auf die Entropie-Geschichten verzichten, nennt den ersten Teil ›Massenordnung in Daseinsfürsorge‹. Alle Gefühle, die jeder Student hat, wenn er in der Heidelberger Marstall-Mensa zum Essenfassen ansteht, bringt hier Jaspers auf philosophische Stelzen und in eine etwas hoffnungslose Perspektive. Es ergeht nämlich der protestantische Appell an den Einzelnen, sich ›existentiell‹ zu entscheiden. Lag solche Entscheidung im Fall der Mensa bestenfalls nur zwischen Fleisch oder Fisch, so bietet er uns jetzt eine dreibändige ›Metaphysik‹ an, die weder Fisch noch Fleisch, weder Philosophie noch Poesie ist. Statt aller Umschreibung stehe hier nur wieder ein Zitat, das verdeutlichen mag, wie apokalyptisch es im sonst so tugendhaften Heidelberg zugeht und welchen Konfirmandenunterricht erster Klasse Jaspers dorten doziert:

›Während für das Wissen jedes Ende in der Welt und in der
Zeit ist, niemals ein Ende der Welt und der Zeit, steht das
Schweigen vor der undeutbaren Chiffre des universalen Schei-
terns in bezug auf das Sein der Transzendenz, vor dem die
Welt vergangen ist. Wenn das Wissen um das Wirkliche die
Angst steigert, Hoffnungslosigkeit mich in der Angst verge-

hen läßt, so scheint vor der unausweichlichen Tatsächlichkeit
die Angst das letzte zu werden; die eigentliche Angst ist die,
welche sich für das letzte hält, aus der kein Weg mehr ist. Der
Sprung in ein angstloses Sein scheint ihr wie eine leere Mög-
lichkeit: ich will springen, aber ich weiß schon, daß ich nicht
herüber komme, sondern nur in den bodenlosen Abgrund der
endgültig letzten Angst versinke. Der Sprung aus der Angst
zur Ruhe ist der ungeheuerste, den der Mensch tun kann. Daß
er ihm gelingt, muß seinen Grund über die Existenz des Selbst-
seins hinaus haben; sein Glauben knüpft ihn unbestimmbar
an das Sein der Transzendenz.‹

Der ungeheuerste Sprung aus der Angst zur Ruhe entspricht
etwa dem Sprung vom Privatdozenten zur Professur. Daß er
gelang, hatte seinen Grund freilich über die Existenz der metaphysisch langen Beine hinaus in einem Karlsruher Innen-
ministerium, dem er sich durch einen ebenfalls ungeheuren
Sprung von positivistischer Psychiatrie und Weltanschauungs-
typologie her mitten in ›Existenzerhellung‹ und Metaphysik
hinein angelegentlich empfohlen hatte. Solche Sprünge hatte
man schon vor Hitler gern und seither rüstet noch ganz andere Metaphysik zur Olympiade.
Wie wir Chaosidee und Trägheitsgesetz als Pole des gleichen
bürgerlichen Wahns nachwiesen, so erscheint uns hier die Jas-
persche, auf müde Paradoxe reduzierte Dialektik der ›Angst‹
und ›Ruhe‹ sowie das ›Gesetz des Tages und die Leidenschaft
zur Nacht‹ derselben bürgerlichen Existenz zugehörig, die
sich als bedrohte in die Angst und Nacht als dem Asyl, als
bedrohende aber in die Ruhe und Bürgerpflicht einer Festung
begibt, die sowohl den Rückzug in isolierte Binnengemächer
und Bilderschau als auch jeglichen reaktionären Ausfall gegen die ›Massenordnung in Daseinsfürsorge‹ deckt. Die Exe-
kutive dieser Metaphysik ist letzten Endes die Gestapo. Unser großer Philosoph wird sich darüber bestimmt kein Bein
ausreißen. Denn auch ihm gelten die ›Daseinsantinomien‹ (des
Kapitalismus) als unaufhebbare Bestimmung ›menschlicher
Unvollkommenheit schlechthin‹, als das ›ewig Unerforschli-
che‹, und der Tod noch als ihr bestes Teil.

136

Max Scheler, ein früherer Mann des ›Schau‹budenwesens und nicht ohne Horizont, pflegte in seinen letzten Lebensjahren gesprächsweise die zeitgenössischen Philosophen Revue passieren zu lassen. Einmal ist der Soziologe Horkheimer zu Besuch und Scheler hat grade Heidegger gelesen. Das Aperçu lautet: ›Es muß Heidegger zum Verdienst angerechnet werden, die deutsche Jugend wieder einmal vor das Erlebnis des Todes gestellt zu haben‹. Worauf Horkheimer trocken zurückgibt: ›Das hat aber der Ludendorff noch bedeutend besser verstanden.‹

ad b

Katholische Philosophen haben vor ihren protestantischen oder nihilistischen Kollegen zumindest den Vorzug älterer Tradition und einer auch logisch strengeren Schule voraus. Ist die Überlieferung aus Feudalität, römischem Staatsrecht, Scholastik und Mystik, Gegenreformation und hoher Pädagogik aus Loyolas Schule auch modern und dünn geworden, so riß doch wenigstens das nach rückwärts gerichtete intellektuelle Bewußtsein nicht so gänzlich ab, wie dem sonstigen Bürgertum seine ›Klassik‹. Das kommt natürlich: der Katholizismus birgt noch lauter *vorkapitalistisch* geprägtes Denken, und dieses erweist sich innerhalb des kapitalistischen Verfalls als relativ härter. So ist der Katholizismus in der Lage, obwohl ökonomisch und politisch heillos am Kapitalismus interessiert und durch ihn kompromittiert, doch wenigstens ideologisch ein wenig Antikapitalismus spielen zu lassen und dafür Argumente der Scholastik parat zu haben. Eine Reihe katholischer Intellektueller der Gegenwart führen einen teilweise heroisch witzigen, auch historisch paradox zurückgekehrten Don-Quixote-Kampf gegen lauter Verfalls-*Symptome* des Kapitalismus, indem sie auf die offensichtlich angepaßtere Lebensform und Ethik des vorkapitalistischen Mittelalters verweisen. Die im Falle G. K. Chestertons oft glänzenden Paradoxe und Kriterien ergeben sich aus der Waffenbrüderschaft eines echt utopischen Katholizismus mit englisch-demokratischem Common sense gegen die Anarchie des Imperialismus und des ›Bolschewismus‹. Chesterton ist überraschend dialektischer Sprünge fähig, ein intensiv kluger und lachgewaltiger angelsächsischer Leu, aber er gackert doch nur wie irgendein agnostisches Huhn, wenn er von politisch-ökonomischen Dingen redet, deren katastrophale Symptome er mit einem ständig hühnerhaft schiefen Blick und Verweis auf Gilden- und Konsumsozialismus fixiert.

Des pfiffigen Chesterton deutsch-pfaffenhaftes Pendant, in seinen besseren Tagen Redaktor des ›Simplizissimus‹, jetzt nur noch feierlicher ›Hierarchist‹ und gelehrter Holzhacker, Theodor Häcker, hat unlängst einen Essayband mit dem zentralen Kapitel ›Der Mensch im Chaos‹ geschrieben. Wir stritten lieber mit Chesterton, wenigstens gäbe es dabei (wohl auf beider Kosten) was zum Lachen und die gemeinsame Liebe zum ›fliegenden Wirtshaus‹ und zu allerlei Detektivspiel im Paradies des Unsinns und der Phantasie (über die politische Feindschaft hinaus) zu bestätigen. Hier aber gibt's nichts zu lachen. Häcker schildert ›drei Klassen des Chaos, der Unordnung: der Primat der Lust; der Primat des unerleuchteten, denkfeindlichen, antiintellektuellen Fühlens; der Primat des abstrakten technischen Rechnens‹. Mit der Bestimmung von Chaos Nr. 2 gehen wir völlig einig und halten Häcker eine hohe kritische Kraft gegen Klages, Spengler und Scheler in dieser Sache zugute. Wir glauben ihm aufs Wort, wenn er sagt: ›Die Haare des geringsten Schülers des Thomas von Aquin würden sich zu Berge gesträubt haben, wäre er dazu verdammt worden, ein dickes Buch von Ludwig Klages zu Ende zu lesen‹. Weiter aber geht unsere Sympathie nicht. Häcker erkennt das Chaos als Pervertierung eines ›ursprünglichen Kosmos‹, sehr schön; zur Hälfte sei diese Pervertierung Menschenwerk, — aber warum nur zur Hälfte und die Pervertierung welcher Menschen? ›Die andere Hälfte sei auch ein Werk höherer Geisteswesen, der Dämonen, ja es ist das Werk des Versuchers selber, des Menschen.‹ Aber wer sind in Gottes Namen die Dämonen und höheren Geisteswesen, wenn nicht die herrschenden Kapitalisten? Und deren Teufelsattribute sollten detektivisch, irdisch unerbittlich definiert werden. Denn zwischen Gott und dem Teufel kommt es sonst nie zu einem Ende. Wie aber sieht Häckers genauere Teufelsbeschwörung aus? ›Die Maschine bringt das Chaos in dreifacher Art. Erstens bringt die Maschine die Menschen um die Arbeit‹, — zweitens sind die beiden anderen Begründungen ebenso tiefsinnig. Der sich auf jeder Seite dreimal was verteufelt Christliches darauf zugute hält, nicht Dialektiker, sondern ›Hierarchist‹ zu sein, Häcker ist so hierarchisch erhaben, daß er über die Hierarchie, die die Kapitalisten über die Maschine und Arbeiterschaft ausüben, noch kein Sterbenswörtlein vernommen hat. Die Maschine an sich ist schuld, nicht etwa ihr spezifischer Gebrauch in Kapitalistenhänden zur Produktion und Akkumulation konstanten Kapitals und Elends. Das Wesen der Maschine sei ›Automatismus‹.

›Der Automat aber entzieht sich wesensmäßig dem Menschen — mechanisch, also ohne Möglichkeit der Umkehr (die Reversibilität des physischen [!] Geschehens ist nur logisch denkbar, faktisch aber ist sie unmöglich).‹

Wenn man *den* Menschen mit dem Kapitalisten verwechselt und den gesellschaftlichen Produktivprozeß nur gespenstisch lebensfremd als ›physisches Geschehen‹ ansieht, das revolutionär-planwirtschaftlich unkorrigierbar ist, dann kommt allerdings die automatische, irreale Teufelei heraus und die reale kapitalistische ungeschoren davon.

›Der gewöhnliche Mensch versteht das auch und ist vor den Kopf gestoßen und versteht dann nichts mehr und wird die Beute der Verführer.‹

Was schließlich das Chaos Nr. 1 betrifft, den ›Primat der Lust‹, so wollen wir hier nicht mit Häcker rechten. Es ist zwecklos, mit deutschen Hierarchisten über Burgunderwein zu reden. Dagegen habe hier sein katholischer Kollege Chesterton nochmals das Wort. Mögen die beiden unter sich ausmachen, wer der bessere Katholik ist, wir halten es bestimmt mit dem besseren Materialisten:

›Das Bestreben Maeterlincks, Menschen mit seltsamen geistigen Schauern zu erfüllen, ist ebenso zweckmäßig wie das der Herren Crosse & Blackwell, sie mit Marmelade zu füllen. Es kommt bloß darauf an, wovon ihr erfüllt sein wollt. Lord

Rosebery wird wahrscheinlich, als moderner Skeptiker, die geistigen Schauer vorziehen; ich selbst, als orthodoxer Christ, ziehe die Marmelade vor.‹

Nachdem der Faschismus bei ihnen den Ständestaat entlieh, machen die Katholiken jetzt beim Großvater des Faschismus eine verblüffende Erbschaft. Von Mussolini wird der Ausspruch überliefert: ›Was ich bin, verdanke ich Sorel.‹ Vorerst waren die Mythologen und Anbeter der Gewalt noch unter sich. Das Konkordat gesellt ihnen nun die Hirten. Dem erzkatholischen ›Hochland‹ entnehmen wir folgende Sätze:

›Nachdem Jakob Burckhardt gesagt hat, daß der Kampf zwischen Pessimismus und Optimismus die Weltschlacht unserer Zeit ist, so sieht auch Georges Sorel in dem trügerischen Optimismus die Wurzel allen Übels. Der Optimismus läßt für ihn die Anstrengung des Menschen erschlaffen. Nur in dem Bewußtsein der übermächtigen Gewalt des Verfalls und des Bösen rafft sich der Mensch zu der höchsten Leistung auf. In diesem Sinne verkündet Sorel den Pessimismus der heroischen Arbeit. Keine Gesellschaftsordnung rottet das Übel und das Böse in der Welt aus. Keine Umwälzung der sozialen Verhältnisse nimmt dem Menschen den Kampf gegen die Sünde ab. Nur in dem ewigen Bewußtsein des drohenden Bösen und der lockenden Sünde erhebt sich der christliche Mensch, der Mensch abendländischer Kultur zu dem Heroismus, der die Größe seiner Welt ausmacht. Renaissance, Aufklärung, Laizismus, alles Erscheinungen von gleicher geschichtlicher Gestalt (er vergißt den Bolschewismus!), lassen den Pessimismus in der Wurzel verdorren. Sie zerstören damit den wirklichen Lebensernst und bringen den unernsthaften Menschen, der leicht und spielend wie die ganze Welt optimistischer Lebensfreude seine großen Beutezüge tut, der daher den Sinn für das Eigentum (!), das an Schweiß und Arbeit gebunden ist, erlöschen läßt und alles in ein Chaos wilder Begehrlichkeiten auflöst.‹

Na also! Alle Argumente für Unterdrückung des Volkes sind wieder einmal hübsch beieinander und wiederum gerät solches Ragout nur als hirnschwache Kopie vom brutalen kapitalistischen Original.

Die Alternative vom Jahrhundertende zwischen Pessimismus und Optimismus aber spiegelt nur bildungsmüde und menschenfeindlich jene radikalere und ältere zwischen Gut und Böse wider. Wer meint es gut mit den Menschen, der an das Paradies auf Erden erinnert oder der bei dem Anblick eines Apfels nur an die rachsüchtige Kündigung des Gartens Eden denkt und alle Feuer der Hölle schürt, nicht um Äpfel, sondern um Apfelesser zu braten?

Der Pessimist Nietzsche wich dieser ganzen Frage einfach aus, indem er eine Metapher statt einer Definition setzte, selbstzufrieden wie eine Poet dritten Ranges. Er erfand das famose ›Jenseits von gut und böse‹, weil er nicht den Mut besaß, zu sagen, ›besser als gut und böse‹, oder ›schlimmer als gut und böse‹ (was er sich von Chesterton sagen lassen muß). Und in Nietzsches Nachlaß steht auf weiter Flur so ein Sätzchen: ›Kultur ist nur ein dünnes Apfelhäutchen über glühendem Chaos.‹ Aber das ist blühender Unsinn und ganz bezeichnend für diese romantische Art, die eigenen Bilder nicht ernst zu nehmen. Denn ein Apfelhäutchen über glühendem Chaos, da wäre doch das ›Chaos‹ — ein Bratapfel!

Dinge, die schlecht sind, wird niemand, der nicht von schlechten Dingen profitiert, gutheißen. Aber Dinge, die effektiv gut sind, nennen Pessimisten schlecht, nur weil es leichter ist, dem Weltschmerz anstatt der Weltfreude angemessenen Ausdruck zu geben.

In dieser Sache möchte ich wiederum Chesterton sich erklären lassen:

›Gewisse Dinge sind, soweit man sehen kann, schlecht, wie Schmerz etwa, und niemand, auch kein Verrückter, nennt Zahnschmerzen an sich gut; aber ein Messer, das plump und zur Not schneidet, heißt ein schlechtes Messer, was es gewiß nicht ist. Es ist nur nicht so wie andere Messer, an die sich die Menschen gewöhnt haben. Ein Messer ist niemals schlecht, höchstens in so seltenen Fällen wie denen, wenn es artig und wohldurchdacht mitten in jemandes Rücken gepflanzt wird. Das elendste und stumpfeste Messer, das je einen Bleistift in Stücke zerbrach, statt ihn zu spitzen, ist ein gutes Ding, inso-

weit es ein Messer ist. Es würde für ein Wunder gegolten haben in der Steinzeit. Was wir ein schlechtes Messer nennen, ist ein gutes Messer, nicht gut genug für uns; was wir eine schlechte Zivilisation nennen, ist eine gute Zivilisation, nicht gut genug für uns.‹

Der berufsmäßige Pessimist und Zivilisationsphilosoph Spengler aber besingt kalten Herzens den ›Rausch des Gefühls, wenn das Messer in den feindlichen Leib schneidet, wenn Blutgeruch und Stöhnen zu den triumphierenden Sinnen dringen, jeder wirkliche Mann fühlt zuweilen die schlafende Glut dieses Urseelentums in sich.‹ Man kann das natürlich auch *so* nennen, besonders, wenn das schlafende Urseelentum zum Erwachen in Permanenz kommandiert wird.

Das kleine Beispiel mit Messern lehrt zweierlei. Im dafür richtigsten Ort und Jahr veröffentlichte Spengler ›Der Mensch und die Technik‹ (München 1932), daraus obiger Passus stammt. Er ideologisiert dort Maschinensturm und Gütervernichtung von oben, die ›Nacht der langen Messer‹ und die ›vornehme Gesichtsethik‹ des Raubtiers gegen die ›feige Geruchsethik‹ des Beutetiers (während oben doch grade der ›Blutgeruch‹ die edle Raubtierseele berauscht!). Spengler sprach damit nur aus, was ›jeder wirkliche Mann‹ des Kapitals ohne die Volksgemeinschaftsideologie sowieso denkt. Die Religion der Gewalt steht dem Monopolkapital wohl an. Was aber soll aus der Gewalt derjenigen Religion werden, die sich doch der Hirtenmacht rühmt, wenn selbst die Hirten mit den Wölfen heulen? Wenn die katholische Philosophie jetzt auf den Sorelschen Mythos-Dämon und Schweinehund gekommen ist, wie sollen wir ihr dann noch den Thomas von Aquin glauben?

Was der katholische und der preußische Pessimist eine schlechte Welt nennen, ist eine gute Welt, nicht gut genug für uns, viel zu gut für sie; denn dem einen Hierarchisten ist ja das himmlische und dem andern das irdische Raubtierparadies gesichert. Warum sind auch beide so wild gegen Aufklärung und Fortschritt erbost? Renaissance, Aufklärung, Französische und Russische Revolution und selbst Atheismus heißt theologisch zunächst nichts anders, als daß wir wahrscheinlich noch immer im Garten Eden sind. Das Prinzip der ewigen Wiederkehr des Gleichen und des Bösen, die Schlange soll heraus. Nicht das Naturböse, nicht die katholische ›Sünde‹ des Menschen schreckt uns, sondern die Raubtiertugend der Kulturträger. Der Kapitalismus ist böse von Natur, nicht die Natur kapitalistisch. Wo kommt in der Natur ein Spengler vor? Bei Raubtieren sicher nicht, denn die philosophieren nicht über ihr Gebiß und über die Feigheit der Antilope.

Wir wissen, daß im Handumdrehen der Garten und das Haus der Welt zum Irrenhaus und zum Schlachtfeld werden können, daß das ganze irdische Inventar samt Musikinstrumenten zu Marterwerkzeugen werden können. Das hängt nur von den Menschen ab, die im Haus kommandieren. Ebensogut kann das Haus der Welt auch zum fliegenden Wirtshaus werden und der Garten zum fröhlichen Weinberg. Das hängt nur von den Menschen ab, die eine menschlichere Hausordnung einführen wollen, weil sie an der Menschlichkeit materiell interessiert sind. Das Haus ohne Folterkammer ist gut, der Mensch ohne Ausbeutung ist gut, noch nicht gut genug für uns. Ein Apfel kann wurmstichig sein, aber alle Würmer der Welt machen das Apfelessen nicht zur Sünde und zur Rechtfertigung des Profits der Plantagenbesitzer. Nicht die Würmer stören, der Profit stört; das Äpfelverschütten bei vollen Lagern und leeren Mägen der Arbeitslosen stört. Aber die Herren Plantagenbesitzer können nicht genug Apfelwürmer haben, sie züchten sie heute in Laboratorien und lassen sie im Frühling an die Blütenkelche setzen. Die Ernte könnte sonst wieder zu reichlich ausfallen und der Profit sinken. *Das* ist Adams Sündenfall; hier nagt der Wurm.

Der Pessimismus appelliert immer an die konservativen Gefühle der Besitzenden und an die schwächste Seite der Armen, an ihre Furcht vor den Besitzenden. Empörer zu sein und namentlich Empörer zu bleiben, dazu gehört nicht nur eine gute Portion Frohsinn, sondern eine gradezu selbstmörderische Hingabe an die mögliche Güte des Daseins und der Menschen im allgemeinen. Alle großen Revolutionäre von Jesaja bis Lenin waren Optimisten und erfüllt von zornvoll eifernder Menschenliebe. Optimismus ist immer auf Veränderung der Welt aus. Verändern heißt verstärken, die Norm verstärken, die Gastlichkeit der Erde verstärken.Wir fürchten, der steinerne Esel kommt grade von den Pessimisten, die immer auch den ersten Stein auf den Propheten und Empörer werfen, der so wahnsinnig empörerisch und prophetisch war, das Gras grün und die Äpfel süß zu nennen, nicht süß genug für uns. Pessimismus heißt, die Schlange und den Status quo anbeten. Es ist bequemer. Alle Volksunterdrücker von Nero bis Mussolini und Hitler waren Pessimisten. Pessimismus heißt schließlich in das Gras beißen für die Herren, statt daß wir für die eigene Gesundheit in den Apfel beißen, wie es Optimismus und Revolution gebieten.

Dritter Teil Die Realität des Chaos

12. Kapitel   Chaos ohne Maske: Krieg

Die Händler solcher Ware, die von ihr sind reich worden, werden von ferne stehen vor Furcht ihrer Qual! Denn in einer Stunde ward verwüstet solcher Reichtum. *Apokalypse18,15*

Und ich sah, und siehe, ein fahl Pferd; und der drauf saß, des Name hieß Tod, und die Hölle folgte ihm nach. Und ihm ward Macht gegeben zu töten den vierten Teil auf der Erde mit dem Schwert und Hunger und mit dem Tod durch die Tiere auf Erden. *Apokalypse 6, 8*

Selbst der Tod ist Ware geworden. ›Die Händler solcher Ware, die von ihr sind reich geworden‹, werden indessen nicht mehr von ferne stehen können vor Furcht der Qualen Unschuldiger: wann über den Städten plötzlich aus heiterem Himmel die Motoren des Todes dröhnen, eine jagend schwarze Wolke fliegender Batterien die Fluren beschattet, Alarmsignale heulen, Schreie der Angst in den Kellern ersticken, Flakbatterien losbellen, und in dieses Toben namenloser Geräusche der erste furchtbar gebündelte Knall herabfährt, mit der Raschheit eines taumelnden Donnerkeils herabfährt, der die Erde spaltet und die Häuser umbläst. Die Bösen wissen, was sie tun, wann die Todeswolke die Menschen, die Kinder und Tiere anweht, immer neue Höllenströme der Qual sich vom Himmel ergießen, der ausgespiene Dampf durch die geborstenen Wände und in die tiefsten Keller dringt, der Masken und Qualen spottet, leicht in die Lungen und durch die Haut dringt den Menschenkindern, in wohl präparierter Chemie sich dem Blut und Keuchen ausröchelnden Lebens mischt.

Das Kapital hält die Erde besetzt, darum hält die Hölle selbst die Himmel besetzt. Solche in blitzblanken Laboratorien ausgeheckte Hölle, dies Chaos, wie es noch keine Apokalypse beschworen hat, ist von Menschen gemacht, wird als Ware gehandelt, vom Kapital bezahlt, geplant, geprobt, spekuliert, exportiert, verzinst, kapitalisiert, abgeschrieben. Kapitalismus, das heißt nicht Herrschaft über das Chaos, sondern das ist *Terror mit dem Chaos.* Sie sagen es selbst: ›Der Frieden bedeutet heute nur noch einen bloßen Waffenstillstand‹ (Deutsche Wehr, Berliner Organ der Reichswehr). Totaler Krieg wird gewollt. Das ist keine literarische Parole eines pathologischen Generals Ludendorff, keine bloße Äußerung individuellen Irreseins oder Cäsarenwahnsinns. Das Grundprinzip des Imperialismus und Faschismus spricht sich hier phrasenfrei aus. Der Wahnsinn eines todkranken sozialen Regimes findet im ›totalen Krieg‹ sein Programm. Alles andere ist Maskerade. Und das sagt die Deutsche Wehr:

›Es handelt sich für uns um eine Mobilisation der moralischen wie intellektuellen Kräfte des Individuum, das auf das letzte und höchste Ziel gelenkt wird: den Krieg. Die geistige Idee des ‚Dienstes‘ muß alles beherrschen. Der Krieg darf dabei für den Diener der neuen Gesellschaft keine bloße Beschäftigung bleiben. Die Idee des Krieges muß ihn vollständig erfüllen, muß seine ausschließliche Sorge sein, sein einziges Vergnügen, sein Laster und sein Sport: eine wahre Monomanie!‹

Das meinen aber nicht etwa nur Berufsoffiziere, die ja gerne renommieren. Für den Lehrplan der Volksschulen hat das Reichswehrministerium folgendes oberstes Erziehungsprinzip formuliert: ›Beim Eintritt in den Wehrdienst muß der *innere Soldat* schon fertig sein.‹ Wenn mich also beim ersten Kasernenhofappell nach zehn Jahren ›Volksschule‹ der Unteroffizier mit einem ›Du krummes Intellektuellenschwein‹ anbrüllt, weil ich nicht hindern kann, daß mein Gesicht eine gewisse intellektuelle Gradheit verrät, so soll mein innerer Schweinehund freudig bejahend dazu bellen und sich an die Kette legen lassen. ›Diese Verkettung an den Wehrgedanken muß bereits bei dem jungen Deutschen religiöse Tiefe erreichen. Der Dienst an diesem Volk ist der Weg zu Gott‹.
Gottesdienst in der Gasmaske, das Menschengesicht nach seinem Bilde, die arme Larve mit dem Schweinerüssel und verkapselten Bullaugen.

Ein deutscher Evangelist, Herr Falck in der Zeitung ›Blitz‹, verrät uns wenigstens, welcher Weg zu welchem Gott gemeint war, welche Tiefe erreicht werden soll und wohin der Gasmaskenmarsch führt:

›„Heil mir, nichts gegen das Schicksal vermag ich', ruft Sigurd (in der urgermanischen Edda). Ganz unnordisch ist Jesu Seelenhaltung in seinen letzten Stunden, wo er in Todesangst fleht: ‚Ist es möglich, so gehe dieser Kelch von mir.' In bejammernswerter Enttäuschung über das Ausbleiben der bis zum letzten Augenblick erhofften wunderbaren Hilfe Gottes klingt dieses so widerspruchsvolle Dasein aus. Kein Held stirbt hier, sondern ein bemitleidenswert schwacher hilfloser Mensch.‹*

Sigurd gegen Christus: Heil uns, nichts gegen das Kapital vermögt ihr!
Dialog in Ruhrort:

Kind: warum ist es so kalt bei uns, Mutter?
Mutter: weil wir keine Kohlen haben.
Kind: warum haben wir keine Kohlen?
Mutter: weil Vater arbeitslos ist.
Kind: warum ist Vater arbeitslos?
Mutter: weil es zu viel Kohlen gibt.

Was dieses Kind fragt und die Mutter antwortet, das ist in der Stille alltäglicher Verzweiflung und Kälte nur der innerste Kern des herrschenden Chaos. Wir kamen ihm auf allen diesen Seiten nie näher als hier. Da ist nur ein Kind, das friert, weil es zu viel Kohlen gibt. Wenn das kein Chaos ist, wenn das ›natürlich‹ sein soll, dann gibt es keinen unmenschlicheren Ort auf Erden, keine Hölle über diese ›Natur‹ des Kapitalismus hinaus; denn das *ist* organisierte Hölle, ist nur die andere Seite dessen, was als Krieg explodiert. Beidemal stehen Mutter und Kind mitten drin, Vater ist immer im Krieg. Weil es zu viel Kohlen gibt . . .

Sollen wir uns mit dieser Antwort beruhigen? Heil Hitler, nichts gegen Chaos und Kapital vermögen wir? Haben wir Mutter und Kind nichts zu sagen als das? Ist das unsere ganze Religion? Ich fühle nur: um dieses frierenden Kindes willen sollte Feuer an die Grundpfeiler der heutigen Ordnung gelegt werden! Weil ein Kind nicht frieren soll, sollte es eine Mutter haben, die es nicht frieren lassen muß. Damit Mutter warm machen kann, sollte Vater Arbeit und Kohlen haben. Weil Vater wegen ›zu viel Kohlen‹ keine Arbeit und keine Kohlen hat, sollte es keinen kapitalistischen Kohlengrubenbesitz geben, sollten Kohlen und Erze und Korn und Brot und die Fabriken und Häuser der Stadt dem Volk gehören, das dies alles hungernd und frierend erarbeitet, und nicht einer kleinen Klasse daran Überreicher. Weil das Volk bei vollen Scheunen hungert und bei gehäuften Halden friert, sollte die Nation Revolution machen und nicht Krieg machen! Soll das Kind weiter frieren? Nein! Aller verborgener Reichtum dieser Welt, aller Profit soll bersten, aller sozialer Bau soll fallen um dieses Lammes willen! Die Banken und Paläste der Mächtigen mögen in Flammen aufgehen; aber dieses Kind soll nicht mehr frieren!

Ist es nicht Wahnsinn, daß wir hungern müssen, weil wir zu viel produziert haben? Die arbeitenden Massen, 90 Prozent der Menschheit, ermangeln der Lebensmittel, weil sie zu viel Lebensmittel produzieren, die den Besitzern der Produktionsmittel gehören. Die Lebensmittelverteilung stößt auf die privatwirtschaftliche Schranke. Die herrschende Klasse jedes Volkes sucht diese Schranke zu erweitern. Sie kann es nur auf Kosten der andern. Geht es nicht friedlich, so braucht sie Gewalt. Der Krieg ist lediglich Fortsetzung der kapitalistischen ›Marktausweitung‹ durch andere Mittel. Der kapitalistisch bedingte ›falsche‹ Überfluß an Lebensmitteln verwandelt sich in diesen Krisenzeiten in eine Überproduktion von Todesmitteln. Hätten die Deutschen ein etwas besseres Gedächtnis und Gewissen, dann wüßten sie es noch: Hitler begann seine Regierung mit Hugenberg als Reichswirtschaftsminister. Hugenbergs größte Sorge war, wohin mit der vielen Butter? Es erfolgte damals der sogenannte Butterbeimischungszwang, der die sonstigen Fette sofort verteuerte. Wohin ging diese Butter? Erst in die Margarine, dann in die Kanonen. Dies ist der typisch kapitalistische, mörderische Kreislauf: zu viel Butter, nie genug Kanonen; zu wenig Butter, Marktausweitung durch Handelskrieg (mit Handelsabkommen als ›Friedensverträgen‹, wobei der Stärkere — häufig der Schuldner! — diktiert), oder aber Marktausweitung durch den Kriegshandel mit folgender Nachkriegskonjunktur: zu viel Butter etc. Arbeiter werden arbeitslos, nicht weil es keine Maschinen und Rohstoffe zur Verarbeitung gibt, sondern weil es davon auf dem Weltmarkt zu viel gibt (solange die Kapitalisten untereinander markten und noch nicht ›Autarkie‹, d. h. Kriegsbedarfswirtschaft treiben). Zwischen der arbeitenden Menschheit und den Lebensmitteln steht das Kapital. Da ist Brot nicht Brot, sondern zuallererst eine Ware, eine Profitchance. Fällt diese Chance weg, gibt es kein Brot, weil es zu viel Brot gibt. Dies ist der Grundwiderspruch des Kapitalismus: er hat die Herstellungsweise vergesellschaftet, aber die Verteilungsweise untersteht nach wie vor den Besitz- und Kontrollverhältnissen. Dem Arbeiter gehört weder das Instrument, die Maschine, noch das Produkt. Der Arbeiter gehört dem Kapitalisten und wird von ihm nur beschäftigt, insofern er Profite produziert. Von einem ›freien Markt‹ kann weder in bezug auf den Arbeitnehmer noch in bezug auf die Produkte die Rede sein. Sowohl der Arbeiter als der Markt stoßen auf die Schranke des Profits und der Akkumulation. Nun ist Arbeiter, im Sinne von Marx, jeder, der nicht das Besitz- und Verfügungsrecht über die Produktionsmittel und Produkte hat; demnach gehören ständig wachsende Bevölkerungsgruppen zum eigentlichen Proletariat, ob sie sich dessen bewußt sind oder nicht. Auch Sklaven und Leibeigene ›wußten‹ nichts oder wenig von Sklaverei und Leibeigenschaft. Auch sie hielten diese Knechtsgestalten für ›Natur‹. Zumindest latent halten Arbeiter aller Völker, wie sehr auch ihre Löhne und Konsumgrade differenziert seien, das eigentliche Produzieren in ihren Händen. Auch staatskapitalistische Verhältnisse ändern nicht das Wesen der Abhängigkeit der Arbeiter vom verstaatlichten Kapitalismus, auch nicht, wenn sich dieser allenfalls ›sozialistisch‹ nennt. Daher ist der gesamte ideologische Apparat des Kapitalismus aller Arten darauf bedacht, das Bewußtwerden der Beherrschten über die Möglichkeiten universaler Befreiung von den Schranken des

Kapitalismus zu verhindern — was ja auch großenteils gelingt. Kapitalistische Kriege waren stets noch Kriege zwischen Kapitalisten antagonistischer Beherrschungs- und Ausbeutungsgrade. Früher wurden Kriege aus Gründen materiellen Plünderns, der Erwerbung von Sklaven und von ideologischem Prestigegewinn geführt. Das hat sich grundsätzlich geändert. Modernen Kriegen kommt es darauf an, durch Zerstörung konstanten Kapitals (Warenmassen, Maschinen, Gebäude etc.) die Bedingungen für eine erneute Prosperität zu erzwingen. Es ist daher ein grundfalsches Argument, zu versichern, Kriege seien ebenso sinnlos für den ›Sieger‹ wie für ›Besiegte‹, weil Kriege nur zerstören. Aber das ist ja ihre Aufgabe und ihr schrecklicher, immanenter Sinn (wie sehr unbewußt dies auch den meisten Kapitalisten bleibt). Moderne, hochindustrialisierte Kriege und Krieger besorgen nur im Weltmaßstab, was die frühesten Privatkapitalisten, so etwa die holländischen Pfeffer-Importeure zur Zeit Rembrandts (die im Nebenamt Bilder aus Italien importierten und auf der Börse spekulierten) in jeder Branche ›privat‹ besorgten: Produktionsmittel und Waren zu zerstören, um Profiten Aufschwung zu geben. Sie vernichten große Mengen von Rohstoffen, von Grund und Boden, auch von Arbeitslosen, um die Profitrate durch weitere Akkumulation auf einer profitableren Basis zu erweitern. Das ist der innere ökonomische Sinn moderner Kriege, zu dessen Erkenntnis es allerdings des Willens zum Wissen der Wahrheit bedarf. Dieser innere Widerspruch des Kapitalismus erzeugt demnach das eigentliche ›moderne‹ Chaos, dessen technologische Basis nebst komplizierter Verwaltungsapparatur nur den Anschein von Ordnung und Plan erweckt.

Wir können dieses künstliche Chaos gar nicht genau genug verstehen. Jeder überlege doch: was geschieht in Wirklichkeit, wenn unter kapitalistischen Verhältnissen der Hunger und die Arbeitslosigkeit am größten? Genau in diesem Moment offenbart sich das ganze methodische Chaos des Kapitalismus. Die Lebensmittel und Maschinen, die doch unmittelbar zur Überwindung allen Mangels eingesetzt werden könnten, werden statt dessen entweder direkt planmäßig vernichtet, oder aber — was nur ein anderer Weg zu dem gleichen Vernichtungsziel ist — die Lebensmittel werden in Kanonen und die Arbeitslosen in Soldaten verwandelt. Was hat denn Hitler anderes gemacht? Tausendmal recht hat demgegenüber Harald Butler, der neue Direktor des Internationalen Arbeitsamtes, der kürzlich auf der Arbeitskonferenz in Washington ausführte, daß ›grade in Krisenzeiten sozialer Fortschritt erforderlich sei‹. Genau das meint schließlich der Sozialismus, und es wäre alles herrlich in Ordnung, falls sich die herrschenden Mächte zu einem echten sozialen Fortschritt bequemen würden. Leider ist diese Chance der Weisheit eine schrecklich kleine. Sichtbar geworden ist sie überhaupt nur im heutigen Frankreich und Amerika, und auch dort erst unter dem Druck der Volksmajorität. Was aber hat denn Hitler zu dieser brennendsten aller Gegenwartsfragen gesagt? Dem ›Führer‹ eines 60-Millionen-Volkes ist zu dieser Frage nur eine Phrase eingefallen, die noch dazu eine Tautologie ist: er müsse den versprochenen ›deutschen‹ Sozialismus auf bessere Tage vertagen. Als hieße das nicht, die besseren Tage auf bessere Tage vertagen! Und als bedeute die schnöde Parole ›Kanonen statt Butter‹ nicht einfach: deutscher Krieg statt sozialistischen Sozialismus!

Der Sinn dieses Wahnsinns besteht mehr denn je darin, durch Wertvernichtung wieder die Bedingungen für eine neue Konjunktur herzustellen. Das geschah in katastrophalen Ausmaßen schon während des letzten Weltkrieges, aber nicht weniger durch die lautlose Vernichtung ungeheurer Lebensmittelmengen seit 1929. Der ökonomische Widerspruch des Versailler Friedensvertrages bestand aber darin, daß er nach alter Raubkriegmanier eine beträchtliche Siegesbeute legalisieren sollte. Das verstieß gegen die vom Krieg ja ›gemeinte‹ Wertvernichtung konstanten Kapitals. Der Versailler Vertrag übertrug lediglich konstantes Kapital von Deutschland auf die Siegermächte, erhöhte also grade dadurch unbewußt die deutschen Chancen einer raschen Nachkriegskonjunktur. Diese Konjunktur traf faktisch besonders in Amerika ein. Die deutschen Kriegsschulden wurden einfach auf die Schultern der Arbeiter abgewälzt, und zwar beide Arten Kriegsschulden. Die innerdeutsche Verschuldung in Form der Kriegsanleihen

wurde durch die ganz bewußt inszenierte Inflation auf Kosten des Volkes beseitigt. Das Volk war seine Ersparnisse los, fertig. Nein, noch mußten die deutschen Kapitalisten darauf drängen, auch die Reparationskosten auf anständige Art loszuwerden. Tatsächlich gelang ihnen das überraschend leicht. Wie ging das zu? Amerika kreditierte während des Krieges die französischen und englischen Kapitalisten. Es griff erst militärisch ein, als sein Geld nicht rasch genug rentierte. Sein doppelter Einsatz entschied den Krieg, der militärisch und ökonomisch und moralisch für Deutschland sonnenklar verloren war (alles andere ist Lüge und Legende). Dem Wahnsinn Krieg folgte die Dummheit Versailles. (Wie ein ›deutsches‹ Versailles ausgesehen hätte, das haben übrigens die in genau dem gleichen Raub-Stil gehaltenen, von den Deutschen systematisch vergessenen deutschen Diktatfrieden von Brest-Litowsk und Bukarest demonstriert.) Versailles wurde von Amerika nicht unterzeichnet. Amerika kreditierte viel lieber die deutschen Kapitalisten. Denn den deutschen Kapitalisten mußte — so rechnen Praktiker — Gelegenheit gegeben werden, aus den deutschen Arbeitern das letzte an Mehrarbeit und Mehrwert herauszupressen, was durch neue Maschinen und Rationalisierung möglich ist. Ein Teil dieses Mehrwerts geht in Form von Zinsen und Reparationskosten an die französischen und englischen Kapitalisten, die ihrerseits eine Zeitlang den Amerikanern davon den Kriegsanleihe-Schuldendienst bestreiten. Die Partner teilen sich das Geschäft. So gut ging es noch nie den Generalen und Generaldirektoren aller Länder, die sich bald darauf in Genf zu einem Trust vereinen. Der Trust hat eine politische Abteilung, genannt Völkerbund, und eine ökonomische, genannt Internationales Arbeitsamt. Imperialisten aller Länder, vereinigt euch!
Dieser Ruf erging von Genf aus auch an die neudeutschen ›Weimaraner‹ Imperialisten. Nichts ist bezeichnender als die Tatsache, daß Deutschland sofort in das Internationale Arbeitsamt, aber nicht in den Völkerbund aufgenommen wurde! Dem Arbeitsamt kam die allerdings unaufschiebbare und spezielle Aufgabe zu, das System der kapitalistischen Exploitation im internationalen Maßstab zu sichern und zu normieren.

Die Entente aller kapitalistischen Mächte, Sieger und Besiegte, die eben noch einen Weltkrieg um die Neuaufteilung der
Weltrohstoffquellen und -Absatzmärkte führten, wurden hier
rasch und in dem Maße notwendig, als die deutschen Arbeiter nach der ungeheuren Enttäuschung über den Verlust der
einzig positiven Chance nach dem Krieg, der Revolution von
1918, sich zusehends radikalisierten und andrerseits die weißen internationalen Interventionsarmeen aus Rußland geschlagen heimkehrten.
So schneidig reformerisch und gefährlich einigen Kapitali-
stenohren das Programm der Gewerkschaften, die sich in Genf
zusammenfanden, auch lauten mochte, das gewerkschaftlich-
kapitalistisch gegründete Internationale Arbeitsamt erfüllte
die ihm zugewiesene Arbeit ebenso amtlich wie international: Sicherung der sozialen Ordnung durch Reformen und
Rationalisierung. Der damals virulente ›europäische‹ Pazifismus fand hier seine Grundlage. Nicht mehr das imperialistische Deutschland, sondern der soziale Umsturz in Deutschland, der einer ›zweiten Revolution‹ zuzutreiben schien, galt
jetzt als Hauptgegner. Man mußte also den alten Mächten
behilflich sein, sich dieses inneren Feindes — und gleichzeitig des einzig wahren Feindes von Versailles — zu erwehren.
Das ist die imperialistische Dialektik von Genf.
Nachdem die falsche Nachkriegskonjunktur mit Beginn der
großen Dauerkrise und ersten Vorkriegskrise 1929 endgültig
verschwand, änderte sich auch sogleich der Charakter des
Genfer Kapitalistenvereins. Dessen Devise hatte bisher gelau-
tet: Frieden und Freiheit allen imperialistischen Ländern zur
Ausbeutung ihrer Arbeiter. Nun aber begann man sich er-
neut um das kapitalistisch unlösbare Problem der Abrüstung
und Friedenssicherung zu streiten. Zeichen genug, daß die
inneren sozialen Verhältnisse kritisch geworden waren und
daher für einen erneuten imperialistischen Krieg zur erneuten
Aufteilung ›freigebliebener‹ Märkte aufgerüstet wurde. Außerdem war das neue Rußland grade im Anlauf zu seinem
ersten Fünfjahresplan begriffen.
Die Vorkriegsfronten stellten sich bis heute fast wieder her,
mit dem Unterschied, daß Japan und Italien als ›schlecht weg-

gekommene‹ Länder zu dem mächtigsten imperialistischen Rivalen tendieren, zu Deutschland. Erst Japan, dann Deutschland und faktisch auch Italien traten mit möglichst viel Geräusch aus dem Verein aus. Das sind nicht zufällig die drei brutalsten Scharfmacher des Faschismus. Da es nicht nur den allen kapitalistischen Ländern gemeinsamen Gegensatz zur Sowjetunion gibt, sondern auch die alten und nur neugruppierten innerkapitalistischen Rivalitäten wieder explosibel werden, kommt es in Genf zu dem Gegensatz: faschistische Länder zu demokratischen Ländern (mit unerwartetem Einschluß der Sowjetunion). Während Hitler unentwegt vom Frieden redet und nichts als Kriegsvorbereitungen treibt, jede seiner Reden von seinen Taten Lügen gestraft wird, kommt es in Frankreich zur Volksfront und der neuen Regierung und damit zu einer europäischen Antikriegsfront, wobei zwei Länder einen auch innenpolitisch wahrhaft fundierten Friedensfaktor stellen, Frankreich und Rußland. Mit andern Worten: in Frankreich fallen heute — und zumal nach Hitlers Attentat auf Locarno: Hände hoch, ich bringe den Frieden! Weg mit dem Wisch, ich bringe einen Wisch! — die außenpolitischen Interessen der Nation mit dem innenpolitischen Willen der Volksfront zusammen. Kein abstrakter Pazifismus steht mehr zur Debatte. Mit dem feudalen Pan-Europa (gegen Rußland), der Gesellschaft für Menschenrechte und der vergoldeten Elite-Eitelkeit von Pen-Klubs ist es sowieso seit und durch Hitler vorbei. Die Götterdämmerung auch dieser Ideologien zerplatzte durch die bloße Anhäufung von Brisanzgranaten rechts und links vom Rhein.

Der totale Krieg ist erklärt, ehe er (ohne Kriegserklärung) ausbricht. Im Jahre 1935 wurden 26 Millionen Kilogramm Reis, 258 Millionen Kilo Zucker, 25 Millionen Kilo Fleisch vorsätzlich vernichtet. Und das ist nur ein winziger Ausschnitt aus der fürchterlichen Todesliste, die 3 Millionen buchstäblich Verhungerter einbezieht. Das alles ist praktisch bereits Krieg. Denn auch Krieg ist vorsätzliche Vernichtung von Menschen und Dingen. Und das alles ist Konsequenz falscher Anlage, verkehrter Ordnung. Die Wertvernichtung ist nicht kapitalistische Fehlleistung, sondern kapitalistische Folgerichtigkeit. Und da räumt eine neue ›große Zeit‹ (für die Herren) doch noch ganz anders in den verstockten Lagern auf. Das ist der Sinn der Aufrüstung. Kein Kapitalist ist so unkapitalistisch, ungeheuerliche Kapitalien in Rüstungen, d. h. in ›toten‹ Todesmitteln anzulegen, ohne das Kapital in den Bomben zum ›Zünden‹ zu bringen. Das kann durch bloße Kriegsdrohung geschehen, wie es Deutschland heute schon auf dem Balkan praktiziert: Wirtschafts-›Verträge‹ mit Kriegsdrohung dahinter, oder durch effektiven Krieg mit nachfolgender Annektion und einem neuen ›Versailles‹ irgendeiner faschistischen ›Internationale‹ usw. Japan und Italien haben beide Methoden bereits praktiziert, und mit Erfolg. Und Deutschland schließt dicht auf.

Nicht nur das ›Bombengeschäft‹ der Rüstungsindustrien (zu denen heute alles und jedes, zum Beispiel auch, verehrte Frau, jede Parfumfabrik gehört, da mit Leichtigkeit das Verfahren von Eau de Cologne oder von Fichtennadelbalsam auf allerliebstes Senfgas oder auf eine andere wohltuende und sich unfehlbar mitteilende Kombination umgestellt werden kann) — also nicht nur dieses Bargeschäft gibt den Kapitalisten, die realistisch denken, das fürchterliche Recht, an die Vorbereitung des Krieges zu gehen, als sei das ein Geschäft wie ein anderes auch. Sondern neue Kolonien in Afrika, in China und Rußland, die Aufteilung der letzten noch nicht kapitalisierten Gebiete und des ersten nicht mehr kapitalistischen Landes, der Sowjetunion, das steht zur Frage. Und mit dieser Frage steht und fällt das Kapital.

Dem Kapitalismus ist die ›Autarkie — oder wie sonst man das Verhalten sterbender Tiere bezeichnen will‹ (Spengler) unmöglich. Er muß um sich fressen, expansiv sein. Stillstand bedeutet ihm unmittelbar schon Rückschritt. Das Kapital kennt keine Ruhe, gibt keine Ruhe. Das Kapital kennt keine Heimat. Darum ist es bereit, jede Heimat in den Krieg zu hetzen und aus der Heimat der anderen Kriegsgelände zu machen. Die ökonomischen Gesetze, die in diesem planmäßigen Chaos sich durchsetzen wie katastrophale Naturgesetze, haben wir hier nur an ihren Symptomen sinnfällig zu machen gesucht.

Zu ihrer Ableitung gehört schon der ganze strenge Apparat der marxistischen Krisen- und Imperialismustheorie. Der einzelne Kapitalist ist diesen Gesetzen gegenüber ebenso blind interessiert wie machtlos. Er mag sogar als Privatperson die ihm sichtbaren Folgen des großen Verhängnisses verabscheuen. Ja, die Zahl derer unter den Reichen, die den Krieg verabscheuen, ist sicher eine fast unsichtbare Majorität. Nur ganz wenige ›wollten‹ wirklich den Krieg, steuerten bewußt auf ihn hin. Darum können auch viele unter den Kapitalisten aufrichtig behaupten, den Krieg nicht zu wollen. Aber es handelt sich eben gar nicht um das, was sie wollen oder nicht wollen. Sie befolgen die Gesetze des Kapitals auch grade dann und dort, wo sie den fürchterlichen Mechanismus nicht erkennen. Und sie erkennen ihn nicht, weil sie kein Interesse an Erkenntnissen haben, die sie bloßstellen. Sie erkennen ihn auch deswegen nicht, weil sie die gigantische Maschine, die ebenso Todesmittel wie Lebensmittel produzieren kann, in ihren sozialen Konsequenzen nicht beherrschen. Die technologische Seite der Produktion steht im Widerspruch zur soziologischen oder die Herstellungsweise zur Verteilungsweise. Zwischen Produktion und Konsum steht das Kapital, das profitieren will. Zwischen Maschine und Arbeiter steht der Kapitalist, der dem Arbeiter das Produkt vorenthält und ihm nur so viel davon als Lohn zukommen läßt, als der Arbeiter Lebensmittel zur Reproduktion seiner Arbeitskraft nötig hat. Was darüber ist, bleibt ›Eigentum‹ der Kapitalisten. Was er davon nicht verkauft, verkommt oder wird in Rüstungen verwandelt.

Der grausige Witz kapitalistischer Wirtschaft ist ja grade, daß von Anfang an keine planmäßige Ordnung und Beherrschbarkeit der Produktionskräfte stattfindet. Kapitalismus ist keine Bedarfswirtschaft, sondern eine Profitwirtschaft. Die Gebrauchsgüter sind nur Mittel, Profit zu machen. Die Produktionsmittel sind in der Hand des Kapitals nur Mittel zur Produktion von Profit. Das Brot, das Fleisch, die Häuser usw. müssen profitieren, oder sie hören auf, Brot, Fleisch und Häuser zu sein. Wäre es da nicht besser, der Profit höre auf und das Brot bliebe Brot? So aber setzt sich das dem Kapital

›Naturnotwendige‹ nur als blindwirkendes Naturgesetz, nicht als menschlich beherrschtes und vernünftiges Gesetz durch. Nochmals: die wirtschaftliche Anarchie des Kapitalismus ist nicht etwa ein anhaftender Fehler, der kapitalistisch korrigiert werden kann, sondern die ganz adäquate Folge einer Produktionsweise, ›worin sich die Regel nur als blindwirkendes Durchschnittsgesetz der Regellosigkeit durchsetzen kann‹ (Kapital 1, 3). Das Kapital ist daher auch blindlings interessiert am Nichtwissen, am sturen Weitermachen, Nichtaufhören, das heißt an *dieser* Anarchie. Faschismus aber ist nur der Terror zum Schutz *dieser* Anarchie. Er will die Wirtschaft nicht verändern, darum verändert er nur die Regierung, nur die Psychologie des ›Volks‹, nur die Form der Unterdrückung. Er verstärkt die Unterdrückung und also die Anarchie.
Nur das wirkliche Volk ist an einer wirklichen Veränderung interessiert. Und darum ist es an der Wahrheit interessiert. Und darum wird ihm die Wahrheit mit jeglichem Terror und Opium verhüllt.

Die Bösen wissen, was sie wollen, und sie wollen, was sie müssen. Das Böse hält sich aber auch seines eignen Untergangs für wert. Angesichts der Weltkrise werden die Kapitalisten zynisch. Hitler und Mussolini, ja alle Diktatoren wissen, daß sie als Krieg nach außen abwälzen müssen, was innen nicht in Ordnung ist. Und darum proklamieren sie den Krieg als Schicksal und Größe. Wenn schon das Kapital von seinem eigensten inneren Widerspruch kapitulieren muß, so will es doch mit seinem Abgang die Tür so gewaltig ins Schloß werfen, daß womöglich das ganze Haus zusammenfällt.
Hitler baut buchstäblich auf Dynamit. Darum ist schon heute dieser fürchterliche Vorgeruch des Todes, mit dem er paktiert. Das klassische Despotenrezept, den Teufel durch Beelzebub auszutreiben, die soziale Revolution durch einen Eroberungskrieg abzutreiben, bereitet er in einer wahnsinnigen Dosierung vor. Selbst lebenserfahrene und gutwillige Deutsche haben dabei für alle diese schlimmsten Anzeichen des Hitlerschen Kriegswillen ein entwaffnendes Wort, das es in keiner anderen Sprache gibt und das in solcher Anwendung auch

undenkbar wäre: alles ist ›harmlos‹. Die großdeutsche Propaganda, der ›Marsch gen Osten‹, der geplante Vernichtungsfeldzug gegen die Sowjetunion, die Eindeutschung des Balkans, der Schweiz, Elsaß-Lothringens, Memels, Österreichs, der Tschechoslowakei, wie harmlos! Die Konzentrationslager, ›Schulungslager‹, die Erziehung der Jugend zu dressierten Hunden, die Pogrome gegen die Juden, ›wenns Judenblut vom Messer spritzt, geht's uns noch mal so gut!‹ — harmloses Soldatenspiel. Der Arbeitsdienst ist nicht Kriegsdienst, die Autostraßen sind nicht strategisch gemeint, sondern harmlos. Die deutsche Kriegswirtschaft schon im Vorkrieg von heute ist nichts als harmlose Arbeitsbeschaffung zur Behebung der Arbeitslosigkeit (als könne nicht allein die Produktion von *Konsumgütern* den Lebensstandard des Volkes heben). Der Kadavergehorsam ist disziplinierte Harmlosigkeit. Hitler selbst habe doch gesagt, man dürfe die Armen nicht vernachlässigen und — ›freut euch des Lebens‹. Oh nein, Hitler vernachlässigt die Arbeiter und Bauern und Kleinbürger und Intellektuellen keineswegs, er unterdrückt sie bloß, wie seit Metternich niemand das deutsche Volk unterdrückt hat.

Das Volk selbst, die anonymen und schweigenden Millionen, die den letzten Krieg noch erlebten, erkennen wohl die furchtbaren Zeichen wieder. Die Wachsten und Verantwortlichsten verstehen, daß es seit dem Weltkrieg nicht mehr angeht, die fremden Andern für die alleinigen Bösewichte zu halten, daß politisch, sozial und moralisch auf der ganzen kapitalistischen Front die gleichen brennenden und ungelösten Fragen bestehen, die durch Abwälzen der Schuld und der Lasten auf andere nur noch krasser werden.

Für Hitler aber sind alle Probleme nur machtpolitische. Die außerdeutsche Welt will nicht genügend deutsche Ware kaufen. Daher die Wirtschaftsnot, die eine Absatzkrise ist. Wenn das Ausland nicht kaufen will, muß man ihm Beine machen, ein bißchen dahinterfeuern. Es gilt also lediglich, mit der Rückendeckung des deutschen Heeres außerdeutsche Märkte friedlichst zu erobern. So veräußert Hitler Deutschland.

An allem inneren Übel ist nur der Jude schuld, und der ist geborener Bolschewist. Hat man diesen kaltgestellt oder kaltgemacht, so sind die äußeren Juden und Bolschewisten schuld. So veräußert Hitler Deutschland.

Ebenso werden Revolutionen immer nur durch landesfremde Hetzer von außen her bezahlt und gemacht. Der Gedanke scheint absurd, daß aufrechte Deutsche gegen deutsche Zustände rebellieren, in sich gehen und sich sagen: wenn wir früher glaubten, es sei unsere gottgewollte Pflicht, als Deutsche die andern zur Ordnung zu rufen, die Welt könne nur am deutschen Wesen genesen, so wissen wir jetzt nach den entsetzlichen Erfahrungen des Krieges und des Nachkrieges und der neuen Vorkriegszeit, daß wir selbst des Ordnungsrufes am ersten bedürfen, daß wir verfallen sind dem großen imperialistischen Laster, und daß wir daher am besten täten, zuerst das eigne Haus zu bestellen. Wir selbst sind schuld; nicht der Franzose ist schuld am deutschen Elend, und die Franzosen hätten ihr Elend auch ohne Hitler. Deutscher Kapitalismus verschuldet das deutsche Elend; das französische Kapital setzt nicht weniger landesfremd seine Arbeiter auf die Straße. Amerikas Farmer verhungern bei brechend vollen Scheunen, weil Amerikas Kapitalisten nicht nach mehr Brot verlangen, sondern nach mehr Profit. Die chinesischen Kulis sind Beute ihrer chinesischen Blutsauger und Opiumfabrikanten, weil das chinesische Kapital gemeinsame Sache mit dem mächtigeren Finanzkapital Japans macht. — Aber solche Gedanken gesunden Menschenverstands werden heute zumindest in allen faschistischen Ländern als Landesverrat geahndet. Wenn die Gesundheit des Kapitals auf dem Spiel steht, ist allerdings die Revolution eine Todkrankheit, die mit dem Tode bestraft wird. Wenn die schlichte Wahrheit ›höhere Interessen der Nation‹ berührt, so befinden sich die Interessen der hohen Herren offenbar im Widerspruch zur Wahrheit; dann sind allerdings die Prämien auf die Gemeinheit und Lüge, die sie setzen, nicht umsonst gewesen, dann haben sie ihre Interessen wahrhaft hochgehalten. Dann haben sie Deutschland nicht umsonst veräußert.

Mag doch jeder, der sein Volk liebt, dieses kleine Abc einer nationalen wie sozialen Revolution erst verstehen lernen, ehe er über ›Bolschewismus‹ urteilt: Revolutionen sind keine Ware, man kann sie weder kaufen noch verkaufen, weder importieren noch exportieren, denn sie gelten dem unveräußerlichen Lebenszentrum des Volkes. Jedes Volk kann nur seine eigene Revolution machen und macht sie aus eigener Kraft und Moral oder macht sie nie. Wir Deutschen wollen und können keine französische und keine russische Revolution machen. Wir werden Mühe genug haben, eine deutsche Revolution — ohne Erlaubnis des Herrn Reichspräsidenten — zu machen, die solchen Namen verdient. Denn bisher ist alles, was sich in Deutschland ›Revolution‹ genannt hat, ein bloßer Zusammenbruch gewesen, eine klägliche Abdankung, ein Abortus im dritten Monat, eine Revolution von Bankiers und Fabrikanten und Generalen, die ihre Angestellten auf die Straße schickten, die Reaktion zu retten, indem sie Arbeiter erschossen.

Die Reaktion aber diffamiert die Revolution mit dem immer gleichen Trick, der immer wieder verfängt. Sie erklärt die Revolution des Volkes erstens als landesfremd und zweitens aus einer Bestechung der Volksführer. So suchten die französischen Aristokraten die Französische Revolution auf das Niveau ihrer eigenen Korruption und Geldlogik und Landesfremdheit herunter zu verleumden. Aber sie mußten sich von einer Patriotin der Revolution, Madame Jullien, folgendermaßen zurechtweisen lassen:

›Ah! der feuillantinische Narr sagt, wir seien alle bezahlt, um im Chor zu schreien. Es bedürfte des Goldes des Pactolus, wenn man das wollte. Die Idioten! Die armseligen Tröpfe mit ihrem gelben Kot! Sie bilden sich ein, dieses schmutzige Gold bewege alles in der Welt. Ich soll bezahlt sein, ich, um zu rufen: Hoch Pétion! Für die Partei der Guten ist Gold nichts, aber das öffentliche Interesse alles.‹

Als Lenin 1917 die russische Revolution russischer Revolutionäre in Rußland führte, hetzten die russischen Kapitalisten gegen ihn: er hat vom deutschen Hauptquartier Geld genommen! Als 1918 das deutsche Proletariat den Versuch machte, die Konsequenz des verlorenen Krieges nun revolutionär auf sich zu nehmen, nachdem es bereits die Hauptlast

162

der vier furchtbaren Kriegsjahre getragen hatte, da hetzten die deutschen ›nationalen‹ Herren: Moskaus Rubel betreiben die deutsche Revolution! Die Deutschen sollen also die russische und die Russen die deutsche Revolution bezahlt haben. Wenn heute sich in Spanien das Volk gegen italienische und deutsche Bombenflugzeuge, gegen marokkanische Söldner und deutsche und irische und portugiesische ›Fremdenlegionäre‹, gegen diesen ganzen Aufwand an Waffenschiebung und Verleumdung verteidigt: die gesamte großkapitalistische Presse sieht nur die dämonische Hand Moskaus im Spiel! Grade als gäbe es nicht Tausende und Tausende asturischer Arbeiter und andalusischer Bauern, die wahrlich Gründe genug haben, hier in eigener Sache zu kämpfen!

Kapitalisten denken so ausschließlich in Geld, daß ihnen der nächstliegende Gedanke bei einer Revolution: hier räumt das Volk bei sich selber auf und will sich das Haus neu erbauen — als der ausgefallenste erscheint. Bonzen jeder Art geht die Erkenntnis ab, daß Revolutionen nicht dadurch gemacht werden, daß sie bezahlt werden, sondern daß Revolutionen nur deshalb unwiderstehlich sind, weil sie nicht bezahlt werden. Das ist ein Paradox und ein Gemeinplatz zugleich, der gesundem Menschenverstand auch ohne sozialpolitische Schulung einleuchten sollte: Revolutionen werden überhaupt nicht gemacht, indem man für sie bezahlt und am wenigsten mit dem Geld fremder Leute. Revolutionen macht man nicht einmal, indem man mit eigenem Geld dafür zahlt. Revolutionen macht man, indem man dafür arbeitet und kämpft und blutet und nur bar bezahlt mit dem Tod.

Bezahlt waren immer Konterrevolutionen. Denn nur Kapitalisten und Kapitalhörige sind Konterrevolutionäre.

Es bleibt das schlagendste Argument gegen den Faschismus: die Millionäre sind für ihn, aber auch nutznießende Politiker.

Kein Zweifel kann auch über diese andere Tatsache sein: das französische Volk stürmte die Bastille, das russische Volk eroberte den Kreml. Sie stürmten nicht das Berliner Schloß oder den Westminsterpalace. Denn kein Volk wollte und will je Krieg nach außen. *Das Volk will heimkommen.* Es geht auf die Straße und baut Barrikaden, um heimzukommen. Es bricht die großen Türen auf und legt Mauern nieder, um heimzukommen. Wenn das Volk über die Stränge schlägt, wenn es, was einigemal in der Geschichte passiert ist, dem eigenen Herrscher den Kopf vor die Füße legt in sicherer Erkenntnis, daß hier ein Fremdling und uralter Feind einquartiert ist und auf Kosten des Volkes haust; wenn es so ungebärdig und ungebildet ist, im eigenen Haus wohnen und das eigene Brot essen zu wollen, dann ist es offenbar: dieses Volk will heimkommen!

Jede wahrhafte Revolution ist in dieser Beziehung eine Art feurige Reue und wie jede wahrhafte Reue eine Einkehr. Das Kapital kennt weder Heimat noch Reue. Darum bekämpft es die Revolution des Volkes. Daher fällt ihm diese tiefste Pervertierung des Gemeinsinns so leicht, die darin besteht, die Soldaten der Nation nicht gegen eine fremde Invasionsarmee aufzubieten, sondern gegen die eignen Brüder in Revolte gegen das heimische Unrecht.

Das Kapital kämpft freilich auch gegen Kapital. Das große frißt das kleine und wird vom mächtigsten gefressen. Alle aber zehren vom Mark des Volkes, oder — wie es Münzers Bauern sagten — alle zechen auf Christi Kreide. Das Volk will keinen Krieg. Es will nur seiner eignen Herren Unrecht bereuen, sich und sie zur Einkehr bewegen.

Indessen wissen die kapitalistischen Herren sehr gut, daß es für ein revolutionszorniges Volk keine bessere Ablenkung gibt als einen ›Verteidigungskrieg‹. Und zwar einen, der gleich im Anfang möglichst glorreich und blutig verläuft. Denn unglücklicherweise wird der volksfeindlichste Krieg volkstümlich, sobald nur die ersten Söhne des Volkes gefallen und die ersten Kinder durch Fliegerbomben zerrissen wurden. Die ersten Toten dienen dazu, den noch Widerstrebenden die betrügerische Gleichheit vor dem Feind und Tod beizubringen, aus der uralten religiösen Gleichheit vor dem Tod und der Feindschaft gegen den Tod jene unbedenkliche Todfeindschaft gegen das fremde Volk zu entfachen, die das eigne Volk plötzlich dem Tyrannen zujubeln heißt. Denn aus dem Tyrannen wird dann ein Held. Und das Volk liebt Helden. Der Held aber sorgt dafür, daß mit den ersten Toten die Helden nicht aussterben. Er ehrt öffentlich die Mütter der gefallenen Söhne. Diese Mütter haben jetzt nur noch den Haß zu gebären. Sie werden zu den unversöhnlichsten Kriegstreibern mit den großen offiziellen Worten im Mund (und dem verzweifelten Hintergedanken im Herzen: ich verlor den Sohn, mögen der andern Mütter Söhne jetzt auch verrecken!). Mütter werden dafür geehrt, daß ihre Söhne getötet wurden. Und Mütter werden dafür geehrt, daß ihre Söhne die Söhne fremder Mütter töteten. So kommt der den Menschen später nach entsetzlichen Jahren und Erkenntnissen fast unverständliche Anfangshaß zustande, dessen die Herren bis zum bitteren Ende bedürfen. Ist erst dieses Massenelend da, ist auch schon die Revolution vergessen. Alle natürliche Reumütigkeit, die gradlinig energisch nach innen schlagen wollte, ist schon auf das fremde Volk abgelenkt. Und erst das ›besiegte‹ Volk hat seinerseits wieder eine unabsehbare — aber wir wissen, wie sehr vom ›Sieger‹ gefährdete — Chance der endlich auf solchen Todeswegen heimkommenden Revolution.

Die zweite Fatalität besteht darin, daß grade in den Ländern der größten sozialen Unterdrückung nicht die Revolution in erster Linie lockt — weil der ganze militärische und geheimpolizeiliche Apparat gegen sie steht —, sondern eben der Krieg. Aus den verschiedensten Gründen erscheint ihnen der Krieg als Ausweg. Je schlechter es den Menschen schon geht, desto weniger erscheint ihnen der Krieg als Schrecken schlechthin. Was können sie mehr verlieren als ein Leben, das nicht mehr lebenswert ist? Diese unterste asiatische Stufe der Verzweiflung gilt für die faschistischen Völker Europas noch nicht durchgängig. Im heutigen Deutschland kann man aber grade auch unter Arbeitern diese Stimmen hören: *je eher der Krieg kommt, desto leichter sind wir den Hitler los*. Sie meinen also, daß ihnen die Revolution von den fremden Militärs geschenkt wird, — ein zwar bequemes, aber furchtbares Risiko. Sie bedenken nicht die unsinnigen Opfer und das Falsche eines solchen erneuten Erschöpfungstodes der deutschen Diktatur. Sie vergessen auch, daß die französischen Arbeiterparteien, vor die Frage gestellt, Krieg gegen Deutschland, als Vorbedingung der Revolution in Deutschland, oder mit Hängen und

Würgen einen Frieden mit Hitlerdeutschland, sofort entschieden haben: keinesfalls Präventivkrieg.

Bejahen also viele unter den jungen deutschen Arbeitern, die historisch nicht genügend geschult sind, den Krieg als Geburtshelfer der Revolution (während umgekehrt der Bürgerkrieg in den imperialistischen Weltkrieg umzuschlagen droht, wie das Beispiel in Spanien lehrt), so denken durch Arbeitslosigkeit oder ›Arbeitslager‹ demoralisierte Kleinbürger- und Bauernsöhne noch primitiver. Eben noch lästige Anhängsel, Ausgesteuerte, Kandidaten fürs Lumpenproletariat, wertloses Gerümpel, werden sie plötzlich, ›mobil‹ gemacht, ›Söhne des Vaterlands‹. Ihre materiellen Sorgen sind verflogen. Nie hatten sie so gutes Futter, nie bewohnten sie so gute Stuben, nie waren sie so begehrt. Sie haben eine Uniform, gehen mit interessanten Waffen um, erhalten militärische Auszeichnungen und Ränge; und sei es nur den Rang der täuschenden Gleichheit vor dem Tod und Feind, der darauf hinausläuft, die Söhne fremder Bauern und Arbeiter mehr zu fürchten als die eignen Offiziere.

Für beide Fatalitäten hat der letzte Weltkrieg erschreckende Beispiele gegeben. Die Sozialdemokratie aller Länder hätte nicht derart kopflos ins imperialistische Lager umfallen können, wenn nicht breite Volksmassen gleich in den ersten Stunden der Kriegspsychose erlegen wären. Der Kaiser, der noch kurz zuvor der Armee jene berüchtigte Rede hielt, sie hätte als die Leibgarde der Hohenzollern selbst auf Brüder und Väter zu schießen, falls er es befehlen würde, dieser hysterische Tyrann kannte plötzlich keine Parteien mehr, und selbst die Partei des Volkes sah in ihm nur noch Wilhelm-Goldherz, einen Volkshelden. Englische Wahlstatistiker aber haben bewiesen, daß alle jene proletarischen Industriestädte, die während des Krieges deutsche Zeppelinbomben erlebten, noch ein Jahrzehnt später Hochburgen der Konservativen waren. Ein bekannter Lord folgerte noch kürzlich daraus, nichts könne Englands Kapital und Kapitale sicherer vor einer sozialen Revolution bewahren als während des nächsten Weltkrieges ein paar sowjetrussische Bomben auf London. Nun, diesen wahren Bärendienst werden die russischen Arbeiter und Bauern dem englischen Lord und Leu nicht leisten. Viel drohender ist hingegen die Gefahr des deutsch-russischen Krieges, daß grade auch deutsche Arbeiter durch russische Bomben getötet werden. Der Tod wirkt dann stärker als alle Theorie. Und aufs höchste gefährdet erscheint jener höchste Grundsatz des Sozialismus, der die nationale Frage auf das unantastbare Selbstbestimmungsrecht der Völker gestellt hat: *Ein Volk, das andere Völker unterdrückt, kann nicht frei sein.* Das ist weltweiter Erkenntnissatz von Karl Marx, der die Ehre der Nation auf ihre soziale Gerechtigkeit stellt und auch jene letzte, eifernde Aufforderung an die Ehrlichen und Anständigen unter den Mächtigen und Militärs enthält: ›Macht die Sache des Volkes zur Sache der Nation, und die Sache der Nation wird Sache des Volkes sein.‹ So hat Lenin beschworen.

›Wenn aber ein Fürst seinen Soldaten beföhle, Gewalt zu üben gegen die Unschuld und das Recht, wenn er sie brauchte, das Glück und die Freiheit ihrer Mitbürger zu zerstören, wenn er durch sie seine eigenen Landsleute bekämpfen hieße, müßten sie nimmer gehorchen ... Denn auch ein Landesherr darf nie tun noch befehlen, was in aller Ewigkeit Unrecht bleibt und spräche man es mit Engelszungen!‹

Wer aber hat mit solchen hochgemuten Worten seinen Kopf riskiert? So hat der Nationalist und Freiheitsdichter Ernst Moritz Arndt gesprochen!

Nachtrag zum 12. Kapitel

Der Hinweis auf den ersten Fünfjahresplan der Bolschewisten steht, isoliert, viel zu positiv im obigen Text. Es geschahen gleichzeitig die entsetzlichen Operationen gegen die ›Kulaken‹, denen Millionen auch von Kleinbauern zu Opfern fielen. Stalin selbst, später von Churchill befragt, was seine schlimmste Erfahrung gewesen sei, wies auf diese Blutkampagne hin. Er sprach aber nicht davon, daß auch die gesamte innere Opposition von ihm genau so liquidiert wurde. Inwiefern be-

reits Lenin nebst Trotzky etwa durch den Niederschlag der Kronstadt-Rebellion zu rein militärischen ›Lösungen‹ politischer Konflikte vorbereiteten, auf die sich Stalin dann berufen konnte, ist eine Frage, die auch noch über meine heutigen Kenntnisse weit hinausgeht. Offenbar hatten auch die gescheitesten unter hochgeschulten Führern Sowjetrußlands viel weniger Entscheidungsfreiheit, als es aus ihren früheren theoretischen Ausführungen hervorgeht. Jeder von ihnen hatte sich noch während der Abwehrkriege gegen die Interventionen von außen an derart absolute Befehlshaberschaften den eigenen Gefolgschaften gegenüber gewöhnt, daß dieser Kommandostil überall zum Normalton wurde.

Ebenfalls unhaltbar ist die Aussage weiter unten, daß innerhalb Europas sowohl Rußland wie Frankreich ›einen auch innenpolitisch wahrhaft fundierten Friedensfaktor‹ abgaben. Nur militärstrategisch und innenpolitisch überlastet, fürchtete Stalin einen erneuten Weltkrieg; daher das rasche Zugeständnis an Hitler, an das Stalin wirklich zu glauben schien. Indessen war die Volksfront in Frankreich — ich war ihr selbst in der Provence physisch wie geistig nahe — zu schwach fundiert und geführt, um ein Faktor gegen Krieg und Niederlage zu sein.

13. Kapitel   Letzte Masken des Chaos, Militarismus und Bürokratie

Diese haben Macht, den Himmel zu verschließen, daß es nicht regne; und haben Macht über das Wasser, es zu wandeln in Blut und zu schlagen die Erde mit allerlei Plage, so oft sie wollen.
Ihre Macht aber war, zu beschädigen die Menschen.

Apokalypse 11, 6

Mit der Vorbereitung des Krieges bestätigt und verneint sich die gegenwärtige Gesellschaft. Sie gibt damit zu verstehen, daß es ihr auf Vernunft nicht ankommt. Die Gewalt aber, die der Unvernunft dient, wirkt nicht nur blindlings gegen die Vernunft, sondern wendet sich auch gegen den eignen Herrn. Wie sie hemmungslos von Natur ist, so bedroht die rechtlose, ungerichtete Macht schließlich auch jene, die sie ausüben.

Der Wahnsinn eines dritten imperialistischen Krieges rechnet indessen mit sehr vernünftigen Kriegern. Etwas, das gegen alle Grundsätze und Werke der Zivilisation gerichtet ist, muß wenigstens seinen Gewaltapparat zivilisiert haben, um die Zivilisation zerstören zu können. Für bloße passive Barbaren wäre ein solches Vernichtungswerk ein Ding der Unmöglichkeit. Die Hunnen konnten nicht auf Pferde verzichten, und Pferde bedeuten Reitkunst. Die normannischen Piraten brauchten Schiffe, und Seefahrt bedeutet Navigationskunst. Die modernen Sklaven- und Gangsterstaaten leben nur noch auf Grund eines aufgedonnerten Militär-, Polizei- und Propaganda-Apparates, also auf Grund einer aufgeklärten Despotie, einer *zivilisierten* Barbarei.

Nicht die Institutionen und Methoden der modernen Despoten als solche, sondern ihre Grundsätze und Motive sind chaotisch. Das imperialistische Chaos der Wilhelmstraße, dieses durchorganisierte, uniformierte, konformierte, korrekte Wesen, fürchterlich und barbarisch wird es erst durch seine eingestandene Absicht, kraft überlegener Apparatur alle jene neuen Ideen und Einrichtungen der Humanität zu vernichten, die in Wahrheit uralte Ideale sind und die nicht wegdiktiert werden können, ohne daß das Haus der Erde im Handumdrehen zum Zucht- und Irrenhaus wird.

Mit Chaos und Barbarei meinen wir also nicht Mangel an Zivilisation, sondern Feindseligkeit gegen Zivilisation. Nicht die Anfangs- und Übergangsschwierigkeiten einer neuen Ordnung, sondern das Endstadium einer festgehaltenen falschen Ordnung. Nicht den Schock einer Umwälzung, sondern den zur Norm gewordenen Druck einer Despotie. Nicht Mangel und Zurückgebliebenheit von Abessiniern, sondern Konsequenz und Perfektheit von Preußen. Barbaren sind nicht diejenigen, die nicht lesen und schreiben können, Barbaren sind jene modernen Diktatoren und Professoren, die in ihren Reden und Büchern und Taten wüstes Denken verbreiten und sich damit brüsten, Feinde der Menschenrechte und des Christentums zu sein. Kriterium von Barbaren ist schließlich ihr Haß nicht nur gegen die Idee der Volkssouveränität, sondern gegen das Völkerrecht überhaupt, gegen fair play, Vertragstreue, ja gegen die bloße Definition des Friedensbrechers; oder falls das deutschen Ohren zu demokratisch klingen sollte, — Barbaren verweigern die strikte Gegenseitigkeit, was ganz dasselbe meint.

Wir sprechen hier nicht von militärischer Unterdrückung, von den Grausamkeiten jedes Krieges und jeder Soldateska. Alle Völker haben sich darin geübt und mehr oder weniger barbarisch geschickt gezeigt. Gewöhnliche Anklagen der Intervention, der Fremdunterdrückung durch Militär können alle Völker wechselseitig aus der Geschichte belegen. Nur für Barbaren gilt nichts wechselseitig, weder geschichtliche Tatsachen noch Versprechen und Verträge. Wir sangen als Deutsche die ›Wacht am Rhein‹ und dachten keinen Moment über den Widersinn nach, daß wir ja ganz und gar nicht am Rhein standen und das deutsche Vaterland verteidigten, sondern daß unsere Truppen im Herzen Frankreichs an der Marne standen und tief in die Kornkammern Rußlands am Dnjepr, daß sie an allen Flüssen standen und auf Eroberung fremder Länder auswaren, nur daß sie grade am Rhein *nicht* standen. Kann es ein schlichteres Bild der geschichtlichen Wahrheit geben? Schließlich ist doch die Antwort auf diese Frage entscheidend: wo und wann sind wir in der Welt je befreiend aufgetreten und nicht unterdrückend? Jede Nation soll sich das fragen. Für uns Deutsche muß die Antwort beschämend ausfallen. Deutsche Söldner haben für englisches Geld die Freiheitskriege der Amerikaner bekämpft, deutsche Söldner ließen sich gegen die Menschheitsrevolution der Franzosen hetzen, in der Schweiz, in Holland, in Portugal, auf dem Balkan, in Italien, in Polen und Rußland hat man die deutschen Söldner als Henkersknechte der Reaktion hassen gelernt. Dies sind die geschichtlichen Ursachen des Deutschenhasses im Ausland. Ein Volk, das nie die Kraft hatte, sich selbst zu revolutionieren, das aber seine riesigen militärischen Kräfte gegen die Revolution aller anderen Völker gebrauchen ließ zugunsten der grade vorherrschenden Reaktion, ein solches Volk wird nicht seiner heimischen Tugenden, seines Fleißes und seiner Weine und seiner Treue wegen gehaßt; sondern man haßt im Deutschen jene ihn besonders charakterisierende Mischung von innerem Sklavensinn und Großmachtsucht nach außen.

Unbestrittene Stockmeister waren von je die Preußen. Leibeigenschaft, Untertanenstaat sitzt ihnen tief in den Knochen, ja im Gemüt. Die Deutschen sind Untertanen mit Gemüt. Sie sind nicht nur Sklaven, sondern begeisterte Sklaven. Sie sehen wirklich in einer Uniform ein höheres Wesen. Für sie ist Militarismus vor allem ein *Gesinnungsmilitarismus*, nicht Instrumentalmilitarismus (um hier an Schelers Unterscheidung zu erinnern). Aber Landsknechtstum ist Knechtstum, ob man zu gehorchen oder zu befehlen hat. Es ist das deutsche Schlappwerden vor jeder Uniform, besonders auch vor der eigenen. Die Deutschen haben nicht nur den kategorischen Imperativ erfunden, sondern auch seine militärische Entsprechung, den Paradeschritt; also jenes Mittel, das am geeignetsten ist, den letzten Rest Individualismus und moralischen Bewußtseins aus den Leibern herauszustampfen. Und den gestirnten Himmel sehen sie nicht über sich, sondern vor sich auf der Brust des Vorgesetzten. Im Mangel an Zivilcourage, in der mechanischen Bereitschaft zum Gehorchen, zum Kadavergehorsam, da sitzt die grunddeutsche Feigheit. ›Wir sind von der Wonne des Gehorchendürfens besessen!‹ — das ist nicht nur der neudeutsche Stil, das ist ihre Vorgesetztentreue, dazu durften sie ›erwachen‹. Mit diesem einen Satz ist man mitten in der deutschen Kaserne, wo nicht mehr gefragt wird, wohin es geht, wo blindlings marschiert und füsiliert wird:

> *›Wir werden weitermarschieren*
> *Wenn alles in Scherben fällt,*
> *Denn heute gehört uns Deutschland*
> *Und morgen die ganze Welt.‹*

Das ist der Refrain eines Liedes der Deutschen Arbeitsfront, das ist aber auch der Refrain des Metternich-Bismarck-Hitlerschen Imperialismus. Nur eine Besatzungsarmee kann singen, ihr ›gehöre‹ Deutschland, denn nur ein fremdes Land und Volk kann man sich hörig machen. Liebe zur Heimat prahlt nicht mit solchen Worten. Nur Vandalen gegenüber dem eignen Volk und der übrigen Welt rühmen sich ihrer Knechtschaft und Barbarei.

Die Deutschen nennen aber ihre Knechtschaft ›Führerprinzip‹. Sie sind prinzipielle Knechte. Verantwortung, sagt Hitler, gibt es nur nach oben, nach unten darf es nur Autorität geben. Jeder ist nur seinem Vorgesetzten verantwortlich. Praktisch heißt das aber: niemand ist verantwortlich, weil jeder ein Untertan ist. Als ob je ein Untertan nach oben hin eine ›Antwort‹ riskiere! Es werden ja nur noch Befehle befolgt. Der Oberbonze, der sie erteilt, ist per Definition allmächtig, unfehlbar, inspiriert; also unverantwortlich. So Hitlers ›Führerprinzip‹.

Demgegenüber gilt es unbeirrbar an dieser politischen Grundwahrheit festzuhalten: *jedes System unkontrollierter Autorität bedeutet praktisch Despotie und Günstlingswirtschaft, also Militarismus und Bürokratie.* Kontrolle der (vorerst unvermeidlichen) Autorität kann nur durch Verantwortung nach außen erfolgen, das heißt von jedermann. Ein Führer, der nicht befürchten muß, vor öffentlichem Tribunal Verantwortung abzulegen und mit seinem Kopf darüber zu bürgen, daß er richtig führte, ist ein Bonze. Ein öffentliches Tribunal aber ist immer ein Revolutionstribunal, oder es ist eine Farce. Ein Revolutionstribunal aber ist überall da, wo die unfehlbare Autorität des Volkes darüber urteilt, ob es Arbeit und Brot hat.

Auch diese Wahrheit wurde längst vom Bürgertum in seinen größten Momenten entdeckt:

>Die Repräsentativregierung wird bald die korrupteste aller Regierungen, wenn das Volk aufhört, seine Repräsentanten zu kontrollieren, denen die Gewöhnung an die autoritäre Gewalt und die Fortschritte der Korruption die verderblichsten Elemente zugetrieben haben.<

So schreibt die Bürgerin Roland 1791. Und dies an Robespierre:

>Ich habe unterwegs wie in Paris das Volk gesehen: betrogen durch seine Unwissenheit oder durch die List seiner Feinde, den Stand der Dinge kaum kennend oder falsch beurteilend. Aber überall ist die Masse gut: sie will das Rechte, weil ihr Interesse das Interesse aller ist.<

Die besondere deutsche Barbarei, von der wir sprachen — denn jeder kehre zuerst vor der Tür der eignen Knechtschaft und Kaserne —, besteht nicht in der besonderen deutschen Fähigkeit an sich, Soldat und Beamter zu sein (was Spengler in seinem >Preußentum und Sozialismus< bekanntlich als Sozialismus definierte), sondern in der Unfähigkeit, ein ziviles Leben außerhalb der Uniform zu führen. Es ist dies ganz einfach ein moralischer Mangel, den es in den Ländern demokratischer Tradition und Erziehung in dieser Weise nicht gibt. Solcher Mangel geht schon aus dem prahlenden Wahnsinn hervor, mit dem die Nazis sich brüsten, der außerdeutschen Welt moralisch voraus zu sein, weil sie ihr militärisch voraus sind (oder voraus zu sein schienen). Es kann keinen aufrichtigeren Gegensatz dazu geben als den viel weniger zur Schau getragenen Stolz der westlichen Demokratien (man denke insbesondere an die großen Reden Roosevelts), der faschistischen

Welt moralisch voraus zu sein, weil sie ihr den sozialen Grundsätzen nach voraus sind. Auch die Russen werden sich künftig mit mehr Recht dieses Gegensatzes rühmen können, falls sie die in der neuen Verfassung formulierten demokratischen Grundrechte effektiv zu machen verstehen, selbst wenn sie mit ihrem Lebensstandard hinter dem des französischen Arbeiters noch weit zurückbleiben.

Grade neutrale Beobachter werden gut tun, sich dieses faschistisch-demokratischen Gegensatzes prinzipiell zu vergewissern. Es wird immer wieder auf die Gleichheiten von Sowjetrußland und Nazideutschland hingewiesen und behauptet, roter oder weißer Terror, das sei Jacke wie Hose. Kürzlich ist ein katholischer Schriftsteller (Waldemar Gurian, ›Bolschewismus als Weltgefahr‹) in einem Buch von wenigstens begrifflichem Niveau soweit gegangen, den Nationalsozialismus glattweg in den ›Bolschewismus‹ zu implizieren. Wir möchten hier nur kurz auf die Gefahr dieser merkwürdigen Farbenblindheit aufmerksam machen, die oftmals liberale Mentoren dazu verleitet, fortan im Namen der Zivilisation und Unparteilichkeit eine höchst parteiliche Stellung zu beziehen — gegen die Zivilisation. Sie betrachten konsterniert nur das Wie und vergessen das Subjekt und Objekt dieses Wie, das Was und Wer. Sie nennen dann das Was eine bloße Doktrin und sehen den ganzen Unterschied als einen doktrinären an. Aber was ist die Doktrin anderes als Leitstern und Fahrplan? Was kann aufschlußreicher sein als die Grundsätze einer Bewegung, verglichen mit ihrem wirklichen Weg? Man vergesse doch auch nicht diese Kleinigkeit, daß Faschismus und Kommunismus Todfeinde sind. Grade *weil* sie Todfeinde sind, imitieren sie einander die Methoden bei gänzlich disparaten Zielen und Motiven. So kommt die täuschende Gleichheit zustande wie bei Duellanten. Vor diesem Gepränge der Waffen und Anpassungen verbirgt sich nur allzusehr, *wofür* hier gekämpft wird. Gekämpft wird aber um das Prinzip der Freiheit. Die Faschisten verstehen unter Freiheit die Ausbeuter-Freiheit, die Freiheit zum Unterdrücken. Daher müssen sie die Freiheit aller unterdrücken. Die Kommunisten kämpfen für die Befreiung von aller Ausbeutung und Unterdrükkung. Sie können dabei nicht dem Paradox entgehen, das die Quelle aller Mißverständnisse ist: die Kommunisten müssen die Unterdrückung unterdrücken, sie müssen den Mißbrauch mißbrauchen; und sie vergessen dabei nur allzu leicht die Selbstbestimmungskräfte freizusetzen.

Reden wir damit nun dem fürchterlichsten aller Opportunismen das Wort, daß der Zweck die Mittel heilige? Wir können leider nicht sagen, daß alle bolschewistischen Mittel vom sozialistischen Ziel geheiligt seien. Wir können nur sagen, daß das sozialistische Ziel ein menschliches Ziel ist, das die Sozialisten oftmals über ihren Mitteln vergessen. Jedoch grundsätzlich andere Ziele und Zwecke müssen sich auch in anderen Mitteln *bemerkbar* machen und nicht nur theoretisch und latent sein. Sozialisten müssen nicht nur grundsätzlich anders denken als Faschisten, sondern auch anders handeln. Es ist aber heute so, daß die Faschisten weitgehend den Sozialisten das Gesetz des Handelns bestimmen. Daher die Unfreiheit der Befreier. Es ist die Unfreiheit des Detektivs gegenüber dem Verbrecher. Wir wollen dem Detektiv einräumen, daß er notwendig sei. Aber wir wollen das Notwendige nicht als Freiheit beschönigen. Wenn sich der Detektiv der allgemeinen Kontrolle entzieht und seine notwendig unschönen Vorrechte verselbständigt, so wird der Ausnahmezustand zur gemeingefährlichen Norm, so wird die Polizei polizeigefährlich und der Detektiv schließlich selbst verbrecherhaft.

Wir müssen erkennen: Zwang ist nie ein edles, immer nur ein notwendiges Geschäft. Jeder Staat ist ein Zwangsstaat, eine Unterdrückungsmaschinerie der herrschenden Klasse. Der Staat kann nur ›verbessert‹ werden im Sinne vollständiger Unterdrückung. Für diesen eindeutigen Sinn hat sich der Faschismus ausgesprochen. Er hat die Staatsapparatur zur göttlichen Idee emporgelogen und verewigt (und damit Gott gleichzeitig verstaatlicht). Die entgegengesetzte Losung und Zielsetzung ist nicht auf eine Verbesserung, sondern auf das ›Absterben‹ des Staates bedacht. Der Faschismus sagt, Staat sei Allmacht und Selbstzweck, es könne also gar nicht Staat genug geben. Der Sozialismus sieht den Staat lediglich instrumental. Er muß also für die Zukunft fordern: so wenig Staat als möglich; es darf im Sozialismus nur noch Verwaltungs-funktionen geben, nicht mehr Unterdrückungsfunktionen. Da-mit aber die Verwaltung Funktion der Gesellschaft, der ›freien Assoziation der Individuen‹ werde, muß nicht nur die Gesell-schaft klassenlos werden, müssen die Produktionsmittel nicht nur vergesellschaftet werden, sondern muß auch die gut funk-tionierende Verwaltung ständig vom wirklichen Volk kon-trolliert werden und die Nutznießung der Produkte effektiv demokratisiert sein. Vorher ist der Sozialismus nicht verwirk-licht; er ist auf seiner Vorstufe stehen geblieben: der Verstaat-lichung der Produktionsmittel bei beibehaltener Autonomie der Verteilungsweise und Nutznießung. Das Rußland von heute hat den Schritt zur Vorstufe getan und befindet sich in der Krise des Übergangs zur zweiten Stufe. Daher herrscht heute in Rußland nicht die nur theoretisch freie Arbeiterklas-se, sondern ihre nominelle Stellvertretung in Gestalt von Par-teibürokratie und Militärapparatur. Der notwendige Zwang ist noch unnötiger Selbstzweck und mit allen brutalen und menschenfeindlichen Eigenschaften des Zwangs vorbestraft. Der alte Haß des Volkes gegen jeden Staat ist auf alle Fälle gerechtfertigt und weise, solange noch Menschen (der einzige Selbstzweck) als Mittel gebraucht und verbraucht werden, Menschen zu vernichten.

Mit Recht wäre nun einzuwenden, warum man überhaupt auf etwas so Häßlichem, wie der Staat es ist, bestehen soll, wo doch die Majorität der Menschen verdammt ist, diesen Zwang nur hassend zu ertragen. Darauf gibt es diese Antwort: es wäre über alle Maßen hoffnungslos, auf staatlichem Zwang zu bestehen (mit Gefahr des Kopfverlierens für alle, die den Kopf aufrecht tragen), falls wirklich die Majorität des Volkes dazu verdammt wäre. Denn das hieße Despotie. Es ist aber nicht hoffnungslos, Zwang anzuwenden und zu ertragen, wenn die Majorität des Volkes ihn selbst ausübt (oder zumindest kontrolliert); denn das wäre Demokratie.

Im Grunde gibt es nur diese zwei Arten von Regierung. Des-potie ist immer die Diktatur der Alleshaber über die Habe-nichtse, um zu verhindern, daß alle genug haben, was das Ziel der Demokratie ist. Demokratie aber wird von der Majorität

gegen eine Minorität nur *durchgesetzt,* gegen Despoten durchgesetzt. Daher regiert das Volk gegen Despoten eine Zeitlang
despotisch. Marxisten gebrauchen für diesen geschichtlichen
Vorgang den leicht befremdlichen Fachausdruck ›Diktatur
des Proletariats‹. Dieser Ausdruck ist genau so schlecht wie
jeder Fachausdruck, der einem weitläufigen Prozeß den Namen eines Moments seiner Methode gibt, anstatt das Ziel
zum Ausdruck zu bringen. Daher hört sich für die meisten
›Diktatur des Proletariats‹ so ähnlich an wie etwa: Allmacht
der Lumpensammler; — was gewiß nichts von dem Ziel des
Sozialismus verrät, der Demokratie meint und nicht Despotie.
Die ›nationale‹ Revolution des Faschismus aber ist jener täuschende Aufruhr der Reichen, die reich genug sind, die Armen gegeneinander aufzuhetzen und mit einer käuflichen Soldateska aus Lumpenproletariat und Kleinbürgern und den
Söhnen der Reichen als Offizieren eine ›Revolution gegen die
Revolution‹ zu machen, wie das Adolf Hitler dem Leipziger
Reichsgericht so aufrichtig zu Protokoll gab, um dann jene
Art Revolution zu machen, die wenigstens militärisch so oft
erfolgreich ist, nämlich eine ›mit Erlaubnis des Herrn Reichspräsidenten‹, wie Konrad Heiden mit Recht höhnt.
Die Mittel des modernen Despotismus, Faschismus genannt,
erweisen sich wiederum sehr viel älter als ihre spätkapitalisti-
schen Gründe. Und wiederum wollen wir gutbürgerliches Ge-
dankengut gegen die bürgerliche Faschismusidee aufrufen.
Zeuge sei der Bürger Jullien mit einem Brief aus dem ersten
Jahr der Republik:

›Die Reichen können sich nicht vorstellen, daß die arbeiten-
de und ärmste Klasse auch die zahlreichste ist und also einen
großen Anteil an der Ausübung der Souveränität haben muß,
und daß sie davon zur Verbesserung ihres Loses Gebrauch
machen wird. Wären alle, die mehr als das Notwendige besit-
zen, gerecht und gut, so würden sie sich beeilen, zugunsten
ihrer schlecht gestellten Brüder Opfer zu bringen, und wür-
den damit großen Opfern zuvorkommen. Aber da sitzt der
Haken in der modernen Philosophie der Reichen. Wohl hat
sie die Gleichheit der Rechte postuliert; aber sie will die un-

177

geheure Ungleichheit der Vermögen aufrechterhalten, die den Armen auf Gnade und Ungnade dem Reichen ausliefert und diesem zum Richter über alle seine Rechte macht, weil er ihm das Recht seiner Existenz rauben kann. *Es wird nicht so bleiben, oder die Despotie wird wieder erstehen. Indessen werden alle, die sich zu Beschützern der Armen machen wollen, die Reichen zu Todfeinden haben und werden große Gefahr laufen, ihre Opfer zu werden.* Denn die Reichen haben den Vorteil, daß sie die bedürftige Masse gegen sich selbst bewaffnen *und sie so zum Schlachten ihrer wärmsten Freunde bringen können. Dazu bedarf es weiter nichts, als das Korn aufzukaufen und dann gegen die Agitatoren (und Juden) zu wettern.‹*

Die eiserne Stirn und Stimme der Despotie hat, wie man sieht, sehr alte Modelle. Älter aber und ehrfurchtgebietender ist das unsterblich feurige Wesen der Freiheit, Gleichheit und Brüderlichkeit, das aus Chaos und Morgen den neuen Tag gebärt. Und älter und ehrfurchtgebietender als alle Königreiche und Despotien bleibt der Rebell und Prophet; das kommt: seine Traditionen leiten sich her aus dem Paradies.

Was die neudeutschen Despoten betrifft, so sind sie stolz auf den Anspruch, eine uralte Tyrannei erneuert zu haben mit den Mitteln letzter Technik und modernster Mystagogie. Sie machten aus Deutschland ein Mustergefängnis, alles aus blitzblankem Kruppschen Spezialstahl, alles garantiert wissenschaftlich und brutal, um damit erst die Deutschen für die ungermanische Sklaverei (die sie urgermanische Gefolgschaft heißen) und dann Europa für die neugermanische Reaktion zurückzugewinnen.

Die zivilisatorischen Einrichtungen Rußlands, der unmittelbare Konsum guten Essens, das Wohnen, das tägliche Bienêtre bleiben tatsächlich in vielen Beziehungen und Gebieten noch weit hinter den ständig wachsenden Bedürfnissen der russischen Arbeiter- und Bauernmassen zurück und werden von dem universalen Ziel des Plans und der Zukunft allein nicht befriedigt. Aber Bedürfnisse wachsen nur, wo ihre Erfüllung grundsätzlich möglich und zugestanden ist. Die zivilisatorischen Einrichtungen der Nazis hingegen — so brüsten sich die Nazis — sind dem deutschen Volk voraus. Die Bedürfnisse des Volks aber sollen gar nicht befriedigt werden, sondern das Volk soll die Bedürfnisse der regierenden Bürokraten- und Kriegskaste befriedigen. Darum wird das deutsche Volk im Frieden schon auf Kriegsration gesetzt. Und kein kleiner Teil der Deutschen stimmt dieser Maßnahme zu in der freilich diabolisch genährten Hoffnung auf jenen ›Weltentag der Deutschen‹, dessen Vision Hitler immer wieder vor den Wahnbetörten hervorzaubert. Hitlers ganzes Geheimnis ist es, die hoffnungslose Sklaverei der Deutschen ›Gefolgschaft‹ zu heißen und solchen schmählichen Zustand der Entmündigung im unerhörten Mißbrauch des echten Bedürfnisses nach Volksgemeinschaft als eine Art hoffnungsreicher Sklaverei zu suggerieren.

Die feindlichen Diktaturen unterscheiden sich also über den gewöhnlichen Vergleich und Verruf gegenseitiger Grausamkeit hinaus in allem Wesentlichen. Niemand glaubt alles, was in den Zeitungen steht. Kein kluger Nazi glaubt die Hälfte dessen, was im ›Völkischen Beobachter‹ steht. Denn mehr als die Hälfte davon widerspricht seinen eigenen Beobachtungen. Kein wahrheitsliebender Russe wird der ›Prawda‹ (russisch = die Wahrheit) in allen Stücken glauben oder recht geben. Aber eins kann nicht bezweifelt werden, das sind die Zeugnisse und Lehren der Führer persönlich. Dabei erweisen sich die Lehren und Grundsätze der Hitler und Rosenberg so abhängig von dem Finstersten der Vergangenheit, wie nur kranke Menschen von ihren Fieberträumen. Das Denken und die Politik sind krank, die sich auf ›Rasse‹ gründen, als sei sie ein Fundament und kein Chaos. Das Rassenprinzip ist die brutalste Verweigerung der Gegenseitigkeit der Menschenrechte. Es beginnt mit der Vernichtung aller schaffenden Vernunft und wirklicher Volksgemeinschaft. Denn alle Völker sind Mischrassen. Die Rassenlehre, der moderne Mythos von der Allmacht des Blutes und der blonden Haare begründet sich auf nichts anderem als auf prähistorischen Mutmaßungen und gänzlich hirnlosen Schädelmessungen. Die Voraussetzung aller Rassen-Theorie und -Politik, die Rasse, ist unbeweisbar und undefinierbar. Ein Wort, das nach Einheit und

Ordnung klingt. Aber wenn es über den Vulgärgebrauch hinaus auf seinen Wahrheitsgehalt geprüft wird, tut sich ein wahres Chaos auf. Natürlich steckt auch in der Rasse etwas Tatsächliches, das mit Natur und Gesellschaft zusammenhängt und sich verändert. Aber nichts Tatsächliches steckt in den Rassentheorien, außer ihrer satanischen Verwendbarkeit, die Gemüter zu verwirren und den natürlichen Spiegel zu zertrümmern, in welchem der Mensch das einmalige Gesicht seines Freundes erkennt.

Die Rassenlehre bricht schon am Anfang ihrer Beweisführung zusammen. Sie ist von Anfang an larvenhaft und etwas, das entlarvt werden muß. Nicht alle Konsequenzen des Dialektischen Materialismus sind gleich richtig und menschenfreundlich. Aber seine Voraussetzung ist unbestreitbar, definierbar und praktisch bewiesen. Er beginnt mit der Erforschung der ersten und notwendigsten Dinge, wie jede Mutter mit der Sorge um die materiellsten und sogar niedrigsten Dinge beginnt und darin ihre höchste Weisheit bekundet. Nichts anderes meint der Materialismus (der eine Erkenntnismethode und keine Ethik ist), als daß die Erforschung und endlich entlastende Beherrschung der primären Dinge allein zu den höchsten Wahrheiten führt. Natürlich ist die Wirtschaft nicht alles, aber die Basis zu allem. Der Mensch lebt nicht vom Brot allein. Aber wenn die Basis selbst brüchig wird, und es achtzig Prozent der Menschheit am täglichen Brot mangelt, während eine winzige Minorität die Macht hat, das Getreide zu verbrennen und Kriege zu entfachen um des Profites willen, dann muß wahrhaftig mit dem Anfang begonnen und die Basis neu gelegt werden. Sonst sind wir verloren und alles idealistische Reden von den ›letzten Dingen‹ bezeugt nur heuchlerisch unsern Verlust der ersten Dinge, die in schlechte Hände gerieten. Plato hat zwar die Verachtung der Materie gelehrt, Christus aber schätzte sie nicht gering, als er in Brot und Wein die menschliche Bedeutung der Materie und der Erschaffung des Leibes heiligte.

Wir sehen, brutale Verhältnisse werden nur durch Brutalität aufrechterhalten, ebenso sind sie nur durch die gesammelte Gegengewalt des Volkes aufzuheben. Opfer sind im ersten

Fall die betrogenen Massen, im zweiten eine betrügende Minorität, die eine eigentliche Monstrosität ist. Jeder Staat ist Leviathan, ist würgende Schlange. Er hat allemal Autorität, aber sonst nicht den geringsten Reiz. Die faschistische Diktatur, der ›totale Staat‹, beruht auf Entmutigung der Massen, auf Gleichschaltung jedes Einzelnen in der Masse mittels Angst und Hunger. Selbst der Hunger ist ein staatlicher Hunger, ein reichsdeutscher. Die Angst aber heißt bei ihrem offiziellen Namen ›emotionales Empfinden‹ oder ›Vertrauen zum Führer‹.

Sicher bedeutet auch eine revolutionäre Diktatur zunächst eine Gleichschaltung durch Angst. Aber das Volk erträgt sie als eine Art kollektiver Ermutigung, um über die schwierigen Momente so rasch als möglich hinwegzukommen, in denen die Unversöhnbarkeit von Kapitalismus und sozialem Frieden klar zutage treten. Der Unterschied der Gewaltanwendung ist dann keine Frage mehr der Brutalität an sich, sondern entweder ihrer Verselbständigung als ›Staat‹ oder aber ihrer Aufhebung durch die endlich erreichte gesellschaftliche Norm. Ob diese Norm erreicht wurde, läßt sich an nichts anderem ablesen als an der Aufhebung jener antichristlichen Angst: was werde ich essen, was werde ich trinken, wie werde ich mich kleiden? Ob dieser Zustand eines erneuten Naturrechts erreichbar sein wird oder sein soll, ist zuletzt eine Frage religiöser Überzeugung. Wer das Christentum der Bergpredigt als für sich verbindlich ansieht, muß erkennen, daß dieses irdische freigesetzte Paradies geradezu Voraussetzung der christlichen Liebeswelt ist, die dann auch des Christus der Peitsche nicht mehr bedarf.

Das Mißverständnis der Antichristlichkeit vieler Sozialisten (das übrigens mit Atheismus durchaus nicht identisch ist), erklärt sich aus ihrer zunächst höchst heilsamen Nüchternheit, immer nur das Mögliche zu wollen, die nächsten Schritte zu realisieren. Sie machen dann nur zu leicht aus den nächsten Schritten ein endgültiges Ziel, fixieren die Mittel zu Zwecken, verdinglichen die menschlichen Motive, die Glücks- und Gerechtigkeitsmotive zu einem menschenfeindlichen Objektivismus, zu einem gespenstischen, fetischhaften Produktionsprozeß an sich. Besonders im heutigen Kampfstadium, im Zeitalter des Bürokratismus und Militarismus, wo Apparate gegen Apparate stehen, erscheint auch der Prozeß der sozialen Neuordnung als ein militärisches und sogar bürokratisches Unternehmen. Hier liegt jene höllische Verkettung vor, wo die Schlange die Schlange würgt, List und Gewalt ist beider Teil. Ein Kriterium bleibt nur das Wofür des Kämpfens. Es ist sinnlos, das Notwendige zu beschönigen. Aber es ist Feigheit und Begünstigung des herrschenden Unrechts, aus der Häßlichkeit des Kampfes ein Argument gegen das Notwendige zu machen. Es ist ja zuletzt nicht so, wie die Redensart sagt, als schlüge hier ein Extrem ins andere um; oder wie es im klugen, nur allzu gewitzigten Motto eines sonst so bedeutenden Romans unserer Tage heißt: ›Das Gegenteil eines Fehlers ist ein anderer Fehler‹. Ist das wirklich mehr als nur eine logizistische Variante des banalen ›Wie man's macht, ist's falsch‹? Was schließlich auf den Zirkelschluß herauskommt, nichts zu machen, weil doch nichts zu machen sei.

Wie immer hier der Detektiv mit dem Verbrecher, der Sozialismus mit dem Kapitalismus heillos ineinander verkrampft erscheint, so daß nur noch das gräßliche Ringen sichtbar ist und das Kampfziel im Hintergrund verschwindet, sicher falsch ist die scheinliberale Gepflogenheit, diese Dinge lediglich vom unparteiischen Standpunkt aus zu sehen. Denn das heißt eigentlich nur den Anfang eines Dramas betrachten. Nur mit seiner wahrhaft schrecklichen Exposition beschäftigt, von der sie nicht verstehen, wie sie entstand, kennen die bloßen Parkett-Zuschauer das Kampfziel nicht und darum auch nicht das Wesen dieses Dramas. Der wesentliche Unterschied der Ziele, um die hier gekämpft wird mit der Hartnäckigkeit eines Todeskampfes um die Bedeutung des Lebens, ist aber dieser: der triumphierende Sozialismus bedeutet im Gegensatz zum Pyrrhussieg des Faschismus eine so allgemeine menschliche Umwälzung, daß sie zunächst fast nicht bemerkt wird. Weil nun geschichtlich diese Dinge mit einer mächtigen Erschütterung beginnen, hält der Schock lange genug die Menschen außer Atem, um den Anschein von etwas Unaufhebbarem und fortwirkend Bösem zu erwecken. Diejenigen aber, die den historisch geschulten Blick auf das Neue haben oder es dadurch erkennen lernten, daß sie es erkämpfen halfen, fühlen sich durch die Neuheit ermächtigt, sehr weit zu gehen und gewöhnlich erst einmal zu weit zu gehen. Ein vortreffliches Beispiel dafür ist die (hier leider nur moralisch und nicht auch materiell behandelte) Geschichte des Militarismus und der Bürokratie, die heute den Ausnahmezustand des kapitalistischen und auch des kommunistischen Staates charakterisieren. Wir sprachen schon von der Sonderexistenz, von der sonderlichen Abnormität des preußischen Staates. Preußen ist tatsächlich nur Staat und keine Heimat. Der alte Satz: ›Der preußische Staat ist ein Heer mit einem Volk‹ besteht fatal zu Recht. Es prahlen in einem Roman Fontanes die Offiziere der Berliner Garde von 1806: ›Die Welt ruht nicht sicherer auf den Schultern des Atlas als der preußische Staat auf seiner Armee.‹ Bismarcks erstes Eingreifen in die Geschichte Deutschlands erfolgt mit der Aufforderung an den Preußenkönig, sich während der Revolutionstage von 1848 an seine Ehre als Offizier zu erinnern, das heißt dem Drängen des Volkes (des ›dreckigen Zivils‹) nicht nachzugeben. Und Bismarcks letzter Rat an Wilhelm den Letzten lautet: ›Solange Majestät dieses Offizierskorps haben, so lange können Sie sich alles erlauben.‹ Majestät hat sich alles erlaubt und ging nur persönlich verloren. Der Kaiser ging, die Generale blieben; vor allem die Feldwebel blieben; der Gesinnungsmilitarismus blieb. Beamte wechselten, aber der Bürokratismus blieb. Die herrschenden Mächte blieben, auch wenn sie zu feige waren, an der Regierung zu bleiben. Die feudalen Vorrechte der Offizierskaste blieben. Die orientalisch anmutende Arroganz der Beamten blieb, die chinesische Geduld des Volkes blieb. Auf solchem Boden konnte sich ein Adolf Hitler allerdings alles erlauben und solchen beispiellosen Zynismus riskieren: ›Die Angst der Völker vor dem Chauvinismus ist ein Zeichen ihrer Impotenz.‹ Bedarf es noch weiterer Zeugnisse, daß wir als Nation Barbaren sind, wo so etwas ›Führer‹ werden konnte? Warum verzweifelten immer wieder gerade große Deutsche an der Größe der Deutschen? Lessing, Herder, Goethe, Hölderlin,

Heine, Nietzsche haben nie den Schwächen der Deutschen geschmeichelt, sie haben die deutschen Minderwertigkeitsgefühle nicht aufgewertet wie die Wilhelm und Hitler. Sie haben die Wahrheit ausgesprochen, auch wo sie schmerzlich für den Nationalstolz war. Gerade wo man es nicht erwartet, gab es immer wieder mitten aus der deutschen Knechtschaffenheit heraus die gute, alte Stimme des Mannesmutes wider die Knechtseligkeit. Wir können ja nicht sprechen von dem, was die Deutschen groß macht und wo sie sich nicht imperialistisch, sondern geistig bewiesen haben, solange der wüste Rausch von heute währt. So schweigen wir von deutscher Musik, vom deutschen Märchenraunen, die allemal woanders beheimatet sind als im ›Deutschen Reich‹, unstillbares Heimweh noch mitten zu Hause singen und sagen. Denn so gewiß, nach einem Wort Kierkegaards, die Sehnsucht nicht ausreicht, zu erretten, so ist in deutscher Musik und Philosophie nur das Jenseits der deutschen Wirklichkeit Gestalt geworden. Der deutsche Geist — falls man davon überhaupt sprechen darf: denn es gibt eigentlich nur deutsche Geister in einem abstrakten Raum oberhalb aller Wirklichkeit — muß noch erst beweisen, daß er etwas anderes ist als nur Geist und nur deutsch. Das ›Es war einmal‹ des Märchens ist heute erst recht die Melancholie des vergeblichen Erbes und Traums von einem deutschen ›Reich‹.

Schweigen wir also, wo wir nicht groß reden können. Ich will hier aber den Mann rühmen und als Zeugen aufrufen, der sich gegen die innere deutsche Verknechtung in einem ähnlich verzweifelten Moment wandte, als die Deutschen nach den Freiheitskriegen die letzte, kaum eben aufatmende innere Freiheit preisgaben für ein Linsengericht ihrer Krautjunker. Ich schreibe hier also ein Stück Ernst Moritz Arndtschen ›Geist der Zeit‹ aus, und erinnere daran, daß dieses sehr deutschen Mannes Freiheitssprache 1818 in London als Emigrantenliteratur gedruckt werden mußte, weil die Barbaren in Berlin sie als landesverräterisch und sansculottisch und ›demokratisch‹ verboten (und die ›Neuausgabe‹ Arndtscher Schriften im Deutschland von heute diese seine besten Sachen einfach unterschlagen hat):

›Das ist das große Übel, das ist jetzt unser zweiter, unser teutscher Napoleon (Metternich). Das ist der schleichende flüsternde Widersacher und Verderber, der Hasser des Lichts und der Freiheit von Anfang. Man kann seine verbotenen Schlangenkünste, womit er eine edle und freie Menschenjagd Teutschlands, wo alle Geister jauchzen und klingen mögten, in eine gemeine Tierhatz verwandeln will, nicht genug aufdecken. — Seine schreckliche Weissagung wird Wahrheit: die Umwälzungen, worüber er jetzt den unzeitigen Feuerlärm erhebt, werden kommen ... Fahrt nur so fort, braucht nur alle Künste finsterer Polizei, reizt durch Haß und Neid und Verdacht nur alle Geister zum höllischen Kampf miteinander, reißt nur eine immer tiefere Kluft zwischen den Herrschern und den Beherrschten, predigt, daß die hohe Polizei und Inquision allein das wankende Europa retten können, fahrt nur so fort mit allen Künsten und Listen und Scheinen und Lügen zu blenden und zu behexen, und der blutige Zirkel wird fertig werden, worin eure Dummheit und Bosheit — denn ihr seid beides, dumm und bös — sich im äffischen und äffenden Wahnsinn rundtreibt. Keiner wird schließlich den Ursprung des Unheils mehr wissen, so wenig als er dann einen Damm wissen wird gegen die Überschwemmung, die hereinbrechen wird. Drückt, plagt, preßt und hetzt nur immer so fort, verleumdet alles, was teutsche Herzen teutsch und frei wollen als Unsinn und Verbrechen, und ihr werdet eure Umwälzungen und Umkehrungen mit Gottes Hilfe erleben: ihr Unglückskrähen, die da Gewitterregen krächzen, wann die Wolken hell sind. — So ist das Übel dieses Zuviels an Regieren in der sogenannten wohlgemeinten Erziehung des Volks, die, über sich und über ihre Verhältnisse zur Welt geblendet, von der Regierung über Leiber zur Regierung über Geister fortschreitet, so ist das böse Übel dieser Verworrenheit, daß sie durch den ungebührlichen Kampf auf einem Gebiete, das ihr ewig fremd bleiben sollte, immer neue Kräfte und Kämpfer gegen sich hervorlockt und also auch ihr Heer mehren muß, damit sie dem selbstgeschaffenen Feind gewachsen sei. Daher ist es notwendig, daß eine jede Polizei, je geschäftiger sie ist, desto mehr Geschäfte bekommen muß; denn sie schafft

sie selbst. — Es ist dies das größte Unglück des gegenwärti-
gen Teutschland und keiner soll es gelinder zeigen, als es ist.
Die hierin das Heil der Staaten sehen, die diese Anstalt im-
mer mehr zu etwas Bleibendem ausbilden mögen und von
Erweiterung der Polizei sprechen, die sind schlimmer als
jene, welche sie für Jakobiner ausschreien, selbst wenn sie
Jakobiner wären. Die Armen wissen meist nicht, was sie tun
und wie sie von ihren Feinden geblendet sind. Sie handeln
mehr aus feiger Furcht vor dem Zeitalter, dessen Richtung
sie nicht fassen können, als aus Absicht des Bösen. Die mei-
sten sind verworren, indem sie verwirren; denn der polizeili-
che, schleichende, lauschende, anklagende, lügende, aufhet-
zende und verwirrende Geist ist ja immer ein teutscher Geist.
— Es wird gegen die Theoristen und Idealisten viel geschrie-
ben, aber die schlimmsten aller Theoristen und Idealisten sind
diejenigen, welche die Polizei schafft. Darum haben auch alle
Völker, die innen ruhig und außen frei sein wollen, die ge-
heimen Polizeien als die Pest des Staates und der Gesellschaft
gehaßt und sich lieber einige Unbequemlichkeiten und Un-
sicherheiten gefallen lassen, als daß sie diese gefährlichen
Maschinen, die wahren Höllenmaschinen der Freiheit, *bei*
sich hätten aufstellen lassen. — Es ist ein Zeitalter, wo die
Weltgeschichte und Menschenentwicklung einen ungeheuren
Wendepunkt hat, wo etwas ganz Neues werden soll, und eher
mag eine Mücke ein rollendes Gebirg im Lauf aufhalten, als
daß alle teutschen Polizeien zusammen diese unendliche
Last von Gefühlen und Gedanken, welche den chaotischen
Strom einer den meisten noch verborgenen Schöpfung fort-
wälzen. Ihr gebärdet euch freilich höhnend dabei, ihr weissagt
freilich: es wird viel Geschrei und wenig Tat sein, es wird ein
elendes Mäuschen aus dem schwülstigen Berge kriechen.
Aber um Gottes willen, warum macht ihr denn so mächtige
Gegenanstalten und zittert so vor dem Mäuschen? Nein, ihr
habt wohl eine Ahndung von etwas Ungeheurem, was nicht
bloß nah, was zum Teil wirklich schon da ist. — Es muß und
es wird anders werden. Die Herrschenden werden ja wohl be-
greifen, daß es anderer Ärzte und Geburtshelfer der Zeit be-
darf als dieser eisernen Schwächlinge, die das glänzende Rie-

senkind, weil ihnen vor seiner starken Zukunft bange ist, am liebsten gleich töteten. Es wird ja auch über die übertriebenen und übertreibenden Polizeien endlich die Polizei kommen, und ein geduldiges und gutmütiges Volk wird hinfort nicht mehr wie ein Verbrecher belauscht und bewacht werden. — Freilich etwas entteutschen wird die neue freie Verfassung uns hoffentlich, zu einem etwas anderem Volke wird sie uns hoffentlich machen. Aber ihr lieben Leute, es ist nicht alles teutsch, was ihr teutsch nennt. Jetzt gibt man unserer Schwachheit nur große Namen und rühmt unser Kleines, um unser Großes vergessen zu lassen. O die Herrlichkeiten, die man meint! Aber es werden Herrlichkeiten daraus werden, die man nicht meint. Man ist doch nur Diener, wo man Herr zu sein glaubt; andere Meister werden kommen, und verschwinden wird, was jetzt einzig genannt wird. — *Du bist die Nachgeburt einer Zeit, die zu klein scheint, Helden gebären zu können, und eine elende* Nachgeburt der Barbarei *sind alle deine Einrichtungen und Taten, von welchen du vergebens hoffst, daß sie bestehen sollen. Wie? nach den hohen Lehren der Befreiung des hellsten Jahrhunderts, nach der vielfachen Beleuchtung alter Ungeheuer und Ungetüme, die der Zufall gebar, wagt deine Frechheit das Nichtige wieder aufzurichten, und Titeln Bedeutung zu geben, die veraltet und lächerlich geworden sind? So belohnst du die Schildträger deiner Macht, deine Feldherren, elende Seelen, die einst neben dir mit heisernen Kehlen Freiheit und Gleichheit schrieen, die nun freilich für nichts Würdigeres streiten, als für Gold, Sterne und Ehrenstandarten, und Länder, die du mit ihnen rauben willst. Für sie, für deine Nepoten, soll Europa ewig bluten? Dafür soll gezettelt, betrogen, gelogen und gemordet werden? Dies ist der hohe Zweck deines Heldentums und daß ein armes kleines Leben, wofür du täglich zitterst, von so vielen Sklaven umlagert, sicher sei? Was seid ihr denn, Fürsten, und wozu?* Sind die gehorchenden Millionen nur da, damit ihr selbst in Schimpf und Schande die kümmerliche Herrschaft eines alten Geschlechts noch um einige Dezennien verlängert? — *Darum weg! ewig weg mit eurem Einen Herrn und einen Priester!*‹

Das ist Rebellensprache, Volkssprache, Zorn eines Mannes, der mangels Taten das Wort ergreift als Waffe, Erinnerungen wahrt und doch Neues will, ohne es schon benennen zu können. Es ist jedenfalls nicht Heuchlersprache und Bierbanksprache, nicht Kadaversprache und Bürokratensprache, nicht Untergebenensprache und nicht Vorgesetztengrammatik. Ein reines Feuer, ein reiner Wille, rein auch im Sinne inhaltlicher Unbestimmtheit. Es ist nur Revolution des Wortes, die Revolution als nationale Sache schlechthin, Revolution der allgemeinen Sympathie, weil nämlich die Gegensätze, die in ihr gegen die deutsche Fürsten- und Polizeityrannei ausbrechen, noch sozial unentwickelt sind; weil also der Klassenkampf Deutschlands jener Tage, der die wahre Wurzel der vergeblichen Arndtschen Rebellenpoesie bildete, nicht reif genug war, sachlich zu werden, anstatt nur sprachlich zu existieren.

Heute ist umgekehrt an Stelle der harten, überreifen Sache der sozialen Befreiung Deutschlands die Herrschaft der Phrase getreten, Volksgemeinschaft als Phrase, nationale Befreiung als Phrase. Lügenberichte, leeres Sieg-Heil der Worte und Versprechungen, Hurrapatriotismus, Lautsprecherpropaganda, Pogromsprache, kranker Rausch, fern jedem echten Überschwang und sachlichen Gesundungswillen. Das Kapital herrscht in Deutschland durch Phrase und Polizei, durch die Polizei sans phrase. Nur Nationalscham, nicht Nationalstolz ist solchem Belagerungszustand gemäß.

Patriotismus ist ein berechtigtes Gefühl, solange es mit der natürlichen Liebe zur Heimat übereinstimmt. Nur wenn der Kadavergehorsam gegenüber den Despoten des eigenen Landes und das Gelüst der eigenen Herren nach fremder Heimat zusammengeworfen wird mit der uralten Liebe zum eigenen Land, beginnt jener wüste Zustand, der das genaue Gegenteil von Patriotismus ist, nämlich Chauvinismus und Teutonismus. Erstes Kennzeichen der Liebe, auch der zur Heimat, ist Ernst. Ernst aber ist nicht Feierlichkeit, sondern Aufrichtigkeit. Aufrichtigkeit ist nun lieber frivol, als daß sie sich der großen Worte bedient, der staatserhaltenden Lügen, Liebe anerkennt nicht Lüge. Liebe wird zur Wahrheit hingezogen durch den sicheren Magnet des Schmerzes. Liebe fragt nicht nach ›Ehre‹, die doch nur Prestige meint. Liebe ist Menschenliebe und Wahrheitsliebe, oder sie ist blinde Gier nach Fremdbesitz. 'Right or wrong my country' = ›Deutschland, Deutschland über alles‹, — diese Phrase ist geradezu ein Musterbeispiel für die Unfähigkeit, Patriotismus zu üben. Genau so gut könnte einer sagen: nüchtern oder besoffen, es ist mein Vater. Als käme es gar nicht darauf an, in welchem Zustand sich mein Vater wirklich befindet; als stände ich genau so enthusiastisch zu ihm, ob er nun sinnlos betrunken ist oder nicht, ob er die Mutter quält oder nicht. Als müßte nicht meine Sorge um ihn doppelt nüchtern und wachsam sein, wenn er es nicht ist. Es genügt dabei am allerwenigsten, wie sich viele gute Deutsche dabei beruhigen, ›nur das Gute zu sehen‹ und vor der Hauptwahrheit die Augen zu verschließen, sich abstrakt an den Massenaufmärschen zu begeistern und blind zu bleiben, wohin das marschiert. Blinde Begeisterung und blinder Gehorsam, wie Hitler sie für sich heischt, sind dem Haß und Wahn viel näher; denn beide sind gewissenlos. Liebe muß sehend sein und sehr wissend; nur dann vermag Liebe, was nur Liebe vermag.

Verglichen mit der blinden Selbstsuggestion der Chauvinisten und Faschisten erscheint nun allerdings der unerbittlich nüchterne Wahrheitstrieb der ›Antifaschisten‹ ihrem eigenen Land gegenüber oft als frivoler Antinationalismus. Man käme der Wahrheit und dem Opfermut dieser Menschen näher, ihre sie persönlich so ungleich gefährdendere Überzeugung *heimischen Antikapitalismus* zu nennen. Wenn Wahrheits- und Menschenliebe die denkbar höchste Verpflichtung ist — bekanntlich lehrt Hitler ausdrücklich Lüge und Fanatismus im Dienste dessen, was er ›Vaterland‹ nennt, womit er das Dritte Reich ungewollt als etwas entlarvt, das der Lüge bedarf —, wenn, mit andern Worten, die Selbstkritik das erste und schwierigste Erfordernis zu jeder andern Art Kritik ist, so haben auch die Vertreter einer umfassenderen Wahrheit und Gerechtigkeit die Wahrheit nicht genug geliebt. Wir haben zwar ›Selbstkritik‹ betrieben, aber sie hatte doch verzweifelte

Ähnlichkeit mit Selbstbetrug. Das bloße Wort ›Selbstkritik‹ ist schon nicht kritisch genug gegen sich selbst. Die Wahrheit ist immer schmerzlich, wenn sie sich gegen uns selbst kehrt. Nur wenige große Christen und Sozialisten haben die Wahrheit mehr geliebt als sich selbst: Augustin, Thomas, Pascal, Robespierre, Kardinal Newman, Engels, Lenin. Das waren immer Personen, die in einem besonderen Pathos und Geruch der Wahrheit standen, weil ihr persönlicher Wahrheitsimpuls mit dem Wahrheitsinteresse großer sozialer Gruppen und Ideen zusammenfiel. Aber noch nie haben Apparate Selbstkritik geübt, weil Apparate bisher immer auch Sonderinteressen verfolgten, die sie von dem Allgemeininteresse isolierten und also von der Wahrheit und Gerechtigkeit. Es kann also nur eine inner-demokratische, eine außer-apparatliche Kritik geben. Die Selbstkritik erfolgt dann erst als das Zweite, sie wird angeregt und durchgesetzt von außen, durch die Opposition der Wirklichkeit. Die *offizielle* Selbstkritik aber, obwohl sie ein höchst wünschbares und fortschrittliches Ideal verkörpert, wurde bisher, von je höher sie ausging, um so mechanischer und formaler getrieben. Das christliche Sündenbekenntnis geriet in ihr oft genug zu einer fatalen, peinlichen Art politischer Erbsünde und zur Perversion der Selbstanklagen. So gab es Sündenböcke und den auf sie zeigenden langen offiziellen Finger, aber hinter den namhaft gemachten Böcken verschwanden oft genug die anonymen Sünder.

Die Sozialisten (aller Parteien) kämpfen nach einer vorgegebenen Parteilinie, Generallinie genannt. Aber ein grundkapitalistisches Laster, und ein kampfwidriges dazu, ging unversehens in die eigene Kampfart ein. Etwas von dem, was sie kritisierten, tauchte in der eigenen Art zu kritisieren nochmals auf. Sagen wir es grade heraus: ein erschreckendes Stück Kaserne, Bürokratie und Bonzentum wurde vom Feind übernommen, und zwar so viel, daß Hitler nach der Niederlage der freiheitlichen Parteien genau dieses Stück zu sich zurückpfeifen konnte. Hitler konnte den Teil des deutschen Volkes gleichschalten, der auch vorher nur Befehle befolgte. So haben die deutschen Gewerkschaften des Herrn Leipart die ›Arbeitsfront‹ des Herrn Ley präpariert, wie Ebert und Seve-

ring und Brüning Hitler präpariert haben. Hitler, obwohl monstruös, demonstriert doch keine deutsche Ausnahme, sondern die immer regelrechte, streng legale deutsche Sklaverei. Er hat nur den deutschen Untertan zu sich herangepfiffen, den rechten und auch den linken, und hat sie dann durch ehrenfeste Prellerei ›ausgerichtet‹. Wer dürfte sagen, daß das deutsche Proletariat nur betrogen wurde, ohne zu fragen, wer *ließ* sich betrügen? Wie war denn dieser Massenbetrug möglich, wie konnte diese Mischung von Illusionen, Lügen, antikapitalistischem Sehnen, gestohlener, verhunzter ›roter‹ Parolen bei den Massen so anschlagen? Wo kam der fast rätselhafte neue Glanz her auf den doch während eines Weltkrieges gänzlich abgegriffenen Begriffe wie Ehre, Freiheit, Vaterland? Wie konnte es geschehen, daß gerade die volkstümlichen Lügen des Nationalsozialismus als Wahrheit erschienen, während andrerseits die marxistische Lügenentlarvung nicht wahrgenommen wurde oder aber selbst wie eine Lüge wirkte?
Man kann angesichts dieses Paradoxons und seiner deutschen Praxis wohl fragen, ob die Wahrheit immer logisch sei. Das Leben ist keine ganz unlogische Sache, aber die Politik ist offenbar eine Falle für Nur-Logiker, besonders wenn sie nicht logisch genug sind, die Wirkungsgrenzen der Logik zu erkennen, und wenn sie solche ›Realpolitiker‹ waren, die Realität der Gefühle zu mißachten. Die Wahrheit der sozialen Neuordnung fiel nicht in die Augen, aber die Lüge des Faschismus entzog sich in einer Weise dem Blick, daß nur blind begeisternde Irratio im Dienste der Herren sichtbar blieb. In der Wahrheit der Freiheitsbewegung muß also ein Stück tödlichen Objektivismus vorhanden sein, in der Lüge des Faschismus aber ein Stück lebendiger Subjektivität stecken, die lebendig genug war, töten zu können.
Dieses zollbreite Abweichen vom Logischen der Generallinie, diese nicht vorausgesehene Dialektik der lebendigen Wahrheit wurde gerade von der Partei des ›Dialektischen Materialismus‹ verfehlt. Sonst mutet die Niederlage der Wahrheit und der Triumph der Lügen wie ein heimlicher Verrat des Volkes an der Sache des Volkes an. Es muß hier eine Dialektik walten, die zwar nicht höher ist als alle Vernunft, die

aber jedenfalls höher ist als vulgärmarxistische Vernunft. Es ist leider immer noch ein solches typisches Beispiel von Un-dialektik, nämlich von Advokatenlogik, wenn zu alledem von den fraglichen Autoritäten gesagt wurde: alles, was wir vor dem Hitlersieg taten, war richtig, nur was wir nicht taten, war falsch. Als sei die Wahrheit teilbar in ein Getanes und in ein Ungetanes! Der einfache Inhalt dieser Rabulistik lautet: das Richtige wurde nicht richtig getan. Und genau das meinen wir allerdings, wenn wir sagen: in unserer Wahrheit war ein Stück Falschheit.

Die Revolutionäre werden sich revolutionieren müssen. Der Erzieher muß selbst erst erzogen werden. Denn das von ihnen eingesetzte oberste Kriterium der Praxis hat sie schuldig ge-sprochen. Sonst fehlt die Loyalität zu den Tatsachen, ohne die kein Revolutionär bestehen kann; hier die Anerkennung der Niederlage. Sie als ›historisch notwendig‹ erklären genügt dafür nicht. Sonst wird doch nur wieder irgendeine Art Dolch-stoßlegende daraus. Es bleibt ein Rest, der nicht erklärt, son-dern der verbessert werden will. Die furchtbare, heute furcht-bar leidende Autorität des Volkes fordert es.

Ich sagte schon, die deutsche Arbeiterbewegung hat sich zwar gegen die deutsche Kaserne organisiert, aber ihre eigene Or-ganisation war nicht frei vom Geist der Kaserne. Bekennen wir, daß es massive Bürorevolutionäre und Revolutionsbüro-kraten nicht nur bei der Sozialdemokratie und den Konsum-vereinen gegeben hat. Bis weit zur erzradikalen Linken ging der elende Unteroffiziersjargon, die schlappe Lust am Kom-mandieren, das den kapitalistischen Feldwebeln abgesehene Sich-Fühlen, Posieren, die Bürolöwen-Manieren, das Von-oben-Reden und verfluchte Herablassen, das Intrigieren und Sabotieren, ja das Hitlersche ›Verantwortung nach oben und Autorität nach unten‹, als seien sie Prokuristen und Bonzen, aber keine Arbeiter und Kameraden. Sind das Zeichen der revolutionären Reife, wenn der ›Vorstand‹ dasitzt, als sei eine Arbeiterversammlung ein Wartesaal dritter Klasse, wenn einer redet, andere geheimnisvolle Zettel in Empfang nehmen und geben, an der Tür ein ewiges Raus-und-Rein ist, *oben* vom Vorstand und ›Büro‹ ein Pensum heruntergeredet wird, *unten* die Arbeiter ein Pensum absitzen, und dies alles — wenn man dem Referenten Glauben schenkt — sozusagen fünf Minuten vor Beginn der Weltrevolution?

Sprechen wir nicht von der unvermeidlichen, ja notwendigen Routine und Härte des Apparats, sondern von der schädlichen Berufskrankheit der Revolutionäre: Infektion durch Mittel des Feindes. Apparate werden erst finster und oppressiv, wenn sie keinen Kontakt mit dem Volk haben. Die Entfremdung von der lebendigen Wirklichkeit und Vielfalt des Volkes, die sich als empfindlicher Mangel an natürlicher Volkstümlichkeit äußerte, ging bis in die Namengebung der Arbeiterparteien hinein. Unendlich viele ›Büros‹ gab es, Sektoren und Funktionäre; lauter dem Kapitalismus nachgemachter Objektivismus; verdinglichte Beziehung, eben ›Funktion‹, seelenloser Betrieb, eben ›Büro‹. Riesige Passivorganisationen gab es, doch sie liefen vielfach leer, weil der echte Antrieb und Auftrieb von unten fehlte. Nirgends wie in Deutschland wurde schließlich so viel papierne Revolution getrieben, so viel Soziologie mit dem Logos, aber ohne Ethos des Gemeinsinns. Revolution erschien als eine bloße Organisationsfrage, als eine andere Art, Parolen auszugeben und zu befolgen. Manche Organisationen wurden gar mit militärischer Disziplin aufgezogen. Diesem militanten Geist stand nun aber die gänzlich unsoldatische Ansicht eines sozusagen objektiv notwendigen Endsieges entgegen. Theoretisch hatte man den Sieg des Sozialismus schon hundertmal vorweggenommen, indem man ihn aus der objektiven Selbstbewegung der Wirtschaftsgesetze ableitete, ohne die subjektive Seite des tatsächlichen Kämpfens und des persönlichen Einsatzes im gleichen Maße vorzubereiten. Immer wieder wurde eingehämmert, daß der Sozialismus der einzig mögliche, unvermeidliche Ausweg aus der Krise sei. Der Akzent lag dabei auf ›unvermeidlich‹, und die siegreiche Revolution schien gleichsam ein fester Termin zu sein. Anstatt das, was wir *wollen*, als Entwicklung und Fortschritt aufzuzeigen, weil es das Vernünftige und Menschliche ist, wurde der Sozialismus lediglich deterministisch determiniert.

Diese eigentümliche Verfrühung des revolutionären Bewußtseins durch Marx ist anscheinend nicht nur die unvergleichliche theoretische Stärke der Marxisten, die sich sozusagen im dauernden Kontakt mit dem objektiven Geist der Geschichte wissen und kraft dieser Objektivität voraussehen können, um handelnd einzugreifen; diese Stärke kann sich ebenso in eine Schwäche verkehren. Denn hatte nicht praktisch das theoretische Plus, im Hirn und Herzen eines großen Führers — wie Lenin — eine präzise Waffe ohnegleichen, für die Masse des Volkes hingegen ein oft hinterm Horizont der Tageskämpfe versunkener Leitstern, hatte das entdeckte Gesetz der gesellschaftlichen Bewegungskräfte nicht eine unbewußt negative Rückwirkung auf den Geist der Revolutionäre?

Ich maße mir nicht an, diese Frage hier erschöpfend zu beantworten. Aber es ist eine Frage, die der Antwort bedarf. (Sie betrifft nicht den Marxismus, sondern eine störrische Art von Marxisten.) Man kann sie vielleicht folgendermaßen umschreiben: Die Analyse, die ›Generallinie‹ wird für wirklicher genommen als die Wirklichkeit, an Hand der unfehlbaren Generallinie wird miserable Wirklichkeit kritisiert — ein praktisch auf den Kopf gestelltes Kriterium der Praxis. Geht es dann aber anders als vorausgesehen, so wird die Idee, die falsch war, fallen gelassen und dafür eine andere, die nun richtig sein soll, adoptiert, beide Male, als sei die Idee das Wirkliche. Dieser ideologische Sündenfall, den der Marxismus selbst erst entlarvt hat, ist nicht die geringste Sünde der Marxisten wider den Geist der Revolution. Wenngleich in der oberen Region des theoretischen Bewußtseins die marxistische Entwicklungsperspektive in Ordnung ist, in der volkstümlichen Region des Fühlens, Wollens und Handelns als tägliche Praxis, Initiative, Hoffnung, Kameradschaft usw. wird der intellektuelle Optimismus zu einem höchst gefährlichen Wachtraum, nämlich den Sieg zu verkünden, ehe man ihn errungen.

Es ist sicher: die unsagbar harte Schule der illegalen Opposition in Deutschland bildet einen neuen Typus Kämpfer. Was den deutschen Revolutionären fehlte, die Gesinnungsprobe, die sittliche Widerstandskraft, das innere Ferment: die Not hat es jetzt zur Notwendigkeit gemacht. So revolutioniert Hitlers Terror ungewollt auch die revolutionäre Moral. Jetzt gilt nicht so sehr das lernbare marxistische Exempel, sondern vor allem die menschliche Probe und Bewährung darauf. Wer heute in Deutschland überzeugter Antifaschist bleibt oder wird, der ist ein freiwilliger Soldat ohne Sold und Uniform, dem täglich persönliche und oft tödliche Gefahren drohen. Das Bild von früher — wie es in der Emigration zum Teil noch immer nachspukt — hat sich radikal geändert. Die Radikalität selbst ist eine andere geworden. Sie wurzelt jetzt vor allem in der sittlichen Kraft, das Übel zu erkennen und es zu bekämpfen und ihm noch im Tod zu trotzen. Vier Jahre Tod und Teufel in Deutschland, und die fast unsichtbare deutsche Volksfront aller Unterdrückten stellt in äußerer Schlichtheit und mit innerer Stärke unaufhörlich Helden heraus, die allerorten die Objekte der Massenprozesse und Massenmarterungen sind. Unsterbliche Opfer! Welche Opferbereitschaft für eine Idee und ein Ideal, die alle Martern der Welt auf sich nimmt, um die Welt von der schrecklichsten Marter zu befreien: der sozialen und moralischen Knechtschaft!

Es wird in einem späteren Kapitel noch Gelegenheit sein, die alte, ach so neue Tugend des individuellen Mannesmuts zu rühmen. Ich wollte mit dem ganzen letzten Absatz nur sagen, daß dem Zuviel an marxistischem Objektivismus ein Zuwenig an freiheitlichem menschlichem Benehmen entspricht, wo es auf den Appell an den lebendigen und leidenden Menschen ankommt (der doch grade aus dem gespenstischen Nihilismus und der Verdinglichung durch das Kapital herauswill). Wir sprachen darum mit Absicht mehr von der subjektiven Seite des Militarismus und der Bürokratie, nämlich von den Menschen, die sich diese Unmenschlichkeiten gefallen lassen. Hier nun sticht ohne Frage der preußische Typus, den man kurz als *untertänig mit Hochachtung* kennzeichnen mag, besonders peinlich heraus, Vorgesetzter wie Untertan; denn das ist eine Moralunion. Es wird für die künftige Gesellschaft, für die noch zu findende Form einer deutschen Demokratie eine der schwierigsten Erziehungsaufgaben und zugleich eine Bewährungsprobe sein, ob sie *diesen Typ beseitigen kann, ohne den Menschen zu vernichten*, der mit seinen bedeutenden Qualitäten grade auch im ›Preußen‹ steckt.

Es wird dann auch darauf ankommen, die Herrschaft des ›Mannes hinterm Schalter‹ zu beseitigen, den kleinen kalten Terror des Bürokraten, der ja seinerseits nur im Dienste des großen Terrors von oben steht. Grade weil der Bürokratismus nur eine Folgeerscheinung des Kapitalismus ist und der Bürokrat sein bloßer Angestellter bleibt (während die wirklichen anonymen Mächte dem praktischen Kontakt mit dem Volk ja im dritten Bürohimmel als ebenso elegante wie unter sich meist höfliche Götter entzogen sind — in S. Kracauers ›Die Angestellten‹ findet sich die große und kleine Bürokratie unvergeßlich gezeichnet —), so kann die Aufteilung der Menschen unter solche ›hinterm Schalter‹ und solche ›vor dem Schalter‹ erst mit einer voll verwirklichten Demokratie beseitigt werden.

Es ist ein Grundmerkmal des Kapitalismus, daß die produzierenden Menschen nicht nur von den Produktionsmitteln, sondern auch vom Konsumapparat getrennt sind, um wieviel mehr von der Leitung und Nutznießung. Die Masse der arbeitenden Menschen stellt für die oberste Bürokratie, die im Zeichen des latenten Sozialismus reiner Luxus ist, lediglich passives Material dar, ein Rohstoff von Arbeitskräften, die Rohstoffe verarbeiten. Diese ›Arbeitsteilung‹ wird von den Kapitalisten mit zwei Argumenten begründet, die heute beide grundlos geworden sind. Sie behaupten: die Unentbehrlichkeit, also die gesellschaftlich notwendige Arbeit einer obersten, bevollmächtigten Führergruppe geht schon rein praktisch daraus hervor, daß finanziell und technisch gleich stark fundierte Betriebe kraft ungleicher persönlicher Initiative, Marktkenntnis, Reklame, Verantwortung etc. auch verschieden gut rentieren. Tatsächlich ist dieses *Resultat* verschieden großer Renten der kapitalistischen Wirtschaft auf Grund der Konkurrenz nicht zu bestreiten. Falsch ist nur die immer stillschweigend hingenommene *Voraussetzung,* als sei die kapitalistische Konkurrenz für das Funktionieren einer rationalen Wirtschaft überhaupt unentbehrlich. Freilich leisten die Führer eine bestimmte Arbeit, nur ist diese Arbeit im Hinblick auf die längst fällige wirtschaftliche Demokratisierung der Produktionsmittel keine produktive Arbeit mehr. Ihre Produktivität gilt einer Konkurrenz, die selber nicht mehr produktionssteigernd, sondern produktionsdrosselnd wirkt (Trusts und Monopole!). Sie flicken sozusagen Löcher, die sie selber immer wieder reißen. Sie bekämpfen einen Feind, den sie selber immer wieder auf die Beine stellen. Diese angeblich schwierigsten und verantwortlichsten Aufgaben sind überhaupt nur Aufgaben innerhalb des Kapitalismus. Eine befreite Wirtschaft wird keine Markt- und Reklameprobleme mehr kennen. Denn nur eine Profitwirtschaft hat diese Probleme. Die kommende soziale Bedarfswirtschaft hingegen (die keine Kriegsbedarfswirtschaft sein wird wie die des Faschismus) wird Probleme und Schwierigkeiten planwirtschaftlicher, aber nicht mehr sozialer Natur haben. Die Übergangsschwierigkeiten des Bürokratismus sind in diesem Betracht sekundär.

Das zweite Argument zugunsten der kapitalistischen Konkurrenz ist noch hoffnungsloser behauptet und zuversichtlicher zu widerlegen. Die große Masse — sagen die Herren — ist unfähig zur Organisation und selbständigen Leitung der Wirtschaft. Man brauche ja nur auf die verschiedenen Versuche der Arbeiterbewegung verweisen, ihr wirtschaftliches Geschick selbst in die Hand zu nehmen. Geschichtlich seien diese Versuche sämtlich gescheitert. Mit hämischem Hohn und Spott legt die Bourgeoisie den Finger auf eine ungleich kritischere offene Wunde: auf den Bürokratismus in der Sowjetunion.

Diese offene Wunde kann man nicht leugnen, auch wenn man sich unsaubere Finger darin verbitten mag. In Wahrheit gibt es hier grade im Interesse des Sozialismus nichts zu leugnen. In Rußland selbst ist diese Frage seit Bestehen der Sowjetunion akut, und sie wird zumindest theoretisch ständig und heftig diskutiert. Die wirkliche Schwierigkeit der Bekämpfung des Bürokratismus liegt darin, daß eine Bürokratie nie sich selbst bekämpft. Nur Menschen kämpfen, Apparate funktionieren höchstens, oder sie funktionieren nicht. Wer aber bekämpft und kontrolliert schlecht funktionierende Kontrollapparate? Bei dem sowjetrussischen Bürokratismus handelt es sich zunächst um eine Erbkrankheit aus zaristischer und kapitalistischer Zeit, verschärft durch Übergangskrisen und die Kriegsgefahr. Die beiden Hauptvorwürfe, die von bürgerlicher und oppositioneller Seite gegen die ›Moskauer Fehlwirtschaft‹ erhoben werden, lassen sich in einem Satz zusammenfassen: die proletarischen Massenorganisationen sollen schlecht funktionieren und die gut funktionierenden sich der Arbeitermasse entfremden.

Beide Tendenzen sind fraglos vorhanden. Aber sie äußern sich nicht, wie es böswillige Kritiker darstellen, als ein unabänderliches Naturgesetz der ›russischen Seele‹ oder als persönliche Willkür eines Diktators oder als ein Faktum jeglicher Planwirtschaft. Allerdings gibt es so etwas wie ein Trägheitsmoment der Massen, das aus konkreten geschichtlichen Gründen einen Gegensatz zwischen Organisatoren und Organisierten entstehen läßt. Dieser Gegensatz ist aber nicht ›naturgegeben‹. Er ist entweder, wie im Kapitalismus, ein Ausdruck von Klassengegensätzen oder, wie im heutigen Rußland, ein Zeichen von künstlich stabilisierten Gruppenvorrechten. Für den Kapitalismus in seiner heutigen Schmarotzer- und Verfallsphase ist der Bürokratismus ein anhaftendes und ständig sich erweiterndes Dauerübel. Für den Sozialismus aber ist die Trennung der Menschen in Elite und Masse, in Organisatoren und Organisierte nicht mehr *wesentliches* Merkmal. Ist auch dieser schädliche Gegensatz noch nicht aufgehoben, so sollte, nach Marx, wenigstens seine äußere Zuspitzung, wie ihn der Faschismus als völlige Entmachtung der Massen herbeigeführt hat, mit Recht als Todfeind des Sozialismus gelten.

Die einzige Möglichkeit der nicht nur technischen, sondern auch sozialen Sonderstellung der sowjetrussischen Spezialisten-Organisatoren (alte Intelligenz plus Parteifunktionäre) ein Gegengewicht zu schaffen, bestünde in der planmäßigen Hebung des kulturellen Niveaus der Massen. Im Anfang der Russischen Revolution war die effektive Mitbestimmung der Arbeiter auch in der Weise vorgesehen, daß Betriebskommissionen der Arbeiter und Angestellten an der Planung aktiven Anteil nehmen, ›die gesamte Arbeit des Betriebsdirektors prüfen, den Arbeitsplan der Werkverwaltung diskutieren, die Fehler und Mängel feststellen und sie durch Gewerkschaften, Partei und Organe der Sowjetmacht beseitigen können‹ (Stalin). Es wäre dies auf die Dauer das einzig durchschlagende Mittel, das alte bürgerliche Bildungsmonopol sowie das von vornherein auf Abbau geschaffene Parteiprivileg überfällig zu machen, das eine bloße ›Hilfskonstruktion‹ darstellt, ein Gerüst, den Neubau aufzuführen und zu überprüfen. Dabei sollte diesem ständig und heftig geführten Kampf des breiten Volkes gegen die neue Bürokratie und Verbonzung grade von ganz oben her prinzipieller Nachdruck verliehen werden. Denn namentlich in den mittleren, undurchsichtigeren Regionen der Verwaltung setzen sich immer leicht schmarotzende Sonderinteressen des Apparats durch, die mit sozialem Gemeinsinn unvereinbar sind. Wer den Alltag Rußlands kennenlernte, ist solchen unzuverlässigen Institutionen begegnet. Das Ressortunwesen, die Verantwortungsscheu, das Abwälzen auf andere, die Verschleppungstaktik, das Briefe-unbeantwortet-Lassen, ein gespenstischer Objektivismus (mit ›Sektoren‹ hat man zu tun, statt mit Menschen), diese und manche noch krassere Erscheinungen des öffentlichen Lebens, das dadurch einen geradezu privatwirtschaftlich-monopolistisch anmutenden, jedenfalls antidemokratischen Zug enthält, bilden innerhalb der sonstigen Aufwärtsbewegung und Neuordnung Rußlands ein unleugbares, stets beleidigendes Trägheits- und Reaktionsmoment, das nur durch die aktivierte Masse des Volkes, das seine demokratischen Rechte endlich wahrhaben und wahrnehmen will, beseitigt werden wird. Wenn Lenin als Grundmerkmal der proletarischen Revolution die Selbstorganisation der Massen und ihre schöpferische Tätigkeit hervorgehoben hat, die etwas Neues in aller bisherigen Geschichte bedeuten (›Die große Initiative‹), so sollte bei der Masse auch die Initiative der öffentlichen Kontrolle liegen. Öffentliche Kontrolle aber heißt Pressefreiheit. Natürlich kann nur eine wirkliche Freiheitspresse die Pressefreiheit in Anspruch nehmen.

Gewisse Entartungserscheinungen, Sabotage und Korruptionsfälle insbesondere, (die doch eine Art Berufskrankheit der modernen Diktaturen darzustellen scheinen) können sich in der Sowjetunion nicht dauernd verfestigen, da ihnen dort eine *klassenmäßig* bestimmte und sich erweiternde Reaktionsbasis, wie sie der Kapitalismus aufweist, durchaus fehlt. Grade die Häufigkeit der Korruptionsprozesse, in welchen die schärfsten Strafen wegen unsozialen Verhaltens verhängt werden, zeigt einen Gesundungswillen an und keinen ›demokratischen Morast‹. In den faschistischen Ländern wird wesentlich mehr geschoben, bestochen, gemogelt und schmarotzt. Mangels öffentlicher Plattform und Kontrolle kommt nur nichts an den Tag; oder höchstens dann, wenn irgendeine Person oder Gruppe eine andere verdrängen will, springen plötzlich die seit langem gelegten Minen und irgendwer muß dran glauben, um irgendwem Platz zu machen. Vor dem Volk aber wird nur Zirkus gespielt. Durch die Veröffentlichung der Prozesse wird ihm weisgemacht, es gäbe eine prozessierende Öffentlichkeit. Manchmal müssen Franziskaner und Nonnen, dann irgendwelche mißliebigen ›Reaktionäre‹ als Renommierkapitalisten, Juden und selbstverständlich immer, immer Sozialisten über die Klinge springen. Der kleine Mann aber, der mehr ahnt, als er sieht, oder der mehr sieht, als er versteht, flüstert ängstlich zum Nachbar ›. . . wenn Hitler wüßte‹; wie die französischen Leibeigenen vor der Revolution die feudale Willkür ertrugen: ›. . . si le roi savait‹; wie der russische Muschik unter der Knute der Gutsbesitzer, Popen und Gendarmen stöhnte ›. . . wenn Väterchen Zar wüßte‹, und die ärmsten aller Armen, die Cafoni im Italien von heute stöhnen: ›. . . wenn der Duce wüßte‹. Und sie wissen gar nicht, daß das, was wie ein Seufzer der Kreatur und zugleich wie eine Entschuldigung der Despoten klingt, in Wahrheit eine schreiende Anklage formuliert: ›Führer‹, die nicht wissen, sind eben Führer, die nicht führen!

Tatsächlich wollen die gar nicht wissen, was sie tun. Das Vernünftige selbst wird unter den Händen von bevollmächtigten Ignoranten Wahnsinn. Nehmen wir nur wieder das naheliegendste Beispiel auf: Gesunder Menschenverstand und technische Vernunft verlangen, die moderne Maschine und rationalisierte Wirtschaft in den Dienst des Volkes zu stellen. In der kapitalistischen Realität sieht das Ergebnis aber ganz anders aus: man konstruiert eine Maschine, die in einem Tag mit zehn Mann Belegschaft 100 Meter Wollstoff zu weben, zu kämmen, zu dekatieren und zu verpacken vermag. Für die gleiche Leistung waren vorher 100 Arbeiter und 10 Tage Arbeit vonnöten. Praktisch sollten also 90 Arbeiter gespart und 9 Tage Arbeitszeit gewonnen sein. Dieser Gewinn ließe sich entweder zur Herabsetzung der Gesamtarbeitszeit der 100 Arbeiter bei gleichbleibendem Lohn ausnutzen, oder aber die technisch freigesetzte Arbeitszeit und -kraft könnte auf einem anderen Gebiet der Volkswirtschaft zur Hebung des Lebensstandards aller verwendet werden, bis der Bedürfnislohn an Stelle des Leistungslohns treten kann. Der heutige Stand der Produktion ließe diesen paradiesischen Lebensstandard ohne weiteres erwarten. Da aber unter kapitalistischen Verhältnissen die Produktionsweise in schärfstem Widerspruch zur Verteilungsweise steht, wird aus dem technischen Segen ein sozialer Wahnsinn. Die Gesellschaft ist um 90 Arbeitslose vermehrt worden, nicht um 9 mal 90 Arbeitstageleistung bereichert worden. Der kapitalistische Staat kann eine Zeitlang mit barem Geld die Arbeitslosen nähren. Bis ihm diese Methode zu teuer und zu dumm wird, und er sich zum ›Autoritären Staat‹, zur ›Autarkie‹ und zum ›Führer‹ entschließt. Der ›Führer‹ verfügt zunächst, alles verfügbare Geld zu Pulver zu machen, um gelegentlich den Erbfeind erfolgreich zu befeinden und dann zu beerben. Da der in solcher Weise erwachte Staat das Volksvermögen bald verpulvert hat, muß er die Einfuhr von Butter und Wolle drosseln. Um derart überflüssige Dinge seinem Volke fernzuhalten, muß der Staat Butter und Wolle ›rationalisieren‹. (Wenn es gelungen ist, die Ratio völlig auszuschalten, nennt man das im Kapitalismus nämlich Rationalisierung.) Zum Rationalisieren braucht er Ämter und Beamte, große Ministerien und Minister. Die Bauarbeiter bekommen zu tun, 900 Parteifunktionäre werden Staatsbeamte. Der große Aufschwung der Nation setzt ein. Deutschland erwachte. Alles ist in Butter, nur fehlt die Butter; alles ist im Strumpf, nur fehlt die Wolle. Professoren und Laboratorien werden aufgeboten, Ersatzstoffe für Butter und Wolle auszuhecken. Nicht immer gelingt es, für Butter Margarine oder für Wolle ›Wistra‹ zu nehmen. Dann muß bei einem funkelnagelneuen eisenbetonierten ›Butterverteilungsamt‹ bzw. ›Wol-

lezuteilungsministerium‹ um Verteilung der Zuteilung einge-
kommen werden. Es müssen neun Tage verhandelt und 99
Briefe geschrieben werden, ob solche Zuteilung den Interessen der Volksgemeinschaft bekömmlich sei. Handelt es sich
um Uniformen, so hat noch Göring und das Kriegsministe-
rium mitzureden. Dann dürfen noch 90 Briefe mehr diktiert,
getippt, gepostet, registriert und beschimpft werden. Die
Schreibmaschinen und Ministerialräte rasen. Das alles ist
›Arbeitsbeschaffung‹. Man hat es geschafft. 90 mal 9 Arbeits-
tage durch eine geniale Maschine erspart: und 99 Beamte des
›Wollezuteilungsministeriums‹ haben täglich alle Hände voll
zu tun, den letzten Faden Wolle aus ihren Beamtenhosen her-
auszusitzen.

Das alles ist die Konsequenz dessen, daß man die Rohstoffe
und Maschinen, also die Produktionsmittel, nicht in den Besitz und Gebrauch des Volkes überführen will. In Rußland,
was immer dort noch Unvernünftiges und Menschenfeindli-
ches geschehen mag, wurde doch diese Korrektur am Kapitalismus im großen Maßstab vollzogen. Die Rohstoffe und
Maschinen wurden nationalisiert. Die schreckliche Konsequenz, daß bessere Maschinen uns ärmer und schlechter machen sollen, kann dort nicht mehr eintreten. (Leider nur wird
bisher die ersparte Arbeit in unproduktiven Rüstungen ver-
ausgabt.) Die Korrektur ist allerdings selbst noch nicht fehlerfrei. Der Weg vom Produkt der verstaatlichten Maschine
zum wirklichen Verbraucher ist noch ein großer Umweg und
Verlustweg. Zwischen Mensch und Maschine steht zwar nicht
mehr das Kapital, wohl aber der Bürokrat. Bürokratie ist
grade im Sozialismus noch ein eigentliches Chaos, denn sie
ist eine festgehaltene, falsche Ordnung. Die kapitalistische
Bürokratie ist eine ordnungswidrige Ordnung, eine Fehl-
rationalisierung; ein Chaos *vor* der gesellschaftlichen Neuordnung, getarnt als Ordnungsstaat. Die Bürokratie Sowjetrußlands ist ein relatives Chaos *nach* erfolgter Neuordnung. Es
ist kein absolutes Produktions-Chaos mehr wie im Kapitalismus (der immer wieder aus seinen eigenen Voraussetzungen
Chaos produzieren muß), sondern eine noch fehlerhafte Verteilungsordnung; es sind teilweise Rationalisierungsfehler,

verschärft durch schmarotzende Beamtenwirtschaft. Beidemal ist Chaos nicht schlechte Disziplin, sondern falsche Disziplin, mechanisches Regime mangels demokratischer Kontrolle. Wo keine öffentliche Kontrolle möglich ist, da ist zumindest das bürokratische Chaos wahrscheinlich. Die ordnungs- und menschenfeindlichste Ordnung, das ist Kapitalismus. Sozialismus aber ist wenigstens auf dem Wege zur ordnungsfreundlichsten Freiheit, die wir menschlich meinen dürfen, ohne in der Kaserne oder Wüste zu enden.

Chaos ist auch nicht Unordnung und Todeskampf an sich, die selbst in der gewalttätigsten Revolution historisch immer nur kurz währen und sogleich in die neue Ordnung übergehen (denn auch Revolutionäre wollen leben und müssen die lebensnotwendigen Dinge sofort in die Hand nehmen). Das Beispiel der drei großen Menschenrevolutionen (der amerikanischen, der französischen und der russischen) zeigt klar: Chaos ist nicht rot; Chaos ist weiß und kalt, das Ausgeblutete. Kein Terror war je grausamer als der ›weiße‹, der konterrevolutio näre. In jeder positiven Revolution, wiewohl sie gewaltsame Anpassung an eine neue Ordnung ist, kann Blutvergießen Akzidenz sein, aber nicht Gesetz. Man vergesse angesichts des wirklich vergossenen Blutes nie, daß die meisten Opfer und Grausamkeiten im Laufe einer Revolution tatsächlich Opfer und Grausamkeiten eines nationalen Verteidigungskrieges waren. Erst die *Intervention* macht die Revolution eigentlich rachsüchtig; denn plötzlich tritt die bisher unter nationalen Grenzen nur versteckte Klassensolidarität und Front der Reichen gegen die Armen klar zutage. So war es bei allen drei Revolutionen, so ereignet es sich heute unter unser aller Augen in Spanien.

Die Revolutionen der Völker (und namentlich des Proletariats) sind planvolles und gewolltes Antichaos. Aber das Chaos jeder Bürokratie und jedes Militarismus wirkt auf die Dauer konterrevolutionär und antidemokratisch. Revolution heißt also nicht Entfesselung des Chaos, sondern Freisetzen der besseren Ordnung oder dieser Ordnung zur Freiheit verhelfen.

Anmerkung:

Der Sieg über das (relative) Chaos der Bürokratie verträgt indessen nicht, daß man ihm einen zu hohen Namen gebe. Eine soziale Konsumorganisation ist schließlich keine Isis, die ständig und ekstatisch nach Osiris Ausschau hält. Eine Konsumorganisation soll nach Brot und Schinken Ausschau halten.

Nachträge zum 13. Kapitel

1

Von ›großen Reden Roosevelts‹ konnte damals berechtigt die Rede sein. Er formulierte wärmer und stärker, was auch die europäische Volksfront anging. Inmitten der katastrophalen Erfahrung der Depression vermochte Roosevelt dem bullenbeißerischen Finanzkapitalismus in Amerika zumindest einen Maulkorb anzulegen und etwas zivilisiertere Wege zu weisen. Er verstand es dabei wie vor ihm nur der sehr viel weichere Wilson an das noch immer lebendige Gedankengut der frühkapitalistischen Emanzipations- und Gründerzeit anzuknüpfen (für die es in Deutschland überhaupt keine Parallelen gab). Unerwartet stark und echt kamen die Stimmen von Jefferson, Lincoln, Walt Whitman, von unvergänglichen Menschenrechten berichtend, aus den so besonders radiogerechten, patriarchisch versichernden Brusttönen von Roosevelt heraus. Es waren diese Töne, aber auch ihre Gehalte, die im Lande des nahezu bankrotten Yankee-Imperialismus eine so große Resonanz fanden. Gewiß, der New Deal könnte von marxistisch geschulten Wirtschafts- und Ideologienforschern in Grund und Boden kritisiert werden. Es gab ja bereits in England und Deutschland längst eingefahrene Modelle von Gewerkschafts- und Wohlfahrtsgesetzen. Außerdem geriet die nur halb neuangekurbelte Prosperität sehr bald in Sackgassen, und erst die von Roosevelt wirklich vorausgesehene und dann demagogisch betriebene und

entscheidende Beteiligung am Zweiten Weltkrieg gab
der amerikanischen Wirtschaft den wirklichen Auftrieb
und der vorherrschenden Ideologie die scharfen, simp-
len, auf ein Außenziel konzentrierenden Parolen. Schon
Napoleon wußte: alle Kriege sind im Grunde nach außen abgewälzte Bürgerkriege. In Deutschland, einem
Land ohne Renaissance und Revolution, kam Kapitalismus verspätet. Er stieß auf die von der ausländischen
Konkurrenz beherrschten Märkte und koloniale Extraprofite. Zumindest seit und durch Bismarck wandte sich
der besondere Aggressionstrieb deutscher Wirtschaftsführer an den noch halbfeudalen Militär- und Untertanenstaat, militärisch zu erzwingen, was auf Handelswe-
gen nicht zu erreichen war.
Nun gibt es heute wirklich in den US den ›industrial-mi-
litary complex‹, gegen den sogar Eisenhower gewarnt.
Trotzdem kann hier von Militarismus nicht die Rede
sein. Uniformen wirken hierzulande lächerlich. Die welt-
bekannte Korrumpierbarkeit des Militärs in Vietnam hat
nebst dem Entsetzen, das es dort anrichtet, ihm jeglichen Respekt entzogen.
Um den geistigen Niveauunterschied offizieller Gestalten in Deutschland und in Amerika zu illustrieren, braucht
man nur zwei annähernd parallele Reihen zu vergleichen:
Metternich—Bismarck—Hindenburg—Hitler;
Jefferson—Lincoln—Wilson—Roosevelt.
Gewiß, beidemal eine Abfallreihe (zumal in bezug auf
was dann hierzulande kam). Dennoch bleibt der geistige Abstand erstaunlich. Nach einem Vortrag in New
York des Themas ›Deutsche Musik und Politik‹ kam die
Diskussionsfrage: ›Do you think we'll ever have a Beet-
hoven here?‹, antwortete ich: ›You had Jefferson. — Next
question please.‹
Vom Zweifel, den ich in dem Satz über die Wirksamkeit
der propagierten sowjetrussischen Verfassung ausgesprochen, kann keine Rede mehr sein. Theoretisch und
praktisch hat sich diese längst als ein Machwerk erwiesen, das Staatsallmacht sanktioniert, das die subjekti-

ven Menschenrechte durch neufeudale Praktiken entweder überhaupt nicht zuläßt oder aber schamlos umgeht. Die Formulierung, daß ›Faschismus und Kommunismus Todfeinde sind‹, gilt viel mehr ideologisch als wirtschaftsdynamisch. Gemeinsam ist ihnen das Wesen des Staatskapitalismus. Dieses heißt in Rußland ›Sozialismus‹, ja wurde dort von den Theoretikern als notwendige Vorstufe zum Kommunismus anerkannt. Das Wesen des Staatskapitalismus besteht in und stammt aus Kriegswirtschaft. Die beibehaltene Feindschaft sozialistischer Länder zum selbsterklärten, klotzigen Faschismus (der seit dem Ende von Hitler und Mussolini nicht mehr offiziell gilt) beruht auf Konkurrenz zwischen verschiedenen Graden des Staatskapitalismus. Der ideologische Faktor überwiegt im Bewußtsein, ja es wird ehrlich an ihn geglaubt, weil überhaupt ökonomische Prozesse viel weniger evident werden und selbst Spezialisten entgehen. Der ideologische Faktor kostet auch etwas: der russische Schein-Marxismus, die völlige Unfreiheit seiner Arbeiter, die jetzt massiv vom verstaatlichten Kapital ausgebeutet werden; das Scheinwesen eines ›privatwirtschaftlichen‹ Systems, das mit Begriffen und für Ziele arbeitet, die geschichtlich bereits nichtig geworden sind. Daß beide Hauptantagonisten, die zusammen den Krieg gegen Hitler gewonnen und heute zumindest miteinander Ping-pong und Schach spielen, um das ›Prinzip der Freiheit‹ kämpfen, wie ich es im ursprünglichen Text ausdrückte, kann nicht mehr so abstrakt behauptet weden. Da alle Formen der Kapitalbildung auf Ausbeutung beruhen, liegen die Verfügungs- und Verteilungsweisen des Mehrwerts in den Regierungshänden. Die Konvergenz-Theorie, Rußland wird langsam liberaler werden, Amerika ›sozialistischer‹, hat soziologischen sex appeal. Die Furcht vorm Atomkrieg erzwingt eine Koexistenz-Ideologie, die zwar unfähig ist, eine bessere Gesellschaftsordnung zu erzeugen, wohl aber das unmittelbar Schlimmste vermeiden kann.

2

Im Anfang der Russischen Revolution gab es wirklich eine erstaunlich wirkliche Übereinstimmung zwischen Volksinitiative und Parteileitung, wie von Stalin formuliert. Später blieben solche Neuerungen ideologisches Programm, dem die Praxis immer weniger entsprach. Auch Lenin verstand sich darauf, ›die große Initiative‹ hervorzuheben und dann das Gegenteil zu tun. Die in dieser Beziehung nicht genug zu erinnernde Rosa Luxemburg hat am frühesten, auch am vergeblichsten darauf hingewiesen, daß ohne Versammlungs- und Rede- und Pressefreiheit besonders auch für Andersdenkende der revolutionäre Elan abgedrosselt werden würde und in den Händen einiger Führer zu einer eigentlichen Diktatur über das Proletariat ausarten würde.

Die Prozesse gegen ›Korruption‹ betrafen nur einige Prügelknaben. Dagegen setzte Stalin die Macht des Partei- und Staatsapparates gegen die gesamte innere Opposition ein. Bereits Lenin kündigte die ideologische Basis dafür an, indem er jegliche Person oder Gruppe Andersdenkender als ›Gegenrevolutionäre‹ abfertigte. Das ›Seufzen der Kreatur‹ galt auch dem ›Väterchen Lenin, dem Väterchen Stalin‹ mit gewiß wärmerer Berechtigung während des Weltkrieges, von dem Stalin selbst berichtete, daß nur erst die Verteidigung Rußlands als eine des Vaterlands gegen die Nazis die Opferbereitschaft des eigentlichen Volkes zu mobilisieren vermochte. Den Parteistaat als solchen hätten sie nie verteidigt.

3

Genauer nach Marx bestimmt die Produktionsweise die Verteilungsweise; also ist das kein eigentlicher ›Widerspruch‹.

Auch in bezug auf den sowjetrussischen Staatskapitalismus gilt obige Korrektur, daß die Produktionsweise den Verteilungsmodus bestimmt. Demnach handelt es sich hier nicht um Fehlleistungen sondern um Folgerichtigkeiten, wenn lauter kapitalistische Methoden der

Bezahlung, z. B. der mit Recht so gefürchtete Stücklohn auf Grund eines ›sozialistischen Wettbewerbs‹ vorherrschen, und es große Unterschiede des Lebensstandard gibt, Zinsen als Kosten für staatliche Großunternehmer gelten, die miteinander für Profite streiten. Daß erst Intervention eine Revolution grausam werden läßt, gilt wesentlich für das Terror-Regime in Frankreich. Man kann aber nicht behaupten, daß die Moskauer Prozesse außenpolitisch motiviert waren. Sie galten der Ausrottung und Diffamierung der Genossen von Lenin und Stalin.

4

Die oben angedeutete Kritik des parteikommunistischen ›Kriterium der Praxis‹ lag richtig, aber ging nicht weit genug. Aus einer Forschungsmethode geriet Marxismus zu einem Instrument der Selbsttäuschung und Repression. Lenins Parole ›Revolution von oben her‹ mit einer Elite von Berufsrevolutionären mit fertigen Definitionen befehlshaberisch nach unten verabreicht, erschien den Befehlshabern als militant-revolutionär, erwies sich aber bald als militaristisch-reaktionär. Eine andere Formulierung von Lenin lautete: ›Marxismus ist allmächtig, weil er wahr ist.‹ Das aber ist ein bloßes Postulat, ein fast stubenreiner ›Idealismus‹, der sich anmaßt, das Momentane einer Entwicklung und Einsicht (Militarisierung der Sowjets nach der vorangegangenen Sowjetisierung des Militärs) absolut zu setzen. Das stellte also den von Marx angeblich auf die Füße gestellten Hegel, der als Sekretär der Weltvernunft in deren höchsten Namen gesprochen, wiederum auf den Kopf zurück, diesmal im Namen der absoluten Aktion. Wirklich dachte sich Lenin, wie kurz danach Stalin und auch Trotzki (wie sehr sie auch ineinander verbissen) im Vollbesitz sowohl der Fernziele als auch des Fahrplans und der Teilstationen. Das war also eigentliche Scholastik, die immer mit fertigen Dachbegriffen beginnt, gar nicht mehr diskutiert, sondern nur noch dekretiert. Kein Wunder, daß aus solcher Kaserne nicht ein einziges Werk echter Theorie-Praxis hervorging, daß es nur noch eine miserable Art Ideologie-Propaganda gab, die weiter unten als ein bloßer Hurrah-Marxismus daherschlenderte.

Gewiß ist es sehr leicht, einer isolierten Aussage von Lenin eine genau konträre gegenüberzusetzen, so etwa die seines Vertrauens auf Initiative von unten. Es kommt dann immer auf den Zusammenhang solcher je einseitiger Sätze an, die aus praktischen Zwangslagen kommen und dann für politische Zwecke als Waffen eingesetzt werden. Wenn es hart auf hart geht, überwiegt allemal die Praxis verkürzter Staatsraison als Befehlshaberei über die theoretisch bemühtere Vernunft. In der schrecklichen Kronstadt-Affäre ging es nicht einmal hart auf hart. Es ging vielmehr hart auf weich. Die Petition der Sowjet-Matrosen, die für eine breitere Volksfront gegen die Provisorische Regierung appellierten und denen Lenin eben noch ›Ruhm der Revolution‹ zugesprochen, hätte nicht humaner formuliert werden können. Dann aber entschieden im Namen bolschewistischer Allweisheit, der Allmacht zukommt, Lenin und Trotzki, nicht aber Stalin, kurzerhand für die Niedermetzelung des tumben Volkes naiver Matrosen. Das kostete, was Trotzki später als ›nebensächlich‹ abfertigte, 35000 Tote. Lenins schlechtes Gewissen ist daran kenntlich, daß er alles und jeden, nur nicht sich selbst für verantwortlich hielt. In zwei anderen Fällen dachte er anders. Als der ähnlich willkürliche Versuch, Polen durch Eroberung von Warschau zu bolschewisieren, fehlschlug, reflektierte Lenin diese verdiente Niederlage in einem für einen Erzmaterialisten merkwürdigen Satz: ›Wir haben die Seele eines Volkes beleidigt.‹ Nachdem Lenin den Zarenstaat durch seinen Kommissaren-Staat ersetzt, schrieb er einen wütenden Brief an Bogdanow, bürokratische Schikanen betreffend, ›das übliche-innerparteiliche-geheimpolizeiliche-idiotische-repressive-unveröffentlichbare-Dreckzeug von Amtsochsen . . . Sie haben keine Ahnung, wie dergleichen Leute öffentlich zu brandmarken sind. Wir alle sollten mitsamt dem Volkskommissariat für Justiz an alten Scheiß-Seilen aufgehängt werden. Ich hege noch immer die Hoffnung, daß wir eines Tages verdientermaßen aufgehängt werden.‹

Es gibt ähnliche Stellen nachträglichen Bedauerns großer Autokraten über die Folgen ihrer historischen Fehlleistungen. Als Gefangener auf Elba reflektierte Napoleon, in erstaunlicher Parallele zur Niederlage der Bolschewisten vor Warschau, daß seine Invasion Spaniens genau dem Kampfesmut der ungewaschenen Guerilleros erlag, die er von den Feudalfesseln zu befreien geplant. Bekannt ist die tiefe Ambivalenz von Lincolns Äußerungen über Negerfrage und Bürgerkrieg. Was mißlang, blieb seinem Gesicht tragisch eingeschrieben.

Anscheinend führen ›Führer‹ viel weniger, als daß sie von denselben geschichtlichen Ereignissen fast ebenso blind ergriffen werden wie die Massen, denen sie als bloßes Objekt politischer Entscheidungen jegliches auch nur instinktives Urteil absprechen. Daß wir hinterher alle klüger seien, ist dabei ein wirkliches Spießerurteil; denn auch im Hinterher stecken neue Vorurteile. Angemessener sei hier an einen berühmten Satz erinnert, der allerdings fast unkommentiert geblieben: ›Der Handelnde ist immer gewissenlos.‹ Mit Recht macht der Satz nicht moralisierend, sondern sachlich schwierig. Man sieht es ihm sozusagen an der Stirn an, daß er von einem geprüften Manne kommt. Er hat die Stirne und Stimme von Goethe. Er sagt nicht, daß es ein Gewissenloser sei, der dann aus schludriger Konsequenz auch gewissenlos handle. Der Satz zielt auf den kritischen Umschlagspunkt, in welchem ein Machtbewußtsein nicht nur zur Entscheidung getrieben, sondern selber dahin drängt, worauf die Konzentration allen Willens und aller Kräfte zu einem eigentlichen Affekt wird und als Faktor nun seinerseits verursachend wirkt. Was daraus folgt ist dann überhaupt nicht mehr subjektive Gewissenssache sondern dingliche Folgerichtigkeit — for better or worse.

Vierter Teil   Der Verfall des Verfalls

Und der Tod und die Hölle wurden geworfen in den feurigen Pfuhl. Das ist der andere Tod. *Apokalypse 20, 14*

Und ich sah einen neuen Himmel und eine neue Erde. Denn der erste Himmel und die erste Erde verging.
Apokalypse 21, 1

Der Verzagten aber und Ungläubigen und Greulichen und Totschläger und Zauberer und Abgöttischen und der Lügner, deren Teil wird sein in dem Pfuhl, der mit Feuer und Schwefel brennt. *Apokalypse 21, 8*

14. Kapitel   Das Losungswort

Wir haben in diesem Buch zurückgeschaut, um besser nach vorn sehen zu können. Wir sahen: solange eine Gesellschaftsordnung, eine Produktions- und Lebensweise sich in aufsteigender Entwicklung befindet, solange ist sie auch ideologisch positiv gestimmt und sogar des Anhangs der sie tragenden Majorität sicher, die bei der entsprechenden Verteilungsweise ständig den kürzeren zieht. Solange die durchschnittliche Norm das Lebensminimum hält und noch einen kleinen Spielraum zusätzlicher Lebensfreude für die Massen freigibt, Krisen nur alle sieben Jahre eintreten und Konjunkturen folgen wie die Absolution der Beichte, herrscht im ganzen Zufriedenheit. Erst wenn die Widersprüche der herrschenden Ordnung unabweisbar zutage treten und dem an ihr leidenden Teil der Menschen bewußt werden, wenn die furchtbare Anarchie der Dauerkrise eingetreten ist, die Depressionen immer länger währen und die Konjunkturen immer enger und kürzer ausfallen, wenn ein Regime sich überlebt hat, ohne von allein sterben zu können, wenn andrerseits die neue Gesellschaftsordnung sich schon im Schoße der alten entwickelt zeigt und energisch zur Geburt durch Revolution drängt, erst dann erfolgt das politische und ideologische ›Feurio‹ der Herrschenden und ihr famoses Chaosgerücht.

Der Kapitalismus ist geistig tot, ehe er physisch gestorben ist. Aber die Herrschenden schauen lange schon auf die Uhr, ob es nicht längst zu spät sei für eine Bluttransfusion durch einen neuen Weltkrieg. Sie ahnen wohl, daß für sie die ›gute alte Zeit‹ auf keine Weise mehr als Morgenstunde, die Gold im Munde hat, zurückzudrehen ist. Etwas Neues hat sich angekündigt und ist da und kommt immer näher. Also gilt ihr letzter Wille, ihr letztes tödliches Testament der Verhinderung des Neuen und Notwendigen. Alle Grausamkeiten vergangener Lehren und modernster Technik werden eingesetzt, die Zukunft zu verhindern. Alle Macht- und Propaganda- und Todesmittel sind auf ihrer Seite, aber sonst nichts. Die Seele der Menschheit, die auch einmal im Kapitalismus war (Menschenrechte, Marseillaise, Urfaust, Pioniertrieb, 9. Symphonie), ist ihm abhanden gekommen. Tausend Meilen entfernt wandert sie wohl auf unbekannten Straßen, ist wiederum in die Hütten der Armen emigriert, sucht eine neue Heimat.

Der Kapitalismus ist geistig tot, aber noch vermag er zu töten. Noch erschreckt und verwirrt er, den Eindruck eines Gespenstes bietend, das nicht lebendig genug ist, den eigenen Tod zu leisten.

Der Sozialismus aber lebte schon, bevor er menschenmöglich und wirtschaftsfähig wurde. Die ihn als den Menschheitsfrühling erträumten, ihn aus Christentum und urkommunistisch erinnertem Naturrecht utopisch vorwegnahmen, waren Träumer und Dichter; aber sie hatten richtig geträumt. Man schalt sie Narren und Phantasten; aber sie hatten phantastisch recht. Man sperrte sie als Verbrecher ein; sie sangen ein Lied von der Freiheit. Die Reaktion begrub die Botschaft von der Selbstbefreiung der Armen, die Kirche erklärte sie als antichristlich, die Universitäten widerlegten sie als unwissenschaftlich, alle herrschenden Mächte der Welt hatten sich gegen sie verschworen. Doch das lebendige Gewissen der Menschheit grub sie aus der Vergangenheit aus, Marxens gewaltige Kraft hob ihre Wahrheit ins Bewußtsein. Ihr Bild der Zukunft wächst leibhaftig unter unsern Augen. Ihre Stimme ist stark und ruhig wie eine Posaune des Jüngsten Gerichts. Sie kündet aber nicht Untergang, sondern ein Stück froher Botschaft, das manchen nur allzu gut scheint, um wahr zu sein, und anderen allzu wahr, um nicht verdammt zu werden. Ihre Feinde können sie als die Heraufkunft des Chaos und Antichrist hinstellen, indem sie auf die Träger dieser Botschaft hinweisen — ecce homo —, auf ihre schlechten Kleider und Manieren, auf ihre rauhen Hände und Reden, auf ihre drohende Versammlung und Entschlossenheit. Ahnungslos und unwissend, wie nur Menschen sein können, die nie gehungert haben, die sich aber auf ihre Erfahrung mit Hausierern und Müllkutschern allerhand zugute halten, sehen sie nicht die rettende Aktion des Proletariats, nicht den Plan des Neugestaltens in den notwendig unschönen, ja abstoßenden Formen dieses furchtbaren Kampfes. Primitiv, wo nur die dialektische Vernunft ausreicht, das Funktionieren grade der ersten und scheinbar einfachsten Dinge zu erkennen, wissen selbst die Gebildeten unter den Verächtern der Revolution nichts davon, daß noch nie eine Revolution des Volkes sich so kaltrechnend grausam und in allen Sadismen der Folterung sich so gründlich ausgelernt erwiesen hat, als die Konterrevolution des Geldes. Grade das, was an einer Revolution unrevolutionär ist, das Plündern und Schächten, ist erstes Merkmal des weißen Terrors, der den gestauten Trieben kommandierter und bezahlter Desperados aller Klassen gern gewähren läßt, um alle Kräfte der Zerstörung gegen das lebendige Herz zu lenken.

Hysterisch angstvoll und wie gebannt starrt die Welt des Geldes auf die Bewegung des Volkes, als sei diese ein Spuk oder Putsch. Sie starrt, weil sie weiß, daß die Bewegung kein Spuk oder Putsch ist und nie aufhören wird, sich zu bewegen, bis sie heimgekommen. Daß die Bewegung irre geht, daß sie sich immer wieder vom Wege ablenken oder in die Knechtschaft zurückleiten läßt, daß sie physisch stirbt, werden sie fürder nicht mehr erwarten. Aber unerwartet und wider Willen werden die Feinde durch ihre eigenen blinden Gewalttaten die Bedingungen jener Botschaft herbeiführen helfen.

Man kann auch einfach sagen, die Wahrheit setzt sich durch, obwohl die Lügen sehr lange Beine haben und in Legionen marschieren und zum Töten geschickt sind. Aber soweit reicht die Propagandamacht weder der Lüge noch des Todes: sie kann Tatsachen nicht dahin bringen, keine Tatsachen zu sein, und sie kann die lebendigste Hoffnung der Menschheit auf die Dauer nicht als ›Chaos‹ diffamieren.

Das ›Chaos‹, dieser Wahn war auch der Wunsch und die Mimikry der Kapitals- und Generalsgehirne. Es war Selbsthypnose, innerliche Rechtfertigung. Sie wollten einen ›Sinn‹ hineinsehen in die Vorbereitung der Reaktion, des Mordens und des neuen Krieges. Sie wollten den Mord als Schicksal und Größe sehen. Sie wollten, daß Knechtschaft als Freiheit gesehen würde, wenn es nur eine deutsche und begeisterte Knechtschaft sei. Denn Freiheit heißt ihnen Herrenfreiheit, Wehrfreiheit, Ausbeutungsfreiheit, Sturmfreiheit für SS: Freibeuterei erst nach innen, dann nach außen. Darum berauschen sie das Volk, darum wollen sie das Volk als knallige Kulisse und begeisterte Statisten ihrer ›Revolution‹, nur nicht als nüchterne Akteure seiner selbst, nur nicht in Aktion für Vernunft und Nüchternheit. Darum die atemlose Folge der Aufmärsche und Feste, um das Volk immer wieder mit der Selbstsuggestion der Massenillusion zu täuschen, als sei das alles schon die ›Nation‹, wie sie leibt und lebt, als sei das die Wirklichkeit.

In aller Nüchternheit steht klar vor uns die Mystagogie Hitlers und der Wahnsinn des Krieges, den er meint. Das Irrenhaus der kapitalistischen Welt erkennen wir klar, wir kennen die Triebkräfte und Antreiber. Uns hilft hier kein blinder und abstrakter Pazifismus mehr, kein Frieden als Phrase nur. Hier hilft nur der ausgehaltene Haß des Hasses, der Kampf für den Frieden, die Liebe zum Volk und zur Wahrheit.

Die erscheint notwendig als unschön, weil sie die Häßlichkeit und Brutalität einer von Grund auf gehässigen Gesellschaftsordnung negieren muß. Die Negation des Hasses ist nicht Schönheit und Harmonie. Schönheit und Harmonie ist nie Mittel, sondern Ziel; kein Hammer, sondern etwas Herausgehämmertes. Vertrauen wieder also grade der Härte des Hammers und des nachhaltigen Zorns derer, die diesen Kampf auf sich nehmen. Falls die Revolution grausam ist, so ist sie es unmittelbar nur gegen das grausamste Prinzip. Wenn der Übergang vom Kapitalismus zum Sozialismus sowohl einen Bruch wie eine Brücke bedeutet, so verdanken wir das grade den ›Untermenschen‹, die menschlich genug bleiben, sich zu empören, und erfahren genug über alles Untere, Fundamentale, nicht weich zu sein, wo nur die lebensbejahende, in die Zukunft greifende Kraft und Gerechtigkeit des Guten gegen die lebensfeindliche, versteinernde Diktatur des Unrechts hilft. Und wir verdanken es der Härte nüchterner Menschen und Ideale, daß unsere Gedanken an die Zukunft der Menschheit nicht gänzlich hart sind.

Wir alle haben einmal das Flüstern der Angst ängstlich wahr-

216

genommen, und Schreie der Angst haben uns erschreckt. Wer dann nicht stehen blieb, wer nicht nur auf die Bewegung starrte, als sei sie ein Spuk oder Putsch, wer an den Ort und die Stelle ging und genau hinsah, wer sich in den ingrimmig sachlichen Büchern des Sozialismus erkundigte, was es mit diesem Schrecken und dieser Angst sei: mit dessen Angst vor dem Ende war es vorbei, mit dessen Angst nahm es ein Ende. Oh, dies Gewinsel vor dem eigenen Gespenst, dies Umklammern der Führerknie . . . ›wann's uns am allerbängsten‹! Wir lachen ja nicht darüber. Wir sollen die törichten Herzen ermuntern, die bösartigen anprangern und solchem Angstmacher-Anschwärzer Adolf Hitler sagen: deiner Tränen und Tiraden erbarmt's mich heute noch!

Die Wirklichkeit ist der Sozialismus im Werden, überall. Grade wo alle Machtmittel gegen ihn aufgeboten werden, setzt er sich zunächst geistig gegen die herrschenden Mächte durch. Es gibt heute kein in die Zukunft weisendes Buch mehr, keine Kunst, bestimmt keine Wissenschaft, die nicht wenigstens mittelbar oder unbewußt seines Geistes wären. Das geht bis in die Namengebung der Reaktion ein: die enragiertesten Reaktionäre können nicht umhin, sich ›Revolutionäre‹ zu nennen und den Namen des Sozialismus zu adoptieren. Als hätten sie die Sache oder als könnten sie drumherum kommen, wenn sie den Namen sich geben. Jeden konkreten Gehalt des Begriffes Sozialismus suchen sie auszulöschen, mit ganzen Kübeln brauner Brühe soll seine Farbe und Herkunft gelaugt und geleugnet werden. Jede Verstaatlichung, Vertrustung, jedes Ausnahmegesetz, jedes Plebiszit ohne Wahl, ›jede Ahndung des Mordes durch das Gesetz‹ (wessen Mordes durch wessen Gesetz?) heißen sie heute Sozialismus. ›Es hat so gut wie immer Sozialismus gegeben‹, sagt Werner Sombart, der es besser wissen dürfte. Die Infamie dieser Phrase ist: wenn es Sozialismus immer schon gegeben hat, wird es ihn nie geben. Es gäbe nichts Neues, keine Entwicklung. Alle Gedanken wären längst gedacht, alle möglichen Taten getan. Politik wäre ein Schicksal, das auf der Stelle tritt, ein Marsch ohne Ziel und Hoffnung. Nur die Kommandanten würden kommandieren,

und die kommandieren heute ›Sozialismus‹. Der Herr Reichs-
präsident, der Chef der Reichsbank, die Herren Generaldirektoren, die Oberstaatsanwälte, die ganze alte feudale Garde,
alle alle sind sie ›Sozialisten‹ und selbstverständlich immer
gewesen; versteht sich, ›deutsche Sozialisten‹, nicht etwa sozialistische Sozialisten (wie sie auch ›deutsche Christen‹ sind,
nicht etwa christliche Christen).
Was sie wollen, ist klar. Sie haben den ›Sozialismus‹ gefressen,
in jeder Rede und Schrift durchgekaut, wie Kannibalen der
Macht des Feindes und noch seines Geistes teilhaftig zu werden meinen, wenn sie ihn mit Haut und Haar sich einverlei-
ben. Aber der Sozialismus läßt sich nicht mit Löffeln fressen.
Um im Bild zu bleiben: nur den Begriff, nur das Geschirr hat
man ausgewechselt, nur ein bißchen altes Prozellan ging dabei kaputt. Teller und Löffel wurden ›sozialisiert‹; aber was
man ist und ißt, wie produziert wird, die ganze kapitalistische
Wirtschafts- und Tischordnung wurde beibehalten, für das
Volk nur gemindert um jene Fettration, die zum Schmieren
der Kanonen abgeht. In einem Gespräch hat Hitler Strasser
wütend dahin zurechtgewiesen, es hätte nie eine andere Wirt-
schaftsordnung gegeben und könnte keine andere geben.
Der Sozialismus ist dennoch das Wirkliche, auch in Deutschland. Aber kommen kann er nur gegen Hitler und die Seinen.
Der reale Hunger und Durst des Volkes — hat es den ungeheuren Nervenschock, den ihm Hitler beigebracht hat, einmal
als Lähmung überwunden, ist es aus der Verkrampfung der
Nazis heraus — wird dann seine Herren beim Wort nehmen
und sich nicht mehr mit Sozialismus als Phrase abspeisen lassen. Es wird das deutsche Volk dann nach echter Gemeinschaft und Neuordnung noch mehr hungern und dürsten als
nach deutschem Sekt. Nichts soll es ausmachen, ob sich die
Deutschen dann noch Nationalsozialisten nennen, wenn sie
sich nur endlich als Sozialisten benehmen. Die Zukunft gehört
dem Sozialismus, und also dem Volk, das ihn am raschesten
verwirklicht.
Inzwischen hat er in Rußland die ersten Schritte getan. Wir
sagen nicht, aller künftige Sozialismus müsse deswegen ein
›russischer‹ sein. Es gibt ebensowenig einen russischen wie

einen deutschen Sozialismus (ebensogut könnte man von einem deutschen gleichschenkligen Dreieck oder von einem russischen Hypothenusenquadrat sprechen). Es gibt nur Russen, die am Sozialismus bauen, und Deutsche, die das nicht mit ansehen können, ohne an Brisanzbomben zu denken. Dabei ist zu sagen, daß grade wir Deutschen es wirtschaftlich hundertmal leichter hätten, es rascher und besser zu machen als die Russen, weil wir den wunderbaren deutschen Produktionsmechanismus, der heute nur im Dienste des Kapitals, also des Kriegs, des Todes steht, werden übernehmen können, ohne ihn erst von Grund auf neu schaffen zu müssen wie die Russen. Für uns Deutsche ist der Sozialismus überhaupt viel weniger eine technische, als eine gesellschaftliche und moralische Aufgabe. Und in dieser Beziehung werden wir allerdings einiges von den Russen lernen können, was es heißt, mit dem Sozialismus Ernst zu machen. Was immer heute in der Sowjetunion noch nicht stimmen mag — wirkliche Rückstände, ja peinliche Rückfälle wird kein Aufrichtiger leugnen —, die Grundstimmung, die Ziele und Motive sind richtig. Das sich bauende Haus im Osten kerkert uns nicht ein in einen Traum von Verhängnis und Vergeblichkeit oder in einen Rausch universeller Täuschung. Es ist eine Wahrheit und ein Glaube, wie nur eine Tatsache wahrgenommen und geglaubt werden kann. Es ist ein Plan. Es ist eine Hoffnung, wie sie im Herzen der Menschheit besonders auch dann unvergessen fortleben wird, falls die Sowjetunion — was wir nicht für wahrscheinlich halten — von ihren Feinden militärisch vernichtet werden sollte. Denn grade die durch Gewalt verhinderte Idee ist ihrem Wesen nach unüberwindlich. Grade die verhinderte Freiheit ist der hartnäckigste Gedanke der Menschheit. Ein verhinderter Sozialismus wäre der Zukunft ewig gegenwärtig. Alles große Wachstum und Bewußtwerden der Menschheit, welche mit Christentum, Renaissance, der französischen und der amerikanischen Revolution begannen und heute vom Faschismus gewaltsam ausgelöscht werden sollen, werden grade deswegen unvergeßlich bleiben, weil sie bisher ihren höchsten Zweck verfehlten.

Es war Ziel des Christentums wie der revolutionär verkündeten Menschenrechte, den sturen, zwecklosen Gang der Natur zu durchbrechen. Das Christentum suchte die Natur durch das Übernatürliche zu überwinden, und die Menschenrechte erheben die demokratische Gesellschaft zur *zweiten* Natur über alle natura brutta heraus. Daher gehören auch Freiheit, Gleichheit und Brüderlichkeit, die christlichen *und* demokratischen Ideale, wiewohl verschieden beheimatet, in ihrem praktischen Sozialeffekt zusammen. Bedeutete das Christentum die Entdeckung der inneren Freiheit, war die Technik ein Triumph des Menschen nicht nur gegen, sondern *mit* der Natur, so kündete sich mit dem Sozialismus ein Triumph des Menschen über seine eigene Natur an. Geschichte ist seither kein blindes Schicksal mehr, keine Wiederholung des ewig Gleichen wie ein Wogenprall oder wie ein Tapetenmuster oder wie die unsagbar traurige Auflehnung eines Tigers gegen das Käfiggitter. Der streitbare Sozialismus ist mit den Höhepunkten der bisherigen Kultur untrennbar verbunden, er fühlt sich als Erbe aller guten Dinge der Erde. Und doch ist er in der Gestalt der heute endlich möglich gewordenen Utopie ohne Vorgänger und auch ohne Rivalen. Der Faschismus kann wohl behaupten, sich auf prähistorische Mutmaßungen, Knechtschaft und Mythologie zu gründen, gleich militant zu sein und besser bewaffnet mit Senfgas und Metaphysik. Ähnlich universell und erweiternd im Neubau zu sein, das hat er nie behaupten können. Er kann nur die gleiche Sklaverei noch ein paar Jahrzehnte verlängern. Sozialismus aber ist auch inmitten stammelnder Sprache, stummer Verzweiflung, knechtischer Unterwerfung das unvergeßliche Losungswort, ein uralter Traum, der heute zusammenhängend und positiv wurde, indessen die hohlen Phrasen der herrschenden Mächte, der herrschenden Ohnmacht immer verblasener widerhallen, die Wiesen und Felder immer drohender vom Knirschen der Tanks widertönen, die fliegenden Batterien der Hölle selbst den Himmel besetzt halten und kaum mehr die Nacht und die Hütten der Armen etwas Menschlicheres bergen als diese Ungeheuer.

Nachtrag zum 14. Kapitel

1
Erinnerung aus Moskau statt einer Korrektur.
In das etwas pathetische Lob der ›Selbstbefreiung der
Armen‹ und in die Behauptung, dieses ›Bild der Zukunft
wächst leibhaftig unter unsern Augen‹ gingen zwei, kurz
aufeinander folgende Erlebnisse in Moskau ein (Sommer 1935). Die Untergrundbahn war damals im Bau.
Auf dem Wege zum Lenin-Museum kam ich an einem
Bretterschacht vorbei. Aus diesem tauchten zwei be-
mützte junge Arbeiter auf, über und über bestaubt in
ihren lockeren Kitteln. Sie waren schuhlos, aber troll-
ten auf ihren lumpenumwickelten Beinen sehr vergnügt
Arm in Arm vor mir daher. Es war 'gen Mittag, und der
auf der rechten Seite zog mit seiner Rechten ein großes
Stück Brot heraus und hielt es dem auf der linken Seite
zum Mund. Der biß kräftig herein, reichte darauf mit seiner freien Linken dem auf der rechten Seite dasselbe
Brot. Und so ging es weiter, lebhaft das Gelächter und
Brot wechselnd. Dieses Bild bleibt mir umso mehr unvergeßlich, als ich kurz später im Lenin-Museum auf
einem Tisch das originale Stück der später sogenannten April-Thesen zu lesen bekam (eine Übersetzung lag
daneben). In rotem Samt gerahmt, sagen diese offenbar für eine Rede rasch hingeschriebenen Thesen vom
April 1917 folgendes aus:

1. Verhalten zum Krieg: keine Konzessionen an die ›revolutionäre Verteidigung‹;
2. Forderung, daß die provisorische Regierung auf keinerlei Annexionen aus ist,
   a) Unser Verhalten zu dieser,
   b) Unser Verhalten zu den sowjetischen Arbeiterrä-
      ten;
3. Keine parlamentarische Republik, sondern eine Republik der Sowjet-Arbeiter, Landarbeiter, Bauern und
   Soldaten,

a) Abschaffung der Armee, Bürokratie und Polizei,
b) Die Gehälter der Beauftragten;
4. Die besonderen Aufgaben der Propaganda und Organisation auf Stufe des Übergangs von der ersten zur zweiten Phase der Revolution;
5. Agrarprogramm, Nationalisierung und Großfarm-Modelle;
6. Zentralbank, kontrolliert von Arbeiter-Räten Beauftragten; kein unmittelbares Eintreten in Sozialismus, sondern rasche, systematische und progressive Kontrolle sozialer Produktion und Distribution;
7. Kongreß Abänderung des Programms und Namen; Wiederherstellung der Internationale, Aufbau der revolutionären Internationale.

Klar überwiegend in diesem Kurzprogramm der Rätegedanke, viel mehr an Bakunin erinnernd als an den späteren Lenin. Vom Heute auf dieses erstaunliche Dokument hingesehen, auf die härteste Weise wenn nicht sehr viel klüger geworden, wohl aber geprüfter, ist vorerst über die doppelte Episode, ›leibhaftig unter unsern Augen gesehen‹ nur zu sagen: ein Augenschein, zweimal. Indessen schulde man diesem Schein zumindest das Wesen dessen, das in ihm umging und keine Ruhe, keine Bürgerruhe geben soll. Kant hat es herrlich formuliert: ›Die erlebte Erwartung des Künftigen . . . ist das entscheidendste Kennzeichen der menschlichen Vorzüge.‹

2
Die Negation des Hasses liegt nicht einmal im Hassen des Hasses (was immer noch das Objekt primär macht). Ebensowenig überwindet Liebe solchen Haß, der nicht individual-psychologisch, sondern gesellschaftlich verursacht ist. Daß Schönheit und Harmonie keine Mittel seien sondern Ziele und allenfalls Resultate; oder, wie es im Text heißt, ›nicht Hammer sondern etwas Herausgehämmertes‹, würde ich heute nicht mehr so formulie-

ren. Zumindest sollten Wege selber, oder die Mittel, etwas vom gewünschten und objektiv möglichen Ziel mitenthalten. Sonst gäbe es das, was Hegel als die ›schlechte Unendlichkeit‹ gekennzeichnet, in welcher das Ziel ein transzendentes bleibt, die Gegenwart mit ihren Widersprüchen ständig entwertend und auf einen Jüngsten Tag verweisend, der nicht einmal in den relativen Hege- und Schonungszonen des täglichen Lebens und der Menschheitsgeschichte (es gibt diese zumal in großer pastoraler Kunst und Musik) einen realen Vorschein für das Menschenmögliche und -würdige abgibt. Falls Selbstbestimmung Selbstrealisierung, eventuell die Selbstverwandlung nicht nur echte Individuationsstufen, sondern auch universal-menschliche Bestimmungen darstellen, wie sie Marx humanistisch gemeint, dann sollte auch der Revolutionär sich nicht von den Ereignissen und von seiner eigenen Intransigenz in einen Hammer verwandeln lassen, der dann allenfalls nur andere Hämmer, nicht aber Gerechtigkeit und Güte zu erzeugen vermag.

3

Die ›Grundstimmung, die Ziele und Motive der Sowjetunion‹ waren mir aus eigener Erfahrung dort während einer Reise im Sommer 1935 nur oberflächlich-atmosphärisch eruierbar. Meine Frau und ich lernten in Moskau nur Leute eher privilegierter Kreise kennen, wie die deutsche Sektion der Internationalen Literatur und Fakultätsmitglieder des Moskauer Konservatoriums für Musik. Bekanntlich hängen Wahrnehmungen sehr von Erwartungen ab, die man mitbringt. Von heute her auf das Rußland von damals zurückblickend, ist der Rückschluß ebenso zu leicht: von einem universal-revolutionären Impuls konnte dort keine Rede mehr sein, weil inzwischen das ›Haus im Osten‹, von dem wir alle zu hohe Erwartungen gehegt, zumal angesichts Hitlers, bereits zu einer Zwangsanstalt staatskapitalistischer Tendenzen geworden. Zwar hatten Lenin und Trotzki diese

Tendenzen nicht nur vorausgesagt, sondern als Fortschritt bejaht. Aber der Abstand zwischen einer Theorie,
die nicht weiterentwickelt wurde und den meisten unbekannt blieb, und dem Augenschein des dort gelebten
Lebens (Georg Lukács lebte dürftig in einer winzigen
Stube und hatte seit Jahren keinen Kaffee gesehen,
den wir ihm mitbrachten) war offenbar besonders weit.
Jeder einzelne Kontakt mit bestimmten Menschen dort
war gut, nicht weil Sozialismus gelang, sondern weil
die meisten Menschen überhaupt überall gerne gutartig sind, nicht durch die Umstände sondern trotz dieser.

15. Kapitel   Anweisung, das Gruseln zu verlernen und die Freiheit zu achten (Zur Soziologie und Psychologie der Angst)

Ein ganzer Kontinent lebt heute in beständiger Existenzangst, ja in Todesangst. Die Schrecken des Vorkriegs demoralisieren das Tagewerk von Millionen. Wir zählen den Frieden sorgenvoll nach Wochen, oft nur nach Tagen. Das Volk fühlt: es nützt doch alles nichts, Protest ist ohnmächtig, denn das Verhängnis ist mechanisch geworden; man häufe nur die entsprechenden Zerstörungsmittel auf, unfehlbar setzen sie sich in Bewegung; Kanonen gehen von alleine los, wenn nur genügend viele beisammen sind. Sprecht mit italienischen Fischern an der Adria, mit Bauern aus der Bourgogne, fragt oberrheinische Straßenarbeiter, erkundigt euch in Prag, in London, in Paris, kommt im hintersten Seitental Graubündens ins Gespräch mit Hirten: allererste Frage und Angst gilt dem Krieg. Wann kommt er, nach welcher Seite schlägt Hitler zuerst los? Denn daß der Krieg von *dieser* Seite kommt, darüber sind sich alle gradezu dramatisch einig.

Die Existenzangst der Massen ist freilich älter als die besonders artikulierte Angst vor dem nächsten Krieg. Seit dem letzten Weltkrieg gibt es keine Ruhe mehr. Hier liegt die Reaktionsbasis alles aktuellen ›Chaos‹, das Mauernerbeben, das jede Volksseele seismographisch spürt. Eine Generation, die so sinnlosen millionenfachen Tod und das Versagen aller traditionellen Sicherungen erfuhr, die falsche Nachkriegskonjunktur jäh überspringen sah in die Dauerkrisen-Katastrophe seit 1929, und nun sieht, wie das neue Morden eine Vorbereitung ohnegleichen erfährt, — an was kann die noch glauben außer an Tod und Untergang?

Die Herrschenden freilich verhalten sich angesichts des Todes nur zynisch. Das Volk aber, die Masse der wirklichen Menschen verzweifelt unterdes oder empört sich. Seine Verzweiflung führt das Volk erst zu begeisterter Knechtschaft unter den Faschismus, dann zum Fatalismus, dem gefährlichsten Zustand, denn in ihm erscheint selbst der Krieg noch als Lokkung, als Auflösung der angestauten Hoffnungslosigkeit und Wut. Seine Empörung aber weckt das Volk zur Gegenfront gegen Krieg und Faschismus. In der alten Welt sehen wir heute das deutsche Volk zu großen Teilen unterworfen, fanatisiert oder fatalisiert, in seinen Herrschern gleichzeitig die aktivsten Kriegstreiber. Das französische Volk aus Bauern, Arbeitern und gewerblichem Mittelstand scheint seine alte Meisterschaft im Revolutionieren angesichts der drohenden Reaktion der Feuerkreuzler und angesichts Hitler wiedergefunden zu haben. Es ist dabei falsch, zu sagen, Frankreich sei ›bolschewisiert‹. Die französische Volksfront ist schon theoretisch nicht auf Marx, sondern auf Jaurès fundiert, und politisch nicht auf eigentliche Revolution, sondern auf Reformen bedacht. Während in Spanien sich die europäischen Fronten bereits im Krieg miteinander befinden, der sich aus einem Bürgerkrieg immer deutlicher zum nationalen und sozialen Befreiungskrieg des spanischen Volkes gegen seine eigenen landesverräterischen Generale und gegen fremdländische Eroberer auswächst und die demokratischen Sympathien immer mehr auf Seiten des heroisch kämpfenden Volkes weist. Rußland ist zwar schon prinzipiell neuer Beginn, aber noch von zwei Außenfeinden und seiner eigenen Bürokratie beengt, so daß vom Pathos und Apostolat seines Neubeginns manches verlorenging. Das bürgerlich noch fundierteste Land aber, England, läßt sich nicht ein, ehe es fast geräuschlos sein beispielloses Rüstungsprogramm beendet hat und es in Europa wahrscheinlich schon brennt; nicht weil es sich als Feuerwehr fühlt, sondern als Feuerversicherungsgesellschaft, mit beschränkter Haftung und Regierung.

Halten sich nun die Kräfte des Niedergangs und des Aufstiegs und der mittleren Linie einfach die Waage? Können wir auf physische und moralische Reserven verweisen, die stark genug sind, all das kapitalistisch, das negativ-ökonomisch bedingte Elend aufzuheben und den Krieg zu verhindern? Ist nicht die moralische Depression, es sei mit der Welt so oder so zu Ende, gegenüber der gar nicht so volkstümlichen Hoffnung auf eine zuvorkommende Revolution nicht bereits übermächtig? Ja, klingt nicht den allermeisten der bloße Name des Kommunismus selbst schon wie das Ende der Welt, wie Chaos und Untergang, wie eine unreine Utopie, wie Nirgendwo, oder — was schlimmer ist — wie Überall?

Es ist heute wie in allen Umschlagszeiten. Vom leisen Brückenerbeben bis zum Einsturz und Neubau erfüllt ein wahres Chaos von Angst und Hoffnung zugleich die Gemüter. Angst haben (und machen) da alle! Jede Gruppe hat andere Gründe dafür. Hoffnungslos (und daher skrupellos) sind die Herren, die nicht mehr zu herrschen vermögen, nicht weil die Revolution, sondern weil die Krise und die Kriegsvorbereitung mechanisch wurden. Als fatalistisch (und von oben irregeleitet) erweisen sich die breiten Zwischenschichten, die kein eigenes fortschrittliches Klasseninteresse zu vertreten haben. Hoffnungsfreudig, positiv zur Zukunft ist allein die arbeitende Klasse, auf der die Welt beruht (und heute nur lastet), und die mit ihrer Produktivkraft in Wahrheit das höhere Interesse der Menschheit vertritt, während sie in ihrer selbstverteidigenden Rücksichtslosigkeit nur das eigene Interesse zu vertreten scheint.

Alle drei Gruppen zeigen nun ein höchst charakteristisches Verhalten zu der unleugbaren Tatsache, daß die gesellschaftliche Wirklichkeit sich gewaltsam ändert, und zu der einzigen Hoffnung, daß sie von Menschen geändert wird, denen die Idee und das Interesse an der Veränderung ein unteilbares Ganzes ist. Wenn nämlich Idee und Interesse (oder Mittel und Zweck) auseinanderfallen, blamiert sich allemal die Idee. Das Großbürgertum besäße die materiellen Mittel zur Veränderung, es hat aber kein Interesse daran. Die breite Masse des Kleinbürgertums kennt nur utopische Befreiungsideen oder verspätete Harmonien, weil sie effektiv ohne Befreiungsmittel ist. Nur das Proletariat vertritt heute als Klasse zugleich Idee und Interesse an einer neuen Ordnung. Darum ist es geschichtlich heute der natürliche Führer und die erfahrenste Rettungsmannschaft.

Wir sprachen hier von Klassen und noch nicht von Individuen. Nun ist aber die Freiheit keine reine Klassenfrage. Jedes

Individuum aller Klassen vermag sich durch Einsicht und Willen jener Freiheit zu versichern, die die Bedingtheit der eigenen Klasse durchbricht und sich der guten Sache aus freien Stücken anschließt. Es kann keine Freiheit geben ohne die Willensfreiheit von Individuen, die die Freiheit aller wollen. Es genügt auch nicht mehr, mit Marquis Posa nur abstrakte Gedankenfreiheit zu fordern. Denn es gibt keine Gedankenfreiheit ohne Freiheit, wie es keinen Seelenfrieden mehr gibt ohne Frieden. Auf dieser Freiheits- und Friedensidee beruht die Volksfront, die eine universale Befreiungsarmee von fortschrittlich gestimmten Menschen aller Gruppen bildet, die gegen Knechtschaft und Krieg schlechthin kämpfen, weil der Imperialismus sie heute alle gleichermaßen bedroht.

Die Herrschenden fürchten die Revolution mehr als alles andere. Sie fürchten sie so, daß ihnen schon kleine Gruppen von Revolutionären fürchterlich erscheinen. Nur auf diese Weise haben die kleinen Gruppen eine ungeahnt große Rückwirkung auf die Moral der Herrschenden.

Wie aber, wenn erst eine ganze Volksmasse in Empörung gegen die Herrscher sich erhebt? Mit einem Satz sind wir dann inmitten der großen Chaosangst: ›*Der Pöbel ist nur fürchterlich, wenn er sich nicht fürchtet!*‹ Diese alte Despotenregel plaudert nicht nur aus der Polizeischule, sondern wirklich aus dem Herzen der Herren. Was kann begeisternder sein als der wiedergefundene Mut eines ganzen Volkes, jener Geist, der im Sturm brennt, die plötzlich entflammte Freiheitsseele der Massen, die natürlich sofort mit der Polizei in Konflikt geraten, was an sich schon ein Zeichen von Großmut, fast von Heiligkeit ist? Wenn Furchtlosigkeit des Herzens eine christliche Tugend ist, warum soll sie weniger tugendhaft sein als eine Tugend des Volkes vor Despoten? Aber das sind eben die großen Momente, wo Despoten klagen, daß aus Knechten Männer werden!

Das Böse hat Angst, indem es Angst macht; es fürchtet sich, indem es durch Furcht regiert. Es läßt noch seine Philosophen Angst dozieren und zur letzten Instanz aller Gefühle erheben; Angst, aus der dann der unbedenkliche Mord herausbricht, der hündische Mut gegen Wehrlose. Die Heideggersche Philosophie ist eine metaphysische Hand, die die Hand der Gestapo wäscht; ihr sehen wir hier auf die Finger. Professoren, die aus der Existenzangst Metaphysik schlagen, wissend, wen sie damit schlagen, lernen wir hier verlachen.

Auch ein wirklicher Forscher, ein großer bürgerlicher Professor ist dem Phänomen der Angst nachgegangen. Sigmund Freud hat die Angst wenn nicht ontologisiert, so doch biologisiert; das heißt, sie von den praktischen Lebensverhältnissen isoliert betrachten. Er hat sie aus dem aktuellen, zeitgeschichtlichen Zusammenhang herausgenommen, sie in immer frühere Phasen zurückverfolgt und ist einstweilen bei der Geburtsangst angekommen. Wenn wir nur irgend ›in die Klemme geraten‹, wird es uns, doziert Freud, schon aus bloßem ›Wiederholungszwang‹ ängstlich und bänglich. Niemand kann natürlich die Gefühle eines Säuglings beurteilen, wenn er wirklich nicht grade sanft aus dem mütterlichen Schlafraum und Traum in die Außenwelt gestoßen, gezogen, gezerrt, eben: geboren wird. Dieser ›Anfang‹ war ja wohl turbulent genug. Wie man aber die gegenwärtige Angst erwachsener Menschen und auch jeden Impuls zu einem würdigeren Leben auf das schmerzhafte Mechanon des Anfangs herunteranalysieren kann, der dunklen Vergangenheit ewig verhaftet und der Zukunft als bloßer ›Illusion‹ von vornherein verlustig, das beweist uns doch nur den Abschlußwahn einer bestimmten Theorie, aber nicht die Ausweglosigkeit aus der Urangst.

Auf die Freudsche Verdrängungstheorie im weiteren Sinne, mit der er jegliche Angst als verdrängten Trieb erklärt, wollen wir aber nicht eingehen, da sie uns hier nicht hilft. Dagegen — und deswegen diese Abschweifung — wollen wir uns hier zu fest umrissenen Zwecken einen anderen Begriff der Psychoanalyse ausleihen, ohne den wir die Angst der Besitzenden vorm ›Chaos‹ nicht weiter erklären könnten. Wir meinen den Begriff der *Übertragung,* der Projektion. In der praktischen Psychoanalyse spielt dieser Begriff eine große Rolle. Er bezeichnet eine weit verbreitete und schwer heilbare Art des teilweisen Irreseins. Die Patienten, die sich nicht als solche fühlen, suchen beunruhigende Vorstellung dadurch zu verdrängen, loszuwerden, indem sie nicht nur die eigenen Handlungen, sondern auch die eigenen Absichten ihren Feinden unterstellen. Diese anormale Gehirntätigkeit ist eben die Übertragung. Wie dieses Irresein in der Politik methodisch auftritt, mag an einigen historischen Beispielen erläutert werden. Allemal ›übertragen‹ dabei die herrschenden Mächte den beherrschten ihre eigensten Methoden und Motive; erstens um ihr Selbstbewußtsein intakt zu halten; zweitens um ihre Despotie moralisch zu rechtfertigen; drittens um die Massen untereinander zu verwirren.

Erinnern wir uns: Nero hat Rom in Brand gesteckt, um die Christen, die so störrisch waren, Gott mehr zu fürchten als den Kaiser, mit dem Gerücht und Gericht der Brandstiftung belasten zu können. Die Geschichte hat Nero schuldig gesprochen und nicht die Christen. Aber dachten wir wohl daran, daß Nero das Wesen des Christentums aus hundert falschen Gründen doch schließlich richtig mit dem Feuer symbolisierte? Nämlich mit etwas Brennendem, das zerstört und erleuchtet, also mit etwas für Nero Schrecklichem, weil die Stadt des Bösen durch Feuer zerstört wurde, während das leuchtende Feuer selbst nicht zerstört werden konnte.

Wir alle haben den aufwühlenden Erfolg erfahren, mit dem in unseren Tagen Neros Monsterprovokation nachgeahmt wurde. Eine direktere ›Übertragung‹ ist nicht denkbar. Die beabsichtigte Wirkung trat ja auch prompt ein, und der deutsche Spießer war wochenlang im begeisterten Schauer über den Aufbruch von soviel Feuerwehr, Reichswehr, Polizei, SS und SA völlig überzeugt davon, daß ein ungewaschener ›Kommunist‹ mit rotem Halstuch und etwas reichlich Petroleum im Begriffe und imstande war, Deutschland und die ganze Welt zu bolschewisieren, wenn er es nur bolschewistisch genug anfing, — falls Hitler nicht in letzter Minute rettend und ausrottend eingegriffen hätte. Die Nazis selbst haben das Feuer als Zeichen gesetzt: hier geschieht ein riesenhaftes Verbrechen. Diesen Brandgeruch werden sie nun nicht mehr los. Aber noch immer suchen sie den immer noch gleichen Komplex zu übertragen. Anläßlich einer ›Nordischen Kundgebung‹ hielt Alfred Rosenberg eine Brandrede im wörtlichsten Sinne: ›Es knistert im Gebälk verschiedener Staaten Europas. Über-

all ziehen nicht einzelne, sondern ganze Bataillone von Brand-
stiftern durch die Lande und warten nur auf den Augenblick,
die letzten großen Brandfackeln in die Häuser der Völker
Europas zu werfen.‹

Die Feuer- und Hakenkreuzler aber fühlen sich indessen nicht
nur als Deutschlands, sondern auch als Europas Feuerwehr
— mit anfangs verblüffend ›richtiger‹ Angst-Begeisterungs-
psychologie auf die Massen: da der Feuerwehr eine allgemein
menschlich erregende, quasi klassenlose Sendung und Sympathie zukommt und sie dem Wunschbild zukünftig säbello-
ser, dafür pädagogischer und ärztlicher ›Polizei‹ näherkommt.
Veranschaulichen wir uns die Übertragungs-Angst der Herrschenden an einem weiter zurückliegenden Beispiel, das ebenfalls seine ›moderne‹ Parallele findet. Ein bekannter Historiker der Französischen Revolution, Louis Madelin, beschreibt
ein Phänomen, das im Völkerleben in dieser und jener Ver-
kleidung immer wieder eine verhängnisvolle Rolle gespielt
hat:

›Seit Anfang April 1789 herrschte in und um Paris eine Panik, die um so beklemmender war, je unfaßbarer ihre Inhalte
blieben ... Das ganze Land war Beute dieser geheimnisvollen
großen Angst ... Die geheimnisvolle große Angst, die aus
hundert Berichten von Zeitgenossen spricht, bedrückt noch
heute, nach 120 Jahren, das Herz des Lesers.‹

Wir haben solche Stimmungen, die Elementarereignissen in
Natur und Gesellschaft voranzugehen pflegen, hier erwähnt.
Das Gefälle der Gefühle zeigt den Sturm an, ehe er da ist. Es
herrscht eine bildlose, namenlose Unheilserwartung, in die
alle ›negativen‹ Kollektivgefühle eingehen. Es ist zuerst gestaute Angst, dann gestauter Haß. Angst vor irgend etwas, das
als Katastrophe in der Luft liegt, Haß gegen den nächstbe-
sten Hassenswerten. Subjekt und Objekt der Haßangst wechseln dauernd. Ihr zugrunde liegt allemal die Erschütterung
der realen Lebensbasis und damit ein allgemeiner Vorstel-
lungskomplex von Chaos und Untergang. Das Unbehagen
der einen vor eingreifenden Veränderungen, das der anderen,
weil sich nichts verändert, das Fehlen von Zukunftsgarantien

231

für alle; das Fehlen eines festen Fahrplans. Kometen tauchen auf und — die ›Briganten‹!

1789 war es dieser völlig halluzinatorische Schrei, der wie ein Blitz aus dem Wetter der Angst schlug und alle Ableitungen der Vernunft wegriß. Keiner hatte die Briganten gesehen, vor denen die Besitzenden in kopfloser Flucht aufbrachen. Keiner konnte sie gesehen haben, denn es gab keine Briganten. Aber man schwelgte ganz wörtlich im Entsetzen vor ihnen. Höchst charakteristisch war dabei das völlige Fehlen eines organisierten Widerstands. Gegen reale Räuber organisiert sich normalerweise jedes Dorf im Handumdrehen. Aber in dem Alarmruf ›Briganten!‹ war von vornherein ein irrealer Ton von Entsetzen und Flucht, der grade durch das wirkliche Gehaben zu erkennen gab: man floh vor dem eigenen Schreckgespenst.

Die Besitzenden, die Frankreich unter dem Absolutismus wie Räuber ausplünderten, schrien beim Nahen der Revolution ›die Räuber!‹ Sie schrien nicht etwa ›die Jakobiner!‹, die es doch leibhaftig gab. Nein, das sichtbare ›Chaos‹ der Revolution war plötzlich kein Chaos, sondern die neue Ordnung der Regierung. Statt dessen dieser halluzinierte Angstschrei vor einer Gefahr, die es nicht gab, und die auch, falls es sie gegeben hätte, mit der ›positiven‹ Gefahr der Revolution überhaupt nicht zusammenhing. Räuber wollen doch rauben, unterschiedslos, was nur zu haben ist, und das Geraubte in ihren Räuberhöhlen aufteilen und verzehren. Eine Revolution aber will nicht rauben, nicht aufteilen und nicht verzehren, sondern sie will eine neue öffentliche Produktionsordnung einführen. Kein Gericht macht mit Plünderern und Räubern kürzeren Prozeß als grade das Revolutionstribunal. Jede Revolution des Volkes hat den untrüglich sicheren Instinkt in dieser Sache bewiesen.

Woher also der Schrei? Es gibt keine andere Erklärung: die wirkliche ›Gefahr‹ einer Neuordnung, die gar nicht so sehr für Individuen als für eine Klasse und besonders für deren verkehrte Privilegien besteht, wird von den Besitzenden als Chaos und Unordnung an sich erlebt. Der Inhalt des Angstkomplexes hängt dabei aufs sinnfälligste mit der eigenen, lang eingeübten Praxis privilegierten Raubes zusammen. Die eigenen Handlungen, Absichten und Motive will man in letzter Stunde loswerden, nicht wahrhaben, indem man sie auf ›Feinde des Volks‹ überträgt. Der Mechanismus des Klassen-Unbewußten funktioniert dabei vermutlich ebenso archaisch und fehlleistend wie das ›Es‹ des Individuums oder wie sein hingegen erstaunlich klassenbewußtes ›Über-Ich‹.

Was es mit jenen Briganten für eine Bewandtnis hatte, das verrät uns die klarsichtige Madame Jullien in einem Brief aus der Französischen Revolution:

›. . . ich werde zur Nacht bei offenen Türen schlafen, während alle Besitzenden von Paris in Erwartung der Räuber ihr Tor mit doppelten Riegeln verrammeln. Die Räuber! Das ist jetzt ihr Steckenpferd, und viele Leute werden morgen sehr erstaunt sein, daß sie noch leben, weil doch die vom Gesetz ungebändigte Kanaille sich heute abend auf sie und ihre Schätze stürzen muß . . . Das französische Volk aber hat (unterdessen) hier in Paris Österreich und Preußen besiegt.‹

Was für ein anderer Blick auf die Dinge!

›Nur die halben Maßregeln lassen mich zittern . . . Heute gilt es, aus Humanität barbarisch zu sein und ein Glied abzuschneiden, um das Ganze zu retten.‹

Ich entsinne mich einer ähnlich halluzinierten Angst der Besitzenden. Während der überaus blutigen Spartakuskämpfe von 1919 in Berlin ging in den davon praktisch ganz unberührten westlichen Villenvororten plötzlich dieser Schrei von Haus zu Haus: die Russen kommen! Kriegsgefangene sollten sich befreit haben und nun über die Häuser der Reichen herfallen! — Natürlich ward kein Russe je gesehen und keine Villa geplündert (es sei denn von den normalen reichsdeutschen Tag- und Nachtdieben). Aber Karl Liebknecht wurde unterdessen ›auf der Flucht‹ erschossen und die wunderbare Rosa Luxemburg von Offizieren ermordet.

Denn den Reichen ist der Pöbel nur fürchterlich, wenn er sie nicht fürchtet.

Das Böse hält sich seines eigenen Untergangs für wert, auch

wenn es über ein Geheimnis des Erfolgs und des Beharrens zu verfügen scheint: über seinen starrenden Terrorapparat. Gegen die er gerichtet ist und die ihm unterlagen, werden in ihrem Herzen eine geheime Angst des Mißlingens und der Vergeblichkeit bewahren. Er muß denen, die ihn als Apparat zu besiegen versuchen, als unbesiegbar erscheinen. Wenn die Reichen Angst haben, daß etwas Umwälzendes geschieht, so haben die Armen Angst, daß überhaupt nichts Umwälzendes mehr geschehen kann.

Diese Angst ist es, die die Herzen der Arbeiter zittern macht, die Revolution könne ihre Zeit verpassen, der Schlag aufs Gorgonenhaupt nicht kräftig genug sein, *das* wäre ein eigentliches Chaos, die gefürchtetste Ordnung, die Gefängnisordnung. Chaos wohnt ja nicht nur in der Macht des Bösen, sondern auch in der Schwachheit des Guten. Die Geschichte der letzten fünfzehn Jahre Arbeiterbewegung außerhalb Rußlands ist schließlich auf die Tatsache zu reduzieren, daß der ›unvermeidliche Sieg der Arbeiterbewegung‹ kein Sieg gewesen ist. Sie war stark genug, den Herrschenden Angst zu machen, aber nicht stark genug, sie zu besiegen.

In allen faschistischen Ländern lastet seither die Angst auf den Massen, nichts könne hinfort zu ihrer Befreiung geschehen als die ›Anpassung‹ an die Herren. Und die Herren tun alles, die Furcht wachzuhalten. Damit diese wenigen herrschen können, sollen alle sie fürchten. *Ignazio Silone* beschreibt in seinem ›Brot und Wein‹ diesen schrecklichen Zustand des faschisierten Volkes:

›Überall sah ich rings um mich die Bilder dieser Furcht. Es ist bekannt, daß in jeder Abteilung jeder großen Fabrik, in jeder Bank, in jedem wichtigen Büro die Polizei ihre Informatoren hat. In jedem Haus in der Stadt hat der Portier von Gesetzes wegen das Amt eines Polizeiinformators. In jedem Beruf, in jedem Zirkel, in jedem Gemeindehaus ist ein dichtes Netz von Personen, die mit der Polizei in Beziehung stehen, sei es wegen einer elenden Belohnung, sei es um Vorteile in der Karriere zu haben. Dieser Zustand sät Verdacht in alle Bevölkerungsklassen. Die Diktatur beruht aber auf Verwand-

*lung des Menschen in ein Tier, das vor Furcht zittert und in
der Furcht den eignen Nachbar haßt, überwacht, verrät, verkauft und dann entdeckt zu werden fürchtet. Wer das Unglück hatte, dieser Schande zu verfallen, ist auch dazu verdammt, das Fortbestehen der Diktatur zu wünschen. Im Grunde
seines verletzten Herzens haßt er sie tödlich, aber er fürchtet
ihr Verschwinden, ,weil man dann alles erfahren und ich entdeckt werde'. So bleibt er mit der Kette der Furcht an seine
Schande gefesselt. Wahrscheinlich ist dies eine Eigenschaft
der Technik jeder staatlichen Organisation. Niemals wurde
ein Regime so sehr auf der Korruption der moralisch schwäch-
sten Bürger und ihrer Angst als Komplice errichtet, wie das
gegenwärtige. Die wahre Organisation, auf die sich die gegenwärtige Ordnung stützt, ist die geheime Korporation der
Furcht.‹*

Denen aber, die dieser Furcht vor den Herren Herr werden
und die moralische Kraft wiederfinden, dem Übel zunächst
im eigenen Herzen zu widerstehen, bleibt die Wahrheit eines
Paradoxons jeglichen Kämpfens vorbehalten. Da auch die
Wahrheit ein Milieu hat, möchte ich erwähnen, wo ich sie
am eindrücklichsten sagen hörte. In dem kleinen provenza-
lischen Ort, wo ich dieses Buch schreibe, geht man abends ins
Wirtshaus. Es wird dort sehr maßvoll getrunken (nie bis zur
Trunkenheit) und leidenschaftlich diskutiert (nie bis zur Brutalität, bis zum deutschen tabula rasa, zum Abbrechen des
Argumentierens). Es sind hauptsächlich Fischer, Winzer und
Arbeiter einer Zementfabrik. Einige wissen, ich sei Deutscher.
Unter diesen bildet ein älterer scharf profilierter Typ den moralischen Mittelpunkt der kleinen Wirtshauskommune. Er
hat den Krieg hinter sich, war dann in Italien, Österreich, Rußland und China, fährt jetzt ein eigenes Taxi. Einmal lenkt er
die unermüdliche Diskussion von Spanien auf Deutschland.
Er will wissen, warum das deutsche Volk noch nie eine selbständige Revolution, eine Revolution für sich selbst gemacht
habe, ›pour son bien-être‹, statt sich immer nur in den Krieg
führen zu lassen, ›pour le malheur de tous les pauvres‹. Er
präzisiert höchst französisch: ›Pourquoi les Allemands ont-

ils si peu de résistance morale qu'ils ne se repentent jamais de leur servilité absurde?‹ Das saß. Ich suchte zu erklären, heute hätten die meisten Deutschen pure Terrorangst. Das will aber der Mann absolut nicht gelten lassen. Seine Antwort war auf eine unvergeßliche, gute und starke Weise die eines Mannesherzens, das sich nicht fürchtet:

›*Une tyrannie n'est jamais forte, elle est seulement terrible; et parce qu'elle n'est pas forte, elle doit faire la peur blanche au peuple. Mais ça ne peut durer longtemps, au maximum dix ou vingt ans. Alors c'est rien, c'est une puce. Il y a toujours dans l'histoire le bon moment — et croyez-moi, ce sont là les meilleurs moments de l'humanité — où le peuple entier reprend courage et où il fait la seule chose qu'on puisse faire avec un dit invincible: il le vaint!*‹

Das ist keine Debattenantwort, das ist eine Straßenkampf- und Barrikadenantwort: das einzige, was man mit einem unbesiegbaren Feind tun kann, ist, man muß ihn besiegen! Wo solche Moral lebt, kann kein Faschismus gedeihen oder dauern. Die bloße Tatsache des Widerstehens, und sei es nur weniger, die plötzlich sichtbare Solidarität und Furchtlosigkeit derer, die das Volk im täglichen Leben als gute Kameraden kennt, überzeugt im entscheidenden Moment ganze Gruppen, daß es nichts Unbesiegbares gibt; daß das Starke nicht ganz stark, daß die Schwachen nicht ganz schwach sind; daß es an jedem Riesen eine tödliche Stelle gibt; daß Apparate umso leichter versagen, je komplizierter sie sind, weil Apparate von Menschen bedient werden, die menschlich und nicht nur apparatmäßig reagieren. Apparate an sich sind natürlich unbesieglich. Aber die Geschichte aller Revolutionen beweist, daß die Herrschenden oft in den entscheidenden Stunden (nach Jahren apparatmäßiger Unterdrückung) nicht imstande sind, der überall erwachten Empörung die letzten Machtmittel entgegenzusetzen, weil die Mannschaft sie nicht gegen das Volk bedienen will oder sie gegen die Herren bedienen würde.
Aber selbst die Niederlage einer Revolution hilft oft noch die Vorstellung von der Unbesiegbarkeit des Feindes und die Angst des Volkes besiegen. Manche militärische Niederlage

ist doch ein moralischer Sieg gewesen. Das Beispiel der Pariser Kommune strahlt so unvergessen, daß heute ein ganzes Volk an der Mauer der Föderierten vorbeidefiliert im Gedenken der Zehntausenden der besten Pariser Arbeiter, die der Ordnungssinn des Herrn Thiers hier und in den Straßen niederkartätschen ließ. Nicht die Ordnung geht unter, wo das Volk siegt; nein, die Unordnung der Herrschenden hört auf; endlich kommt die Ordnung, kommt die Einkehr, die Heimkehr des Volkes.

Aber auch wer heute noch satt hat, hungert doch nach besserer Gemeinschaft und einer verläßlicheren Zukunft. Selbst dem besser gestellten Franzosen schmeckt sein individuelles Huhn im Topf nicht mehr. Wir Deutschen, die wir ihn als Pharisäer, als Kleinrentner und Rotweintrinker abzuschätzen pflegen, erleben an Ort und Stelle eine merkwürdige Verwandlung. Grade der mittlere Franzose, der tatsächlich dem roten Wein ebenso geneigt war wie einer roten Regierung abgeneigt (während die roten Revolutionäre in dem bei Franzosen eher abträglichen Ruf standen, sich weniger gut auf Rotwein zu verstehen), also grade der ›kleine Mann‹ erhebt sich mit einem Ruck, kaum daß die faschistische Organisationen das hitlerdeutsche Defilieren und Füsilieren einzuführen versuchen. Er erhebt sich, um nicht wieder Platz zu nehmen, ehe nicht die Straßen und die Atmosphäre Frankreichs frei sind von dieser unerträglichen Bedrohung.

Und damit beginnt etwas in Frankreich, was nicht wieder aufhören wird. Die Massen des französischen Volkes (wie auch des englischen) zeigen nicht die moderne Sucht nach dem ›starken Mann‹. Die Erklärung ist sehr einfach: sie brauchen keinen starken Mann, weil sie stark sind. Sie reden nicht die ganze Zeit von ihrer Rasse und ihrem Mut, weil sie gesund und mutig sind. (Kann es selbst im Sinne der Rassenphilosophen etwas Gesünderes geben als — Gesundheit?) Sie liefern den Beweis ihrer gesunden Stärke und intakten Moral, indem sie auf der Straße lieber selber einen heiteren und, wie es sich gehört, pompösen Krawall machen — in spontaner Empörung gegen den Entzug der persönlichen Freiheit —, als sich in die Knechtschaft der faschistischen Kasernenruhe treiben zu lassen. Und dabei bewahren sie eine innere Disziplin, die es sich leisten kann, auf den deutschen Paradeschritt zu verzichten: sie besetzen Fabriken, fühlen, das sind ihre Fabriken, gründen überall örtliche, überparteiliche Komitees, um die legalen Maßnahmen durchzuführen, erzwingen die 40-Stunden-Woche, bezahlte Ferien für alle und beweisen in allen öffentlichen Dingen das der Demokratie notwendige, stolze und traditionelle Schaugepränge; kurz, sie benehmen sich wie freie Menschen und nicht wie Knechte.

Der Kontrast zwischen einem Nürnberger Parteitag und einem 14. Juli in Paris kann nicht drastischer die Situation der beiden Völker illustrieren. Statt der mechanischen Berauschung und Disziplinierung der Deutschen auf Tod und Verderben erinnert sich das französische Volk alljährlich seines Triumphes, die Zwingburg der Unterdrückung mitten im Herzen seiner Stadt bezwungen zu haben. Und dieser Triumph teilt sich allen Menschen, die menschlich fühlen, unbezwingbar mit. Wir erleben heute in Frankreich, daß die Intellektuellen ihre Intelligenz nicht verabschieden wie in Deutschland, sondern daß sie sie dort einsetzen und praktisch anwenden, wo Wissen und Erkennen Bündniskraft und Brüderlichkeit im Kampf um die Menschenrechte beweisen kann.

Der deutsche Blut- und Bodenmythos, diese bodenlose Blutvision, ›der neue Glauben, daß das nordische Blut jenes Mysterium darstellt, welches die alten Sakramente ersetzt und überwunden hat‹ (Alfred Rosenberg), muß sich allerdings von den demokratischen Tatsachen der französischen und der wirtschaftlichen Argumentierung der russischen Revolution doppelt abgestoßen fühlen. Jedes Wort hinüber und herüber ist fast nur noch ein für beide Völker unverständlicher Schrei über einen Abgrund hinweg. Das demokratische und jakobinische Frankreich im Bündnis mit dem neuen Rußland, das Deutschland des ›Übermenschen‹ Hitler und des ›Magiers‹ Rosenberg, das ist ein Kampf auf zwei Seiten eines Abgrunds, und jedes Wort reißt eine neue Kluft zwischen die beiden Lager.

Diesem Abgrund gilt auch die beiderseitige Angst des wirklichen Volkes. Ergreifend hat sie André Chamson formuliert:

›Sollen wir in diesem Tumult an die Männer gelangen, die in ihren Händen die Entscheidung über Krieg und Frieden halten, an die französische Regierung, an die englischen Minister oder gar an den Diktator des Dritten Reichs? Nein, dir, Mann Frankreichs, der du den Krieg schon erlebtest und vielleicht in einen neuen Krieg wirst ziehen müssen; dir, Frau dieser französischen Erde, die du die Namen derer kennst, die du schon hingabst und derer, die du dann hingeben müßtest — euch, Männer wie Frauen, gilt unser Ruf. Auf euer Wissen und euren Willen kommt es an. Denk daran, Freund und Genosse: allen Völkern guten Willens bedeuten die Texte der Vorschläge und Verträge weniger als der große Appell. Die Völker hören nur auf das elementare Wort. Und das hat Hitler begriffen! — Hitlers Vorschläge gehen uns weniger an als die Hoffnungen, die Hoffnungsfähigkeit, die er geweckt. So hat er sich des deutschen Volks bemächtigt. Wollen wir ihm die gleichen Chancen in der übrigen Welt überlassen? Was wir wollen? Daß Frankreich und alle anderen friedlich gesinnten Länder die Initiative der Hoffnung sich zurückerobern. Hitlers Vorschläge? Wir trauen ihnen nicht. (Hitler ist unglaubhaft.) Aber nehmen wir ihm die Friedensinitiative aus der Hand. Wir müssen die Hoffnungen der Völker auf uns vereinigen!‹

Welche Hoffnung? Gegen die ›Heidenangst‹ half nur die christliche Hoffnung. Dem kapitalistischen Grauen ist nur die sozialistische Hoffnung gewachsen.

Viel schwieriger als die Furcht der Hungernden oder die Angst der Besitzenden ist doch die Trägheit der Halbsatten zu überwinden. Es ist Nötigung und Mühe genug, die Hungernden vom Elend wegzulocken. Viele haben mit der Arbeit auch den Mut verloren, auch nur je die Hoffnung wiederzufinden. Natürlich ist mit Hungernden nicht groß zu reden, warum sie um eine Bettelsuppe den faschistischen Herren folgen; denn selbst Bettelsuppen sind hier angebrachter als Diskussionen. Aber ist etwa mit Halbsatten zu reden?

Die Halbsatten sind diejenigen, die oft noch mehr hungern

als alle anderen, die es aber nicht zugeben wollen. Es sind diejenigen, die noch über irgendwelche juristischen Besitztitel verfügen, ohne effektive Verfügungsgewalt zu haben. Es sind die miserabel ›Bessergestellten‹, die Angestellten, Handwerker, Beamten, Ladenbesitzer, Rentner usw., III. Klasse Nichtraucher, die davon nichts wissen wollen, daß sie die Schlechtergestellten sind. Die andern haben nämlich verstanden, worauf es ankommt. Die Großbürger haben sehr wohl verstanden, daß der Sozialismus kommt. Darum ist ihnen kein Mittel zu teuer und zu schlecht, den Sozialismus zu verhindern. Die Arbeiter haben verstanden, daß die Befreiung der Arbeiterklasse die Befreiung der Menschheit bedeutet, die nur durch die Selbstbefreiung aller Unterdrückten erfolgen kann. Die Freiheit ist ihnen, wiewohl das Schönste, so doch keine Himmelstochter. Sie wird nicht gewährt, sondern erobert. Die Arbeiter haben diese Quintessenz der bisherigen menschlichen Geschichte verstanden: der arbeitende Mensch ist nur frei, solange er über seine Arbeitsmittel und -erzeugnisse verfügen kann. Das mag in individueller oder in kollektiver Form geschehen. Die individuelle Besitzform ist durch die Entwicklung überwunden und wird es mit jedem Tage kapitalistischer Krise mehr. Es bleibt uns also die gesellschaftliche Arbeits- und Verfügungsform (denn Sinn des Besitzes ist ›verfügen‹, nicht aufstapeln, nicht auf Titeln sitzen, die mich besitzen, nicht totes Repräsentieren). Um also die Wahrheit des alten, ehrlichen Besitzgefühls zu retten, das heißt das Verfügen fruchtbarer und erfreulicher zu machen, muß es vergesellschaftet werden. Um die Lebensfreude zu erhalten, müssen wir die Gemeinschaft ernst nehmen. Um die Familie zu erhalten, müssen wir die Nation revolutionieren. Um die Existenzangst zu beseitigen, müssen wir den Sozialismus verwirklichen.

Viele haben das verstanden, aber nicht die meisten. Die meisten bedürfen, daß man sie ihr einfachstes Bedürfen lehrt. Der kleine Mann bedarf endlich dieser großen Wahrheit. Das aber ist das Schwerste, wenn man nicht wie Hitler mit lauter kleinen isolierten Dutzendwahrheiten betrügen will. Die schwierigsten Fragen der Erkenntnisdialektik sind zuletzt einfachere

Mühe, als es für den einfachen Menschen ist, diesen Anfang zu finden: Menschen, helft euch selbst; ihr seid nicht allein, ihr seid als Arbeitende, als produktive Menschen, als Arbeiter und Bauern und Ärzte und Ingenieure und Lehrer und Beamte und Angestellte Teile einer großen Klasse. Unsere Klasse hat heute die Schlüsselgewalt zum Tor der Welt. Das Haus der Welt ist noch nicht erschlossen. Eine schlechte Minorität von Kapitalisten und Gewalthabern hält es derart besetzt, daß sie nicht nur das Haus bewohnt, sondern auch alle Mittel des Neubaus in Händen hält und also jede bessere Planung verhindert. *Der Kapitalismus ist nicht deswegen empörend, weil die Reichen reich sind, sondern weil es den Armen immer schlechter geht, obwohl es allen gut gehen könnte.* Wer es anders sagt, wer die Welt und die Menschen an sich schlecht macht, um sie durch die Furcht zu bändigen (während es ihnen lediglich schlecht geht), wer Gefühle und Gesetze der Vorzeit gleich Steinäxten aus dunklen Räumen hervorzieht, um erst die Gefühle und dann die Schädel der Armen zu spalten, der will nur das halb aufgesprengte Tor in letzter Stunde noch verrammeln, will die Zukunft verhindern, will die ›Rasse‹ als Argument der Unterdrückung der Armen, will die ›Volksgemeinschaft‹ und den ›Nationalsozialismus‹ als Phrase, um den Sozialismus der Nation zu verhindern.

Die Kapitalisten haben Angst, daß das Neue gegen sie kommt; die Arbeiter haben Angst, daß alles beim alten bleibt, daß also alles immer schlimmer für sie wird. Die Kleinbürger fürchten jede Art Veränderung und beten daher den kleinen Status quo an. Sie sehen nicht, daß die schlimmste Art der Veränderung darin besteht, nichts zu tun. Eine eiserne Brücke, die nicht ständig entrostet und frisch gestrichen wird, ist einem wahren Chaos von Veränderung preisgegeben. Die Kleinbürger sehen die bestehende Brücke der Revolution nicht. Dann lassen sie sie verfallen oder — was dasselbe ist — vom Kapitalisten zerstören, und dann sprechen sie vom ›Abgrund‹ der Revolution. Die Kapitalisten sind interessiert blind dafür, wohin die Brücke führt, blind für das andere Ufer. Die Arbeiter sind wissend interessiert am Brückenbau und am Hinüberkommen. Die Kleinbürger sehen den Sozialismus immer noch als Utopia, als Insel Nirgendwo. Freiheit ist ihnen immer noch eine Himmelstochter als Mitgift der Reichen.

Wohl wollen sie schließlich, daß etwas für sie geschieht. Aber das sollen die anderen für sie tun, am liebsten der ›starke Mann‹. Die Angst der Kleinbürger, es könne ihnen von den Arbeitern etwas Böses geschehen, und ihre Hoffnung, daß die Reichen etwas Gutes für sie übrig haben werden, verdammt sie dann regelmäßig dazu, sich den Maßnahmen der Herren ›anzupassen‹. Hegel hat einmal sehr gut die Gefahr des bloßen Paktierens und der Anpassung charakterisiert:

›Die Angst, die muß, unterscheidet sich vom Mut, der will, dadurch, daß die Menschen, die von jener getrieben werden, zwar die Notwendigkeit einer Veränderung fühlen und zugeben, aber, wenn ein Anfang gemacht werden soll, doch die Schwachheit zeigen, alles behalten zu wollen.‹

Die Angst der Kleinbürger vor den Arbeitern ist grundlos, aber sie wird zu einem realen Faktor. Ihre Hoffnung auf die Reichen ist irreal, aber sie hilft den Reichen, die Konterrevolution zu realisieren. Das wissen am besten die Reichen, und daher verstärken sie mit allen Mitteln diese Angst. Daher das ›Chaos‹, daher der ›Abgrund‹. So wollen sie den Blick auf die mögliche ›Brücke‹ und auf das ›Neuland‹ dahinter irritieren. Die soziale Bedingtheit der hier gemachten und gemeinten Angst ist freilich so abgrundtief, daß ihr Chaos und Kommunismus identisch zu sein scheinen wie Strolche und Proletarier.

Friedrich Engels hat in einer seiner frühen Schriften gesagt, das Wesen des Staates und der Religion sei die Furcht des Menschen vor sich selbst. Es ist dies die Variante des alten aufgeklärten, vielleicht allzu klaren Satzes: ›die Furcht hat die Götter geschaffen‹. Was freilich nur die Hälfte einer Wahrheit ist; denn es wird verschwiegen, daß auch die Hoffnung die Götter geschaffen hat, und besonders Gott. *Lenin* hat diesen Satz erläutert:

›Die Angst vor den blinden Kräften des Kapitals, blind deshalb, weil sie von den Volksmassen nicht vorhergesehen wer-

242

den können, die im Leben des Proleten und des Kleinbürgers
auf Schritt und Tritt ‚plötzlichen', ‚unerwarteten', ‚zufälligen'
Ruin, Untergang, Verwandlung in Pauper, in Prostituierte,
ja den Hungertod mit sich zu bringen drohen und wirklich
bringen — das ist die Wurzel der modernen *Religion.*‹

Wir brauchen uns nur einmal klarzumachen, daß allein in
Deutschland, mit einem 60-Millionen-Volk, etwa 6 Millionen
›Spiritisten‹ leben, wenn wir nämlich darunter sämtliche Ab-
arten verstehen, wie Theosophen, Astrologen, Gesundbeter,
Lichtbeter, Buddhisten, Tibetisten, Gnostiker, Monisten, Wo-
dan- und Satangläubige und auch die Abarten der christlichen
Wissenschaft (die weder eine Wissenschaft noch christlich
ist); von der Rassereligion hier ganz zu schweigen. Kann wirklich noch ein Zweifel darüber sein, daß all dies ›Brauchtum‹
Opium fürs Volk ist, und daß dieses Opium im Dienst der
Herren dampft?
Was 6 Millionen ›deutschen Heiden‹ und ›deutschen Christen‹
recht ist, kann den drei Dutzend Philosophieprofessoren dann
wohl billig sein, und der große Nationalökonom erklärt es
uns am Ende gratis. Sombarts ›Deutscher Sozialismus‹ (1934)
beginnt mit solchem Erkenntnisblitz: ›Nur wer an die Macht
des Teufels glaubt, kann verstehen, was sich in den letzten
anderthalb Jahrhunderten . . . zugetragen hat. Denn nur als
Teufelswerk kann gedeutet werden, was wir erlebt haben.
Deutlich lassen sich die Wege verfolgen, auf denen Satan die
Menschen auf seine Bahnen gelenkt hat‹. Ich gestehe, Ehr-
furcht vor dem Atavismus eines Christen zu haben, der sagt,
›ich sah Satan vom Himmel niederfallen gleich einem Blitz‹.
Die metallische Zuversicht dieser Verzweiflung kommt in
ihrer Weise der Wahrheit ungleich näher als die phlegmatische Zuversicht von Engländern oder Sozialdemokraten in
den Gang der Natur; sie betont tapfer das Unnatürliche und
Unversöhnliche, wenn auch am abstrakten Modell Satans,
den wir heute viel zu genau an den blauen Uniformen und
Orden und Finanzen erkennen, um ihm seine höllenunmittel-
bare Herkunft und Ewigkeit zu glauben. Wir sehen heute vom
Himmel Bomben niedersausen, die blinder zerstören als Blit-

ze. Wenn der Christ glaubt, aus Satans Küche kämen diese Bomben, so sitzt Satan heute in allen Regierungen, so macht Satan heute Bombengeschäfte und läßt Pfaffen die Maschinen des Todes segnen. Sie mißbrauchen aber nicht nur den Namen Gottes. Wir glauben dem gläubigen Christen, aber wie sollen wir dem imperialistischen Professor, der eine der bedeutendsten Materialsammlungen über die kapitalistische Wirtschaftsgeschichte in seinem ›Kapitalismus‹ vereinigt hat (allerdings mit absurden Kommentaren versehen, die ständig vom eigenen Material desavouiert werden), wie sollen wir Werner Sombart seinen ›Satan‹ glauben? Stammt doch diese Phrase aus einer Atmosphäre von Exorzisten und Inquisitoren, die für den ›Mythos‹ Deutschlands heute bestimmend sind und die also grade nicht den Teufel austreiben, sondern die Vernunft und das Christentum austreiben und lauter Teufeleien mit dem Nürnberger Trichter eintrichtern und sich noch ganz anderer Brand- und Mahnmale rühmen können.

Irgendein Kollege Sombarts geht noch resoluter hinter den christlichen Satan zurück; er schildert die deutsche Kaiserherrlichkeit von 1914. Um deren Fiasko zu erklären, erklärt er dann neudeutsche Ereignisse aus altdeutscher Mythologie: alles sei herrlich und gut gewesen; die Welt sei drauf und dran gewesen, am deutschen Wesen zu genesen, ›als dunkle satanische Kräfte überall hinter den siegenden Heeren von 1914 wirksam wurden, als wieder eine Zeit begann, da der Fenriswolf seine Ketten zerbrach, da Hel mit dem Geruch der Verwesung über die Welt zog und die Midgartschlange das Weltmeer aufpeitschte‹. Er meint nicht die Tanks, nicht den Geruch der 20 Millionen Leichen des Weltkriegs, nicht das Senfgas, nicht die Skagerrakschlacht und die Torpedierungen, die das Weltmeer aufpeitschten; nein, er meint die Sozialisten, die den Frieden forderten.

All dieser kranke Rausch ist gestaute Angst, gestauter Haß. Die nackte Not schreit daraus, Arbeitslosigkeit, Ausgesteuertsein, Ausgebeutetsein. Es ist die Verzweiflung Unterdrückter, 80 Prozent sämtlicher Arbeiter und Angestellten, die nicht wissen, wer sie unterdrückt, denen man es nun als Schicksal und Größe hinstellt, selber mitunterdrücken zu dürfen. Man gebe allen diesen eine menschenwürdige, produktive Arbeit, eine unkündbare Wohnung, eine Kranken- und Altersversicherung — und all der fürchterliche Spuk wäre vorbei. Die Menschen würden sich erstaunt ansehen und kaum wissen, was mit ihnen geschehen ist. Und dabei ist nur das geschehen, was Rußland heute zu verwirklichen unternimmt. Was immer mit der Russischen Revolution geschehen — recht oder unrecht —, die soziale und moralische Atmosphäre in der Sowjetunion ist hart, aber frei von solcher Perversion, von Geisteskrankheit, von Berauschung. Man denkt und lebt in wirtschaftlichen, in technischen, in wissenschaftlichen und politischen Begriffen. Der Glauben an Wissenschaft ist unbegrenzt, weil diese Menschen an sich selbst glauben und die wirklichen Dinge wirklich nehmen. Deutsche Intellektuelle nennen diesen Optimismus positivistisch begrenzt und flach. Sie vergessen nur, daß manche neuen Menschen und Dinge die Kleider von gestern anhaben, daß es aber etwas wesentlich anderes ist, ob die Deutschen von 1936 zur Erklärung der kapitalistischen Wirtschaftskrise die Edda befragen, oder ob die Russen sich zum Teil der Terminologie des 19. Jahrhunderts bedienen, um damit ihrem Impetus ins 20. Jahrhundert hinein auszudrücken.

Vor einigen Jahren wurde im Moskauer Künstlertheater unter stürmischer Zustimmung der Moskauer Arbeiter und Angestellten ein Stück von Afinogenow, ›Angst‹, aufgeführt. Dort tritt als Gegenspieler zu einem berühmten Psychiater, der wissenschaftlich bewiesen haben will, daß die Menschen nur von der Furcht regiert werden und daß ohne Despoten ›das Leben verteufelt in die Irre geht‹, die greise Revolutionärin Klara auf. Sie versteht und formuliert den grundlegenden Fehler der bürgerlichen Angsttheorie, die Angst zu einem sozial nicht aufhebbaren Grundfaktum des Lebens zu machen. Sie verweist den Professor auf das schon heute neue Leben, auf das neue Grundgefühl der Menschen in der Sowjetunion:

*›Wir nehmen Ihren Vorschlag an. Wir wollen die Furcht ver-
nichten, um die Kräfte und Fähigkeiten der Menschen für ein
produktives Leben zu befreien. Aber damit die Furcht verschwindet, muß man die Ursachen vernichten, die ihr zugrunde liegen. Und wer von uns kämpft tatsächlich mit der
Angst: wir, die wir aufgestanden sind gegen die Urgründe der
Angst, gegen die Welt von Krieg und Ausbeutung, oder Ihr,
die Ihr den Bürokraten vor der Parteibereinigung, den Kulaken vor der Kollektivisierung, den Schädling vor dem Revolutionstribunal bewahren wollt? Wenn wir den Widerstand des
letzten Ausbeuters auf Erden gebrochen haben werden, dann
werden unsere Kinder im Wörterbuch nachsuchen, was „soziale Angst' bedeute.‹*

Auch wenn wir diesen hohen intellektuellen Optimismus angesichts des in der Sowjetunion noch nicht gebrochenen
Bürokratismus mit all seiner geheimen und offenen Inhuma-
nität nicht unbedingt teilen, so ist die dort sinnlich greifbare
Hoffnung und Realisierung eines ›besseren Lebens‹ jeden-
falls menschenwürdiger als das ›ursprünglich geworfene In-
der-Welt-Sein als Unzuhause‹ eines deutschen Professors für
Angst und Sorge und ehrlicher als des Goebbels schamloses
Plagiat ›Freut Euch des Lebens‹ mit der hinterbewußten Begründung: denn morgen seid ihr tot!
Gegen die ›Heidenangst‹ half nur die christliche Hoffnung.
Dem kapitalistischen Grauen ist nur die sozialistische Hoffnung und Wirklichkeit gewachsen.
Bleiben wird freilich eine sozial nicht aufhebbare Angst. Der
Sozialismus vermag sehr wohl die pure Existenzangst, die
Sorge um das tägliche Brot und um die Zukunft der Kinder
aufzuheben. Er beseitigt radikal den sozial und ökonomisch
nicht mehr ›berechtigten‹, durch nichts mehr zu rechtferti-
genden Mangel, er zerstört den würdelosen Schmerzensappa-
rat und Nervenschock der modernen Ausbeuterarbeit. Und
das ist wahrlich schon ein triumphaler Sieg, wenn nicht über
den Tod, so doch über die Lebensangst. Das Todesproblem
selbst aber, die dauernd offene Frage des ›Drüben‹, des:
woher werden wir geboren, und: wohin sterben wir — dieses

Leid, davon befreit uns doch kein Kollektiv und Kombinat. Der Tod ist überhaupt nicht aufzuheben, da er zum Leben gehört. Doch das Todesproblem erhält vielleicht in einem Leben, das lebenswert wurde, ein neues Gesicht.

Wir alle wissen, daß der Tod und sonderlich die schwarze Magie, die mit ihm getrieben wird, all das schlecht Okkulte und Sensationelle, was daran hängt, undenkliche Suggestivkraft besitzen und als Rasse- und Blutreligion imstande sind, beliebig viele Menschen rasend zu machen, solange wir unbedenklich genug sind, nicht nachzuforschen, *was* hier suggeriert wird. Es gibt Einöden, wo es wüst wird. Es gibt Geheimnisse, im Rücken der Dinge, im innerlichsten und unsichersten Drama, in der Scheidung des Menschen vom Menschen, die kein Symbol in der Sprache haben, weil wir sie alle mit dem Tod symbolisieren. Wir empfinden die unermeßliche Traurigkeit heidnischer Mythen und Magien und den entsetzlichen Gebrauch, den eine todkranke Gesellschaft von diesen Dingen macht, freilich erst angesichts des wahrhaft sprengenden marxistischen Antimythos und der christlichen Subjektsmagie, die beide nicht gekommen sind zu bannen, sondern zu verwandeln und zu erlösen.

Der Glaube an die Wirklichkeit des Menschen und der Erde, an die Menschenliebe ohne Lüge, diese religiöse Energie wird auch mit einer sterbenden Klasse und Kultur nicht sterben. Obgleich gerade diese Klasse ohne Glauben den Tod von Hoffnung und Glauben beschwört, lebt das, was vom Christentum eine ewige Wahrheit ist, nicht zuletzt in der Forderung des Volkes nach sozialer Gerechtigkeit weiter. Diese Energie, die heute hauptsächlich das ruinierte Arbeitsvolk mit einem so mächtigen Glauben an die Gerechtigkeit und an den Segen der endlich menschlich verwandelten Erde erfüllt, zwingt sie uns nicht wider alles Ärgernis und die Trägheit des Herzens täglich vom Tode aufzuerstehen? Fordert sie uns nicht in ihrer pöbelhaft lauten Weise zu neuem Leben auf?

Vielen scheint das neue Leben nur deswegen reizlos, weil es, wie sie sagen, ›das größte Glück der größten Zahl‹ verspricht, das Individualproblem also gar nicht stellt.

Es ist dies die Angst der Arrivierten, es könnten zu viele nachkommen. Mit andern Worten: sie leiden an Verfolgungswahn vor einer ihnen unbekannten Größe, Majorität genannt. Sie verteidigen ihr gegenüber das Recht der Minorität, das alte Vorrecht der Eliten und Reichen vor den ausschließlich negativ gesehenen Massen. Es ist eine gut und gern geübte, eine sehr moderne — und trotzdem keine — Kunst, die seltenen Vorzüge eines Ritterordens zu preisen und die offenbar massenhaften Fehler der Masse aufzudecken. Wie aber, wenn es kühner und ritterlicher wäre, die Majorität zu verteidigen?

16. Kapitel   Verteidigung der Majorität

Es gehört heute zum guten Ton, die Demokratie schlechtzu-machen. Es ist sehr fortschrittlich, den Fortschritt zu leug-nen. Die großen antidemokratischen Lästerungen sind nicht nur Übung Nr. 1 im Elementarkurs der neuen Rassen- und Volkswirtschaftskunde; nein, in allen reaktionären Reden und Zeitungen werden sie ausgewalzt und weiterkolportiert, als wären es strahlend morgenfrische und aufregende Neuigkei-ten. Und dabei ist es mehr als nur der rauhe aber herzliche Bordton der Nazis, wo nordischer Wind um Wikingerschiffe und -seelen pfeift, mehr auch als die doktrinäre Arroganz von Mussolini und Hitler, die sie von Sorel und Nietzsche haben, die Demokratie als pöbelhaft zu verpöbeln — es ist ein altes Übereinkommen aller Despoten.

Der Fluch gegen Demokratie und Christentum tönte durch Sorel und Nietzsche nur neu und modern inmitten der hoch-kapitalistischen Saturiertheit, Gründer- und Bismarckzeit (mit Sozialversicherungsgesetzen, allgemeinem Wahlrecht, aufstei-gender Monopolwirtschaft, aktiver Außenhandelsbilanz und Sozialdemokratie). Die Sache selbst aber war ein altehrwür-diger Gemeinplatz mit Glanz aus goldner Latinität: odi pro-fanum vulgus et arceo. Nietzsche machte dieses Professoren-latein und -ethos nun den kaiserlichen Offizieren und zivilen Snobs und Dichtern dritten Rangs (wie bald auch Reichs) mit den hohen Auflagen seines ›Übermenschen‹-Mythos volks-tümlich. Er brachte den prophetisch gesteigerten Zarathustra-Ton als letzten Schrei in die Verteidigung uralter Barbareien. Dieser Ton war neu, nicht das, was er mit lautem, auch krankem Schall tönte. Das neue, das höhnische Lied tönte nur den Refrain der ersten und ältesten aller Barbareien wieder, dessen Name Sklaverei ist.

Wo Nietzsche nach unausdenklichen Qualen in Nacht und

Einsamkeit endete, wo ihm angesichts seines Wahn- und Widerbildes Zarathustra Sinn und Stimme überschlug als furchtbares Mahnzeichen eines von Gott und der Welt verlassenen Genies, da setzten die behaglichen Nachtöner, die Literaten, die Mimen und Rhetoren an. Nichts verlorener als — ecce homo — dieses Feuerbrandes Auslöschen in Naumburg: ›... die Nacht ist so lang, Mutter, ich bin dumm, Mutter, ich bin dumm ...‹ Wer wagt da zu spotten und sich zu rühmen, daß er nicht so sei wie dieser?

Aber Hohn und Spott über den modernen Geistesgrößenwahn, über die flinken Apokalyptiker! Wer glaubt noch den donnernden, den qualmenden Superlativen der Ich-Vergottung und Selbst-Prophetie als einzigem Grund möglicher Weltverwandlung? Wir kennen heute zu genau diese stilisierte, auch gestufte Brunst der Nietzscheepigonen von Stefan George und Ortega y Gasset bis zu Gottfried Benn und Rosenberg und dem dicken Baldur von Schirach; wer könnte hier die ursächliche Verknüpfung von Geistesgrößenwahn und Massenverachtung übersehen?

Nun ist an sich die Abneigung gegen die Masse Mensch etwas ganz Begreifliches und fast Gesundes, aber nur solange der natürliche Trieb nach privater Existenz nicht auf Erhabenheit prätendiert. Sobald aus dem normalen und sogar notwendigen Ruhebedürfnis eine anormale Tugend gemacht wird, sie sich ästhetisch, aristokratisch oder sonstwie snobistisch gibt, steht all das negative Vornehmtum in seiner ganzen Armseligkeit da. Häuslichkeit ist fraglos die einzige Kompensation zur Öffentlichkeit. Den Hausfrieden der individuellen Geliebten sollte jeder Mann verteidigen. Denn allein zu Hause, zwischen eigenen vier Wänden ist jene besondere Freiheit möglich, die es sonst nirgends geben kann: die frohgemute Anarchie der Familie, das frivole Umstoßen der Hausordnung, der Mahlzeiten, ja der Venus von Milo auf Vaters Schreibtisch. Die berüchtigte Enge des Eigenheims ist tatsächlich die einzige Freistatt für individuelle Launen, der einzige Ort (begrenzt von der Wand und Anarchie des Nachbarn), wo man sich wirklich gehen lassen darf, ohne Gefahr, herausgeschmissen zu werden, ja mit dem himmlischen Reservat, ohne Gefahr herausschmeißen zu dürfen. Mein Einwand gegen das häusliche Leben ist eher, daß es dort zu frei hergehen kann. Nicht daß die Mutter die Kinder erzieht ist zu fürchten, sondern daß sie sie zu ›frei‹ erzieht oder zu sklavisch, das heißt, daß sie die Kinder *nicht* erzieht. Öffentliche Schulen sind schon deswegen unentbehrlich, weil sie öffentlich sind. Zu Hause lernen die Kinder bei Tisch Aristokratie und im Spielzimmer Anarchie (möglich gemacht durch das Einhalten selbstgesetzter Spielregeln). Schulen der Demokratie sind allein die öffentlichen Einrichtungen, die großen subtilen Gemeinplätze des Lebens. Wahre Häuslichkeit ist für die meisten nicht zu leicht, sondern zu schwer; nicht zu banal, sondern zu dramatisch (vorausgesetzt, daß Kinder da sind). Wie ungeheuer ist nicht allein schon der Aufwand an Mühe und Weisheit der Mütter (von der ökonomischen und seelischen Situation der bürgerlichen Ehe sowie von den Wirren des Geschlechts hier zu schweigen), auch nur die Anarchie der Kinder und der eigenen Bedürfnisse zu bändigen. Die einfache Loyalität und Innigkeit aneinander gebundener Menschen tagtäglich aufrechtzuerhalten, das ist der Heroismus einer unbekannten Majorität von Hausfrauen, das ist vielleicht eine schwierigere, weil vielseitigere Aufgabe als die Leitung einer Fabrik oder eines Ministeriums. Der Beruf des Mannes bringt außerdem meist noch ein Element häuslicher Müdigkeit und oftmals Despotie hinein, die beides Reaktionen auf die negativ-kapitalistisch bedingten Berufskämpfe sind und natürlich beide dem Geist der Familie entgegenwirken.

Man muß also unterscheiden, was dem Wesen nach private Sphäre ist und wo öffentliches Feld beginnt. Ohne diese Unterscheidung und wechselseitige Kompensation kann es nie und nimmer glückliche Menschen geben und also keine Demokratie. Es liegt im Wesen der Diktatur, dauernd in die private Sphäre hereinzupfuschen. Um so bedeutsamer dünkt uns die Neuentdeckung der Familie in Sowjetrußland. Man bezeichnet dort nicht länger die noch für Jahre bestehende praktische Unmöglichkeit, jedermann und namentlich jeder Familie ein eigenes Heim zu geben, als Brüderlichkeit. Man sieht vielmehr in der Familie den natürlichen Gegenpol der zur Norm gewordenen Kollektivität und Vergesellschaftung der Arbeit.

Ganz verräterisch ist aber der Hohn der Bürger über diese angebliche ›Verbürgerlichung‹ der Revolution. Man verrät nämlich damit, daß die bürgerliche Familie sich selbst nicht mehr achtet. Man vergißt, daß die Familie erst neu gegründet werden konnte, erst ›erhalten‹ werden konnte, nachdem sie revolutioniert worden war. Der Sozialismus zerstört nicht die Familie, sondern er stellt die kapitalistisch längst zerstörte Familie auf neuer, gesünderer Basis wieder her.

Dieser flüchtige Exkurs verteidigt die Familie, um die Kollektivität zu verteidigen. Denn ohne diese Kompensation wird das eine wie das andere nur negativ empfunden. Wir alle hassen die Menschheit, wo sie uns vermindert, wo sie uns weniger Mensch sein läßt, als wir sind. Wir lieben die Menschheit nur, wenn sie uns auch individuell ein volleres Lebensgefühl gibt. Das ist der Sinn öffentlicher Feste und Tafeleien. Normale Menschen, die eben gemeinsam gut gegessen haben, sind allemal Demokraten, das heißt Menschen, die einander als gleichberechtigt anerkennen. Man kann sagen, daß auf der französischen Küche die französische Demokratie beruht. Eine Bar ist lasterhaft und langweilig und aristokratisch. Ein Wirtshaus ist fröhlich und demokratisch. Man muß die Courage zu solchen Banalitäten haben, um wirklich zu verstehen, was für unglückliche Menschen die Antidemokraten sind. Wenn der antidemokratische Nietzsche den Nächstenhaß und die ›Fernstenliebe‹ predigt, so ist er freilich des Verständnisses aller derer sicher, denen es an seiten eines unvermeidlichen und gottgegebenen und unausstehlichen Nachbarn in Theater, Eisenbahn und Arbeitsstelle je übel wurde. So weit sind persönliche Antipathien ganz in Ordnung. Wir alle haben schon die Menschheit wie durch einen erblindenden Qualm gesehen. Aber alle haben wir auch schon im glückhaften Kontakt mit einer Menschheit den Zustand erlebt, den man als Inspiration, im genauen Sinn des Wortes als Hauch der Begeisterung bezeichnet: atmend von einem höheren Selbst und mehr Wahrheit ahnend, als man sagen kann; oder, falls man Künstler ist, mehr Wahrheit sagend, als man ahnt.

Die Orte der Inspiration sind nun einfach die großen demokratischen Gemeinplätze wie Kirche, Theater, Wirtshaus, Patriotismus und Revolution; von den verborgeneren hier nicht zu reden. Die Orte der Menschheitsmisere und der seelenmordenden Beengung aber sind nicht weniger öffentlich und heißen unter anderem Mietskaserne, Métro, Fabrik, Arbeitslager, Arbeitslosigkeit, Heimlosigkeit, Kaserne, Emigration; nicht zu sprechen von Orten lautloserer Verzweiflung wie das Schweigen bedrückter Bauernhöfe, Gerichtsvollziehung, Kleinstadtgrauen, auch das Gähnen in den Villen der Reichen voll leerer Zimmer voll harrender Möbel gleich Särgen, lauter stehengebliebener, unbegrabener Absonderung.

Wir sprachen bisher von Minorität und Majorität schlechthin, vom Abschreckenden sowohl der Aristokratie als der Masse Mensch. Der moderne Antidemokrat bleibt nun aber bei der negativen Massenverachtung stehen, ohne indessen das Negative der künstlichen Eliten und des Vornehmtuns zu sehen, während er nun schon gar blind ist für die echte Grandezza des Volks. Er beruft sich dabei wie ein denkschwacher und gefühlsfanatischer Romantiker auf die Natur. Es gebe keine Gleichheit in der Natur, die Natur hätte Führerprinzip, sei eine heimliche Antisemitin usw. Der Herr vergißt nur genau die Hälfte, die andere Seite der Wahrheit: zwar gibt es keine Gleichheit in der Natur, aber es gibt natürlich auch keine Ungleichheit in der Natur; einfach weil Freiheit, Gleichheit und Brüderlichkeit für die Natur keine Begriffe sind. Es ist ebenso sentimental, Despotie in die Natur hineinzusehen wie Demokratie aus der Gesellschaft heraus zu perspektivieren. Demokratie und Despotie sind unübertragbare Begriffe der politischen Menschheit. Der eine betont den Wert aller Menschen und der andere den Unwert der meisten Menschen, der eine ist ein christlicher und der andere ein vor- und antichristlicher Begriff. Die Natur kennt keine Rangordnung, außer der, die wir ihr geben. Wer sich auf die Natur und Rasse beruft, beleidigt lediglich seinen Vater.

Nicht einmal Darwin, der große Forscher und beschränkte Philosoph, hat die Natur so geschulmeistert, obwohl er den ganzen kapitalistischen Konkurrenzkampf in sie hineingesehen hat. Kampf aller gegen alle? Homo homini lupus? Ja und nein; denn es gibt auch ungeahnte Symbiosen der Pflanzen und Tiere, deutliche Geschwistergefühle, Wohlbehagen und Überschuß im gegenseitigen Spiel und Beschützen, sogar Anfänge, mindestens Anlagen zur Güte. Und Zuchtwahl? Mehr nein als ja; denn die Auslese führt gar nicht etwa gradlinig zum gelungensten Exemplar. Die Natur verfährt eher absichtslos, nicht völlig blindlings, bestimmt ohne Rassentheorie. Trefflich beschreibt es Johannes V. Jensen:

›Aus der Abstammungsgeschichte der Säugetiere läßt sich nur eine Moral ziehen, die nämlich, daß die höchsten entwicklungskräftigen Formen in gerader aufsteigender Verbindung mit den allerursprünglichsten, aber nur in indirekter mit den spezialisierten Seitenlinien stehen . . . Artisten hat die Natur genug, sie sind es nicht, die das Leben tragen, das tun die einfachen Formen. Wenn man daher von ‚hohen Formen' spricht, womit das Resultat der Entwicklung, die wertvoll sein soll, gemeint ist, so verdienen nur die Formen den Namen, die sich bei aller Verwandlung und allem Fortschritt auch alle ursprünglichen Möglichkeiten bewahren. Welche Strafe zog sich nicht das Pferd zu in evolutionärer Beziehung, als es seine Hand zu einem Huf verkrüppelte! Ein tiefsinniger Zug daher, den Bösen mit einem Pferdefuß auszustatten, er trägt das Stigma des Verwachsensein . . . Es gibt keine andere Sünde als die, die Entwicklungsmöglichkeit zu verlieren.‹

Die Eliten sind in der Natur dauernd in der Sackgasse und in der Gesellschaft dauernd pleite. Absonderung führt beidemal zu Monstren, nur nicht zu Menschen. Das ist es, was die Entwicklungslehre eigentlich beweist. Das Christentum aber gibt mit seiner volkstümlichen Definition der Sünde als ›Absonderung‹ seine schlichte Übereinstimmung sowohl mit der Entwicklungslehre als auch mit dem Leitsatz der Demokratie kund.

Der ganze faschistische Trick ist nun, die Demokratie als Herrschaft der niederen Tiere über die höheren zu definieren und diese ›in der Natur nicht vorkommende Verkehrung‹ in die alte Rangordnung zurückzuholen, das heißt die höheren Tiere über die niederen herrschen lassen zu wollen. Nur eine absolut gesetzte Tierheit erlaubt erst die Hierarchie der Tiere. Nur die bestialische Bestie hat Anwartschaft auf eine Führerstelle. Die Masse ist zwar tierisch, aber tierisch auf niederer Stufe, also nicht tierisch genug. Das ist der ganze Witz der faschistischen Rassenlehre und Tierphilosophie. Sie müssen mit allen Mitteln aus der Gesellschaft die Rangordnung in die Natur, in das Bestiarium verlegen, um dann im Namen der Tierheit die meisten Tiere degradieren zu können.

Wie alle Reaktionäre werten die Faschisten das Volk, die breite Masse, als minderwertige Herdentiere, als Arbeitstiere. Sie vergleichen es mit einem vielbeinigen Ungetüm, das man zähmen muß, und besonders, das gezähmt werden will. Diese Theorie ist, wie gesagt, alte Despotenpraxis. Das Volk aber hat sich prompt gerächt und gegen seine feudalen Unterdrücker eben grade die — Tierfabel erfunden. Man lese daraufhin einmal die noch immer herrlichen Fabeln von La Fontaine. Wie im Märchen die Riesen, kommen hier die hohen Tiere denkbar schlecht weg; oder aber die starken Tiere sind edel und großmütig und gar nicht faschistisch. Die Massenpsychologie der Herrschenden aber kann sich gar nicht genug tun, mit solchen geradezu wimmelnden Vergleichen und Assoziationen das Volk zu bedenken: volkstümlich - massenhaft - primitiv - ungebildet - unbeherrscht - dick - dumm - faul - gefräßig - hundsgemein - tierisch - rattenhaft. Man spricht das eine Mal unbedenklich vom Herdeninstinkt der Menge und meint damit, eine Herde braucht einen Hirten und einen Hund. Das andere Mal spricht man vom ›demokratischen Termitenstaat‹ als von einer niederen, mechanisierten Tierorganisation, in welcher die edle animalische Rangordnung der Tiere aufgehoben ist. In jeder Bewegung zornerfüllter Massen sehen die Reaktionäre nichts als einen Ausbruch wildgewordener Rinder, angeführt von roten Stieren, oder einen Plünderzug wilder Ratten.

Nun war keine der großen Volksbewegungen ein Rattenzug, jede einzelne war etwas viel Einzigartigeres und Geistigeres, eine Revolution. Man kann solche Revolutionierung der Massen nicht einmal mit der Rattenfängerei vergleichen. Der Pfeifer von Hameln — erzählt die Sage — versammelte und verzauberte mit seinen Flötentönen die Kinder, um sie auf Nimmerwiedersehen ins Innere eines Berges zu bannen (die märchenhafte Ergänzung, daß die Kinder doch wieder herauskamen, ist eine spätere Erfindung des Volkes, wie alle Märchen). Der Pfeifer tat also das genaue Gegenteil einer Revolution, er kerkerte die Jugend und mit ihr die Zukunft ein. Während der liederliche, auch revolutions- und liederlustige Pöbel die schwarze Bastille oder den vergoldeten Kreml aus dem einzigen Grund belagerte und erstürmte, weil sie jahrhundertealte Zwingburgen der Tyrannei waren. Hörte man je noch so erboste und stößige Rinder aus rein geistigen Gründen einen Kuhstall erstürmen und die Marseillaise anstimmen, nur weil dort vorsintflutliche Mammuts revolutionäre Hähne eingesperrt hielten? Die großen Tugenden wie die abschreckenden Laster eines Volkshaufens, der im lang verhaltenen Zorn vor den Palast des Tyrannen zieht und mit der zurückgeforderten Freiheit auch die einbegreift, ihm den Kopf zu Füßen zu legen und ihm damit weitere Kopfschmerzen über seine ungebildeten Untertanen zu ersparen, finden sich weder bei einem Rudel Wölfe noch bei den fortgeschrittensten Ameisen. Nur in einer Beziehung ähnelt die geschundene und gejagte Majorität der Menschen der der Tiere: beide sind wehrlos gegen die gebildeten Zynismen und Negationen der Tierphilosophie, der Philosophie von der bestialischsten Bestie.

Die Majorität ist schon deswegen im Nachteil, weil sie fast nur negativ sichtbar wird. Ihre gewöhnlichen Tugenden sind viel zu allgemein, um noch bemerkt zu werden. Erhebt sich gar das Volk zum großen Hochzeitstag der Befreiuung, feiert es mit freimütigen Opfern Tod und Wiederauferstehung, so bleibt es doch bis zuletzt Aschenbrödel. Großen Herren und Helden, auch wenn sie Verräter sind und die Schlacht verloren, folgt doch überall hin das weiße Scheinwerferlicht. Ein Hitler ist immer gut sichtbar, er selbst stellt die Jupiterlampen auf sich ein, wenn es mit Donner und Blitz am höchsten bei ihm hergeht. Millionen Arbeiter und Bauern schuften derweil im Dunstkreis der täglichen Nöte, und diese geschundene Menschheit sehen wir nur wie durch einen bitteren Qualm. Wie leicht läßt sich eine Minorität idealisieren; die bessere Dienerschaft und Philosophie ist stets dazu bereit. Auf jeden Fall idealisiert sich jede Minorität selbst und am meisten dadurch, daß sie sich als Minorität ›im Namen des Volkes‹ hinstellt.

Dem ›Volk‹ wird von den Herrschenden die Fähigkeit, sich selbst zu regieren, abgesprochen. Es ist ja definitionsmäßig ›die Masse der nicht besonders Qualifizierten‹ (Ortega y Gasset). So definieren die Herrenphilosophen. Und der Faschismus folgt ihnen haarscharf in der Praxis; nur die Theorie mischt Sozialismus als Phrase ein. Die bürgerlichen Demokratien aber helfen sich aus der Verlegenheit, die ihnen der demokratische Begriff der ›Volkssouveränität‹ bringt, mit der inhaltlich ganz deutlichen Identifizierung von Volk mit Bürgertum. Die bürgerlichste aller Weimarer Parteien nannte sich ›Deutsche Volkspartei‹. Hitler ging hier nur noch einen herzhaften Schritt weiter, indem er die bürgerlichste aller Bürgerparteien als ›Arbeiterpartei‹ bezeichnete.

Nationalsozialisten werden mir entgegnen, kein Wort sei ihnen teurer als gerade dieser Appell ›zum Ganzen hin‹, der ›Volk‹ meint. In der Tat, Hitler, der unerreicht ist in wilden Vereinfachungen, spricht von nichts lieber als von ›seinem‹ Volk, das ihm Gefolgschaft leiste. Er identifiziert nicht nur alle Bürger (also alle, die etwas zu verlieren haben) mit Arbeitern (also mit denen, die nichts zu verlieren haben), sondern auch seine Partei mit dem Staat und den Staat mit Gefolgschaft und seine Gefolgschaft mit Volk schlechthin. Diese große eiskalte Lüge basiert nun zweifellos auf der Tatsache, daß eine Massenbewegung wie der Nationalsozialismus auch massenhaft ehrlich nach Sozialismus und Volksgemeinschaft strebende Menschen der unteren Klassen in sich birgt. Nur sind diese besten Elemente nicht dominierend, sondern lediglich Objekte für den ›Sozialismus‹ als Demagogie. Denn praktisch hat Hitler das Volk so völlig entmachtet wie keine deutsche Regierung seit Metternich. Das Volk hat davon auch den richtigen Instinkt — wie die zahllosen passiven Witze über Willkür und Despotie und andere Widerstände beweisen —, nur hat es, und auch darin ist es sehr ›Volk‹, dafür meist sehr falsche Gründe (wie die noch immer bestehende Tendenz verrät, Hitler persönlich von allen Verfehlungen auszunehmen). Nie, seit der Pöbel in der Posse ›weniger Brot‹ und ›höhere Steuern‹ schrie, gab es in Wahrheit eine solche lügenhafte Lage wie die heutige des Faschismus, wo das ›Volk‹ vor den Palast des Tyrannen zieht und im eingeübten Sprechchor brüllt: ›Geliebter Despot, wir fordern, daß du deine Macht noch eigenmächtiger erweiterst und uns noch rücksichtsloser knechtest. Wir wollen nicht mehr Brot und Freiheit, wir verzichten auch auf Butter, wenn du dir nur Kanonen und mehr Polizei zulegst!‹, und der Tyrann vom Balkon herabdonnert: ›Meine lieben, streng legalen Revolutionäre, ihr mutet mir Unerhörtes zu. Aber der Gott der Rasse und der Rache will es. Was ich nicht bin, bin ich durch euch, was ihr nicht seid, seid ihr durch mich. Es lebe die Revolution gegen die Revolution! Hände hoch, ich fordere Frieden! Hände runter, ich bewillige euch Kanonen und den Brotentzug!‹ Leider ist das keine Posse, sondern deutsche Politik. Der Propagandamystagoge, Goebbels geheißen, hat kürzlich einem jungen Dichter, Schumann geheißen, mit dem nationalen Dichterpreis versehen. Eines seiner Gedichte beginnt: ›Führer, knechte uns!‹ — Der Führer war gnädig, und knechtete ihn mit einem Preis.

Der Führer von Volkes Gnaden ist noch viel geschickter, das breite Volk in begeisterte Knechtschaft zu führen. Dem alten Spruch hat er neuen Glanz gegeben: Volkes Stimme ist Gottes Stimme. ›Hören wir — so ruft er — auf Volkes Stimme. Lassen wir das Volk über meine Allmacht abstimmen. Lassen wir es wählen, aber lassen wir ihm keine Wahl. Lassen wir es nicht schweigen, befehlen wir ihm, sich auszusprechen.‹ Wie leicht könnte in der Tat Volkes Schweigen zu Gottes Stimme werden!

Doch genügt es nicht, Hitler als Demagogen, das heißt als Verführer des Volkes abzutun. Was immer dieses Fremdwort bezeichnen soll (einschließlich einer Fülle anerkannt erfreulicher und sogar vernünftiger Dinge, wie: laut gegen eine schreiende Menge schreien, Fahnen schwenken, Trompeten blasen, fluchen und schwören, Trommeln rühren und Feuerwerk losbrennen), wenn der Faschismus Demagogie ist, dann ist Demagogie etwas so Ungeheuerliches und Unbekanntes, daß keine Aufklärung und Philosophie ihm an Wirkung auf die Gemüter der Menschen gleichkommt; geschweige denn, daß die beste Philosophie auch nur gegen Blechmusik aufkäme (man sage nicht mit Hegel, daß das auch nicht das Amt der Philosophie sei; denn auch Blechmusik ist etwas rein Geistiges). Mit andern Worten: wenn wir von ›Demagogie‹ sprechen, so erklärt das nichts; wir bezeichnen damit nur einen bestimmten Zustand irrationaler Berauschung einer Menge durch stundenlanges Reden und Vormachen, der rational nicht erklärt ist.

Offenbar ist das, was man immer als Demagogie bezeichnet, in Wahrheit Mystagogie. Denn unter Demagogen befanden sich nicht nur echte Revolutionäre und Propheten wie Jesaias und Lenin, sondern auch ein so unbezweifelter Heiliger wie Franziskus von Assisi. Es kommt also wohl darauf an, wer ein Volk aufwiegelt, und wofür er es aufwiegelt. Man kann ruhig Demagoge sein, vorausgesetzt, daß man Demokrat bleibt. Der Rest ist Mystagogie.

Was die Demokraten von ›Demagogen‹ unterscheidet, ist — nach einem denkwürdigen Wort des franziskanisch gelaunten Chesterton —, daß sie niemals ›weder sich noch andere mit der Illusion der Massensuggestion täuschten‹. Demokratische Demagogen übersahen nicht die Menschen vor lauter Masse. Sie übersahen nicht die Bäume vor lauter Wald. Sie alle sprachen nicht in den Wald hinein, sondern zu vielfältigen Bäumen. Ihre Redeweise war dramatisch sachlich und dramatisch persönlich, das heißt nicht soziologisch und nicht indirekt und nicht objektivierend, sondern direkt und menschlich und die Phantasie mit dem Verstand zugleich ansprechend. Sie ehrten alle Menschen mit dem Anspruch, sie die volle ungeteilte Wahrheit wissen zu lassen. Sie gaben damit zu erkennen, daß sie alle Menschen nicht nur achten und lieben, sondern daß sie die Wahrheitsliebe der Menschen höher achten als ihre Illusionsfähigkeit.

Wir sind jetzt in der Nähe des entscheidenden Unterschiedes zwischen Demokraten und Mystagogen oder zwischen Propheten und Magiern oder — um dafür Namen einzusetzen — zwischen Lenin und Hitler.

Man muß es in beider Werken nachgelesen haben und aus ihren Reden und Taten wiedererkennen, wie sie sich angesichts der Massen zur Wahrheit verhalten. Hitler hat in ›Mein Kampf‹ mit grenzenlosem Zynismus die Verachtung der Massen gepredigt und praktiziert, an die er sich wendet. Die systematische, monomanische Lüge als Propagandamethode, die Propaganda als Mystagogie, als bewußte Massenverwirrung und -berauschung, die Spekulation auf das kurze Gedächtnis und die Urteilsenge der Massen, auf ihre tiefe Denkmüdigkeit und irrationale Erregbarkeit am Abend nach einer Tageslast von 8 bis 10 Stunden kapitalistisch rationalisierter, abstumpfender und nach billigem Enthusiasmus hungrig machender Arbeit, das kalte Rechnen und Reden mit der immer naiven Glaubensbereitschaft und Hoffnungsfähigkeit des Volkes, die riesig gestaffelten Provokationsaufmärsche (die zugleich dem Geltungsbedürfnis der Massen entgegenkommen, wie sie ihrer Einschüchterung dienen), das alles sind typische Propaganda-Praxis-Methoden des Faschismus und sonderlich Hitlers, der sie ja selbst in seinem Kampfkompendium meisterhaft dargestellt hat.

Demgegenüber war Lenins Auffassung, wie er sie in Wort und Schrift und Tat vertreten hat, daß keine Wahrheit je zu teuer oder zu schwierig oder zu wahr sei, um sie dem Volk vorzuenthalten. Lenin hat geflucht, gehöhnt, gezürnt, überredet, frohlockt, bisweilen auch gelästert, aber nie gelogen. Er hatte den wunderbarsten Kontakt mit dem Volk und mit der Wahrheit zugleich; er hat nie geduldet, daß die beiden auseinanderfallen. Er hat an die Wahrheit geglaubt und die Wahrheit gewollt, weil er an das Volk glaubte, und hat dem

260

Volk die Wahrheit in sachlichster und kühner Meisterschaft der Rede mitgeteilt. Lenin hat die Masse nie mit aufwühlenden Gefühlen wild gemacht, den Krampf dieses Rauschs hat er gehaßt, aber er hat den Massen etwas unendlich Würdigeres vermittelt: Selbstbewußtsein und Erleuchtung des Ziels ihrer Selbstbefreiung.

Es wäre leider wahrheitswidrig zu sagen, daß die Sozialisten nicht verleumdet oder eingeschüchtert oder gelogen hätten. Die Hülle der Täuschungen, der verbrauchten Redensarten, aus denen die revolutionäre Wahrheit längst heraus ist, der raschen Zeitungsmache und Broschüren ist zuweilen furchtbar und beschämend. Nicht nur der Frieden, auch die Wahrheit sollte unteilbar sein. Mit vollem Recht erregt sich Ignazio Silone in seinem ›Brot und Wein‹ (einem Buch, von dem ich nicht die Fakten, wohl aber den Wahrheitsimpuls beurteilen kann) gegen eine unwahrhaftige Propagandamethode:

›,Warum heckst du solche Kniffe aus?'
,Man muß den Eindruck erregen, daß auch die Studenten zu erwachen beginnen', antwortet Bolla.
Spina verliert seine Ruhe.
,Wir sind nicht eine Partei von Friseuren', schreit er fast.
,Wir arbeiten nicht für den Schein. Für uns ist nicht wichtig, stark zu scheinen, sondern stark zu sein. Die Revolution ist nicht ein Kniff oder ein Zauberkunststück. Sie ist Wahrheit, nichts anderes als Wahrheit.'
,Wenn aber die Wahrheit entmutigend ist?'
,Sie ist immer weniger entmutigend als die ermutigendste Lüge.'‹

Man soll parteiisch für die Wahrheit sein, aber nicht die Wahrheit einer Partei unterstellen. Wir dürfen sagen, daß der Geist des Sozialismus ein wahrhaftiger ist und in seinen großen Wortführern die Liebe zum Volk und zur Wahrheit atmet, und daß der Geist des Faschismus und Hitlers getrübt ist von seiner unheimlichen Wahrheits- und Menschenverachtung.

Auch hier können wir nicht von Wahrheit und Lüge an sich sprechen, sondern müssen daran erinnern: materielle Inter-

261

essen bestimmen Wahrheit und Lüge. Nur wer an der materiellen Wahrheit interessiert ist, für den ist Wahrheit überhaupt ein kontrollierbarer Wert. Wir haben oben gesehen, daß die Arbeiterklasse an der Wahrheit wesentlich interessiert ist, denn um die Wirklichkeit zu verändern, muß man sie vor allen Dingen erst einmal richtig erkennen. Das Bürgertum ist aber als Klasse nicht interessiert an einer grundsätzlichen Veränderung der bestehenden Verhältnisse. Interessiert ist es hingegen an einer Stabilisierung seiner gründlich bedrohten Herrschaftsverhältnisse. *Darum* lügt Hitler, nicht weil er persönlich lügenhaft ist. Man kann also sagen, Hitlers Lügen sind aufrichtig gelogen, er ist ein fanatisch ehrlicher Mystagoge, er ist ruchlos aus Überzeugung. Dies ist auch der Grund seiner von den Massen noch geglaubten Aufrichtigkeit, seines oft spürbaren Ernstes und Zorns. Aufrichtigkeit gibt es überall, weil jeder Gedanke, der zu Massen spricht, eine soziale Basis hat. Die Lüge selbst hat eine soziale Basis in der Ambivalenz von Wahrheit und Irrtum des Kapitalismus sowohl als auch in der Ambivalenz von interessierter Blindheit und interessierter Wachheit der verschiedenen Klassen des Volkes und ihrer zahlreichen gegenseitigen Überschneidungen. Es kann also mit gleicher Aufrichtigkeit gelogen werden, bloß dadurch, daß man den allgemein herrschenden vitalen Vorurteilen Stimme gibt, wie die Wahrheit auch dann wahr bleibt, wenn sie eine interessierte ist.

Dies mußte zur Kritik der Aufrichtigkeit gesagt werden, nicht nur, weil Hitler immer noch auf Grund seiner ›psychologischen‹ Aufrichtigkeit geglaubt wird, sondern weil ein großer deutscher Professor, dem wir in diesem Buch schon begegneten, weil Karl Jaspers in seiner kürzlich erschienenen Nietzsche-Monographie die Aufrichtigkeit zum letzten und absoluten Kriterium der Wahrheit erhebt, was sie nicht ist.

Aufrichtigkeit (ein hier nicht weiter zu bestimmendes Stil- oder Gebärdenganzes) verrät nur, *daß* man, *aber* nicht *woran* man interessiert ist. Das gilt sonderlich für die Selbstidealisierung herrschender Minoritäten. Mit aller denkbaren Aufrichtigkeit bis zum Zynismus verkündet Spengler das Gewaltrecht des Kapitals und der großen Wirtschaftstiger, also die

Tatsache des Klassenkampfs. Er redet so, wie die Herren unter sich reden, hüllenlos, also vollkommen aufrichtig. So daß Hitler nun rein ideologisch gegen Spengler die Volksgemeinschaftsphraseologie mit um so größerer Aufrichtigkeit geltend machen kann, als sie aufrichtigen Bedürfnissen wirklicher Majoritäten entspricht und die emanzipierte Führerspitze sich auf der Basis und im Namen des ›Volks‹ geradezu ideal ausnimmt.

Was ist aber den Herren faktisch das Volk? Alle Despoten verstanden und verstehen unter ›Volk‹ die Gesamtheit der einfachen Menschen, sofern sie als ›Gefolgschaft‹ einer Führerkaste willig gehorchen und daher mit vielen schönen ›positiven‹ Eigenschaften gegen die nur negativ gesehenen, selbstbewußten, das heißt klassenbewußten soziologischen Massen, die durch Revolution zur Volksherrschaft drängen. Der Geheime Ministerialrat und Dichterfürst Goethe bekennt in einem Brief an Frau von Stein seine ›Liebe zu der Klasse von Menschen, die man die niedere nennt, die aber gewiß vor Gott die höchste ist‹. Das ist genau so aufrichtig gemeint wie der Nachsatz, der zeigt, was er am Volk liebt: Mäßigung, Bescheidenheit, Redlichkeit, Treue, Frohsinn, Harmlosigkeit, ›Dulden-Ausharren‹. Solches Volk war großen Herren freilich immer sympathisch.

Wie erscheint das Volk aber in Wirklichkeit? Wenn wir unter ›Volk‹ hier die Majorität verstehen, was für eine Größe ist das? Handelt es sich dabei um eine Quantität oder um eine Qualität, um eine Zahl oder um ein Wesen?

Wir wollen hier (im Anschluß an E. Conze) zwischen psychologischer und soziologischer Masse unterscheiden. Die psychologische Masse ist ein flüchtiger Haufe von Menschen aller Schichten, die nur durch ein vorübergehendes räumliches Beisammen und durch die Bindung an einen durch ›Prestige‹ wirkenden ›Führer‹ zusammengehalten werden. Beispiel: die großen Aufmärsche und Feste ›fürs Volk‹. Die soziologische Masse ist hingegen eine durch gemeinsame materielle und ideelle Interessen bestimmte Gruppenbildung, die wir Klasse nennen.

Die bürgerliche Massenpsychologie und Staatstheorie wirft

nun beide grundverschieden bestimmten Massen in einen großen Topf (ihre ›Nation‹ ist ein wahres Eintopfgericht). Freilich treten praktisch diese Massen nie gesondert auf und man
kann sie auch nicht wie biologische Arten separieren, obwohl
zahlreiche Zwischenformen die geschichtlich allein wirksamen
sind.

Als kapitalistisch bestimmte Reaktion wendet sich der Faschismus ausschließlich an die psychologische Masse, weil er
erkannt hat, daß hier die Illusionsfähigkeit der Einheit eine
größere ist und der psychologische Appell an Massenver-
sammlungen durch die großen volkstümlichen Prestigebegriffe
Ehre, Vaterland, Freiheit usw. einen unendlich größeren Elan
hat als der soziologische Appell an das Klassenbewußtsein.
Hitler glaubt nun, mit der Aktivierung der psychologischen
Komplexe des Volks auch die soziologischen Widersprüche
dieses Volks zu überwältigen, die Klassen rein vorstellungs-
mäßig ›abzuschaffen‹, auszureden und die Volksgemeinschaft
rein psychologisch und biologisch zu stiften.

Die Marxisten ihrerseits haben geglaubt, daß die Psychologie
in der Soziologie aufgehoben sei, da ja nach vulgärmarxisti-
scher Vorstellung die Psyche ein bloßer Reflex der ökonomischen Lage ist. Darum haben sie soziologisch und nicht
psychologisch appelliert. Der Erfolg war, daß nur die soziologisch scharf umrissene Gruppe der Industriearbeiterschaft
die Wahrheit dieses Appells wahrnahm und nun ihrerseits
den auch psychologisch wirksamen revolutionären Impuls
in ihre Versammlungen hineinbrachte. Die anderen breiten
Volksgruppen, besonders Bauern und Angestellte, deren Ar-
beitsverhältnisse einen viel weniger ausgeprägten Einblick in
die gesellschaftliche Realität gestatten und deren politischer
›Standpunkt‹ — wie bei den Bauern — deutlich älter placiert
ist oder — wie bei den Angestellten — schief zur Arbeiterschaft und gebückt zu den Herren steht, haben den großen
Ruf des Sozialismus zwar vernommen, ihn aber nur psychologisch und nicht soziologisch verstanden. So kam es, daß
Hitler der Arbeiterschaft nicht nur den ›Sozialismus‹, sondern
auch die Massen und die Revolution stehlen konnte.

Hitlers Stärke liegt also in der betonten Einseitigkeit, mit der er sich an die psychologische Masse wendet; deren Charakteristikum war das räumliche Beieinander in Riesenversammlungen, die psychologische Bindung an das Prestige des Führers und teilweise gemeinsame materielle Interessen. Leicht erkennen wir in dieser Charakteristik die Merkmale des Kleinbürgertums wieder. Die Schwäche des Kleinbürgertums ist Hitlers Stärke (von der Stärke des Kapitals — das ihm zugute kam und dem er heute zugute kommt—hier abgesehen). Wir sagten, Hitler verachte die Massen. Aber er versammelt sie doch so oft als möglich um sich? Hitler verachtet die Massen, indem er ihnen schmeichelt. Er versammelt sie besonders gerne in Berufsständen, die natürlich keine soziologischen Klassen sind, sondern bloße Rückständigkeiten, Erinnerung an vorkapitalistische Gesellschaftsformation. Die Berufsstände sind zwar im Zeitalter des Monokapitalismus eine Illusion, aber eine sozial wirksame Illusion (die übrigens bis in die sozialistische Gewerkschaftspolitik zurückwirkt, wo ›Metallarbeiter‹-, ›Holzarbeiter‹-, ›Angestellten‹-Verbände fungieren).

Hitler schmeichelt den Massen, indem er jeden ›Stand‹ (Arbeiter, Bauern, Unternehmer) als Hauptstand anspricht. Er schmeichelt ihnen auch durch immer stärkere psychische Massierung in immer größeren Versammlungsmechanismen. Die massenpsychologische Suggestion von ›demokratischen‹ Versammlungen (eine Suggestion, die auf unbewußten sozialen Interessen *innerhalb* der ›psychologischen‹ Massen beruht) wird auch dadurch in ihrer Wirkung nicht völlig aufgehoben, daß es großenteils kommandierte Majoritäten sind, daß der ›Führer‹ allein redet und lediglich die Zustimmungsschreie entgegennimmt, die Masse also bloß eine psychologische und akustische und optische Kulisse für den Führerkothurn abgibt. Aber wer zwingt denn die Massen zu applaudieren, wenn sie schon zum Erscheinen gezwungen sind?

Man kann zunächst sagen, die Menschen applaudieren dem Führerprestige, weil es keine größeren Menschenmassen gibt, die nicht den innersten Wunsch hätten, daß *einer* alles für sie tun möge, wenn schon etwas getan werden müsse. Mit andern Worten (die die populäre Erfahrung der katholischen Kirche,

der Heilsarmee wie jeder anderen Armee zusammenfassen):
sobald eine Menschenmasse sehr groß ist, ist sie auch groß
genug, einen Diktator zu haben. In solcher Übertragung sehr
verschiedener Massenwünsche auf einen sichtbarlich strah-
lenden Helden liegt etwas, das an das tief eingewurzelte Element melodramatischer Poesie im Pöbel rührt.

Zweitens werden derartige Stimmungen ›psychologischer‹
Massen nicht nur durch den Appell der unbewußt anwesen-
den *soziologischen* Gruppen bestimmt, sondern ihnen entspricht auch die Ambivalenz der großen Parolen ›Vaterland‹,
›Viel Feind’, viel Ehr’‹, ›Chaos‹, ›Disziplin‹, ›Zukunft‹, ›Frieden‹, ›Freiheit‹. Hitler holte aus der Masse immer die stärkste
Zustimmung heraus, wenn er den bewaffneten Frieden preist,
weil Frieden und die nicht näher definierte Freiheit (wessen,
wovon, wozu?) den wirklichen dauernden Massenbedürfnis-
sen *und* den momentanen Wünschen der Führerkaste entsprechen, die mit der Kriegsvorbereitung noch nicht fertig ist.
Grade an diesem Beispiel ist die Täuschung der ›Aufrichtigkeit‹ eine nahezu vollkommene. Jede der großen Ideen ist zugleich Phrase und ein Fanal, also zugleich sinnentleerter, be-
trügerischer Vorwand für Despoten *und* die Übertragung
echter Gehalte, mindestens echter Impulse der Massen auf
das Fetischwort.

Drittens ist jedes Menschenleben kein Ganzes für sich, ja im
Maße der allgemein zunehmenden Arbeitsteilung immer mehr
Stückwert, im millionenhaften Fall der Arbeitslosigkeit ein
geistiges Wrack, bloßes miternährtes Überbleibsel. Jedes Menschenleben ist also erfüllt von Möglichkeiten, sich irgendwel-
cher Wunsch- und Denkbilder zu erinnern, die ihm Ergänzung
durch und Anschluß an die grade stärkste, ihn sicherndste
und also sympathischste Zeitbewegung bringt. Denn für reale
Machtverhältnisse hat grade der kleine Mann eine gute Nase.
Diese seine Fähigkeit der Mimikry erhält noch eine geistige
Rechtfertigung durch die hundert privaten Vorbehalte, die er
der augenblicklichen Übermacht gegenüber anzubringen hat.
So etwa folgt auf das große, meist passive oder straßen-melo-
dramatische ›Ja‹ zu Hitler das vielfältige ›Aber‹ in sekundären Dingen daheim und geheim, das ihm später gestattet, in

irgendeinem Punkt der nunmehr erstarkten antifaschistischen Opposition zuzustimmen; denn was diesen Punkt betrifft, so ›hat er ihn schon immer vertreten‹. An der Seite der Herren marschiert und krakeelt es sich nun gewiß bequemer, als es sich unter der Fahne künftiger Empörer kämpfen läßt. Wer immer nur zustimmt und gehorcht, braucht sich wenig zu ändern. Wer mit verändern will, muß sich selbst wesentlich ändern.

Ein selten vorgebrachtes und weniger soziologisches oder moralisches als logisches Argument gegen die faschistische Minoritäten-Ideologie sei hier noch gestreift. Es gibt nur eine, nur *die* Majorität, aber es gibt beliebig *viele* Minoritäten. Die Herrschaft der Masse, des breiten Volkes, mag in Form demokratischer Wahlen ein plumpes Kriterium sein; es ist jedenfalls ein Kriterium. Militante Minoritäten hingegen, die sich zu Selbstherrschern ernennen, sind stets dem Kriterium der militantesten Minorität ausgesetzt. Die sogenannte autoritäre Staatsführung ist in Wirklichkeit die wenigst stabile und die ständig hysterische. Denn zumindest sieben ›Eliten‹ kämpfen unaufhörlich im geheimen um den ausschlaggebenden Einfluß, kämpfen zumindest um das Ohr des Diktators. Diese Kämpfe werden nach außen hin nur dadurch zeitweise maskiert oder unsichtbar gemacht, daß immer eine Gruppe momentan stark genug ist, der andern Schweigen aufzuerlegen. Das äußere Kennzeichen von Minoritäten-Rebellionen ist der *Putsch*, der Staatsstreich. In diesem Sinne neigt grade das ›prinzipiell‹ autoritäre Regime, das eine Revolution verhindern soll, zur Rebellion der ›Eliten‹ untereinander, also zur praktischen Anarchie. In Deutschland herrschen heute wechselseitig die Großindustrie, die Großgrundbesitzer, die Reichswehr, die Bürokratie, irgend eine radikale, dann wieder eine gemäßigte Parteigruppe usw., und alle üben ihren Einfluß durch das höchst labile Medium Hitler aus. Die Entscheidungen scheinen immer nur Hitlers Entscheidungen zu sein. In Wahrheit sind sie eine Komponente der ungemindert fortdauernden Cliquenkämpfe innerhalb der herrschenden Klasse. Einig ist diese nur im innenpolitischen Ziel (Unterdrückung des Volkes) und in der außenpolitischen Entspre-

chung dieses Willens (der Eroberungs- und Einschüchterungs-
politik). Das profaschistische Argument der Minoritätenherrschaft ist also ein (unecht) ›antifaschistisches‹.

Wir verteidigen hier die Majorität gegen die Minoritäten, die
eine wahre Monstrosität bilden. Wir nehmen Partei für
Däumling gegen den Riesen, für den Knaben David gegen
Goliath. Die Majorität ist gar nicht die brutale Mehrzahl (sie
ist überhaupt keine Zahl, sondern ein Wesen), sie ist kein
Heuschreckenschwarm. Sie ist etwas viel Subtileres und geradezu Flüchtiges: sie ist Jedermann, der große Unbekannte.
Der Knabe David ist Jedermann, irgendeiner, der Nächstbeste,
der vorübergeht. Erst im Moment der Herausforderung durch
das Monstrum Goliath wird David überhaupt sichtbar. Dann
aber ist er ganz, was er im höchsten Moment seines Wesens
ist: der wiedergefundene Mut eines ganzen Volkes.

Verteidigung der Majorität heißt nun keinesfalls Idealisierung der Majorität; wie andrerseits Verteidigung der Minorität immer auf Idealisierung der Minorität herauskommt. Die
Majorität ist überhaupt kein Problem der Zahl, grade weil
sie eine Unzahl bedeutet. Hat schon je einer die Beine ›der
großen Herde des Menschengeschlechts‹ gezählt im Gegensatz zu den ›Führern, Leitern und Beratern, als welche sämtlich die Aufgabe haben, dies in der Mehrzahl höchst unfähige
und verkehrte Geschlecht durch das Labyrinth des Lebens
zu führen‹ (Schopenhauer)? Grade weil die Majorität unzähl-
bar ist, weil sie nahezu unsichtbar ist, sieht man sie in der
Einheit und Nullität eines Tausendfüßlers. In diesem Moment aber der höchsten Täuschung, die der faschistischen
Überschätzung biologischer und zoologischer Vergleiche entspricht, offenbart sich das wüste Denken der ›Führer, Leiter
und Berater‹, der Wirtschaftsführer, Minister und Philosophen. Es ist bequem, vom Volk als von einem Organismus zu
sprechen, aber es ist niederträchtig falsch. Kein Volk befindet
sich heute im funktionalen Gleichgewicht eines Tiers. Das
Volk ist kein Tier. Die Minorität ist kein Hirn oder Magen
zu den mehrheitlichen ›Gliedern‹ des Volks, wie die in jedem
Betracht faule, heute faschistische Fabel des Menenius Agrip-
pa meint. Der Mensch ist auch als Zweifüßler kein Tier, und

fünfhundert Menschen zusammen machen keinen Tausend-
füßler.

Nicht einmal die Masse des ›unteren Volks‹ ist eine einheit-
liche, die sich den oberen Klassen kompakt entgegenstellen
ließe. Ginge das, wäre freilich die Revolution ein Kinderspiel
zwischen dem riesigen Heerlager der Majorität und einem
Festungsturm der Minorität. Es wäre ein reines Zeit- und
Zahlenproblem. Das Spiel ist aber ungeheuer viel gemischter.
Quantitäten fallen erst ins Gewicht durch ihre Potenzierung.
Potenzierung heißt im gesellschaftlichen Leben *Organisation*,
Zusammenfassung von Willen und Bewußtsein. Mit dem Begriff der Organisation aber (dem eigentlichen Gegenbegriff
zum ›Organischen‹, der Harmonie grade dort vorausgesetzt,
wo Unnatur und verkehrte Verhältnisse *herrschend* sind) befinden wir uns inmitten des schwierigsten politischen Problems unserer Tage, nämlich nicht nur Massen zu ›organisieren‹, sie räumlich zu versammeln, sondern die wirkliche
Majorität des Volkes zum Bewußtsein und Willen seiner wirklichen Interessen zu bringen.

Hitler hat unbezweifelbare Majoritäten in Mammutorganisationen und Veranstaltungen versammelt. Er hat die Massen
räumlich organisiert, ›organisch‹ organisiert nach völlig ungleichzeitigen, disparaten Ständen, als wäre der Finanzkapitalismus von 1936 die Burg- und Markgenossenschaft von
1300. Hitler organisiert die Massen, indem er sie desorganisiert; er desorganisiert ihren Willen und ihr Selbstbewußtsein.
Unter dem Vorwand, die Klassen aufzuheben, verewigt er sie
als ›Rassen‹. Die Aufspaltung des Volks unter ›rassisch und
sozial Minderwertige‹ und ›rassisch und sozial Höherwertige‹
bis zur ›überwertigen‹ Führerkaste erinnert dabei noch mehr
an Hinterindien und China als an das deutsche Mittelalter,
von germanischer vorgeschichtlicher Gentilfreiheit hier ganz
zu schweigen. Hitler tut, als seien ›aufgenordete‹ Kapitalisten
keine, sondern — Wikinger.

Hitler prätendiert die Aufhebung der sozialen Widersprüche,
will aber ihre ökonomische Grundlage nicht nur unverändert
lassen, sondern sie im Sinne des Monopolkapitals ständig
verbreitern. Darum kann er den Klassenkampf nicht dyna-

misch, nicht historisch überwinden (indem er nämlich bis zur neuen Ordnung durchgekämpft wird), sondern nur durch statische Diktatur der alten Mächte psychologisch ›überwinden‹ und praktisch vereinseitigen, und dies mit Hilfe von Ideologien, die aller wissenschaftlichen Erfassung der Wirklichkeit, die aller Wahrheit widersprechen. Das Ende des Wahns und der Wahnbetörten ist abzusehen, aber nicht das Elend. Hitler hat die Massen versammelt, aber am falschen Ort; er hat sie in Bewegung gesetzt, aber auf ein fürchterliches Ziel; er hat sie ›national‹ gemacht und uniformiert auf Jacke wie Hose, auf ›Heil Hitler‹ und ›Juda verrecke‹; er hat sie in Raserei gebracht, er hat sie grenzenlos verwirrt gemacht. Einem Volk vorzulügen, daß es eine soziale und nationale Revolution hatte, ihm dann einen hysterischen Judenhaß und größenwahnsinnigen Imperialismus zu predigen und derweil den versprochenen Sozialismus den alten Mächten, den Bankiers und Kanonenfabrikanten, den Generalen und Generaldirektoren anheimzustellen, ein solches Volk fühlt sich verraten und verkauft.

Aber auch irregeführte, betrogene Massen, die einfach nur leben wollen und die dem Leben gegenüber einfache, direkte Grundsätze vertreten (und fast nie ›dialektisch‹ denken), bewähren doch, obwohl ihnen ihre wirklichen Fehler von den Mystagogen als Tugenden gepriesen werden, durch ihren bloßen Lebenswillen ihre wirklichen Tugenden, nämlich auch sozial keine Ruhe zu geben, wo die nationale Unruhe zur ersten Bürgerpflicht geworden ist, soziale Demagogie wörtlich zu nehmen und an soziale Freiheit und Gerechtigkeit unbeirrbar zu glauben. Der unwahrhaftig gewordene ›Idealismus‹ der herrschenden Klasse ist heute drauf und dran, die Welt mit Gas und Brand zu bedenken. Der naive ›Materialismus‹ der Massen aber rettet die Welt samt ihren Idealen und Philosophen. Einzelne Gute gibt es immer und überall. Die selbstverständliche Art mancher wohlhabender und wohlmeinender Helfer in der Not ist oft wunderbar. Aber nichts ist so wunderbar wie der Wunsch der Armen, sich selbst und damit uns alle zu retten.

Während die Philosophen des Kapitals Wahrheit und Vernunft verraten und die Philosophie barbarisieren, um eine verjährte Millionärsherrschaft zu rechtfertigen, während die Herren der Wirtschaft herrischer denn je die Früchte der Wirtschaft usurpieren, die ›Führer‹ das Volk in die Wüste des Krieges führen und sich anschicken, die Erde samt allen Menschenkindern und Tieren und Pflanzen zu verwüsten, — sorgen die ehrlichen Millionen für unser aller tägliches Brot, pflügen und säen, stanzen und fräsen, führen die Züge, bauen die Häuser, graben die Erze und Früchte der Erde, tragen die ganze Last und Bürde der schweren Erde, und bluten und schweigen und wissen ihren Namen noch nicht überall.

Ihr Name aber ist nicht ›Majorität‹, nicht Herde und nicht Klasse. Ihr Name ist Menschheit, heißt Tod und Geburt. Sie alle sind Adam Kadmon: der erstbeste arbeitende, bierdurstige und paradiesstiftende, der ganz erstaunliche Mensch, auf dem die Welt beruht.

Nachträge zum 16. Kapitel

1

Es gehört zum polemischen Charakter dieses Buches, Teilfragen, die wirklich selber ein ganzes Buch verlangen, der Grundthese zu kurz zu unterstellen. Oben heißt es richtig, daß der autoritäre Staat auch in das Privatleben hereinpfusche und daß es gerade der Kapitalismus selber sei, der die Familie eigentlich zerstöre. Dennoch muß zugegeben werden, daß zumindest in der Phase des noch halbwegs liberalistischen Deutschland manche großbürgerlichen Familien humanistisch genug geprägt waren, einen gewissen Schutzraum gegen die Unduldsamkeiten der Gesellschaft zu gewähren. Der Vater, im Berufsleben ein ziemlich großes Tier, war daneben ein gebildeter Mann. Praktisch herrschte die Mutter in der geräumigen Vorort-Villa nicht nur fraulich zuhause vor, sondern sie entschied fast alle außer direkt finanzielle Fragen. Einer begabten Tochter und dem träumerischen Sohn wurde nicht nur ein Abstand zu, sondern Widerstand gegen die Gesellschaft, ja gegen

die eigene Familie eingeräumt. Solche Abständigkeit und Fähigkeit, wider die Regeln der Umwelt zu denken und sich zu entwickeln, ohne sich dabei zu ruinieren, ist heute noch schwieriger, dabei aber grade auch in Amerika weiter verbreitet. Dagegen leiden mit allen anderen auch die Kinder der privilegierten Schicht in Sowjetrußland die verschärfte Diskrepanz zwischen Ideologie und Wirklichkeit. Es handelt sich eben nicht, wie es in meinem Text hieß, um ›zur Norm gewordene Kollektivität und Vergesellschaftung der Arbeit.‹ Denn immer noch herrscht besonders auch im Staatskapitalismus das Zwangsverhältnis zwischen gesellschaftlich notwendiger Arbeit und Mehrwertproduktion, die auf Ausbeutung der Arbeiter und Bauern beruht, nur abstrakt der ›klassenlosen Gesellschaft‹, praktisch dem Militär, der Staatsbürokratie, wohl aber auch der recht entwikkelten Wohlfahrt zugutekommen. Solche ungesunde Basis erzeugt neue Familienzwiste.

2

Gerechtigkeitsgefühl drängt mich dazu, anläßlich des sprichwörtlichen homo homini lupus (der Mensch ist dem Mitmenschen ein Wolf) zur Revision der Natur des Wolfes etwas anzumerken. Das zweifach bösartige Wort stammt aus dem Vokabular des englischen Frühkapitalismus und wurde von Hobbes zu dessen Gunsten dahin ausgenutzt, dem Handelsstaat gegen die Feudalfürsten oben und dem Pöbel unten eine Art Tierbändigerrolle zuzusprechen. Inzwischen haben sich wirkliche Wölfe in Nord-Kanada eigentlichen Naturforschern und -hegern als gradezu mustergültig gesellig untereinander und eben nicht ›wölfisch‹ erwiesen. Im Sommer halten sie sich ausschließlich an Feldmäuse und andere Nagetiere, im Winter an alte oder kränkelnde Nachzügler der Rentierherden. Erst wenn Wölfe systematisch dem wirklichen Ausrottungstier homo bestialis in Form von Lust- und Prämienjägern begegnen, resultiert was französisch am besten ausgedrückt ist:

Cet animal est très méchant,
quand on l'attacque il se défend.

3

Intellektuelle Redlichkeit gebietet an dieser Stelle, in Fragen eigentlicher Volksentmachtung zumindest Stalin geschichtliche und moralische Priorität zuzuschreiben. Die besonderen Greuelmaßnahmen in Rußland entsprachen dabei weniger als bei Hitler einer persönlichen Psychopathologie, sondern dem abstrakten und verabsolutierten Akkumulationszwang eines verspäteten Staatskapitalismus, der die schrecklichsten Opfer des Volkes nicht scheute, in Gewaltsprüngen von einer Serie von Fünfjahrplänen krampfhaft das nachzuholen, ja zu überholen, was dem westlichen Kapitalismus einschließlich seiner immerhin gewährten Bürgerrechte in hundert Jahren gelungen — breite Kapitalakkumulation und Technologisierung des Produktionsapparats.

4

Im Text hieß es hier: . . . ›denn auch Bismarck ist etwas rein Geistiges.‹ Ein verquerterer Druckfehler ist mir nie begegnet, indem es heißen sollte: ›. . . denn auch Blechmusik ist etwas rein Geistiges.‹ Kein Druckfehler kann schlimmer sein als einer, der genau ausbuchstabiert, nicht etwa einen Blödsinn, sondern Quersinn ergibt. Das ›geistige‹ Wesen der Blechmusik geht klar aus den Marschgesten der Triumph- und Trauermusik hervor.

5

Lenins gradezu religiöser Glaube an was er die ›Allmacht der Marxismus‹ genannt (weil er ›wahr‹ sei — als sei Wahrheit ein Fixum und kein selber widerspruchhaltiger Prozeß) verführte ihn zwar nicht zu Ekstasen faschistischer Volksaufhetzungen, wohl aber zu sachlich widersprüchlichen Weisungen und Handlungen. Des weiteren bleibt zu sagen, daß Lenins durchgehaltener Elan revolutionär, die Überzeugung, nichts könne funktionieren, ohne daß er Befehlsgewalt habe und durchsetze, durch personale Intensität eine Gültigkeit vortäuschte, die ihm an inhaltlicher Breite und auch an einfachem Wohlwollen für bewährte Genossen, wenn sie einmal anders denken, eigentlich abgingen. Ob er wirklich und für die Dauer mit dem unteren Volk echte Fühlung hatte und nicht nur eine abstrakte, theoretisch vermittelte Führerrolle, mag hier offenbleiben.

17. Kapitel   Lob des Mutes des individuellen Mannes, der guten Kameradschaft und Moral

Ein Märchen, von dem ich alles vergessen habe außer seiner Moral, entschied die Frage, wer soll künftig König sein? mit einer märchenhaften Weisheit und Zuversicht: — der erstbeste, der am frühen Morgen durchs Stadttor kommt, der soll König sein.

Diese Fabel fiel mir ein, als ich das vorige Kapitel abschloß. Wer ein rechter, über Märchenromantik ›erhabener‹ Revolutionär ist, mag sich eher an den bekannten Satz von Lenin erinnern: ›Jede Köchin wird künftig imstande sein, den sozialistischen Staat zu regieren.‹ Schließlich besagt dieser Satz nichts anderes als das Märchen. Der erstbeste, der vorübergeht, der ›Mann auf der Straße‹, ist sicher nicht der Beste des Landes, aber er ist gut genug, einem guten Lande König zu sein. Nicht die Ausnahme, die Regel soll regieren. Tatsächlich beherrscht die Köchin doch immer das Haus.

Wir haben hier der Achtung vor jener flüchtigen Form kollektiver Menschheit das Wort geredet, die die meist und best verachtete ist. Sicher gibt es noch andere Formen (außer der oft Furcht erregenden und pantomimischen Lebensäußerung des Pöbels), an denen wir den Zustand und die Gesundheit eines Gemeinwesens erkennen können. Denken wir nur an das zähe, betont konservative Kollektivwesen, das wir gemeinhin als Konvention bezeichnen. Viele von uns würde wohl das Resultat einer Analyse überraschen, nämlich diesen so unbesehen geschmähten Pöbel als den Hauptträger der Konvention zu entdecken (während die rasch wechselnde Mode in Kleider- und Weltanschauungsfragen viel mehr Sache der Besitzenden ist). Kompliziert wird aber der Fall ›Pöbel‹ erst durch jene höchste Rechtfertigung eines jeden volkstümlichen Instinktes, der in der Sache ebensooft recht wie in den Begründungen unrecht hat, und den wir *Glauben* nennen.

Die verbreitetste Art des Glaubens mag in Wahrheit Aberglauben sein. Aber selbst noch im vielfachen Aberglauben des Pöbels steckt etwas von jenem Glauben, der nicht zuschanden wird, und den der Pöbel in Form der Religion dem Universum, in Form der populären billigen Romantik (auch ›Kitsch‹ gescholten) der Kunst, in Form des Patriotismus der Heimat und in Form der Revolution seiner republikanischen Glückseligkeit entgegenbringt. Erinnern wir uns, daß jede Ostermesse mit dem Halleluja, einem wahren Freudenschrei endet, jedes Detektivmärchen in Film und Dreigroschengeschichte in einem Jüngsten Gericht kulminiert, jede patriotische und revolutionäre Feier mit einer Hymne und oft mit einem Freudenfeuer aufhört, die mit Trompeten und Raketen bis zu den Sternen zielen. Erst dann verstehen wir etwas von der Latenz und Intensität des Glaubens, den das Volk glaubt, und der in Wahrheit mit Theologie und Literatur und Nationalismus und Soziologie wenig zu tun hat. Das Volk neigt sich vor einem Heiligen, es ehrt im Wildwestfilm den schuß- und kußgewaltigen Reiterhelden, es achtet Soldaten in jeder Form, selbst ohne Uniform (ja sogar Bleisoldaten, während es mit einer Schachtel Paneuropäer wenig anzufangen wüßte). Echten Rebellen, die das Volk lieben und es am Despoten rächen, begegnet es mit Liebe und Opfermut. Aber noch nie sah man das Volk sich vor einem Professor der Volkswirtschaft verbeugen; Bonzen aller Sorten und Grade verachtet es, für Elite-Literaten hat es beklagenswert wenig Verständnis und für den Klerus oftmals sehr böse Witze übrig. Kurz: im Heiligen und Helden und Soldaten und Rebellen ehrt das Volk den persönlichen Mut, während bloße Vertreter von Institutionen es höchstens einschüchtern.

Kampf ist keine rein geistige und Mut keine rein körperliche Sache. Man spricht zwar von der hohen Sendung und Schule rein geistiger Waffengänge. Aber der Verdacht liegt nahe, daß es sich dann um platonisierende oder theatralische Schwerttänze handelt, die die wahren Kampf-Tendenzen und -Motive verhüllen. Aber es gibt *stellvertretende* geistige Kämpfe, etwa zwischen Zwingli und Luther, zwischen Voltaire und Rousseau, zwischen Hegel und Schelling, zwischen Chesterton und Wells, die mehr als Mönchsgezänk um doktrinäre Nuancen oder persönliche Rivalitäten sind. Der Kampf spielt sich nur in so erhobener Sphäre ab, daß seine ursprünglichen Gründe nicht mehr (oder noch nicht) sichtbar sind. Heute sind nun dank jener kämpfenden und universalen Soziologie, die gemeinhin Marxismus heißt (und daher den meisten unbekannt ist), die praktischen Ziele und Motive auch theoretischer Kämpfe namhaft gemacht worden. Heute wird von uns nicht länger ins Blaue und Allgemeine geschossen. Jeden Feind gehen wir gesondert an, in jede Sache sachlich hinein. Es gibt nicht einmal einen rein ›prinzipiellen‹ Marxismus militans, der nicht prinzipiell ›rein‹ wäre von Kampf, von Triumph ganz zu schweigen.

Der Sozialismus ist nicht nur eine Theorie von der Selbstbefreiung aller Unterdrückten, er ist auch keine bloße Gegengewalt, keine Beraubung der Räuber. Gewiß hat der Sozialismus Theorie und Gewalt; aber *ist die Theorie ein Streben zum Ziel, ein Leitstern und Kompaß, ist die Gewalt das Mittel, so ist der Glauben die einzige Sanktion.*
Erkenntnisse werden meist polemisch, und das heißt im positiven Fall dialektisch gewonnen, und daher sind Polemiken wichtig und interessant. Ich fürchte nicht, hier offne Türen einzurennen, wenn ›drinnen‹ wenigstens offen diskutiert wird. Erfreulicherweise gibt es nur noch wenige so ›marxfeste‹ Marxisten, die sich weigern, moralische Faktoren anzusehen. Stolz darauf, der Avantgarde anzugehören, aber zu simplistisch auf ›Praxis‹ versessen, um praktisch zu sein, vernachlässigte man genau das, was jeder gute Soldat die Moral einer Truppe nennt. Was Engels die ›proletarische Zukunftsmoral‹ nennt, ›die in der Gegenwart die Umwälzung der Gegenwart, die Zukunft vertritt‹, blieb eine Lehre ohne Praxis, ohne praktischen Elan. Man vergaß, daß man zwar ohne Moral kämpfen kann, daß es aber fast unmöglich ist, ohne Moral zu siegen.

Eine ›Kritik noch und noch‹ an den faschistischen Ideologien, wie sie von manchen Marxisten unermüdlich gefordert und praktiziert wird, tut es allein eben leider nicht. Die Erfahrungen der letzten Jahre sollten diesen allzu intellektuellen Optimismus, als sei im Logos jeglicher Elan aufgehoben, etwas erschüttert haben; wie ich persönlich auch zweifle an der entsprechenden Behauptung der Psychoanalyse, daß sie den unbewußten schädlichen Komplex durch den reinen Bewußtseinsakt auflösen könne. Das analoge Verhalten weniger der Schule als vieler Schüler des dialektischen Materialismus scheint mir eine grade dialektisch nicht erlaubte Isolierung und Idealisierung der Methoden, die immer noch für wichtiger und wirklicher genommen werden als die Dinge und Menschen. Es gibt eben hier einen sehr kritisch-dialektischen Sinn, in welchem die marxistische ›Real‹-Politik sich als halsstarrig irreal erwiesen und der ›Marxist‹ sich oft wirklichkeitsfremder als ein fanatischer Faschist benommen hat. Der Marxist ist in gewissen Dingen dümmer zu nennen, weil es seine Aufgabe wäre, klüger zu sein. Es ist wirklichkeitsfremd, jegliches ›Irrationale‹ von vornherein als kapitalistische Verhüllung anzusehen, als gäbe es keine verhüllten Dinge auch ohne Kapital. Es ist borniert, die ökonomische Offenbarung als die allein revolutionsseligmachende anzusehen, alles Ideologische darüber und das Moralische darin lediglich als Kategorien der Verhüllung gelten zu lassen ohne jede latente weiterreichende Wahrheit. Nicht jeder ›mystisch-idealistische Rest‹ ist aber einfach ›marxistisch-leninistisch‹ aufzulösen, und zwar deswegen nicht, weil das oftmals gar keine Reste, keine rückständigen Trugbilder sind (Reste wovon?), weil es sich dabei vielleicht um gar kein Quantum handelt, sondern um ein Wesen, um eine noch unerkannte Qualität. Nicht jedes Geheimnis ist daher Blödsinn minus Ausbeutung. Nicht alles ist der marxistischen Reduktion gleich zugänglich oder auch nur gleich bedürftig. Gewiß gibt es die großen ökonomischen Schlüsselprobleme, und keine Analyse soll uns hier genau genug sein. Die wissenschaftliche Erfassung der Bewegungsgesetze der Natur und Gesellschaft tritt aber nur dort wirksam in Gleichung, wo es sich um adäquate Größen handelt. Es gibt nicht nur ältere Wahrheiten, die wahr blieben, sondern darüber hinaus zahllose neue Fragen und Aufgaben, an die wir uns mit frischen Nerven und Entdeckerglück heranwagen müssen. Mit einem knappen, unzweideutigen Satz hat Lenin dieses ›Überschuß-Problem‹, wie es Ernst Bloch fast als neue Kategorie bezeichnet, zugelassen: ›Der kluge Idealismus ist dem klugen Materialismus näher als der dumme Materialismus.‹

Auch Phantasie ist eine Art Schlüssel, das Verborgene aufzuschließen. Es gehört nun sehr wenig Phantasie dazu, jenen praktischen Idealismus richtig zu verstehen, den wir die gute Moral einer Truppe nannten. Dabei handelt es sich nicht um eine mehr oder weniger reglementierte Parteimoral, die gut und schlecht sein kann, die mehr oder weniger verpflichtend wirkt, die mehr oder weniger mit dem überall gebräuchlichen Sittenkodex zusammenfällt. In gewissem Sinne meinen wir damit das Gegenteil alles dessen, bestimmt das Gegenteil eines Exerzierreglements, nämlich die *Kameradschaft*. Das ist jener Geist, der überall, wo sich Menschen in gemeinsamer Gefahr oder Freude zusammenschließen, als Unterton der Solidarität mitschwingt. Ich gebrauche das Wort Kameradschaft mit Vorbedacht in seinem ursprünglichen soldatischen und demokratischen Sinn, der etwas streng Sachliches und fast Unpersönliches hat. Ich meine also mit diesem Wort weder Ehe noch Flirt noch Männerfreundschaft noch Klubgeist. Kameradschaft bricht den Hochmut des Individuums gerade in besonderen Situationen: sei es im Wirtshaus, auf dem Schiff oder auf der Barrikade. Das Wort Kameradschaft umfaßt einen manchmal frohlockenden, öfter aber heulenden und zähneklappernden Wunsch, getrennte Seelen wenigstens in eine physische, förmliche Übereinstimmung zu bringen. Es ist oft unausgesprochenes, immer aber feuriges Bekenntnis zur Gleichheit vor etwas Absolutem: wir alle sind nicht nur im Wirtshaus, auf See und auf der Barrikade, sondern auch über den Durst hinaus durstig nach Brüderlichkeit, seekrank und in freiwilliger Todesgefahr für die Freiheit. Kein Mann soll unter Männern über Dinge erhaben sein, die allen Männern gemeinsam sind. Das ist die hohe demokratische Idee der Kameradschaft.

Eine Einschaltung sei gestattet: sobald Frauen anders als Gefährten dabei sind, wird die Sache wesentlich komplizierter. Es entstehen dann nämlich sofort Männerrivalitäten, die in bezug auf Frauen immer ein feurig ausgesprochenes Bekenntnis zur Ungleichheit herausfordern, und die also in diesem vitalen Punkte der Kameradschaft entgegenstehen. Darum nannte auch Hegel die Frau ›die ewige Ironie des Gemeinwesens‹, und Chesterton wurde noch deutlicher, wenn er sagte: ›Es gibt nur drei Dinge, die Frauen nicht verstehen können: Freiheit, Gleichheit, Brüderlichkeit‹. Männer reden ›zur Sache‹, also sachlich und gleichheitlich, Frauen aber immer ›zu Personen‹, also persönlich und mit Unterschieden; was gewiß eine der weiblichsten Tugenden, nur keine sehr demokratische ist.

Kameradschaft leidet keine Rivalität, aber liebt Wettbewerb. Kameradschaft anerkennt spezialistische Einordnung als Arbeitsteilung. Kameradschaft wahrt eifersüchtig Disziplin und verabscheut Anarchie. Disziplin aber heißt nicht Knechtschaft und nicht blinder Gehorsam. Disziplin heißt einmal disziplinierte Diskussion zwischen inoffiziell Gleichen und dann Einordnung in offizielle Ungleichheit ohne weitere Diskussion.

Damit sind wir bei der Frage, die wir hier im Kapitel über Bürokratie und Militarismus bereits erwähnten. Am klarsten hat sie vielleicht Silone zu beantworten gewußt:

›Unsere Liebe, unsere Bereitschaft zum Opfer und zur Selbstverleugnung bleiben unfruchtbar, wenn sie abstrakten und nichtmenschlichen Symbolen gewidmet sind. Sie tragen nur Früchte, wenn sie in die Beziehungen mit unseresgleichen hineingetragen werden. Die Moralität kann nur im praktischen Leben gedeihen und blühen.
Wenn wir unser moralisches Gefühl anwenden auf die Unordnung, die rings um uns herrscht, werden wir nicht untätig bleiben und uns mit der Erwartung einer außerirdischen Welt trösten können. Das Übel, das bekämpft werden muß, ist nicht jene traurige Abstraktion, die man den Teufel nennt: das Übel ist all das, was dem Menschen den Menschen entgegenstellt . . .‹

tiker kritisierten die Kritik von Kritikern, Wir redeten gar nicht so sehr wie Männer im Wirtshaus ›zur Sache‹, und schon gar nicht persönlich ›zu Personen‹. Dazu waren wir viel zu marxistisch gelehrt. Wir waren zu gelehrt, um zu lehren.

Wir sprachen jedenfalls nicht als Kameraden zu möglichen Kameraden. Wir diskutierten, das war kameradschaftlich gemeint. Aber wir diskutierten von oben herab, von der fix und fertigen Terminologie her, ja vom Parteibüro her; und das wirkte zumindest unkameradschaftlich. Entspricht die marxistische Sprache auch der proletarischen Avantgarde, so trifft sie unvariiert doch nicht den zeitlich älteren Bauernton und redet am Kleinbürgertum vorbei. Nun ist es ein uraltes Gesetz jeder Diskussion und Kameradschaft, daß man sich mit einem wesensverschiedenen Menschen überhaupt nicht auseinandersetzen soll, falls man sich nicht auf *seiner* Ebene mit ihm auseinandersetzen kann. Man kann die Diskussion unterlassen und irgend etwas anderes Reelles tun, um ihn zu überzeugen, zum Beispiel auch ohne Mandat seine Interessen vertreten, oder erst den Freund des Freundes überzeugen und dann den Freund mitnehmen. Nichts entfremdet die proletarische Avantgarde mehr der Majorität der Bauern und Kleinbürger, als daß sie die *ökonomische* Rückständigkeit der Bauern und Kleinbürger zusammen mit der ideologischen auch als *moralische* Rückständigkeit traktiert; ausgesprochen als Beschimpfung oder unausgesprochen im Ton. ›Bauern und Kleinbürger — berichtigt Ernst Bloch einen Fall — sind keine Kinder, sie haben keineswegs dies unzeitige Anderssein, doch ganz fehlt der Unmut hochfahrender und übereilender Erwachsener ihnen gegenüber nicht.‹

Menschen hassen und kämpfen am erbittertsten, sobald sie blitzartig erkannt haben, daß der Gegner gleichzeitig ein uralter Feind und ein ewig Fremder ist, daß der Vorgeruch des Todeskampfes herrscht. So sollten wir uns nicht künstlich entfremden und das gemeinte Bündnis dadurch ungewollt sabotieren, daß die Fremdheit der Sprache uns als Feindschaft ausgelegt wird. Wir besänftigen ja nicht die Feindschaft gegen den Hauptfeind, sondern nur die falsche Fremdheit der Verbündeten. Wir sagen auch nicht, es sei ein Unterschied der

Charaktere oder der Rasse oder der Religion (oder von zwei Arten, areligiös zu sein). Sonst könnten sich die Leute in endlosen Debatten und in gegenseitiger Absolution über ihre Dogmen und Sünden ergeben. Wir könnten uns dann ›rein menschlich‹ auf einem neutralen Boden näher kommen und einander freundlich auf den Flecken an der Krawatte aufmerksam machen. Aber in jedem Augenblick des so preisgegebenen Alltags, der die Menschen mit den konkreten Trägern ihrer bedrohten Existenz konfrontiert, erinnern sie sich haßerfüllt ihres sozialen Gegensatzes, erinnern sie sich ihrer Unmenschlichkeit und befürworten das Todesurteil. Aber es ist ein Todeskampf über die Bedeutung des Lebens.

Was sind unsere Fahnen in diesem Kampf? Es sind solche Bilder und Parolen, die keine Ruhe geben, auch wenn sie aus der Vorzeit stammen und an die relativ menschlicheren Zustände der Gentilwirtschaft, ja des Feudalismus erinnern. Um nur ein schlagendes Beispiel zu nennen: sind nicht etwa Hammer und Sichel deutlich *vorkapitalistisches* Werkzeug und symbolisieren doch die *nachkapitalistische* Republik der Werktätigen? Welcher Überschuß wirkt in diesen Symbolen fort? Sind diese und viele andere Bilder wirklich überlebt, die nicht einmal der revolutionären Epoche des Bürgertums entstammen, sondern viel älteres Erbgut sind? Sind die Glücksbilder des Märchens vom Paradies auf Erden, vom Schlaraffenland, von Thule Traumland lauter Harmoniebilder inmitten des Kampfes, ganz vergeblich und vergessen? Kein Zweifel, daß sie unvergessen fortleben und selbst, wenn sie nicht unmittelbar am gegenwärtigen Kampf teilnehmen, doch auf das *Ziel* jeglichen Kampfes weisen. Das aber heißt Frieden und die ›freie Assoziation der Individuen‹ (Engels) .

Es sind solche Urbilder, die sich aus der Urzeit unfehlbar in die Zukunft fortsetzen, um als Signale der Hoffnung und des hochgemuten Glaubens jenes schmerzliche Sehnen nach einer besseren Menschheit wachzuhalten, ohne daß es überhaupt zu keinem letzten Gefecht kommt. Menschen sterben nicht um eines Produktionsprogramms willen, nicht für ›Realpolitik‹. Regierungen und Generalstäbe kämpfen um Wirtschaftsbelange und Einflußsphären, — falls man die bürokratische, rechnende, redende, paktierende, versteckte Tätigkeit dieser Apparate als ›kämpfen‹ bezeichnen kann. Regierungen kämpfen offenbar ebensowenig wie Bankiers. Auch der Kapitalismus kämpft nicht, sondern läßt für sich kämpfen. Er kauft Kämpfer. Diese Kämpfer kämpfen aber nicht für den Sold des Kapitals, nicht für den ›Kapitalismus‹, sondern gegen etwas, was sie als Bedrohung ihrer ›heiligsten Gefühle‹ empfinden. Sie lassen sich zwar kaufen, aber dieser Kauf ist für sie kein simples Geschäft; sie nennen ihn, der freilich miserabel genug bezahlt wird, ›Opfer fürs Vaterland, für die Erhaltung der Familie und der Religion‹.

Mit einem Wort: *Menschen kämpfen zwar aus materiellen Ursachen, aber nicht für materielle Endziele. Menschen kämpfen für Ideale,* was immer sie damit meinen.

Wofür kämpfen denn Revolutionäre? Weshalb kämpfen für die Revolution wirkliche Kämpfer und Kameraden? Wie ist die Seelenstimmung derer, denen die Vorbereitung der Revolution nichts zu bieten hat als Entbehrungen, Verachtung, Gefängnis, Folter, Emigration, Hetze von Land zu Land, peinliche Kleinarbeit, Zettelverteilen, Referate halten und anhören, all jenes vielfach unerfreuliche zähe Ausfüllen der zugewiesenen Arbeitszelle im nie ganz sichtbaren Körper der Revolution? Welche wahrhaft metallische Zuversicht waltet in der Seele der Kollektive, die das grauenhafte und wunderbare Ding, genannt Revolution, unentwegt aufrechterhalten? Vermag in Wahrheit ein Lohnkampf um die Erhöhung von drei Pfennig pro Arbeitsstunde oder für Milderung des mörderischen Bédaux-Systems eine begeisterte Stimmung zu erwecken? Was symbolisiert dem einzelnen Arbeiter dann den Sinn des Kampfes um drei Pfennig? Daß er die drei Pfennig so ernst nimmt, zeigt nicht nur die unmittelbare Existenznot an, sondern beweist, daß es um viel mehr geht, daß die Etappenkämpfe um eines großen Menschheitsziels willen geführt werden. Erinnert sich ein normaler Prolet während der Arbeit nicht zehnmal vorher einer Reihe natürlicher Wachträume, undeutlicher Rückschau auf die ihm gestohlene Jugend, seiner verfehlten Ehe, denkt er nicht an das voraussichtliche Wetter am Sonntag, an die Chancen des Fußballendspiels, an den Streit mit dem Nachbarn, ehe er nur einmal nachrechnet, was der Belegschaft als Ganzes acht mal drei Pfennig Lohnerhöhung für die Reproduktion der Arbeitskraft bedeutet? Kurz: wie ist es um die subjektive Seite der Revolutionäre beschaffen, die man auch die *Innenseite der Klassenkämpfe* nennen kann? Welche menschlichen Grundsätze, Ideale und Gefühle symbolisieren die *Ziele* des Kampfes? Und wie verhalten sich diese zu den *Mitteln* des Kampfes? Freiheit, Disziplin, Verantwortung, jegliches Ethos der Solidarität, auch die persönlichen Leiden und Freuden sollten unmittelbar zu Wort kommen, und zwar nicht nur als aus taktischen Gründen zusammengesetzte Propaganda, sondern als moralischer Appell. Ohne einen solchen überspringenden Funken geht jede Versammlung schließlich leer aus, anstatt nachher durch jeden einzelnen sich an den Werkbänken und in den Schlafstellen fortzusetzen.

Wer freilich Proleten in ihrem Arbeitsprozeß kennengelernt und ihr tägliches Reich genauer und mächtiger Taten erlebt hat, der weiß, was für Bilder einer Zukunft in ihnen noch während der letzten harten Arbeitsstunde frei werden, welche Kraft der Phantasie an den Werkbänken unsichtbar tätig ist, und wo das gute Gewissen dieser Welt unbeirrbar schlägt und warum es gerade in den Programmen der organisierten Nüchternheit sich selbst erkennt. Bleibt diese innere Stimme auch unausgesprochen, was für eine moralische Macht ersten Ranges muß dann der Idee des sozialen Fortschritts innewohnen, deren Endziel, die ›klassenlose Gesellschaft‹ wie eine nebelhafte Abstraktion anmutet! Falls dem einzelnen Partisanen, wie es viele behaupten, die Fernziele der großen Politik gleichgültig seien und er nur einfach der Politik seiner Partei folge, was fühlt er dann der Partei gegenüber? Ist es die Treue zur eigenen Überzeugung, dann muß diese Treue so schlicht sein wie der Tod, den sie oft genug im Gefolge hat. Die Menschen warten doch nicht darauf, Helden, Revolutionäre zu werden; aber wer so verrückt war, vernünftig zu bleiben, während die Herren dieser Welt im kalten Irrsinn den Tod der Welt vorbereiten, wer Demokrat und Christ und Sozialist blieb, dem kann es allerdings leicht passieren, Held werden zu müssen.

Man wird mir mit Recht entgegenhalten, Kameradschaft und Überzeugungstreue seien nicht zuletzt auch Tugenden des Feindes. Allerdings halte ich es für ein Stück schlichter Gerechtigkeit, an den ehrlichen Willen nicht nur des Einzelnen, sondern breiter Massen Hitlergläubiger zu glauben.

Es geht ein Witzwort in und um Deutschland herum, dessen Philosophie man nicht recht froh werden kann. Es heißt da: nur drei Eigenschaften kann man heute als Deutscher bewähren, und zwar deren immer nur zwei zugleich; man kann ehrlich, intelligent und Nationalsozialist sein. Ist man ehrlich und Nazi, so ist man nicht intelligent; ist man ehrlich und intelligent, so ist man nicht Nazi; ist man Nazi und intelligent, so ist man nicht ehrlich. Diesem bestechenden Slogan liegt das ältere Modell vom Wolf, der Ziege und dem Kohlkopf im Fährboot zugrunde, das immer nur zwei auf einmal mitführen kann. Aber mit welch anderer Strategie wird dort der Wolf mitgenommen und unschädlich gemacht, während hier der eigentliche Überzeugungsnazi zwar ausgekreist, jedoch nicht ›mitgenommen‹ wird. Dieser Satz (vom ›ausgeschlossenen Dritten‹) erkürt sich die Seinen doch gar zu sehr von oben, von einem Fixum her. In einem Atem spricht er dem Volk die Vernunft, den Herren die Aufrichtigkeit ab, und sich selbst beides zu. Hier ist erstens die Kritik am falsch verallgemeinerten Kriterium der Aufrichtigkeit fällig, wie wir sie im vorigen Kapitel andeuteten. Zweitens ist zu sagen, daß es weder eine ganz glaubenslose Intelligenz noch einen ganz unintelligenten Glauben gibt. Vielmehr sind in beiden geistigen Verhaltensweisen zu den gewaltmäßigen Änderungen der Außenwelt *Elemente des Umschlags* verborgen, die allenfalls ehrliche Nazis intelligente Antifaschisten werden lassen und die die volksfeindlichen Minoritäten anti-intellektueller Faschisten diesmal entscheidend allein lassen.

Mit denen ist freilich nicht zu rechten. Die Grundsätze und Taten derer, die über Deutschland herrschen, schlagen zwar zu, aber schlagen nicht um. Zwischen dem Wolf und der Ziege kann es nicht gut gehen, wenn der Fährmann mit den Wölfen heult und die Ziege nicht einmal dazu — meckern darf. Gibt es in vielen kleineren Gruppen der Nationalsozialisten auch echten Geist der Kameradschaft, so wird er doch von oben brutal gefälscht durch das Verbot der Diskussion. Nun gibt es keine Kameradschaft ohne demokratische Diskussion. Ihre Voraussetzung wird unterschlagen und ihr mögliches Resultat, die spezialistische Unterordnung und Anerkennung der offiziellen Ungleichheit, vorweggenommen und dadurch zuschanden gemacht. Was bleibt, ist nicht Kameradschaft und Kollektiv, sondern Militarismus und Bürokratie. Typisch für Militarismus und Bürokratie ist auch die offizielle Tendenz, militärische und technische Rangunterschiede mit Hilfe von Rassenunterschieden in *moralische* Rangstufen umzudeuten. Was reden sie da noch von Kameradschaft und Treue und Volksgemeinschaft und brechen das ungeschriebene Gesetz der Kameradschaft und Treue von Anbeginn nicht nur in ihren Taten, sondern in jedem Wort ihrer Schriften. Was bedürfen wir weiteren Zeugnisses als diese Empfehlung eines deutschen Philosophen und Dichters an die Gestapo: ›In demselben Grade, in dem sich das Individuum auflöst, verringert sich der Widerstand, den der Einzelne seiner Mobilisierung entgegenzusetzen vermag‹ (Ernst Jünger). Der Einzelne bedeutet buchstäblich nichts mehr. Je weniger Person er ist, Gesicht und Charakter er hat, desto tauglicher, diensttauglicher dünkt er den Herren.

Das beginnt bei den Nazis von Jugend auf: ›Wir sind von der Wonne des Gehorchendürfens besessen.‹ Jedes Wort ein Masochismus und der genaue Gegensatz zur Disziplin. Da sind die neuen ›Schulungsstätten‹ der Ordensburgen. Die dort proklamierte ›Stärkung des Mannesmutes‹ beginnt damit, jeden Eigenwillen radikal zu brechen. Das heißt praktisch, daß man Feigheit lehrt. Wenn Worte noch irgendeinen Sinn haben sollen, so heißt freiwillige Unterordnung unter seinesgleichen Disziplin, und bedeutet sich Ducken und Kuschen unter einen ›höherwertigen‹ Vorgesetzten Knechtschaft. Am Anfang jedes wahren Mutes und der Einsatzbereitschaft, die wirkliche Notzeiten durchzuhalten vermögen, steht die persönliche Freiheit. Wie kann es Entschlußfreiheit geben ohne Freiheit? Nun ist Mut nichts anderes als Betätigung des freien Willens, der unter fest vorgezeichneten Bedingungen zu wirken vermag.

Mut ist Intermittenz, Dazwischentreten, den Dingen nicht ihren Lauf lassen, der Willkür begegnen. Die Polizei, die SS haben keinen Mut; sie führen Befehle aus. Mut ist persönlich; das bezeichnende ›deutsche‹ Wort dafür heißt *Zivilcourage,* von der ein Bismarck klagen mußte, daß sie den Deutschen so entsetzlich abginge. Sie fehlte nie mehr als heute. Das sich Ducken und Kuschen vor irgendeiner der hundert Uniformen (und am meisten vor der eigenen) war noch nie so verbreitet wie seit der nationalsozialistischen ›Elitenerziehung‹ und ›Stärkung des Mannesmutes‹. Alle Beobachter stimmen in diesem Punkte überein. Kein Zweifel besteht über die Verwegenheit dressierter ›Eliten mit dem herrenrassigen Blut‹. Sie rühmen sich ›einer Entschlußkraft, die gegenwärtig keinem andern Volk eigen ist‹. Es versteht sich und die Geschichte weiß fürchterliche Beispiele dafür, daß zehntausend untereinander Verschworene und zum Letzten Entschlossene imstande sind, nicht nur ihr eigenes Volk beliebig zu tyrannisieren, sondern einen ganzen Kontinent einzuschüchtern. Währt das auch nie sehr lange, so genügen doch ein paar Jahre, die Moral eines Volkes auf den Hund zu bringen und Unheil zu provozieren, das ganzen Völkern das Leben kostet.

Zuletzt wendet sich aber auch hier die falsche Stärke in Schwäche um und es kommt der Hochmut zu Fall. Die Schwäche der deutschen Organisation und Uniformierung liegt in der Vollkommenheit der Organisation und Uniformierung. Wir sprachen schon von dem Mangel an inneren, moralischen Reserven, an Individualbewegung und Spontaneität der Deutschen, der immer wieder die Wendung zum schlagartigen Verlust der Marneschlacht bringt. Die Nazis haben das ›Schlagartige‹ zum Fetisch erhoben. Wie sie's treiben, ist es in Wahrheit das Gegenteil von Spontaneität. Es sieht nur so aus, weil die lange, peinlich genaue Vorbereitung gut versteckt wurde. Was freilich organisatorische Vorbereitung heißt, darin sind sie Meister. Nichts wird an Präzision und Rasanz einem deutschen Aufmarsch gleichen. Das ist am Anfang die reine Mathematik, reine Maschine, bedient von Maschinisten. Die Anfangserfolge bleiben auch meist nicht aus. Die Massierung mechanisierter Stoßtruppen hat immer militärische

Chancen, führt fast bis Paris und Bagdad. Dann aber kommt regelmäßig der Punkt, wo die Regel nicht mehr stimmt. Ein Glied der von langer Hand vorbereiteten Berechnungskette fällt aus. Die maschinisierte Riesenschlange wird plötzlich aufgerollt. Infolge allzu genauer Berechnung ist alles unberechenbar geworden. Die Maschine braucht nur in einem Punkt zu stoppen, und der Maschinist versagt, weil er keine Befehle hat oder nicht entscheiden kann, welcher von zwei sich widersprechenden Befehlen der sachgerechte ist. Die absolute Disziplin schlägt in absolute Konfusion um, weil das demokratische ›x‹, der demokratische ›Common sense‹ fehlt, das Handeln aus Gemeinschaftsgeist ohne Befehl. Es fehlt nicht das Reservematerial, auch nicht das gedrillte ›Menschenmaterial‹ (welch entsetzlich bezeichnendes deutsches Wort aus dem Weltkrieg!), es versagt die menschliche Reserve. Denn keine Kette ist stärker als ihr schwächstes Glied.

Dieses spezifisch deutsche Versagen, das aber im Gefolge jeder Bürokratie und jedes Militarismus auftritt, ist oft genug beschrieben worden. Es gibt heute in Deutschland eine sogenannte ›Reichswehrpsychologie‹, die eigens zur Korrektur der moralischen Ausfallerscheinungen aufgeboten wird, also zur Berechnung des ›x‹. Deutsche Sachverständige anerkennen dort in höchsten Tönen — ob zu Recht oder Unrecht bleibe hier dahingestellt — die ›gänzlich unmechanische Disziplin der Roten Armee und das eigenartig persönliche Verhältnis zwischen Offizieren und Mannschaft‹. Die Sachverständigen sind indessen nicht sachverständig genug, dieses ›Unmechanische‹ und ›Persönliche‹ aus der bereits veränderten gesellschaftlichen Grundlage der Sowjetunion abzuleiten. Der neue Typus Soldat, Milizionär, wäre, falls er wirklich existiert, das Ergebnis einer neuen sozialen Ordnung. Seine Disziplin wäre die Disziplin einer besseren menschlichen Ordnung und kein Kadavergehorsam. Grade für den Ernstfall würde sich dann hier ein neues ›x‹ unberechenbar auswirken, wie es heute schon der Kampf in Spanien beweist. Es scheint, daß kein technisches Nachholen ›demokratische‹ Armeen vor der Rasanz der deutschen Motorisierung (die gewiß noch lange über die motorigsten Motore verfügt) bewahren wird, wenn es nicht ihre moralische Überlegenheit vermag. Und an diesem Punkt wird sich die deutsche Schwäche offenbaren, die insbesondere eine Schwäche der Nationalsozialisten ist. Selbst wenn die Reichswehr gegen dieses Laster ankämpft und sich beizeiten von den Nazis distanziert: sie können hier nicht die Russen oder Franzosen nachahmen; das menschliche Gemüt ist mit all der deutschen Gründlichkeit, mit der sie es psychologisieren und auf Norm und Nenner zu bringen suchen, weder zu berechnen noch in Dienst zu stellen. Man wiederholt vielmehr genau den Fehler, den man in der Grundstruktur erkannt hat, nochmals in der Korrektur selbst. Alles Organisierbare organisieren die Deutschen. Aber nicht alles ist Organisation. Die unausdenklichen Schrecknisse des modernen Krieges werden Rückwirkungen auf die moralische Widerstandskraft der Menschen haben müssen, die nicht nur aller Beschreibung, sondern noch mehr aller Berechnung spotten. Die ›gute Moral der Truppe‹, ja jedes Einzelnen in der Heimat — denn ›Front‹ ist hinfort jede Stadt und jedermann — wird entscheiden. Das ›x‹ ist einfach Herz und der Mut jedermanns, der in echter Gemeinschaft lebt und weiß, wofür er kämpft.

Wider Willen geriet mir eine Frage der Kameradschaft und Moral ins Militärische. Das liegt freilich entsetzlich nahe, so nahe, daß es viele immer noch nicht sehen. Ich wollte nur zeigen, daß die Moral wenn nicht kriegerisches Wesen, so doch kriegerische Konsequenzen hat. Das gilt besonders auch für den latenten sozialen Kampf, der ja effektiv viel mehr mit den Waffen der Kritik als mit der Kritik der Waffen geführt wird. Es sind durchaus Siege denkbar, die ohne Waffengewalt, wenn auch nicht ohne öffentliche Gewalt, erkämpft werden. Das französische und amerikanische Beispiel wird auch in dieser Beziehung vielleicht für alle übrigen bürgerlichen Demokratien vorbildlich sein. Um so mehr muß sich hier die moralische Seite des Kampfes hervorkehren.

Dem steht nicht nur die faschistische Versklavung des Individuums entgegen. Den Sieg des Faschismus in einigen Ländern, die durchweg keine Erziehung zur Demokratie durchgemacht haben, ermöglicht in mancher Weise erst der *Opportunismus* des Einzelnen und ganzer Gruppen. Opportunist ist, wer den Erfolg anbetet, der von vornherein kein Enderfolg sein kann. Ein Opportunist betet den kleinen Status quo an. Er ist deshalb zur Feigheit und Unterwerfung vorbestimmt. Der Tapferste kann in Verzagtheit enden. Im Zynismus des Despoten und seiner Desperados kann eine tödliche Entschlossenheit liegen, den moralisch verlorenen Kampf bis zum bitteren Ende durchzufechten. Ein Opportunist hat weder den moralischen Mut, der die Liebe zum Volk und zur besseren menschlichen Ordnung lehrt, noch den unmoralischen Mut der Söldner für Kapital und Gegenrevolution. Der Opportunist endet auf mittlerem Wege. Er sieht dem Kampf zu, ohne sich zu engagieren. Er läuft dann am Ende zum Stärkeren über. Der alte Erfahrungssatz, nichts hat mehr Erfolg als der Erfolg, ist exakt auf jene gemünzt, die das Neue Testament in seiner radikalen Parteinahme für die Erniedrigten und Unterdrückten Pharisäer und Zöllner nennt, was der moderne Sprachgebrauch abgeschwächt hat zu ›Opportunist‹. Es mag einer zum Helden wider Willen werden aus Begeisterung für eine überaus vernünftige oder für eine völlig verrückte Sache, aber sicher nicht aus Liebe für einen halbvernünftigen oder halbverrückten Teilerfolg. Für das vernünftige Ideal: ›alle Macht dem Volke‹ ist manches entflammte Freiheitsherz mit fliegender Fahne dem Tod entgegengeflogen. Aber noch keiner starb auf mittlerem Wege zum Rathaus mit dem Herz auf Halbmast und dem frommen Wunsch auf den Lippen: ›nicht zuviel Macht dem Volke, nicht zu wenig Macht den Herren, die restliche Macht dem staatserhaltenden Mittelstand‹; was in Wahrheit hieße: alle Macht den Mittelmäßigen!

Jeder Servilismus ist verächtlich, und natürlich um so verächtlicher, wenn er dem Starken dient. Auch Servilismus zum Schwachen ist nicht immer Stärke, denn er macht leicht aus der Armut ein Idol. Auch er betet den Status quo an. Nur wo die Schlacht entbrannt ist, die Fronten sich klar gruppiert haben und im Lager der Schwachen die Wahrheit mitkämpft, aus dem Lager der Starken der Riese Goliath hervortritt, in diesem Moment wird Parteilichkeit Pflicht, aber wird auch

Hoffnung eine Kraft und Mut eine Tugend. Der Starke ist nicht mutig und nicht hoffnungsvoll; er ist hochmütig und höhnisch. Wie alle rein christlichen und demokratischen Tugenden sind Hoffnung und Mut den Vernünftigen eine Torheit, aber höchste Vernunft den Toren, die so unvernünftig waren, zu den Armen und Schwachen und Verzagten zu gehören. Nur der Verzagte ist tapfer. Darin liegt das Geheimnis seines Siegs. Wer aber nur den Sieg liebt, wird jedenfalls zur Schlacht immer zu spät kommen.

Freilich gehört nicht nur Mut zum Kämpfen, sondern auch zu der Entscheidung, auf welcher Seite man kämpfen will. Es ist oft viel weniger schwer die Wahrheit zu verstehen, als der Wahrheit beizupflichten und für sie einzustehen, nachdem man sie verstanden hat. Das Verstehen ist immer ein Prozeß, der seine Zeit braucht. Das Beipflichten aber, die Bekehrung eines aufrechten Herzens ist immer ein Sprung, eine Kehrtwendung von dramatischer Plötzlichkeit. Nichts gleicht an Triumph und menschlicher Herrlichkeit einem solchen Sprung über den Abgrund eines alten Widerspruchs und über hundert offen gebliebene Zweifel hinweg. In jedem Moment der Verwandlung eines Menschen, einer Intelligenz, einer Phantasie oder auch nur eines Kompagnons in einen Kämpfer für Recht und Wahrheit erlebt die ganze Menschheit einen heimlichen Triumph; den Triumph des freien Willens, der sich an die gute Sache in dem Moment gebunden hat, wo sie die best verachtetste und gefährdetste gewesen ist.

Freilich bleiben immer Zweifel zurück und melden sich unerbittlich zu Wort, nachdem die großen Grundsätze längst als niet- und nagelfest befunden wurden. Ist die Grunderkenntnis erst durch die Existenz des Grundübels freigesetzt, so erhält jede der zunächst übersprungenen Teilfragen doch schon durch die bloße Teilnahme am Kampf ein positives Gesicht. Die antwortende Kraft wächst mit der Lust am Kampf, gleichzeitig werden die Fragen selbst immer besser gestellt, sozusagen als offene Formationen in die durchaus offene Schlachtordnung eingereiht. Der Kampfwert guter Fragen, besonders in überraschender Terminologie (die oftmals eine sehr alte Terminologie sein kann), beruht weniger darin, Verwirrung unter den Feinden zu stiften, als vielmehr alle bisher abseits stehenden Verbündeten zu sammeln, Schwankende noch schwankender zu machen, bis daß sie — einschwenken.

Ich halte es dabei für ein Stück schlichter Gerechtigkeit und Wahrheitsliebe den Ungläubigen gegenüber, die Kühnheit und Schwierigkeit des Glaubens und des Umlernens, das von ihnen verlangt wird, zu betonen. Dabei ist es besser, die neue menschliche Ordnung, grade weil sie so alten Idealen entspricht, als etwas radikal Neues zu sehen, anstatt sie mit der schnöden Vertraulichkeit zu einer bekannten, längst abgetanen Sache zu behandeln. Es ist sogar richtiger, sie als etwas Unnatürliches anzusehen, das ›gegen die Natur‹ sei, als in ihr nur brutale Natur zu sehen, die sich gegen Kultur und Tradition durchsetzt. Es gibt Dinge, bei denen es gut ist, sie als natürlich und vertraut zu betrachten, solange dadurch ein natürliches Interesse bedingt wird. Andere Dinge aber bleiben weit besser unvertraut und kritisch, sobald die blinde, auch schielende Vertrautheit mit ihnen Verachtung und Geringschätzung erzeugt. Immer wieder stößt man grade bei gebildeten Verächtern des Sozialismus auf eine höhnische Ignoranz auch nur seiner Grundlagen. Weil in der Tat so Verschiedenes damit bezeichnet worden ist, jedermann ihn im Munde führt, deshalb meint jedermann, es handle sich beim Sozialismus einfach um einen längst erledigten Gemeinplatz minus die eigene Kritik en canaille.

Um so wichtiger ist es, die Anforderungen an Intelligenz und Bekenntnismut zu betonen. Grade die besondere Schwierigkeit des wissenschaftlichen Sozialismus, der Sprung in frisches neues Wasser erfrischt und macht begierig aufs Schwimmen, auf die ungewöhnliche Bewegung. Welche ›idealen‹ Überraschungen erwarten hier nicht unsere Humanisten, Philosophen und Kulturenthusiasten, die wohlmeinenden und gutschreibenden Verteidiger jeglichen Geistes! Natürlich muß jeder im tiefsten da angeschlossen bleiben, wo ihm die Kräfte des Lebens fließen. Das ist immer auch eine individuelle Position, die mit historischen Größen unmittelbar nichts zu tun hat. Diese sind zwar die Basis für den Sprung, aber das Springen ist individuell. So tritt auch der Sinn einer menschlichen

Neuordnung erst in Gleichung, wo es sich um adäquate Größen handelt. Sie will doch nicht das seither Menschliche liquidieren, sondern ihm erst seinen zugehörigen Raum geben. Das ist keine stupide Alternative. Es kommt erst zu dem falschen ›Entweder-Oder‹, wenn du die lebenspendende Imago stabilisierst zu einer Institution, die dich in unauflösbaren Widerspruch setzt zu dem Gebot der äußeren Welt.

Graf Mirabeau, der selbst eben erst mit beiden Beinen in sie hineingesprungen war, hat zum Beginn der Französischen Revolution als hauptsächliches Hemmnis der Revolution, ›abgesehen von einer sehr kleinen Zahl Satrapen, die sich gar zu skandalös mit erpreßten und ausgesaugten Genüssen vollgestopft hatten, den unvermeidlichen Ärger‹ bezeichnet, ›... den etliche tausend Menschen ausstehen müssen, wenn sie sich gezwungen sehen, ihre Vorurteile zu Hause zu lassen oder sogar zu unterdrücken und den Schlendrian ihres Ehrgeizes und ihre individuellen Pläne auf Irrwege oder gar auf neue Wege zu schicken‹. Diese Menschen seien viel ›mehr verärgert als unglücklich, ... und nur in den oberen und also wenig zahlreichen Klassen der Gesellschaft vom vierzigsten Lebensjahr bis zum Ende der menschlichen Laufbahn sind sie zu finden. Die volkreichen, die werktätigen Klassen sind in Gärung; die Gärung ist für den Menschen so wenig ein Unglück, daß es sein erstes Bedürfnis ist, gerüttelt zu werden‹. Diese exakte Beschreibung des soziologischen (und psychologischen und sogar biologischen) Trägheitsmoments der Menschheit ergänzt unsere moralische Kritik am Opportunismus durch eine hier notwendige Ernüchterung, ohne daß sie das Lob der Parteilichkeit anders als zwischen den Zeilen ausspricht.

Das Lob der Parteilichkeit darf keineswegs Verhimmlung einer Partei bedeuten. Kritiklosigkeit ist immer ein Mangel an wirklichem Interesse, wenn nicht an Tapferkeit, besonders auch gegenüber der eigenen Partei. Kritiklosigkeit verbietet sich an dieser Stelle ebensosehr, wie das nur böswillig mögliche Mißverständnis, daß wir unter individuellem Mut etwa individuellen Terror verstanden haben mögen. Über die moralische und demokratische Fundierung der Zivilcourage soll am Schluß kein Zweifel bleiben.

Wenn der Erzieher, wie Marx sagt, selbst erst erzogen werden muß, so rächt sich hier in der eigenen Sphäre — namentlich auch gegenüber der Jugend — die vulgärmarxistische Praxis, die den unsäglich leidenden, bedürftigen und hoffnungsbereiten Menschen immer nur ›realpolitisch‹ von den Sachen und dinglichen Beziehungen berichtet, anstatt umfassend real das menschlich bewegte Wozu und Wohin, die innige Tendenz zur Zukunft anzusprechen. Wir bedürfen dazu keiner Phrasen und Lügen, keiner künstlichen Idealisierungen wie die Nazis. Wir brauchen auch hier nur auszusprechen, was wirklich ist: die Wahrheit der Hoffnung und die Richtigkeit des Wegs. Wir idealisieren nicht die Realität, wir realisieren die echten Ideale. Wer dabei nur von Sachen redet, redet zuletzt unsachlich; denn er läßt die mächtigste Sache aus: den lebendigen Menschen.

Was er mit dem Menschen ausläßt, ist die Kraft, sich zu empören, praktischen Idealismus zu bewähren. Warum sich in bezug auf praktische Ideale halsstarrig theoretisch verhalten? Warum stand nie einer auf und hielt etwa folgende Rede:

›*Eure Herren behaupten, Ihr wäret gierige Materialisten, gewohnt, nach höheren Löhnen zu schreien. Sie haben recht. Eure Herren behaupten, Euch mangelten Ideale; Ehrgeiz und Trieb nach Herrschaft wären Euch fremd. Sie haben recht. Sie stellen ferner die Behauptung auf, Ihr wäret Sklaven und Lasttiere, da Ihr lediglich die Vorräte aufzehren, Euch aber um die Verantwortung drücken wolltet. Sie haben recht, solange Ihr Euch damit begnügt, nur Löhne, Lebensmittel, gutbezahlte Arbeit zu verlangen. Aber wir wollen unseren Herren und Meistern zeigen, daß wir aus dem Moralunterricht, den sie uns gütigst erteilten, Nutzen gezogen haben! Laßt uns reuig zu ihnen zurückkehren; laßt uns ihnen erklären, daß wir die Absicht hegen, unsere Fehler zu bessern, fürder nicht mehr so lächerliche Bedingungen, nicht mehr bloß materielle Forderungen zu stellen beabsichtigen! Laßt uns ihnen erklären, daß wir Ehrgeiz besitzen, den Ehrgeiz zu herrschen! Daß wir ein Ideal haben; das Ideal, gleich ihnen zu herrschen! Daß wir nach Verantwortlichkeit hungern und dürsten; nach*

der herrlichen und freudigen Verantwortlichkeit: zu leiten,
was sie mißleitet haben; zu verwalten, was sie mißverwaltet
haben; selbst als Arbeiter und als Kameraden jene direkte
und demokratische Leitung unserer eigenen Industrie in die
Hand zu nehmen, die bisher nur dazu gedient hat, ein paar
Parasiten ein Leben des Luxus in ihren Palästen und Parks
zu gewähren.‹

Warum ist diese Rede nie wirklich gehalten worden? Mehr
noch: warum hat sie einer gehalten, dem wir zumindest seinem politischen Glaubensbekenntnis nach zu unseren Gegnern rechnen mußten? G. K. Chesterton war zwar in vieler
Beziehung ein Feind unseres Feindes. Auch er bekämpfte den
Kapitalismus, wenn auch mit dem hoffnungsvollen Kampfruf:
zurück ins Mittelalter. Indessen legte er diese Rede in seinem
Roman ›Don Quixotes Wiederkehr‹ — einer halb großartigen,
halb ridikülen Antizipation des Faschismus, die er in unfrei-
williger Prophetie lange vor dem Krieg entworfen hat — dem
Gegenspieler Don Quixotes, dem Vertreter der Arbeiter in
den Mund.

Nachträge zum 17. Kapitel

1
**Die Kategorie des Glaubens mag zumal durch ihren
kirchlichen, ja auch politischen Mißbrauch so diskredi-
tiert scheinen, daß sie selber unglaubbar geworden.
Dennoch handelte es sich in meinem gewiß summarischen Satz über die Beziehungsverhältnisse von Theorie als einer Standort- und Ziellehre in bezug auf die
Wahl der möglichen Mittel auch um eine echte Art trans-
zendierenden** Vertrauens in den möglichen Prozeß der
Vermenschlichung der Natur und Gesellschaft. **Die große Angleichung von Marx zwischen ökonomischer Gesetzmäßigkeit, ständig weiter zu erforschen, und philo-
sophisch-pädagogisch zu erwägenden Wünschbarkei-
ten bleibt grade, weil sie bisher gesellschaftlich noch
sehr im argen liegt, wohl immer schwierig, aber kaum un-**

möglich, bleibt eine Art summum humanum. Wenn selbst die höchste kirchliche Autorität des Heiligen Thomas von Aquin darauf bestand, daß wahrer Glauben nicht blind sei, sondern Vertrauen in die Vernunft der Kern seiner Lehre sei, so handelt es sich hier in den Skizzen meines Buches, wie auch in den viel tiefer schürfenden und vorausschauenden Schriften von Ernst Bloch (dem so falsch Theologisierung des Marxismus nachgesagt wird) um ein zu erneuerndes Vertrauen in den Willen der Menschheit, menschlicher leben, lieben und schaffen zu können.

2

Meine Definition der Disziplin als ›einmal disziplinierte Diskussion zwischen inoffiziell Gleichen‹ sollte dann, um nicht peinlich an Militärisches und Autoritäres zu erinnern, im Nachsatz heißen: ›Einordnung in offizielle Ungleichheit bei beibehaltener Wachsamkeit und Diskutierfreiheit für neu aufkommende Fragen.‹

18. Kapitel Verteidigung der Jugend und Zukunft des Knaben David gegen den Riesen Goliath

Baccalaureus:	Hat einer dreißig Jahr vorüber,
	So ist er schon so gut wie tot!
	Am besten wär's, euch zeitig totzuschlagen.
Mephistopheles:	Der Teufel hat hier weiter nichts zu sagen.

Faust II. Teil

Es heißt, wer die Jugend hat, der habe die Zukunft. Der deutschen Jugend wird nachgesagt, Hitler habe sie, und also sei Hitler, wenn schon nicht die Gegenwart, so doch die Zukunft. Der Nationalsozialismus feiert sich selbst bei jeder Gelegenheit als ›Partei der Jugend‹ und seine Lehre als ›Weltanschauung des jungen Deutschlands‹. Hitler und Goebbels werden nicht müde zu beteuern, daß es eine *besondere* Bewegung und Weltanschauung der Jugend gäbe und daß eben der Nationalsozialismus sie verkörpere.

Nicht anders lehrt es Mussolini die Balillas. Aber auch in den übrigen kapitalistischen Ländern treiben die bürgerlichen und allen voran die faschistischen Parteien einen wahren Götzendienst mit der Jugend. Wir kennen ›Jung‹-Liberale, ›Jung‹-Bauern, ›Jung‹-Katholiken, ›Jung‹-Patrioten, ›Jung‹-Konservative usw. Entsprechende Jugendgruppen der Linksparteien tragen nicht diese Akzentuierung. Nicht ihr Jungsein an sich wird betont und als Fahne der neuen gegen die alte Generation entrollt, sondern ihre soziale Stellung innerhalb der kapitalistischen Welt wird diskutiert. Dabei kann der alte Väter-Söhne-Streit sehr oft die Art und Weise sein, wie die Jugend den sozialen Kampf zuerst erlebt. Der soziale Kampf selbst aber ist kein Generationenkampf. Nur die ›Führer‹ der Jugendgruppen — meist innerhalb der alten Cliquen ergraute Knaben — lieben das so darzustellen, preisen die Gärung des jungen Weins in den alten Schläuchen.

Die falsche Verherrlichung der Jugend ist dabei ziemlich jungen Datums. Im wesentlichen handelt es sich um eine Nach-kriegserscheinung. Die Nachkriegskonjunktur konnte an die Stelle der Millionen geopferter Jugend die neue Generation rasch in die Fabriken und Kontore einreihen. Auch die erste große Rationalisierungswelle kam scheinbar noch dieser Jugend zugute. Junge Abteilungsleiter gingen forscher ins Zeug als die alten, zeigten sich gegen ›oben‹ um so gefügiger, als man ihnen Vollmacht gegen die unteren Angestellten und Arbeiter gab. Für die Freizeitgestaltung dieser breiten Mittelstandsjugend — die erstaunlich rasch das typisch ›moderne‹ Angestellten-Gesicht der Großstädte bestimmte — gab es den Sport und den Jazz. Allfällig rebellischer Überschuß, der normalerweise der Jugend zukommt, wurde damit aufs rein Vitale abgelenkt. Und auch dazu zeigte sich die Jugend anstellig genug. Gab man ihr doch damit den Weg des geringsten Widerstandes frei. Erotische und sportliche Emanzipation, zusammengefaßt in der dafür charakteristischen ›Kameradschaftsehe‹; welche Jugend ließ sich dieses Spiel nicht gern gefallen, ohne zu ahnen, wie man ihr mitspielte, wohin die lustige Reise führt und auf welchem Schlachtfeld dieses Weekend schließlich enden wird?

Könnte man den illustrierten Magazinen, den Kinos und Romanen glauben, ein wahres Frühlingswetter von Jugend und Gesundheit müßte im letzten Jahrzehnt über das alte Europa gegangen sein. Die Tatsache, daß sich gegen diese Jugend nur noch alte moralische Neidhammel verschworen und alle anderen auf ihrer Seite zu stehen schienen, verdunkelte — sozusagen — den Blick auf die gebräunte Hautfarbe. Die moderne großstädtische Mimikry an Neger oder Indianer wurde geglaubt und das miserable Angestelltendasein in Kauf genommen. Das Weekend mit Faltboot und Zelt und ›Ehe auf Zeit‹ stand dem Verkäufer- und Kontoristendasein der übrigen Woche genau so abstrakt gegenüber wie die Jugend dem Alter. Jungsein hieß dabei in Wahrheit nichts anderes als die bessere Chance im Konkurrenzkampf, die frischere Arbeitskraft, die leichter ablenkbare Angestelltenschaft, das kraftlose Rebellieren gegen kapitalistische Rationalisierung. Jungsein wurde zur Ware, Jungbleiben eine Existenzfrage,

Jungscheinen zur zweiten Natur. Denn Angestellte, auch Proleten über vierzig Jahre, mit Haut und Haaren angegraut, gehören schon zur Altware, sind unwirtschaftlich, ein ärgerliches Anhängsel, das beim geringsten Anlaß in irgendeine Nebenabteilung oder zu einer Halbarbeit abgeschoben wird, das jedenfalls auf den niedrigsten Tarif kommt, wenn es nicht gleich ins namenlose Elend der Ausgesteuerten oder in die nicht weniger ruchlose Anonymität der ›Heimarbeit‹, der ›selbständigen Vertreter‹ usw. gerät. Aber die durchschnittliche Unentrinnbarkeit dieses Schicksals entzieht sie dem Blick. *S. Kracauer,* der in seinen ›Angestellten‹ fast als einziger Schriftsteller ein ebenso offenbares wie auch grade von den bürgerlichen Angestelltenverbänden übertünchtes Elend analysiert hat, betont mit Recht und Überzeugungskraft:

›Die herrschende Wirtschaftsweise will nicht durchschaut sein, darum muß die bloße Vitalität obsiegen. Die Überhöhung der Jugend ist ebenso eine Verdünnung wie die Entwertung des Alters. Beide Erscheinungen bezeugen mittelbar, daß unter den gegenwärtigen ökonomischen und sozialen Bedingungen die Menschen das Leben nicht leben. . . . Wenn Altern dem Tod entgegengehen heißt, so ist dieser mit der Jugend getriebene Götzendienst das Zeichen der Flucht vor dem Tod . . . und vor der Revolution.‹

Die Idolatrie des Jungseins erkennen wir also zunächst als ein Manöver der alten herrschenden Mächte im verdeckten Gefolge der stufenweise durchgeführten kapitalistischen Rationalisierung. Jungsein ist Ware und empfängt seinen ›Wert‹ aus dem falschen und schädlichen Kreislauf der kapitalistischen Produktionsordnung. Dieser ersten Einsicht verschließt sich am meisten die Jugend selbst, der man sozusagen als Revolutionsersatz die modernen Allgemeinplätze der Erotik und des Sports freigibt. Trotz ihrer formal stark betonten ›fortschrittlichen‹ Tendenz wirken Sport (und leichtgemachte Erotik) geradezu reaktionär. Denn die liberale bürgerliche ›Konkurrenz‹, der Mehrheit aus puren monopolkapitalistischen Gründen gesperrt, wird auf den möglichen Rekord des Sportfelds abgelenkt, das gute ›Vorwärtskommen‹ auf die Aschenbahn verschoben. Der sonst eisern eingespannten, verknappten Jugend ist der Sport tatsächlich die letzte Möglichkeit, Überlegenheit zu fühlen, persönliche Leistung öffentlich geltend zu machen. Der Staat, ja die großen Betriebe sorgen demnach ausgiebig dafür, Massentriebe, die freibleibend gefährlich werden könnten, hier festzulegen. Und wer aus ökonomischen Gründen nicht aktiv mitmachen kann, wird durch eine ausgiebige Sportliteratur wenigstens theoretisch und als sachverständiger Zuschauer auf der Höhe der Zeit gehalten. Er erlebt die Siege und Niederlagen seiner Favoriten als die eignen. In England kommt noch das irrationale Moment der Wetten hinzu, die den verdrängten körperlichen und persönlichen ›Einsatz‹ wenigstens materiell und umgekehrt das sonst ganz verdinglichte Geld vital erleben lassen.

Es versteht sich, daß der Sport den in ihm aufgehobenen, ja zum Teil erst entwickelten vitalen Überschuß über seine heute noch schlecht kompensatorische Rolle hinaus in eine künftige klassenlose Gesellschaft erst richtig heimbringen wird. Disziplin, fair play, beherrschte Körperlichkeit, Regeln einhalten, dabei Leistungsgrenzen erweitern, das sind die sportlichen Elemente auch eines von den kapitalistischen Schäden befreiten Wettbewerbs, die schon heute im ›reinen‹ Sport wie demokratische Forderungen an jeden wirken. Dienen sie heute noch der Ablenkung latenter sozialer Kämpfe, so wird das kapitalistisch ebenso verherrlichte wie verhinderte ›freie Spiel der Kräfte‹ in einer klassenlosen, aber ganz und gar nicht kampflosen Gesellschaft wie ein Triumph über ihre eigene ursprüngliche Natur anmuten. Denn unmittelbares Daseinsgefühl, Vitalität und Spontaneität werden aufgehört haben, als Totschlag und Verdrängung zu wirken. Nur wird diesen Sieg nicht grade die latente Konterrevolution des Sports errungen haben. Der Sozialismus vermag Kräfte freizusetzen, für die dann auch der Sport ein adäquates Feld abgeben wird. Wie er heute von der Jugend getrieben wird, setzt der Sport seinerseits nicht Kräfte frei, sondern er bindet sie an die alten bösen Mächte, die mit uns spielen, wenn sie uns spielen lassen. Jedesmal, wenn eine Gesellschaft alt und krank geworden ist, beginnt sie von ihrer Rasse und Jugendkraft zu reden. Die

Verwandlung der quasi ›demokratischen‹ Jugend- und Sport-
bewegung in ein Heerlager des Faschismus begann in Deutschland mit dem Beginn der großen Dauerkrise seit 1929. Dabei
erwies sich die Gleichschaltung der Jugend durch den Sport
als eine harmlose Sache, verglichen mit der Gleichschaltung
des Sports durch Faschismus und Militarismus. Die Jugend
mit ihrer Bindung an die Vitalität und an das Ideal der ›Sport-
kanone‹ wurde jetzt von den alten Herren ganz anders an die
Kandare genommen und in den Dienst ganz anderer Kanonen
gestellt. Das biologische und ›naturale‹ Denken des Nationalsozialismus entsprach aufs beste der längst eingeübten Vergötzung von Vitalität, Vitalismus und sonstigen Sport- und
Windjacken der deutschen Jugend. Vom kosmogonischen
Weekend-Kosmos à la Klages bis zum Blutmythos Hitlers,
vom Sportplatz bis zum Kasernenhof, vom guten Turnen bis
zum gelernten Terror war tatsächlich nur noch ein Schritt.
Und den tat diese Jugend in dem Moment, wo die inzwischen
arrivierten Dreißigjährigen durch die zweite und weit schär-
fere Rationalisierungswelle aus den Betrieben flogen und die
neuen Zwanzigjährigen ohne Hoffnung standen, je in diese
Betriebe zu gelangen. Die arbeits- und hoffnungslose Jugend
lief jetzt in hellen Scharen zu Hitler. Denn hier wartete ihrer
nicht nur eine Bestätigung, sondern auch eine Erhöhung und
Sammlung ihrer anti-intellektuellen und irrational anti-kapi-
talistischen Instinkte. Mit der Vergötzung der Vitalität konnte
sie jetzt über jeden Sport und Rekord hinaus Politik treiben.
In diesem Sinne hat Hitler allerdings eine Bewegung der
Jugend ausgelöst. Hitlers ›Durchbruch‹ erfolgte an dem Ort
und zu dem Zeitpunkt des geringsten Widerstandes. Die deutsche Jugend wollte nicht mehr lernen, weil sie trotz des Gelernten und Diplomierten in der gedrosselten Wirtschaft keinen
Platz fand. Und Hitler bestätigte es der Jugend, die Vernunft
zu gebrauchen und zu schulen sei unvernünftig. Die Theorie
der ›praktischen‹ Begeisterung war zusammen mit Schlag-
ring und Antisemitismus allerdings rascher und leichter zu
handhaben als der theoretisch höchst anspruchsvolle und
praktisch ungleich gefährlicher exponierende Marxismus.
Hitler deutete jede Schwäche der Deutschen und sonderlich

ihrer Jugend in eine Stärke um, gab ihren schlechtesten Instinkten und Rückständigkeiten recht. Er verlangte nichts von ihnen, was irgendeine geistige oder moralische Anstrengung gekostet hätte. Brutalität und Vitalität braucht die Jugend nicht zu lernen. Die hat sie längst. Auch Marschieren und Befehle befolgen und höhnische Lieder singen und die sonstigen kollektiven Tugenden und Laster eines Lagerlebens üben, dazu bedarf es wahrlich keiner großartigen ›Weltanschauung‹. Wir alle sind gerne und auch mit allerlei weltanschaulichem Gepäck Pfadfinder und Wandervögel gewesen, haben die Heimat und die Ferne und all die heißen und hellen Gemeinplätze der Knabenzeit geliebt und gelebt, haben das gut Ritterliche und Romantische, auch das tumb Parzivalische, animalisch Schweifende erfahren und nicht vergessen. Aber grade wer sich im deutschen Jungsein ohne Ressentiment auskennt, wird es vielleicht als das entscheidende Verbrechen Hitlers ansehen, daß er die latenten Energien der deutschen Jugend fehlgeleitet hat, sie rückwärts gelenkt hat statt vorwärts; gegen die Arbeiter und Juden und Intellektuellen statt gegen Kapital und Dividende und die ewigen Bonzen. Aber man geht und führt nicht ungestraft den Weg des geringsten Widerstands, ohne schließlich Widerstände und Widersprüche herbeizuführen, die nur noch als Krieg eklatieren können.

Der ›Führer‹ selbst weiß das recht gut. Nicht ohne Grund hat er mit dem gesamten deutschen Wirtschaftspotential, mit jeglicher Organisation auch die deutsche Jugenderziehung auf den Krieg hin organisiert. ›Daß der Krieg nichts anderes ist als die höchste Zusammenfassung der sittlichen Kräfte‹, das ist einer der Leitsätze für den Geschichtsunterricht in Deutschland, der haarscharf mit diesem Ausspruch eines Oberstudienrats vom ›Kultusministerium‹ harmoniert:

›Es handelt sich nicht darum, billige Kriegsstimmung zu produzieren, sondern den jungen Menschen davon zu überzeugen, daß der Krieg nichts weiter ist als der notwendige Ablauf der menschlichen Geschichte.‹
›Die heutige Schule muß eine Vorschule der Kaserne sein, im besten Sinne des Wortes.‹

Es ist entsetzlich, immer wieder dasselbe sagen und zitieren zu müssen. Aber die Nazis bewegen sich nur in dem ewig gleichen Kreis: ›Volk ohne Raum‹, Bejahung der ›privaten Konkurrenz‹ (während sie die Kapitalkonzentration und Konzernwirtschaft im Innern betreiben wie noch nie), Aufrüstung als ›Arbeitsbeschaffung‹. Und wenn aufgerüstet ist, wenn ganz Deutschland nur noch eine einzige Festung ist, was dann? Wohin mit den Arbeitern, mit der gedrillten Jugend, mit den blitzblanken Kanonen, mit dem eindeutig gerichteten Apparat? Der angestaute Haß über alles, was in Deutschland seit dem letzten Krieg nicht stimmt und was den fehlerhaften Schlangenkreis immer enger, immer gefährlicher zieht, soll schließlich alle inneren Widersprüche nach außen brechen lassen, soll die sabotierte soziale Befreiung in einen neuen Nationalkampf gegen den ›Erbfeind‹ und besonders gegen die neue Welt im Osten herauskehren. Darin erschöpft sich Hitlers Plan: *den Haß eines ganzen Volkes über seine innere Knechtung extravertieren, den Erneuerungswillen in Judenhaß und Kriegsfuror verkehren.* Das alte Rezept der Despoten, mit einem neuen scharfen Geschmäcklein versetzt, zieht es wohl noch? Wachte Deutschland auf zu seiner ›traumwandlerischen Sicherheit‹, den Krieg auch nur im rechten Moment zu entfesseln?

Kenner der deutschen Verhältnisse versichern, Hitler wolle den geplanten Krieg so lange wie möglich hinausschieben und mit der Kriegsdrohung wirtschaftliche Eroberungen betreiben, die keinen Schuß Pulver, sondern bloß einige Dutzend Milliarden Rückversicherung durch gerichtete und geladene Kanonen kosten. Diesem aufrichtigen Plan liegen alle Friedensparolen Hitlers zugrunde. Es ist natürlich bequemer, durch bloßes ›Hände hoch!‹ alles Gewünschte zu gewinnen, als das Risiko eines unabsehbaren Gemetzels einzugehen.

Einer der heute noch kriegshemmenden Faktoren ist die noch nicht ganz fertig ›geschliffene‹ junge Generation. Keine Jugend verwildert so wie diese deutsche. Gezüchtet wird eine größenwahnsinnige ›Führerjugend‹ und der Kadavergehorsam der ›Staatsjugend‹. Diese schlimme harte Art wird als Uniform über die Schlappheit und moralische Unreife gezogen und dispensiert von *echter* Disziplin. Diese eisern sein sollende Jugend läßt sich in Wahrheit von bloßen Bonzen leicht zurechtbiegen und brechen und wird sich zu wirklichen Taten immer unfähiger erweisen.

Wer diese Jugend kennt und die guten hellen Augen und heißen Herzen, weiß, daß ihr Rausch (von Goebbels eiskalt und von Baldur von Schirach schwül angefacht) keine Dauer haben kann und sich sonderlich unberechenbar in Hinsicht auf den Objektwandel ihres Hasses und ihrer Liebe erweisen wird. Zuviel hat man dieser Jugend versprochen. In ihrer alles wörtlich nehmenden Ungeduld und Ehrlichkeit wird sie auf Erfüllung pochen. Sie wird nicht verstehen, erstens, wieso man den versprochenen Sozialismus — die besseren Tage — auf bessere Tage vertagen und ihn den alten kapitalistischen Herren der ›Systemzeit‹ anheimstellen kann; zweitens, wieso es heroisch sein soll, an seiten der Machthaber die Armen weiter zu bedrücken; drittens, wieso die Brutalität der Gegenrevolution bewundernswert sei, nicht aber die so viel mehr gefährdende Courage der Unterdrückten; viertens, wieso die Jugend, die ihre unklaren kapitalistischen Sehnsüchte auf Hitler übertragen, zur sinnlosen Verlängerung des senilen Systems die nur frischere Leiche abzugeben. Neudeutsche Schule, Kirche, Familie, Jugendgruppe; Kino, Radio, Wehrsport; Gasabwehr, Arbeitsdienstlager, Universität (›Wissensdienst‹), Rassenselektion, Judenhatz; Röhnrad, Querriemen, Dolchmesser; Hitlerjunge-Quex-Literatur, Horst-Wessel-Legende und nicht zuletzt der abenteuerliche Ritt gen Osten: dieses alles den Instinkten und Trieben der Jugend geschickt angepaßt, macht sie vorerst dem braunen Terror tauglich und scheint ihn somit auf Jahrzehnte zu garantieren. Dennoch ist in solcher betrogenen Jugend auch echter Überschwang und gesunde Kameradschaft. Leicht geht sie zur Rebellion über, und wo immer nur ein einziger beispielgebender Nationalsozialist, der es ernst meint, den Geist einer Gruppe bestimmt, wird sie über vieles nachdenken und allem Diskutierverbot zum Trotz diskutieren; in welcher Weise sie denn auch ›allen Grund hat, Träger eines gläubigen Optimismus zu werden‹, wie es ihr Goebbels Jahr für Jahr vordeklamiert.

Vollzog sich die Bewegung und Parteinahme großer Teile der deutschen Jugend zu Hitler mit allen Anzeichen der Berauschung, ja eines Amoklaufes, so blieb in gewisser Weise bewundernswert ihr rasches Einverständnis, ihre Lebensfrage *politisch* zu stellen. Ihr genügte nicht mehr die Ablenkung auf das sportliche und erotische Gebiet. Sie forderte unmittelbare Teilnahme an innerpolitischen Entscheidungen. Den uralten Väter-Söhne-Streit sah sie über allen Generationenkampf hinaus als Kampf des neuen sozial und national befreiten Deutschland gegen das alte, korrupte, kapitalistische, verbonzte ›System‹. Mancher blonde Jüngling erlebte die erste und notwendige Emanzipation vom Elternhaus, ja die Emanzipation von den Windeln erst als Ritter des braunen Hemdes. Er trat dem liberal und humanistisch gebildeten Vater gegenüber auf mit der von Hitler vorgemachten und bevollmächtigten Geste, fürder auf Humanismus und Humanitäres pfeifen zu können. Und die Väter erkannten zumeist rasch mit ihrem alteingeübten Klasseninstinkt, daß die faschistisch emanzipierten Söhne sich nicht gegen die Herrenklasse und den Herrenstaat emanzipierten, sondern gegen Revolution und Sozialismus im Namen des ›Nationalsozialismus‹ und der ›deutschen Revolution‹. Viele Väter waren, wenn nicht von Anfang an, so doch spätestens als ›Märzgefallene‹ mit um so herzhafterem Brustton altbewährter Überzeugungstreue dabei, als sie dem kommandierten Hipp und Hepp und Heil die Richtung gegen Kommune und Juden nun endlich schlagunmittelbar ansahen. Sie brauchten gar nicht mehr überzulaufen. Hitler kam zu ihnen. Da war es nach kurzer Verwirrung und Gewissenspein mit all dem Latein und Weimar und Christentum endgültig vorbei. Unsere hochgebildeten Väter schworen nurmehr auf ›seinen‹ Kampf, auf alles, was ihnen weniger gut aber teuer vom Eher-Verlag kam.
Es ist den Jungen nicht zu verübeln, daß sie seitdem mit einem sonderbaren Blick auf ihre gleichgeschalteten Väter sehen. Sie, die alle Gefühle der Abhängigkeit und Hoffnung von ihren Vätern auf Hitler übertrugen, sehen nun plötzlich ihre Väter in alter Schönheit an seiten Hitlers. Irgend etwas scheint da nicht zu stimmen. Das neue, das junge Deutschland läßt

auf sich warten. Es ist das alte Deutschland plus Militarisierung und Antisemitismus. Es sind die alten Herren im neuen Hemd, es sind neue Namen und der alte Betrieb dahinter. Es sind nur Gesten der Revolution und keine Revolution, es sind Freudenfeste ohne Freudigkeit, es sind Triumphe ohne erkämpften Sieg, es ist ein leeres Schmettern der Worte, ein entsetzliches Gefühl der Vergeblichkeit und des Wahns. Ein ganzes Volk ist krank und im Wahn. Und dieses Volk spricht von seiner Rasse und von seiner Kraft, dieses Volk glaubt sich erwacht und reifgeworden. — — — Glaubt es wirklich noch an sich?

Wer sich auf soziale Atmosphären versteht, einen durch Aufmachung und Lärm unablenkbaren Blick auf die Menschen hat, wird in dieser Frage zweifeln. Die Gesichter der Deutschen lassen sich nicht mehr lesen. Die Fähigkeit der Mimikry, der schon physiognomischen Gleichschaltung ist mit dem Mißtrauen jedes gegen jeden unheimlich gewachsen. Kein Wort ist mehr wörtlich gemeint. Noch im geflüsterten Fluch klingt Angst nach. Das grade aktuelle Lob auf irgendeine Neuerung hängt selbst den lautesten Schreiern zum Hals heraus. Gesten der Freude und doch keine Freude, zwar Volksgemeinschaftsphrasen, aber die offenbarste Volksunterdrükkung durch die Angst. Selbst die Witze über die Machthaber machen keinen Spaß mehr, denn sie bezeugen in erster Linie die eigene Ohnmacht. Alles ist uneigentlich geworden, wird auf ein abstraktes Zentrum bezogen, heißt Partei, Hitler, Ehre, Wehrhaftigkeit, Gestapo. Jeder hat dabei sein privates ›Ja-Aber‹ zur Hand; das ›Ja‹ kann das ›Aber‹ jederzeit zurücknehmen, das hundertprozentige ›Ja‹ klingt schon so unverschämt wie ein klares Nein. Die Kunst der Andeutung, der Umschreibung ist oft zu voltairisch gefeilter Waffe geworden. Was man nicht über Deutschland sagen kann, sagt man über Österreich. Man erzählt ein orientalisches Märchen von Kaprichen und abscheulichen Torturen, über die unvermittelten Launen eines Sultans, und meint den eignen. Das setzt die höchste Bewußtheit des Märchenerzählers voraus. Wie es ein fast märchenhaft anmutendes Maß von Unbewußtheit voraussetzt, über die Laster der Juden zu lästern und ›eigentlich‹ die des Kapitalismus zu meinen.

Was auch immer in Deutschland gesprochen werden mag, die Wahrheit kann nicht gradewegs herausgesprochen werden. Die Wahrheit selbst muß sich krümmen, oder die Gestapo schlägt die Wahrheitsverkünder krumm und dumm. Und dennoch stehen täglich Männer und Frauen vor den Sondergerichten und bezeugen, daß sie sich nicht beugen läßt, die lautere Wahrheit, die heute dem Tod und der Marter zunächst verwandt ist.

Wo die Wahrheit solchermaßen Privileg von Todeskandidaten ist, wird sie von der Masse der Menschen in die Tiefe des Herzens zurückgenommen. Auf die Lüge und Gemeinheit aber setzen die Despoten Prämien. Denunziation wird befohlen und gut Denunziertes wird bezahlt. Sogar die Denunziation der Nichtdenunzierung ist eine nationale Tat. Einem jungen SS-Mann wird von seiten der Partei nahegelegt, die Verbindung mit seiner Braut zu lösen. Der Braut wird das katholische Bekenntnis ihres Vaters (ein ehemaliger Zentrumsmann) und — mangelhafter Beckenumfang vorgeworfen; das erste läßt auf schlechte Gesinnung und das zweite auf mangelhafte Gebärfreudigkeit schließen. Der junge SS-Mann, empört über eine solche Zumutung, wählt daheim nicht die nationalsten Worte. Der Bruder der Braut, ein SA-Mann und Anwärter auf SS-Charge, hört im Nebenzimmer zu, telefoniert der Amtsstelle, und der junge SS-Mann wird einige Minuten später abgeholt. Der heroische SA-Mann ist heute SS-Charge; der junge SS-Mann ist weder mehr SS noch Bräutigam. Der ehemalige Zentrumsmann, der Vater der Braut, hat nämlich den ökonomisch von ihm abhängigen, von der SS liquidierten angehenden Schwiegersohn liquidiert, denn er wollte nicht den vom Herrn SA-Sohn angedrohten ›Volkszorn‹ herausfordern. Die junge, zu schlanke Braut weiß nicht, was es bedeuten soll und geht in den Rhein. Das nationale Prinzip aber hat sich auf der ganzen Linie durchgesetzt. So geschehen zwischen Koblenz und Köln am freien deutschen Rhein, im dritten Jahr des Dritten Reichs. Grade an solche durchschnittlichen, notorischen Fälle muß erinnert werden, um die in

Deutschland herrschende Angst und Ausweglosigkeit zu kennzeichnen. Jeder Reichsdeutsche kennt natürlich dutzendweise schlimmere und schlimmste Fälle. ›Die Furcht ist größer als das Gewissen — heißt es in einem Freundesbrief. Selbst wo keine Gefahr ist, schweigt man heute. Die Angst beherrscht das Volk. Sie bestimmt seine Haltung zu den Machthabern und zur Opposition, zu den Tagesfragen und zur Zukunft.‹
Schwer lastet solche Angst auch grade auf der Jugend. Jede Absonderung innerhalb der Hitlerjugend ist schon der Verschwörung verdächtig, zu schweigen von den katholischen und sonstigen oppositionellen Gruppen, die sich außerhalb der organisierten Zwingburgen halten und schon allein dadurch, obwohl sie Minderheiten sind, zum Kampfobjekt der reichsoffiziellen Mammutorganisationen werden. Der weniger sichtbare, aber um so verbissenere Kampf spielt sich innerhalb der Hitlerjugend ab. Die ›Anständigen‹ halten zusammen gegen die nur brutalen Cliquen. Das sind spontane Zusammenschlüsse und Feindschaften, die mit historischen und ökonomischen Größen unmittelbar nichts zu tun haben. Eine so brutale Wirtschaft wie die faschistische sorgt freilich ganz allein dafür, daß Anstand bereits oppositionell wirkt. Die schlichte Wahrheit wirkt schon revolutionierend, das Humane, das Honorige, das Ritterliche, die zusammengefaßten Qualitäten des Menschseins verweisen im Zeitalter des Faschismus, der widermenschlichen Tierethik und der massenunterdrückenden Minoritätenherrschaft wenn nicht auf Sozialismus, so doch auf Antifaschismus.
Dahin haben sie es gebracht. Sie fühlen sich als Tierbändiger. ›Füttert und zerstreut die Bestie‹, das ist die wirkliche Meinung der Herren über das ›Volk‹. Unterdessen hat eben dieses Volk die fast unsichtbare, vielleicht nur latente ›Front der anständigen Deutschen‹ gestellt. Von der Jugend ist dabei, wer noch nicht ganz vor die Hunde ging, wer noch nicht ganz hoffnungslos sich von den alten Mächten alt und knechtisch und hörig machen ließ. Hitler meint die Jugend zu haben, weil er alle Jugend zwang, sich ›Hitlerjugend‹ zu nennen. Er glaubt den Namenszauber so weit treiben zu können, daß alles, was in dieser Jugend an Überschwang und Zukunfts-

glauben gärt, von ihm herzukommen und auf ihn hinzuweisen scheint. Deutsche Mütter, die mit Tapferkeit und Grauen den Weltkrieg erlebten, rühmen Hitler heute an ihren bis dahin arbeits- und hoffnungslosen Söhnen die starke Führerhand nach, als sei die Kaserne eine Heimat und gelernter Totschlag ein Beruf wie jeder andere auch, als sei ›ER‹ ihrer aller gütiger und sorgender Vater und kein Attentäter gegen ihre Kinder und des Volkes Zukunft. Neudeutsche Dichter schwärmen von dem ›Ziel im Blick‹ der jungen SS-Garden, als sei diese Härte und Bläue nicht gänzlich leer, als sei Erneuerungswille und Aufwärtsimpuls dahinter und über den Mützenrand hinaus ein menschliches Ziel anvisiert. Aber blicken so künftige Sieger, diszipliniert sich hier ein Volk zu großen Taten, wirken die schneidigen Uniformen wirklich Wunder und nicht nur Eitelkeit und Sklaverei? Ist das Glaubensmut oder gar Zukunftsgehalt und Zieldenken, was in ihren wüsten Büchern und Reden tönt? Dies sei ein erwachtes Deutschland? Oh allerfernst. — Wer wachte auf? Wenn er aufgewacht, der deutsche Michel mit Stahlhelm und Gasmaske, steht er auf dem Kasernenhof mit einem Stock im Rücken, uniformiert und mit sturem Blick nach vorn auf den Offizier; steht er stramm, marschiert, döst und gehorcht wie nur je — der deutsche Michel. Der Blick nach vorn ist der Blick auf den Vorgesetzten, Ziel ist, selber Vorgesetzter zu werden. ›Wir sind von der Wonne des Kommandierens und des Gehorchendürfens besessen!‹

Dies eine Revolution zu nennen, da lächeln verschmitzt die alten Herren; andere schämen sich, die es geschehen ließen, ehe sie die Folgen sehen konnten. Aber es verzweifeln und arbeiten und schweigen und kämpfen deutsche Arbeiter, es verzweifeln Millionen Frauen an ihren Männern und Söhnen und an sich selbst. Alle sind müde der großen betrügenden Worte. Alle erwarten Taten, aber eben nicht solche, die sie selber vollbringen, sondern die man ihnen antut. Die wachsten ahnen kommendes Entsetzen, die meisten sehen keinen Ausweg, sehen kein Ende des Schreckens, bejahen zuletzt dumpf das Ende mit Schrecken.

Die Jugend nimmt es leichter, ihr fehlen die Vergleiche, auch

die ökonomische Einsicht, solange sie noch aus Vaters Tasche lebt und zwischen Elternhaus und künftigem Beruf lauter staatliche Institutionen und Pflichten eingeschoben sind, die den Blick von der Misere ablenken und die Zukunft ins noch unrealisierte Reich der Hitlerschen Pläne verweisen. So flüstern sie von phantastischen Plänen, die Hitler in einem für alle verschlossenen Raum parat halte und mit denen er plötzlich herausrücken werde, wenn der Moment für die ›Weltstunde der Deutschen‹ gekommen sei. Andere fabeln von unvergleichlichen Erfindungen, die Deutschland mit einem Schlage die militärische und technische Beherrschung der ganzen übrigen Welt sichern sollen. Außerdeutsches wird überhaupt nicht mehr wahrgenommen, es sei denn als Objekt der Erprobung. Kurz, die Stimmung der Jugend gleicht aufs Haar der Stimmung während des Weltkrieges. Da wurden auch alle großen Worte geglaubt, Deutschland wurde für unüberwindlich gehalten und als hundertfach im Recht gegen lauter schnöde Neider und Feinde. Politik war Außenpolitik, und Außenpolitik erledigt sich rein militärisch. Weiter denken Knaben nicht. Leicht gewöhnen sie sich an die Allmacht der Uniform; sie sehen ihre Lehrer und die Wissenschaft vor der Uniform kapitulieren, halten das wüste Reden und Renommieren für den Normalton, murren vielleicht gegen das viele kommandierte Antreten und Stillstehen, aber sie schreien doch begeistert, wenn die Bonzen vorbeikommen. Man glaube jedoch nicht, daß die ›Führer‹ viel weiter denken. Das Infantile der Hitlerschen Reden hat grade darum die Wirkung auf das ›Volk‹ und die Jugend, weil alle Zusammenhänge bis auf die paar Begriffe von Ehre und Macht und Rasse herunter versimpelt werden, die das Vokabular jedes Dreizehnjährigen und Unteroffiziers ausmachen. Hitler selbst hat in seinem ›Kampf‹-Kompendium verraten, man könne gar nicht primitiv und dumm genug zu den Massen reden, um sie betrügend gefügig zu machen; es scheint ihm gewißlich sehr klug, wenn die unvernünftig sein wollende Rassenlehre die Vernunft und den Geist für eine Art Geisteskrankheit, das Herz und die Humanität für eine Art Herzerweiterung hält.
Wer die jetzige deutsche Jugend angesichts ihres grenzen-

losen Hochmuts und Dünkels nach dem Woher und Wohin dieser ganz unjugendlichen Zynismen befragt, der soll zuerst nach ihren Erziehern fragen und bei diesen nach ihren Grundsätzen forschen. Was wird er finden? Erzieher, die nicht erziehen, sondern die natürlichen Brutalitäten systematisieren; eine Jugend, die nicht jung ist; den Pimpf als einen SA-Mann im Kleinen; den Hitler-Jungen als einen gernegroßen SS-Mann; den SA-Mann als uniformierten Jüngling; den Jüngling ohne Eigenwuchs und Reifezeit; den SS-Mann mit typischer Leibdiener-Livree, nicht Herr und doch herrisch, nicht Knecht und doch knechtisch, auserlesenen Wuchses und anerzogener Haltung; die Begüterten unter den Abhängigen, die mittelständischen Herrenknechte mit Staatsstellenerwartung und Ehedarlehen, jedem Herren angenehm, für jeden Terror tauglich, die Leibgarde des ›Führers‹. Das Infantile und das Brutale der Hitlerei, die viele introvertierte Männlichkeit (mit Sadismus als einziger ›Kompensation‹), die typisch unmännliche Verachtung und Wertminderung der Weiblichkeit (durch Einschränkung ihrer natürlichen Universalität auf Küche und Wochenbett), jener fatale Patriotismus ›bibbernd unterm Feigenblatt‹, das Gernegroße, das Renommieren, die Franzosenverachtung (die deutsche Verachtung für ein *reifgewordenes* Volk, das sehr männliche Männer und sehr weibliche Frauen hat, wobei männlich nicht brutal und weiblich nicht unterwürfig bedeutet), die Verherrlichung der monumentalisierten Vordergründe und der ridikülen Riesen, die Verhüllung der Wahrheit, wenn sie schmerzlich ist, das Abwälzen der Schuld von sich auf andere, der Unwille, in sich zu gehen und bereit zu sein zur moralischen und sozialen Buße, statt dessen aber das unaufhörliche Überbrüllen der eignen Laster und Schwächen mit leerem Enthusiasmus: das alles sind Merkmale einer greisenhaften Versteinerung und nicht der Jugendkraft und des Erneuerungswillens. Und die deutsche Jugend ist krankest dieses modernen Lasters, wie die deutschen Kapitalisten krankest sind des kapitalistischen Lasters.

Die ältere Jugend, die normalerweise ›ins Leben‹ zu treten hätte, tritt anstatt ins volle Menschenleben in eine braune Formation ein, wird SA oder SS, und die Söhne der Reichen werden am liebsten gleich Leutnant bei der Reichswehr. Aber ist das ein Beruf? Jeder Jugend sind doch zwei Aufgaben gestellt, um die sie bei Strafe des leiblichen wie geistigen Untergangs nicht herumkommt. Sie muß erstens einen produktiven Lebensberuf in der Gesellschaft ergreifen und zweitens das von Haus aus ungebändigte Geschlechtsleben in die moralisch und sozial einzig angepaßte Reifeform der Ehe überzuführen suchen. Beide Aufgaben bedeuten schon in normalen Verhältnissen einen denkbar schwierigen Prozeß der Anpassung, zumal der Erwerbstrieb und der Geschlechtstrieb unlösbar miteinander verquickt sind. In unserer Zeit der Dauerkrise wird die Erziehung der Jugend, das heißt eben ihre Anpassung an die dauernd gültige Lebensform der Demokratie und des Christentums, praktisch unmöglich gemacht. Die natürlichen Verhältnisse werden verkehrt. Die Kinder gehören doch ins Kinderheim, die Alten ins Altersheim und die Jugend ins Leben. Leben heißt Produktion, heißt Arbeit und Fortpflanzung. Wo das nicht gelingt, stimmt die Gesellschaft nicht, die die Produktion beherrscht. Wenn die Alten die Jugend in Arbeitslager ohne produktive Arbeit oder in antidemokratische Kasernen einkerkern, statt ihr das Tor ins Leben zu öffnen, dann ist das ein Zeichen, daß mit der Jugend die ganze produktive Klasse unterdrückt wird. Die Unterdrückung und Kasernierung der Jugend bedeuten zuletzt keinen Kampf der Alten gegen die Jungen, keinen Kampf der Generationen, sondern sind das untrügliche Merkmal für den kapitalistisch bedingten Klassenkampf.

Der Kapitalismus hat ein Interesse daran, die Frage der Jugend falsch zu stellen. Erst hat er ihr Sport und Flirt freigegeben als Berufs- und Revolutionsersatz. Dann, als dennoch die Revolution drohte, verkehrt er ihr den Sportplatz in den Kasernenhof und die Erotik in eine Rassenfrage, die Ehe in ein staatlich begutachtetes Gestüt. Was bedeutet es denn, daß junge Männer in Deutschland sich nicht den Erfordernissen einer demokratisch organisierten Gesellschaft anpassen können, sondern sich dem herrschenden Regime gleichschalten müssen? Es bedeutet, daß die Jungen nicht zu produktiven Männern werden, daß sie nicht Leben schaffen und Lebensmittel produzieren, weil der Staat sie zwingt, Todesmittel herzustellen und sich selbst als Mörder auszubilden. Es bedeutet, daß das Leben verkehrt und sinnlos geworden ist! Die Jugend ist vertan, als ein Heer von Söldnern zum Schmarotzen an der Arbeit der Arbeiter verurteilt, zur Masseninfantilität niedergehalten (abhängige Kinder gehorchen besser), der natürlichen Lebensfreude entfremdet. Der Faschismus hat dabei nicht die Jugend desillusioniert, er hat nur ihre Illusionen verjüngt. Zwischen Geburt und Leben hat er nicht Arbeit und Liebe gestellt, sondern die Ausbildung zum Terror und Tod.

Jedesmal wenn die Alten davon sprechen, daß eine neue Generation vor der Tür stände, sollten sich doch die Jungen überlegen, vor welcher Tür sie stehen; ob die Tür in die Freiheit führt oder in die Sklaverei. Verzichtet die Jugend auf eine selbständige und nüchterne Untersuchung ihrer eignen Situation, überläßt sie das Türenöffnen und Türenschließen der Schlüsselgewalt der alten Mächte, so wird sie unfehlbar in die Knechtschaft der Kasernen geführt, an die Tresore und Kasematten der Banken gekettet, dem Kapital grade dort am verhängnisvollsten verhaftet, wo es sich ›national‹ und morgenfrisch gebärdet, als sei es eine junge und hoffnungsvolle Sache und kein altes bankrottes Verfahren. Gewiß ist Hitlers Einfluß auf die Jugend nicht geringzuachten. Daß es kein Einfluß ist in der Richtung, die Jugend jung zu erhalten, sondern eine verhängnisvolle Fähigkeit, die Jugend frühzeitig zu versteinern und zu vergreisen, das sieht die deutsche Jugend selbst noch am wenigsten. Die in ihren Worten nicht vorlaut genug sein kann, läßt sich doch in ihren Taten, in ihren Zielen und Motiven bevormunden wie keine zweite. Wer die Kaserne als beste Vorschule des Lebens ansieht, der sieht das Leben, in das er schließlich entläßt oder entlassen wird, doch nur als Gefängnis an, sei er darin nun Gefangener oder Gefängniswärter. Ein menschlicher Ort ist ein solches Leben nicht mehr. Wo Kaserne ist, ist Feindesland, dort wird das Leben nicht gelebt, dort bedient sich eine Minorität von Machthabern — die 90 Prozent der Produktion von Lebens- und Todes- und Propagandamitteln beherrscht — junger Söldner, um die produktive Majorität des Volkes zu tyrannisieren. Das ist die Situation des Faschismus und das Schicksal, in das er seine Jugend jagt. Hat Hitler die Jugend, so ist es eine *Jugend ohne Zukunft*. Hitler selbst hat keine Zukunft; er stabilisiert lediglich die Vergangenheit, er verhindert die Zukunft und die Verjüngung der Welt.

Darüber ist in der demokratischen Welt keine Frage mehr, soweit sie gewillt ist, demokratisch zu bleiben. Aber es gibt noch die andere Frage, die nicht ruhen läßt: warum hat die Sache der Zukunft so wenig die Jugend? Es mangelt einfach des Kontaktes zwischen der moralischen und sozialen Revolution und der gegenwärtigen Jugend. Jede weltgeschichtliche Revolution hatte ein natürliches Bündnis mit der zeitgenössischen Jugend, einfach weil der initiierte revolutionäre Fortschritt die Jugend auf den Weg des Fortschritts wies.

Wenn die Jugend nicht vorwärtsdrängte, wer sollte eigentlich 1789 und 1830 und 1848 die Fahnen tragen? Sie verbündete sich grade als bürgerliche Jugend allemal gegen die Reaktion im Namen des Fortschritts, der Freiheit und Einigung des Vaterlands. Ihr natürlicher Feind waren die Fürsten und Metternich, auch die halben Reformen und die von vornherein ohnmächtigen Emanzipationen des reinen Geistes. Denn reiner Geist emanzipiert seine Träger genau so von werktätiger Verantwortung wie die reine Vitalität. Der reine Geist wird schließlich reine Hegelei, Liebedienerei an brutalster Reaktion als Beamtenhierarchie. Die reine Vitalität aber endet ebenso kläglich mit dem dreißigsten Lebensjahr, mit den ersten grauen Haaren, mit Amt und Würden, als Gesangvereinsvorsitzender, Kegelklübler. Einer, der Ideologen nie leiden konnte und sich der Fürsten als Lakaien bediente, faßte die Erfahrung seines tatenreichen Lebens, das Revolution und Absolutismus drastisch vereinte, post festum auf St. Helena so zusammen:

›*Revolutionen sind selten, weil das menschliche Leben individuell zu kurz ist. Ein jeder denkt bei sich selbst, es lohnt nicht, die bestehende Ordnung umzustürzen. Sonst gäbe es rasch genug Gleichheit zwischen arm und reich.*‹

Eine banal anmutende Einsicht, aber von desto weiterer

Konsequenz, als hier das physiologische Nachlassen und Schlappwerden der Empörerkraft der Nerven und des sozialen Verantwortungsgefühls verantwortlich erscheint für das unleugbare Trägheitsmoment, für den Vergeblichkeitswahn, die der Sache des Fortschritts und der Humanisierung der Welt grade von seiten der Arrivierten und der Gescheiterten so fatal entgegenstehn. Die Unfähigkeit, glücklich zu sein und noch besseres Glück zu wollen, hindert die meisten Menschen, die Revolution zu bejahen.

Es kommt nicht darauf an, in wessen Namen die Glücksforderung erhoben wird. Es ist gleichgültig, ob wir menschliches Glück ›materialistisch‹ oder ›idealistisch‹ begründen. Zuviel haben diese Begriffe schon verwirrt. Man stirbt ebensowenig für einen ›Erkenntnistheoretischen Idealismus‹ wie für einen ›Historischen Materialismus‹, weder für das Trägheitsgesetz noch für das Gesetz der sozialistischen Akkumulation. Menschen sterben für Ideale, was immer sie darunter verstehen mögen. Es ist zumindest schlechter Takt, ganz gewiß aber eine bornierte Taktik, alle idealen Impulse der Menschen auf materielle Interessen zu reduzieren. Natürlich setzen sich die materiellen Interessen gegen nur geheuchelte Ideale immer durch. Aber wirklich fortschrittlichen Interessen entsprechen auch aufrichtige Ideale. In diesem Sinne sind überhaupt alle fortschrittlich gesinnten Menschen Idealisten. Die Heuchler aber erkennen wir schon allein daran, daß sie ihre ›Ideale‹ dauernd ändern. Sie denken nicht daran, die Welt zu verändern, die wirklichen Lebensbedingungen zu verändern, damit sie dem menschlichen Ideal immer angepaßter werden; sie ändern nur ihr Denken, ihre Herren und ihr Hemd; das ist leichter. Die Jugend wechselt nun weniger das Hemd, sondern etwas viel Zentraleres und Subtileres: ihre Haut; das heißt ihre Empfindungen zur Außenwelt. Die Jugend ändert nicht ihre Ideale, sondern überträgt sie auf wechselnde Helden, und zwar auf den jeweils stärksten und glänzendsten oder den sie dafür hält. Die Jugend ist ideal genug gesinnt zu kämpfen und sich zu begeistern, aber ihre natürliche Brutalität verweist sie an die Seite der sowieso schon Starken. Das ist ihre beklagenswerte Schwäche und meist auch der Anfang ihres eigenen

Endes; denn sie war stark genug, an seiten der Herren für die Interessen der Herren zu kämpfen, aber nicht stark und bewußt genug, für die eignen Interessen im Bündnis mit allen Schwachen und Unterdrückten auch gegen die Herren zu kämpfen.

Das Reich der Jugend ist klar von dieser Welt, freilich im utopisch ferngestellten Feld. Das scheinbar naturgegebene, tatsächlich aber sozial bestimmte Konkordat zwischen Jugend und Zukunft, zwischen Traum und Revolution verwirklicht sie nicht, ohne daß der gute Geist der Utopie Botendienste hin und her leistet, der Jugend gebend, was der Jugend ist. Obschon die Jugend nie von ihrer sozialen Basis zu trennen ist, lebt sie doch — zumindest als bürgerliche Jugend — weit über die Entwicklungsjahre hinaus auf Kosten der Gesellschaft, ohne einen andern produktiven Anteil an ihr zu nehmen, als göttlichen Unfug und oft beträchtlichen Glasschaden zu stiften. Aber jede Jugend *erlebt* ihre ersten frühen Konflikte mit Familie, Schule, Lehrstätte, Kirche als Konflikt des Werdenden mit dem Gewordenen, der Zukunft mit der Vergangenheit auf dem gärenden Boden der Gegenwart. Sie bedarf dann freilich in Aufruf und Führung, um sich dem wahren Erneuerungswillen zu verbünden, einer kühneren und zugleich heimlicheren Meisterschaft des Manifestes zum Mai der Zukunft, als sie der deutliche volljährige, männlich bewußte Marxismus gemeinhin zu bieten hat. Die Jugend gibt weniger auf Ideen als auf Ideale, und da sie oft keine Idee hat, welchen Idealen sie sich zuwenden soll, fällt sie häufig auf die falschen Ideale, die fast immer die bequemsten sind. Die Jugend ist meist mehr oder weniger guten Willens, es recht zu machen; nur weiß sie nicht, was Unrecht ist. Sie kann scharf denken, wenn sie überhaupt denkt. Aber wenn die Lehrer ihr das Denken austreiben und die Wildheit der Triebe noch wilder machen, ihr jegliche Vernunft-Ideen verbieten, um sie an die Kette einiger ›Ideale‹ zu legen, da hat der rationale Revolutionär nicht viel zu melden. So wie der Militarismus die Menschen davon abhält, für ihre eignen Interessen zu kämpfen, läßt sich die Jugend knechten durch Infantilität. Hitler besitzt grade deswegen Einfluß auf die Jugend, weil er so hemmungslos infantil ist. Aber es ist dies kein Einfluß auf die Jugend in dem Sinne, sie jung zu erhalten, sondern sie wird nur künstlich davon abgehalten, je erwachsen zu werden. Aus dem Stadium junger Hunde gerät sie unmittelbar schon in die Vergreisung der deutschen Vierzigjährigen mit Fettansatz und Verzicht auf selbständiges Denken. Es ist eine Jugend ohne Kindlichkeit, wie es eine Männlichkeit ohne jene moralische Reife ist, die darin bestünde, nicht zu versteinern, sondern sich offenzuhalten für neue Entwicklungsmöglichkeit, die Fähigkeit, täglich neu geboren zu werden, neu zu beginnen von einem der glühend heißen Gemeinplätze der Knabenzeit aus, was das Christentum mit bereuen, in sich gehen (›se repentir‹) bezeichnet.

Wenn Jugend ein Traum ist, so ist in ihr auch das Chaos der Träume — der guten wie der bösen —, das morgendliche Chaos der Weltschöpfung, das Erlernen des herrlichen Alphabets der Welt von neuem, das Entdecken neuer Wahrheiten; aber auch der wüste Katzenjammer, die schlechte Desillusionierung der Ideale, in denen von vornherein nur Lüge war, die schlechte ›Anpassung‹ an die vorhandene Welt, die Abkapselung in ein tägliches Fixum unerschütterlicher Gewohnheiten, Tugenden und Laster, Vorurteile und ›Grundsätze‹. Kahlköpfe und Specknacken, die von ›Rasse‹ reden, sich auf Urgroßväter und ungeborene Säuglinge berufen, um Barbareien zu rechtfertigen, und Jugend, die es den Kahlköpfen und Specknacken nachredet, diese Alten waren nie jung und diese Jugend ist bereits vergreist.

Die ältesten Ideale sind meist auch die kühnsten und nüchternsten. Freiheit, Gleichheit und Brüderlichkeit sind heute für den Faschismus so unerträglich sonnenklare Ideale, daß sie verboten werden müssen. Die ›Vorherrschaft der Langschädel‹ ist ein ebenso neues wie absurdes Ideal. Die moderne Anbetung des starken Mannes und dessen, was sie eine starke Rasse nennen, ist ein trübes Ideal, nichts als ein Zeichen innerster Schwäche, etwas ungesund Weibliches und Hysterisches, zumal in Ansehung des Umstands, daß grade ›starke Männer‹ oft sehr schwache Liebhaber sind, und ein Überschuß an Muskeln einen Überschuß an Dummheit nicht immer aufwiegt. Die faschistische Verachtung der ›Schwachen‹, die man sonst nur bei Kranken oder Knaben antrifft (wie nur Kranke unaufhörlich von ihrer Gesundheit reden), besteht in dem monomanischen Trick, alles ursprünglich Demokratische herunterzumachen, damit der ›starke Mann‹ höher stehe. Damit Hitler leuchte, müssen alle Lichter ausgelöscht werden. Wer aber wirklich stark und überlegen ist, glaubt vor allem an die Gleichheit der Menschen.

Hitlers wilden Simplifikationen kann man nur die alten Grundwahrheiten entgegenstellen, vermehrt um die neue Perspektive. Hitlers Geschichtsphilosophie und Rassenlehre sind schließlich nichts anderes als die Geschichte von David und Goliath — aber wie der Riese sie erzählt. Natürlich betrachtet sich der Riese als Endzweck der Schöpfung und sieht in dem Knaben David nichts als eine abgefeimte jüdische Minorität, die eine vor Lebenskraft strotzende Kolossalität zu Fall zu bringen sucht. Der Knabe David aber vertritt in Wahrheit den zusammengefaßten Mut und die menschlichen Grundsätze eines ganzen Volks. Die moderne Welt und Literatur ist mit Nietzsche und Sorel und Wells und George und Benn und Ortega y Gasset auf seiten der modernen Riesen. Das ist gewiß der sicherste und daher schofelste Platz. Hitler und die Seinen reden unaufhörlich von ihrer Stärke und von ihrem Mut und von der Schwachheit und Feigheit ihrer Feinde. In einem Atemzug rühmen sie ihren Sieg als gewaltig und schildern die Opposition als verächtlich. Man muß das in Hitlers Nürnberger Reden nachlesen. Nirgends gibt es in bisheriger notierter Sprache eine solche geistige Kraft und Disziplin und ausdauernde Courage wie die dieses Redners, dem es gelingt, mit einem einzigen Satz eine Verwirrung ohnegleichen zu stiften. Hitler hat immer zwei miteinander unvereinbare Gefühle auf dem Herzen, wenn er von den ›verächtlichen Demokraten, Juden und Bolschewisten‹ spricht, gegen die er in Deutschland den ›gewaltigsten Sieg der Weltgeschichte‹ davongetragen hat. Hitler besteht nur darauf, diese beiden Gedanken in einem Satz auszusprechen. Und das kann nicht gut ausgehen, denn er möchte zugleich seinen Sieg als groß verstanden haben, aber seine Feinde als klein vorstellen. Er möchte über die klägliche Schwäche der Opposition höhnen und zugleich die beispiellose Kraft seines Angriffs rühmen. Er möchte mächtig und mutig scheinen und seine Feinde feig wissen, und wird sich allein schon des tödlichen Paradoxons nicht bewußt, das allein schon in der Verbindung der Begriffe von stark und mutig liegt. Nur der Schwache kann mutig sein, der Starke ist höchstens prahlend feige, wenn er seine Stärke geltend macht. Es mag nützlich sein, auf ältere und ehrwürdige Freiheitsbriefe der Rebellion und Riesenkämpfe zurückzugreifen, um der Jugend die Moral und Proportion jeglichen Kampfesmutes, der diesen Namen verdient, in Erinnerung zu rufen. Hitler hat diese Moral vergessen lassen. Er möchte Goliath sein, aber siegen wie David. Und dieses Paradox wird auch die deutsche Jugend noch verstehen. Wer von ihr das Herz auf dem rechten Fleck hat, wird nicht länger ein Schildträger Goliaths sein wollen. Wir greifen mit alledem nicht die deutsche Jugend an. Die deutsche Jugend soll angreifen! Diese Einsicht ist kein Produkt der Philosophie. Freiheit, Gleichheit und Brüderlichkeit sind einfach eine verlorengegangene Kriegskunst, die Kriegskunst Davids gegen den Riesen Goliath:

>. . . da trat hervor aus den Lagern der Philister ein Riese, sechs Ellen und eine Handbreit hoch. Und hatte einen ehernen Helm auf seinem Haupte und einen schuppichten Panzer an. Und das Gewicht seines Panzers war fünftausend Sekel Erzes. Und hatte eherne Beinharnische an seinen Schenkeln und einen ehernen Schild auf seinen Schultern. Und der Schaft seines Spießes war wie ein Weberbaum, und das Eisen seines Spießes hatte sechshundert Sekel Eisens. Und sein Schildträger ging vor ihm her. Er aber stund und rief zu den Knechten Sauls: Was seid ihr ausgezogen, euch zu rüsten gegen uns? Bin ich nicht ein Philister und Riese, und seid ihr nicht Knechte? Erwählet einen unter euch, mit mir zu kämpfen. — Die Knechte Sauls entsetzten sich ob solcher Rede und fürchteten sich sehr. David aber war der jüngste Sohn eines aus dem Volke, und entsetzte sich nicht. Ging hin vor Saul und sprach: Es entfalle keinem Menschen das Herz um deswillen! Dein Knecht soll hingehen und mit dem Philister streiten. — Saul*

aber sprach zu David: Du kannst doch nicht hingehen und wider diesen Riesen, mit ihm zu streiten; denn du bist ein Knabe, dieser aber ist ein Kriegsmann von seiner Jugend auf. — David aber erzählte Saul, wie er die Herde seines Vaters vor dem Löwen und Bären gerettet. Da zog Saul David seine Kleider an und setzte ihm einen ehernen Helm aufs Haupt und legte ihm einen schweren Panzer an. Und David gürtete das Schwert und fing an zu gehen, denn er hatte es nie versucht. Und er merkte, daß er also nicht gehen konnte. Legte das Panzerkleid ab, nahm seinen Hirtenstab und erwählte fünf glatte Steine aus dem Bach und tat sie in die Hirtentasche, nahm die Schleuder in die Hand und machte sich zu dem Philister. Und der Philister ging auch einher und machte sich zu David, und sein Schildträger vor ihm her. Da nun Goliath David sah, verachtete er ihn und spottete seiner. Denn der war ein Knabe, bräunlicht und schön. Da sich nun der Riese aufmachte, ging schwer daher und nahete sich dem Knaben, eilte David und lief vom Zeuge gen den Philister. Und nahm einen Stein aus der Tasche, schleuderte scharf und traf den Riesen an seine Stirn, daß der Stein hart in seine Stirn fuhr. Goliath sah nichts mehr, seine Knie in den Eisenharnischen begannen zu schlottern. Als er David herbeispringen hörte, fiel er zur Erde auf sein Angesicht. Also überwand David den Philister mit der Schleuder und mit dem Stein und schlug ihn. Da David kein Schwert zur Hand hatte, lief er hin und nahm Goliaths Schwert aus der Scheide, und hieb ihm den Kopf damit ab. Seine Waffen aber nahm er und brachte sie in seine Hütte nach Jerusalem. Die Frauen aber und Männer in den Städten Israel waren gegangen mit Gesang und Reigen dem König Saul entgegen, mit Pauken, mit Freuden und Geigen. Und die Weiber sangen laut, spielten und sprachen: Saul hat tausend geschlagen, aber David zehntausend!‹

Nur der Schwache hat Mut. Und es ist dies seine beste Bewährung, im Lager der Schwachen und Schwankenden erst gegen die Schwachheit zu kämpfen, dann die Schwäche der Starken zu erkennen; nicht gerüstet sein wollen wie der Riese, aber ihn mit der Schleuder an der Stirn zu treffen. Sollte der Riese dann nicht fallen, sollten wir noch schwächer sein als er, so gibt es doch keinen Grund, schwächer als wir selbst zu werden. David reichte nicht bis zu den Knien Goliaths, aber er sah keinen Grund, kleiner als er selbst zu werden und auf die eigenen Knie zu sinken. Diese revolutionäre Moral liegt der biblischen Geschichte wie vielen Märchen zugrunde. Die Französische Revolution entdeckte von neuem diese Moral mit ihrem herrlichen Kampfruf: levons nous, nous ne sommes petits parce que nous sommes à genoux!

Die moderne Helden- und Riesenverehrung, die Verhimmelung der Starken und die Unterdrückung der Schwachen ist in ihrem trostlosen Hochmut ein wahres Klagelied der Schwäche. Natürlich betrachtet sich Goliath als Riese und die Geschichte der Philister als eine von Riesen, Übermenschen und Herrenrassen. Wer die innere Hohlheit und Schwäche der großen und kleinen Riesen unserer Zeit verstünde oder die Dummheit einer Geschichtstheorie vom Standpunkt der Riesen aus, der brauchte nicht einmal den wissenschaftlichen Sozialismus, sondern nur die Bibel und einige Märchen aus unserer Kindheit zu studieren. Der Starke braucht nicht mutig zu sein, ein Riese brauchte keinen Panzer und keinen Lobredner seiner Größe, wäre er nicht, was er ist: Goliath von Gath. Der Knabe David ist ewig jung und schön. Der Riese, einmal getroffen, fällt riesenschwer hin. Der Starke ist schwach. Der Knabe David aber, der ›jüngste Sohn eines aus dem Volke‹, spricht nicht von seinem Mut, er bewährt ihn in schlimmen Stunden. Und wiederum nur dieser Jugend und diesem schlichten Mut darf man in schlimmen Stunden Stärke zutrauen.

Nachträge zum 18. Kapitel

Ahnungsvoll wurde oben gefragt: Wieso hat die Sache der Zukunft, sachlich Sozialismus genannt, so wenig die Jugend? Wieso gelang es andererseits dem größenwahnsinnigen Infantilismus eines Hitler mit lauter zunächst antibürgerlichen Parolen erst die bürgerliche

Jugend, dann auch die hochgebildeten Herren Väter zu verführen? Die deutsche Jugend betreffend ging es vom frühen und sogar frischen Rausch des Vitaljubel (hurrah, weg von den eklen Textbüchern 'raus auf die Straße!) unter auffällig rot-gesprenkelten Fahnen mit lauter vaterländischen Hochgefühlen, ja mit Retterpathos gegen Ausland, Juden und Kommunisten sehr rasch und schrecklich geschickt in die kalt geplante Nacht der langen Messer und dann in die völlig offenbare Kriegsvorbereitung hinein. Was geschah, die Irrationalisierung eines ganzen Volkes mit den rohesten Mitteln auf ein total-barbarisches Ziel hin, das sollte nicht länger noch nachträglich dadurch vermehrt werden, daß man es unerklärlich nennt. Man scheut nur die Erklärung, und zwar rechts und links, nicht weil sie zu kompliziert, sondern zu banal ist, allerdings banal im Riesenausmaß, zu dem es geschichtlich keinen Vergleich gibt — was wohl eine Komplizierung sein mag. Bereits Marx warnte diesbezüglich, genau auf Deutschland zielend: ›Die deutsche Geschichte schmeichelt sich einer Bewegung, welche ihr kein Volk am historischen Himmel weder vorgemacht noch nachmachen wird. Wir haben nämlich Restaurationen der modernen Völker geteilt, ohne ihre Revolutionen zu teilen . . . Wir, unsere Hirten an der Spitze befanden uns immer nur einmal in der Gesellschaft der Freiheit, am Tag ihrer Beerdigung.‹ (Einleitung zur Kritik der Hegelschen Rechtsphilosophie). Hitlers von Anfang an paranoide Wahngeburt einer großdeutschen Gegenrevolution übte riesige Attraktionskraft auf die Jugendbewegung aus durch den beiden gemeinsamen Faktor, der von allen Hemmungen dispensiert und schlicht Größenwahn heißt. Erst gab es ein Zögern der Alten Herren gegenüber der Fusion von personaler Machtideologie und der Vitalladung der zahlreichen ziellosen, auch arbeitslosen Jugendlichen. Das Zögern kam daher, daß diese Bewegung nicht von oben her, vom Lutherischen und noch halbfeudalen Untertanenstaat her gesteuert erschien. Sie schlug ungewohnt quer, sozusagen von rechts unten. Das Element ›unten‹ gab ihr die Mimikry ›Revolution‹, das Element ›rechts‹ die Versicherung innenpolitischer Verwendbarkeit gegen die Arbeiter und die außenpolitische imperialistische Expansion. Beide Tendenzen lagen auf alter, wenn nicht bewährter Linie. Die sogenannten deutschen Freiheitskriege waren gegen die Invasion der französischen Armee und Aufklärungsideen gerichtet und sahen wirklich die erstmalige deutsche Jugendrevolte, romantisch-irrational bewegt, zunächst mit der nationalen Verteidigung, dann gleich hinterher mit der politischen Restauration verkoppelt. Zwar hatte der junge Hegel den Sieg Napoleons bei Jena noch als den eines ›Avanzierriesen‹ begrüßt, um sich dann später selber dem absolutistischen Restaurations-System absolutär-ideologisch anzupassen. Die Verspätung der industriellen Revolution in Deutschland und die Ersetzung der Feudalfürsten durch Industriebarone sollte dann 1870 und 1914 militärpolitisch aufgeholt werden. Demnach kam das Militär in Deutschland zu einer auch gesellschaftlichen Bedeutung, die es in den westlichen Ländern nicht mehr gab. Latenter Antisemitismus, selbst in der kurzen scheinliberalen Epoche nicht überwunden, in Verbindung mit den neu grassierenden Rasseideen (auffallenderweise von dem Franzosen Gobineau und dem Engländer Chamberlain übernommen) ergaben genau die explosible Mischung äußerster geistiger Versimplung und dem Sicherheitsgefühl, das aus Massierung stammt.

Keine ihrerseits naiv ungeschichtliche Massenpsychologie ist diesen Dingen gegenüber zuständig. Selbst **Freuds** Massenpsychologie und Ich-Analyse, teilweise noch übernommen von Le Bons positivistischer Charakterisierung des ›Mobs‹ als grundsätzlich gefühlsgetrieben und denkschwach, bleibt einseitig bei vielen sonst richtigen Beobachtungen (wie etwa Identifizierung von lauter uniformierten Ich-Schwächen mit Führergrößenwahn). Freud hat gesellschaftskritische Gesichtspunkte für die Psychoanalyse nicht gekannt oder nicht zugelassen. Gewiß gibt es inzwischen genauere Untersuchungen in dieser Richtung. Ich denke etwa an den Sammelband, den das Institut für Sozialforschung noch in Amerika mit teils amerikanischen Methoden dem Thema Die Autoritäre Persönlichkeit gewidmet hat. Ganz abwegig erschien dagegen Horkheimer-Adornos Dialektik der Aufklärung, wo mit lauter gequältem Material aus disparaten Perioden und Persönlichkeiten der bürgerlichen Geschichte eine unwahrscheinliche Gleichung zwischen einem Putschisten der Frührenaissance, dem fundamentalistischen Fanatismus eines Savonarola in der Periode der florentiner Depression, und schließlich Robespierres kalter Vernunftdiktatur konstruiert wird um darzulegen: Massenführer verführten Massen zu lauter lust- und geistfeindlichen Ressentiment-Erscheinungen. In der neueren psycho-soziologischen Literatur kenne ich mich, abgesehen von den Studien des Mitscherlich und von Erich Fromm, nur ungenügend aus. Des letzteren populäre Schriften begannen etwas tiefer, verflachten sich dann immer mehr mit bloßen Variationen ein und desselben Ansatzes. Dieser sitzt zwar richtig, Selbstbestimmung ist anstrengend, Konformismus ist leicht und führt daher leicht in lauter Faschistisches. Fromms sehr gemäßigte Ansprüche an den Leser sind nicht deswegen ungenügend zu nennen, weil sie populär sind, sie wären aber wohl weniger populär geraten, hätte er sich tiefer in die Widersprüche gesellschaftlicher Prozesse und ihrer ideologisch verzerrten Ausdrucksformen begeben. Trotzdem gehören Fromms zumal frühere Arbeiten zu den wenigen, die man in Amerika jungen Menschen als Diskussionsbasis empfehlen kann, von der aus dann allerdings genauer an die teils noch recht dunklen Dinge selbst herangetreten werden muß. Die von der Kritischen Theorie vertretene These der totalen Vergesellschaftung und Barbarisierung gibt sich selbst so totalitär, daß selbst noch der Widerstand dem gleichen Verhängnis unterliegt, den sie zu bekämpfen angibt. Wenn Adorno die gesamte heutige Menschheit der Liebe unfähig erklärt, und zwar ›ausnahmslos‹, so nähert sich solche Aussage selber einem paranoiden Wahn.

Über die deutsche Nachkriegsgesellschaft und Jugend habe ich fast keine persönliche Erfahrung. Dagegen kenne ich mich aus langer und vielfältiger Erfahrung mit Studenten in Amerika genügend aus, um im Folgenden darüber berichten zu können.

Daß sich die Jugend regt, noch und noch, zunächst mit sich selbst beschäftigt und mit ihresgleichen, ist kein besonderes Verdienst. Wohl aber will auch Wachsen getan sein, kostet nicht nur die Mühe der Eltern, später die Verdrießlichkeit der Lehrer, sondern enormen, fast unbemerkten physiologischen und psychischen Aufwand der Kinder. Daß sie diesen leisten, noch im Spiel arbeitend, mit jedem Dazulernen neue Bedürfnisse entwickelnd und auf Befriedigung drängend, ist der genialische Anteil der Kinder an ›gesellschaftlich notwendiger Arbeit.‹ Dieser macht sie nicht zu einer besonderen Klasse. Außer in agrarischen Gesellschaften, in welchen Kinder sehr bald Arbeitshände werden, sind Jugendliche ökonomisch Konsumenten, und bleiben es im Spätkapitalismus auch dann noch, wenn sie physisch längst gereift sind, sexuell neugierig experimentieren, geistig die großen Menschheitsträume reproduzieren. Indessen bindet Schule sie an lauter positivistische Gedächtnismassen, daher an Kritiklosigkeit, Fantasiehemmung und Lernunlust. Wohin Jugend dann drängt und wofür sie sich unter gesellschaftlichem Druck, ihm widerstehend, eingesetzt, das erst gibt ihrem vorerst nur vitalen Naturell soziale Bedeutung. Auch Jugend ist verführbar, viel mehr noch als die mittleren Jahrgänge, die bereits berufsgedrosselt und lediglich auf eine Erweiterung des erlangten Lebensstandes aus sind. Gar nicht hat, wer die Jugend verführt, erst ihre Emotionen erhitzt, sie auf Wahnziele verweist und sie dann diesen aufopfert, die Zukunft. Er hat nur die eigenen Illusionen, vermehrt um eine rasche und vergebliche Blutauffrischung. Erst wenn die objektiv mögliche und menschenwürdige Sache der Zukunft, die einst Sozialismus geheißen, ehe mit diesem Wort ein neuer und schrecklicher Schwindel grade von der Reaktion getrieben, den Impulsen der Jugend Sinn und Ziel zu verleihen mag, gelingt die sonst so leicht und gerne verblasene Gleichung von Jugend und Zukunft.

Auf die eigene Jugend prägnant zurückgesehen, sozusagen unonkelhaft, wohlwollend-sachlich zu sich selbst, so erscheinen diese Merkmale: Fast sprachlos schwacher Schüler, starker Schlagballspieler, erheblicher Wachträumer; früh das Gefühl eigentlicher Unwirklichkeit im Draußen des unverständlich vom Ich unabhängigen Lebens auf der Straße, in der Schule, in den Ferien; aber auch das noch erstaunlichere Heimweh, Fernweh daheim im eher gepflegten Elternhaus nach Andersheit, irgendwie naheliegender Utopie angstlosen, gewaltlosen Selbstseins mit besser Anderen. Später in einem weniger gedrosselten, freizügigeren Waldpädagogium in der Nähe von Weimar, die ersten wirklich explosiven Freundschaften, auch zu einem jungen Lehrer, der Führer einer linksgerichteten Wandervogelgruppe mit neuen Worten, Ideen, die von dem als entsetzlich empfundenen Gesinnungsmaterialismus fast aller Erwachsenen, ja auch der meisten Mitschüler jugendbeweglich und volksliederhaft zu befreien vermochten. Nach verspätetem Abitur, begabt nur im Musischen und in Geschichte, völlig fehl am Platz als Student der Jura, immer empörter über die Spanne zwischen als heilig erlebter (nicht so geübter) deutscher Musik und der offenbaren Schandbarkeit öffentlicher Zustände und Unsittlichkeit der gesamten Jurisprudenz. Instinktiv nach links drängelnd, erfrischende Begegnung mit roten Arbeitern (und Mädchen) in Berlin, mit einem erzechten rebellischen, älteren Freund in Heidelberg, Lektüre von Marx, Aufenthalt in der Schweiz und in Paris, freudigstes Identifizieren mit Ernst Blochs Geist der Utopie — all dies ließ

Rot nicht als eine bloß intellektuelle Färbung Heidelberger Mode-Soziologen erscheinen, sondern als ein moralisch und real-ideales, dauernd verpflichtendes Morgenrot.

Was dann kam, war so offenbar Verhängnis der finsteren Reaktion in Deutschland, daß das kaum erst begonnene eigene Bewußtsein möglicher Selbstentwicklung in Richtung größerer sozialer Gerechtigkeit für die ›Proletarier aller Länder‹ (und man fühlte sich subjektiv-politisch Prolet, indem man, zwar im Besitz einiger geistiger Fähigkeiten, dennoch arbeitslos und unwillens sich kapitalistisch, gar faschistisch zu verkaufen) zunächst aus bloßem Selbsterhaltungstrieb in die Schweiz ging. Natürlich gab es Leute, die einem nachriefen: ›Emigration ist Feigheit.‹ Nun ja, sie selber sollten bald alle Gelegenheit haben, sich als heldenmütige Untertanen zu erweisen, und zwar nicht nur pflichtgemäß sondern lustbetont.

Als die Zwischenlösung Schweiz grade für einen politischen Emigranten schwierig, ja gefährlich wurde, lockte erst Prag, zeigte Frankreich den Großmut seiner Portiers, und Amerika versprach die traditionell offene Tür. Wir landeten im dort richtigsten Augenblick und Hafen. Am nächsten Morgen war es Erster Mai in New York 1937, und junge amerikanische Freunde, die wir in der Schweiz als Studenten getroffen, nahmen uns unter die Arme als Teilnehmer an der endlosen, höchst festlichen Parade aller antifaschistischen Gruppen durch das Stadtzentrum. Das hieß wirklich ein unerwartetes Amerika entdecken! Auf Grund nicht nur lebendig erinnerter sondern neu zu bestätigender Pionierideen hatte Antifaschismus eine volkstümliche Basis. Der instinktive, fast theorielose Linksimpuls zumal an den Universitäten wurde von drei Faktoren genährt: Die Tiefe und Breite der Depression im Lande, der Bürgerkrieg in Spanien (der rasch und richtig als Beginn des Zweiten Weltkriegs galt), die Hilflosigkeit, ja Mithelferschaft der französischen und englischen Regierungen Hitler gegenüber.

Politisch-kulturelle Emigranten galten als ungewöhnliche potentielle Landsmänner. Etwas naseweis ausgedrückt, es bedurfte keiner jüdischen Nase (obwohl es half), unmittelbar als Gesinnungsgenosse aufgenommen, ja herausgehoben zu werden — zumindest aufs Podium springlebendiger Diskussionen, für die es hier eine unvergleichliche Tradition gibt. Als geprüfter Antifaschist mit humanistischem Wissen und Wollen fand man eben lauter verbindendes Gedankengut aus bester Aufklärungszeit vor (samt deren Architektur), die Amerika besser bewahrt und bewährt hat als Europa. Gewiß brachte man das Seine mit, zumal eine nie und nirgends aufgegebene Verwurzelung mit der weitertreibenden Tiefe deutscher Philosophie und Musik. Allerdings galt es die sprachliche Sperre zu überwinden, und zwar ohne sich in schlechter Schnellbleiche falsch zu amerikanisieren oder ohne sich, andrerseits, als hochmütiger Botschafter hierher importierter deutscher ›Kultur‹-Imperialismen dem Lande von Lincoln und Jefferson zu empfehlen. Leider geschah beides reichlich, zumal im Fall eines hochberühmten Herrn Schriftstellers, der den Nazismus als eine persönliche Beleidigung ansah und es duldete, daß sein amerikanischer Verleger ihn als den ›Goethe unserer Zeit‹ reklamierte — ganz als sei der originale Goethe der Affe eines anderen gewesen! Viel schwieriger, aber auch verbindlicher, auf wirtschaftlicher Minimalbasis, die schließlich gelang, grade als Europäer mit universalen Zielinhalten hier weiterzuarbeiten, diese noch im Dazulernen amerikanischer Qualitäten neu zu vermitteln.

Gewiß, die amerikanische Nachkriegsjugend war weitgehend eine Generation politisch desinteressierter, glattrasierter Karrieremacher. Politisches Desinteressement ist allemal ein politischer Faktor, durch Ahnungslosigkeit über und Widerstandslosigkeit zu den großen Lügen diese mitmachend. Der korporative Kapitalismus mit zahllosen Kriegsgewinnern als Generaldirektoren versah diesen fraglichen, auch kümmerlichen Aufwuchs mit lauter Ersatzbefriedigungen, die ihrerseits zur Ideologie und Praxis der sogenannten Überflußgesellschaft beitrugen. Beide Weltkriege, dann Korea, dann die von Wirtschaft und Militär (Militärwirtschaft) aufrechterhaltenen Extraspannungen des ›Kalten Krieg‹ lehrten: Destruktionen lohnen sich kapitalistisch, weil sie die Kapitalakkumulation neu ankurbeln. Die Theorien von Keynes, der glaubte, daß die kapitalistischen Krisenkriege und Produktionskrisen durch staatliche Planung in einem ›gemischten‹ Wirtschaftssystem vermieden werden können, unterstützten die Illusion, daß eine krisenfreie Überflußgesellschaft kapitalistisch möglich, ja bereits vorhanden sei. Aber in Klassengesellschaften gibt es Überfluß lediglich für die sozusagen selber ›Überflüssigen‹. Sobald ein staatlich induzierter, finanzierter Extrakonsum auf bestimmte Sektoren der Bevölkerung ausgedehnt (zumal auch auf den bereits begüterten ›Nachwuchs‹) die für den Kapitalismus entscheidende Profitakkumulation und -rate bedroht, wird Produktion als solche gedrosselt oder aber, wie heute deutlichst in Vietnam, durch erneute Rüstungsarbeiten und Machtpolitik, unter der Devise ›Verteidigung der Demokratie‹, wo es sie nicht gibt, destruktiv verwendet. Natürlich kann eine jede entwickelte Nation zur Vollbeschäftigung ohne Kriegswirtschaft gelangen, wenn sie es wirklich will und sich dazu erzieht. Allerdings muß sie dann auch klassenlose Gesellschaft wollen und können (auf welcher ganz konkreten Möglichkeit die Theorie des Sozialismus beruht).

Jedenfalls war es und ist es zumal in den USA für den korporativen Kapitalismus, der immer mehr zum Staatskapitalismus neigt, viel naheliegender, das gesamte Wirtschaftssystem durch lauter improvisierte Halbplanungen zu unterhalten, die ebenso viele neue Wirren produzieren, als sie korrigieren können. Dazu gehören hauptsächlich: Neuere Rüstungsindustrien, Verkehrsindustrien (Flugzeuge, die sogleich auf Kriegsverwendung hin gebaut werden), Landwirtschaftssubventionen, die Luxuskonsumindustrie, die Unterhaltungsindustrien, vor allem auch die eigentliche Erziehungsindustrie. Da Erziehung in USA eine Art Religion (und Kirchliches nur deren sehr billige Sonntagsausgabe) ist, gerät auch in diesem hier ausgedehnten Sektor ein Grundwiderspruch des Kapitalismus, Individualismus für alle zu predigen und Monopolisierung der Kontrollmittel anzustreben, besonders trübe in der Theorie und Praxis dessen, was Erziehung soll und kann. Wirklich allgemein als eine Investierungsindustrie angesehen, die oft Industrielle als Schüler und Lehrer in die wirtschaftspolitischen Spezialinstitute einbezieht, muß dennoch zwischen Staats- und Privatschulen unterschieden werden. Alle sprechen zwar gleichmäßig und ernsthaft von dem ›Ideenmarkt‹, auf welchem es wie im Wirtschaftsbetrieb zum ideellen Wettbewerb der Meinungsverschiedenheiten kommen soll. Offiziell besteht, wie im Wirtschaftlichen, ›Chancengleichheit‹. Praktisch besteht, wie im Unwirtschaftlichen, Relativismus und Positivismus: Faktenverehrung ohne Beziehungsdenken, Naturwissenschaft wesentlich zur technologischen Naturausbeutung dressiert, Soziologismen ohne Gesellschaftskritik, Psychologismen ohne Psyche, Kulturgeschichtliches als museale ›Bereicherung‹ (womit zugegeben wird, wie ärmlich es in den ›Realien‹ zugehe). Gewiß gibt es ehrliche Forscher unter den Lehrern, die sich selber nur schwer gegen das ›System‹ behaupten können. Am minderbegabtesten geht es in den oberen ›Geisteswissenschaften‹ zu, die häufig von jeglicher Anstrengung dispensieren, dem modischen Drängen eigentlich denkfauler Schüler weich nachgeben, indem man es ihnen überläßt, im Stil eines Selbstbedienungsrestaurants Lehren als einen Vermittlungsprozeß überhaupt überflüssig zu machen. Meist heißt das heutzutage ›interdisciplinary studies‹. Die sonst üblichen Eintopfgerichte der verschiedenen Fakultäten werden hier einfach von Dilettanten für Analphabeten aus schäbigen Überresten, als ›hors d'œvres‹, verabreicht. Sie sind und machen wortwörtlich ›arbeitslos‹. Die Beatniks unter den Studenten begrüßen solche Mischwaren als ›far out‹, ›crazy‹, ›gas‹, ›sent‹. Solche uneigentlichen Füllworte sind affirmativ gemeint. Die Lehrer solchen dilettantischen Kitsches sind meist selber nur halbgelehrte, leicht angegraute Mischprodukte eines weich gewordenen Liberalismus, die sich als Studenten den mehr kontrollierbaren Disziplinen der Naturwissenschaften und Technologie entzogen haben. Sie blieben auch in diesen ›höheren‹ Sphären des spätbürgerlichen Relativismus kritiklos Hörige. Dann passen sie sich dem eigentlichen ›beat‹-Stil durch sorgfältige Verlotterung der Kleidung, der Ausdrucksweise und intellektueller Anspruchslosigkeit an. Sie sind sozusagen die billig fungierenden Kellner im Cafeteriabetrieb des Nihilismus. Die zahlreichen, fast nur parasitischen Dekane der Universitäten (für deren Zwischenhändlertum es in Europa keine Parallele gibt) unterstützen ihrerseits solchen Ausverkauf, weil er politisch harmlos macht und das allenfalls kritische Gebiß der Studentenschaft kariös geraten läßt. Noch zur Zeit des New Deal gab es unter Hochschuldozenten nicht nur ehrliche Forscher (wie die Verfasser der ursprünglichen Encyclopedia of the Social Sciences), es gab auch wirklich gute ›Köche‹. Diese produzierten zwar nicht im Heidelberger ›Ratskeller‹-Stil feierliche Deklamationen à la Jaspers. Wohl aber fabrizierten sie mit positivistischem Fleiß, der nützlich bleiben kann, sachlich informierende Nachschlagewerke. Gewiß, den akademischen Großkitsch der ›Humanities‹ gab es und gibt es überall. Auf diesen mit grundgescheiten Worten des Bert Brecht hingesehen, die im obigen Vergleich bleiben und ihn schärfen. ›Über das Fleisch, das in der Küche fehlt, wird nicht in der Küche entschieden.‹

Ebensowenig kann in einem Nachtrag zu einem kulturpolitischen Buch einschlägig darüber gehandelt werden, was unter veränderten Umständen mit der heutigen Jugendrebellion geschieht. Von der früh- und schlechtresignierten Beat-Generation, oben mehr zynisch gepflegt, unten mehr verludert, unterscheiden sich die aktiven Gruppen durch ihre Linksorientierung. Die Beatniks vertrauten naiv der gesellschaftlichen Wirkung demonstrativer Gewaltlosigkeit: ›Do not fold, spindle and mutilate; I am a human being.‹ Solch zahmer Widerstand ist kaum indirekt subversiv. Zwar negiert er bürgerliches Besitzen und bürokratisches Manipulieren. Er gibt sich als hauslos, berufslos, kalenderlos, uhrlos. Dabei ist er nicht ganz geldlos — der alte Herr oder die geschiedene Frau Mutter helfen oft aus. Sein Kriterium ist, mit wie wenig auszukommen sei, nicht wieviel man habe. Nicht einmal sein Sexualorgan will ein echter Beat individuell besitzen und an einen spezifischen Partner binden. Das neue Kennwort für Geschlechtsverkehr ist interessanterweise ›work‹. Akademisches Ochsen oder kommerzielles Schuften wird grundsätzlich vermieden. Unausweichliche Kleinarbeit in minimalen Haushalten und ländlichen Kommunen heißt ›gig‹. Man neigt zu einer Taschenausgabe von Zen-Buddhismus, ahnungslos darüber, daß diese chinesische Adaptation der indischen Askese aus einer Feudalgesellschaft für ältliche Mandarinen stammt, eine lange Probezeit mit lauter beanspruchenden körperlichen und geistigen Disziplinen unter strenger, ja grober Leitung verlangt. Die herumgereichten Drogen, zumal Marihuana und LSD, befördern weiterhin passives Existieren. Dieses ist einem perennierendem Wachtraum vergleichbar, der auf wirtschaftlicher und geistiger Minimumbasis dazu verführt, den wohl viel größeren Beschädigungen durch die Identifikation mit den Schimären der Überflußgesellschaft auszuweichen. Die künstlich verlängerte Adoleszenz — man weiß nicht, was mit dem gebildeten Nachwuchs anfangen und zumal mit hochintelligenten Mädchen — läßt ihr Subjektives einer Stimmungsethik von Moment zu Moment vertrauen, die von der Irratio der Gesellschaft gar nicht so verschieden, die von Krise zu Krise stolpert. Thoreau ist das Modell der privaten Opposition zum Offiziellen und Henry Miller das Schlafzimmer-

Vorbild (erstaunlich, daß dessen doch klar parasitisch-sadistisches Verhalten zur Frau als ein fast gleichgültig auswechselbares Objekt der Aggression naiv bejaht wird). Indem die Beats die Gesellschaft nicht eigentlich negieren, sondern deren Verfallserscheinungen ausweichen, können sie allenfalls in den ihnen zugestandenen Gebieten von agape und eros und Gemeinsamkeit herumtappen. Sicherlich üben viele eigentliche caritas, franziskanisch ohne westliche Transzendenz, dagegen mit meist naiven Anleihen an asiatische Kontemplation (ohne deren Disziplinen). Die geübte, meist leidenschaftslose ›Liebe‹, von genitalem Besitzen eher weg zu einem Gemeinschafts-Eros, auf Kinder anderer ausgedehnt, im Dinglichen des Haushalts betont nachlässig, hat von der objektiven Tugend gesellschaftlicher Gerechtigkeit kaum je gehört. Diese ist geschichtsphilosophisch und pädagogisch das eigentliche Ziel, das substantiellste soziale Postulat. Bereits ein so tiefer platonisch instruierter Konvertit wie St. Augustinus warnte, daß eine bläßlich auf Almosen reduzierte caritas nie und nimmer als ein Ersatz für Gerechtigkeit gelten könne, während selbst nach Etablierung objektiver und subjektiver Gerechtigkeit als der obersten und schwierigsten aller säkularen Tugenden immer noch solche individuellen Lücken lassen würde, die dann wirklich besonderer Ausgleiche nötig und würdig seien. Im eisernen Römischen Recht hieß es bereits: De minimis non curat lex. Selbst angenommen, daß die von Marx nur sehr abstrakt berührten Erfüllungsziele einer sozialistischen Gesellschaft annähernd erreicht sind, bliebe bestimmt eine Variante obigen Zitats, selbst wenn sie als Kalauer wirkt: De minimis not curat Marx. In der Widmung seiner Spuren an uns schrieb Ernst Bloch: ›Wir stimmen darin überein, daß im Zukunftshaus der Menschheit es nicht nur kollektive Balken geben würde, sondern auch individuelle Sparren; und vielleicht werden, was heute noch wie Sparren aussieht, eigentliche Balken sein.‹

Was sich in den zahlreichen und unterschiedlichen Kommunen zumal akademischer Herkunft und Zwecke abspielt, also eher städtisch als ländlich situiert, kann nicht summarisch dargestellt werden. Sie leben billig, arbeitsteilig in einem merkwürdigen Zwischenstil von verallgemeinerter Herzlichkeit, die eher kühl wirkt. Spannungen, die unvermeidbaren, werden sachlich diskutiert, wobei auch Temperamentsunterschiede als Sachen gelten, die anpaßbar sein sollten. Eigentlich unvereinbare Typen kommen und gehen regelmäßig. Eine bleibende, interne Gefahr ist, daß sich die Mitgliedschaft kollektiv und individuell für unverwundbar hält. Sie leben doch jetzt ›natürlich‹, im Gegensatz zur Konsumerwelt ihrer Eltern und Umwelt. Dabei sind sie oft naiv über nichtgesellschaftliche Krankheiten, Hygiene, Syphilis und Allergien. Drogen sind bei ihnen zwar gang und gäbe, aber meistens nur Marihuana und kaum übermäßig. Tatsächlich arbeiten sie, eher nachdrücklicher als etwa meine Freunde und ich als Studenten in Heidelberg. (Das ja sehr reglementierte System der Kurse, Seminare, Semesterprojekte und Tests verhindert fast jeglichen Müßiggang, der in Deutschland ehemals das Beste der Studentenjahre abgab — falls man damit etwas Gescheites und Erfreuliches anzufangen verstand — was auch gelernt sein will). Alle sind gegen wettbewerblichen Sport, zumal solchen mit Leistungs-Statistiken und mehr oder weniger verbrämten Geldprämien.

Man kann nicht sagen, daß die noch akademisch arbeitende Jugend, durch Lebensstil deutlich von Konventionalität abgehoben, sich tiefschürfend theoretischen Fragen widmet. Dafür haben Jugendliche weder Zeit noch die dazu nötige Selbsterziehung zum politischen Denken. Gemeinsam ist ihnen der Widerstand zum ›System‹, bewußt reduzierte Berufserwartungen und Verzicht auf früh bindende Heirat. Viele werden geschickte Amateure im Handwerklichen aller Art, der Nützlichkeit im Haushalt wegen und der muskulären Freude zuliebe, die in diesem Land überhaupt unter allen Klassen sehr verbreiteten ›hobbies‹. Die meisten sind nur potentiell ›revolutionär‹ zu nennen. Nur ausnahmsweise gibt es subversive Organisationen, die dann auch wenn nicht zusammen wohnen (das wäre zu exponierend), wohl aber regelmäßig Pläne und Aktionen schmieden. Akte physischer Destruktion sind seltener geworden, hauptsächlich weil sie von der Zerstörungslust der sehr viel jugendlicheren Delinquenten ohne politische Motive und Wahl der Objekte sich distanzieren wollen. Deliquenten sind es oft aus schrecklicher Langweile, Arbeitslosigkeit und auch der hochnotpeinlichen Ehrenschwüre wegen, die die jüngsten unter den Delinquenten an die Gang-Führer bindet. Psychologisch liegt bei diesen a-politischen, bestenfalls vor-politischen Gruppen in den Großstädten (die vernachlässigten Kinder der unterdrückten Minoritäten wie Neger, Portoricans, Mexikaner) ein Merkmal vor, ein unbewußter Wunsch, von der Polizei gefaßt zu werden, auf daß sie auf diesem bösartigen Umweg vielleicht rehabilitiert werden können, mindestens Aufsehen erregen. Sie wissen nicht, warum und woher und wohin sie Krawall machen. Die gegebenen Umstände sind Natur, nicht einmal zweite sondern primäre.

Es gibt auch scharf politisch artikulierte Minoritäten-Revolten unter Jugendlichen, unklar getrennt voneinander und nur selten koordiniert mit Weißen. Umgekehrt war ein so sensationell neues Massentreffen wie das in Woodstock, sensationell berichtet und gefilmt fast ohne Neger (außer den Jazz- und Hardrock-Instrumentalisten). Diese Veranstaltung war in jeder Weise ein Unikum, die gesamte eher wohlhabende und noch vorpolitisch intuitive New Left der östlichen Staaten mit ihren Hunderten von Colleges im Hinterland von Pennsylvania in einen Riesenjahrmarkt versammelnd. Das Gerücht dieses ›happenings‹ lief von Mund zu Mund, von Schule zu Schule, ohne daß die Reklameindustrie beteiligt war. Es erwies sich als eine merkwürdige Mischung von ›Wartburg‹, Musikfest, Massenorgie und Chaosangst.

Völlig unvorhergesehen brach auch ein physisches Donnerwetter mitten in diesen nur von menschlichen Leibern geformten Freifeld-Zirkus herein, übertönte alles elektronische Gerät und blies das breit improvisierte Holzpodium samt elektrischen Hochleitungen in alle Winde. Überhaupt keine Panik der 200 000 Teilnehmer, später nur mit hartkantiger Skandierung der Kapellen eine Art Chaos-Chor mit dem makabren Refrain:›Whoopee, we're all gonna to die.‹ Genauer könnte das Ineinander von Vitalitätsüberschwang und Chaoserwartung nicht formuliert werden. Die Teilnehmer waren ausschließlich Jugendliche oder einige solcher leicht angegrauter Räuschlinge, die mitmachen wollten. Wenn in Alabama geschrieben steht ›Negern ist der Eintritt hier verboten‹, wenn es dieses Ghetto für Juden gab, so ist das nicht einmal nur vorausgesetzte, sondern ausgesprochene Veto ›Hier dürfen mehr als Dreißigjährige nicht eintreten‹ eine physiologische Variante der rassischen Mauer. Wer immer ausschließt, schließt sich selber ein und ab. Als gäbe es nicht nur stupides, sondern gradezu seniles Jungvieh, oder ein allerdings selteneres neues Jungwerden und Kühnerdenken im Altern als Reife! Als ich dieses Umkehrungsverhältnis einmal unter Studenten erwähnte, stand ein blutjunges Mädchen auf und bemerkte trocken: ›Who wants old potatoes?‹ Ja, wo es auf Kartoffeln ankommt! Schon bei Weinen und manchen Geigen geht es anders her, und es gibt in Großwerken der Kunst und Philosophie die eigentümliche Nachreife, die weder vitalistisch noch soziologistisch reduzierbare. Nachweisbar veralten Ideologien, die ja von Anfang an wesentlich notwendig falsches Bewußtsein enthalten. Aber des Plato oder Hegels Kraft des Problemeaufwerfens, die Subjekt-Objekt-Beziehung überhaupt zu ergreifen, bleibt, ungeachtet der gewiß sozial verursachten und gebundenen Ansätze und Fehlurteile, beispielhaft. Der Produktionsimpuls großen Denkens und Formens schießt über das je Produzierte heraus. Ohne dieses immanente Transzendieren wäre alle Kultur gewiß nur der höhere Schwindel, der die heutigen Jugendlichen kalt läßt. Daß sie so aus so schwellendem Hormonendruck lässig auf mehr als Dreißigjährige herunterschauen, hat damit zu tun, daß ihnen persönlich kaum je ein wirklich zu nachhaltiger Produktion gereifter Mensch begegnet ist. Die Jungen haben keine besonderen Vorrechte, weil sie jung sind, sondern den Eltern und Lehrern gebührt nur dann Respekt, wenn eine jegliche Art von Produktionsreife dem unvergleichlichen Produktionsglück evident wird.

Philosophie ist Oppositionswissenschaft. Sie ist lehrbar als Wahrscheinlichkeits-Denken in Verbindung mit gesellschaftskritischer Tendenzenkunde plus Zielvorstellungen. Mit weniger als diesen Korrelaten gibt es nur die zu ›Schulen‹ reduzierten, der Spekulation abholden Ontologen (Alles immer nur auf statisch Eins gründen wollend) und die formal-logischen Positivisten, eigentlichen Philologen, die so ängstlich auf Reinlichkeit und naturwissenschaftlicher Gesetzlichkeit bestehen, daß sie vom Leben als Drama und Prozeß überhaupt nichts verstehen können. Wer philosophisch weiß, daß es in Natur und Geschichte diskontinuierlich zugeht, wird nicht ganz so hilflos den politischen Ereignissen in gelernte Indifferenz oder statisches Dogma ausweichen. Furchtbar genug bleibt die Spanne zwischen Sein, das gärt, und Denken, das ›grundsätzlich‹ zu verfahren meint, und sich dann immer wieder lauter Abgründen gegenüber befindet. Richtungsgefühl für das objektiv Mögliche und subjektiv Wünschbare ist selber möglich und wünschbar, selbst wenn Dialektik wirklichen Forschens und Wollens, von der Sturheit des Diamat nicht zu sprechen, sich neu herauswagen muß auf Gebiete und Perspektiven, von denen auch bei Marx nichts zu lesen ist. Gewiß, auch bei diesem ist das Forscherliche meisterlich, nicht als ein unvollständig Erforschtes fertig einzustreichen. Nur wenige Gruppen der Neuen Linken in Amerika sind in diesem Sinne ernstliche Marxisten. Sie arbeiten am besten noch in einigen akademischen Hegegebieten, in denen Denk- und Forschergeist noch nicht verboten, ja von wirklichen Lehrern jeglichen Alters ermutigt wird. Unter den oberen Studenten und Assistenten der philosophischen Fakultät der Buffalo-Universität gibt es eine sehr ernstliche Gruppe, die ebenso theoretisch wie aktivistisch bemüht ist. Die Serie ihrer Zeitschrift TELOS hat hohes Niveau, jedenfalls hoch genug, schwankend sein zu können, ohne in den sonst überall üblichen Stil pluralistischer Klugschwatzerei zu verfallen. Sie kennen sich sogar, trotz der sprachlichen Schwierigkeiten, in der ›Frankfurter Schule‹ aus, lesen Adorno und haben von Bloch gehört (dessen englische Übersetzer allerdings durch fetzenhafte Auswahl und Versimplung ungewöhnlicher, ja kanonischer Kategorien nur Schaden angerichtet haben). Auch andernorts, zumal in Boston, dem eigentlichen geistigen Zentrum der USA, gibt es kleine Gruppen mit großer Intensität, denen man Fortschrittlichkeit im unverdächtigen Sinne zusprechen darf. Unterbrechungsaktionen wie die an der Harvard Universität, auch in New York an der Columbia Universität, zerbrachen gewiß mehr als nur Fensterscheiben und den gelangweilten Hochmut einiger Dekane, die vergleichsweise Studenten als ›Rotznasen‹ ansehen. Der Protest zumal gegen die militär-technologischen Programme und Subventionen ganzer Fakultäten hat vielfach durchgeschlagen. Die geistige Initiative liegt klar bei den Besten unter den Links-Studenten und Lehrern. Die Universitätsbonzen haben den militanten Studenten oft solche Zugeständnisse gemacht, etwa in Fragen der Mitbestimmung über Wahl und Format der Kurse, die jetzt inhaltlicher werden, nachdem der große Radau stiller geworden und überhaupt die Opposition, die klüger macht, nach innen geht; und ich meine nicht Innerlichkeit, sondern Erarbeiten der Oppositionskunde — wenn möglich mit dem Lehrer (ich kenne Fälle), gegen das System, oder unabhängig von beiden (wie meistens). Ich persönlich konnte Schulen aller Art nie leiden, aber war eigentlich immer lernbegierig.

340

Meiste Lehrerschaften riechen schlecht. Aber mir ist auch tief zuwider, wenn in offener Debatte Opponenten niedergeschrien, gar niedergeschlagen werden. Ich halte dafür, daß die kostbaren ›four letter words‹ sozusagen musik-strategisch, sonatentechnisch wie Dissonanzen einzusetzen sein; sonst kommt es wie beim mittleren Arnold Schönberg dazu, daß serienweise Dissonanzen keine Spannung mehr erzeugen, gewöhnlich klingen, während gutgefügt Harmonisches seltsam neu interessant eingeht. Es mag sein, daß gewisse Typen von bloßen Mitläufern unter Rebellen, die an Krawallen als solchen Spaß haben, provozierend auftreten. Das kann dann rasch explosiv werden, zumal in einer bereits geladenen Luft. Wenn dann die leidigen Textbücher durch die Fensterscheiben krachen — an sich ein erhebendes Schauspiel — und die kantigen Worte fliegen, fragen einen die mild-liberalen Kollegen immer: ›Na, ist das nicht genau wie die Braunhemden bei Hitler?‹ Ich kann dann nur ruhig, wie es mir manchmal gelingt, darauf aufmerksam machen, daß Hitlers Horden zumindest unter Augenzwinkern der offiziellen Behörden agierten, die Polizei für sich hatten, später den gesamten Staatsapparat. Gewalt minderer Art als Akzidenz des Übermuts ist grundverschieden von Terror als Methode von oben befohlen und geplant. Wer mitangesehen hat, wie ernstlich rebellische Studenten, nachdem sie vergebens alle legalen Wege gegangen, dann in der Tat offizielle Räume besetzen und Forderungen stellen, worauf der Rektor die hochbewaffnete Polizei hereinruft, sieht sogleich sinnen-unmittelbar, wessen Schädel hier von wem für was mit Knütteln und Gewehrkolben gespalten wird.

Die Sozialwirkung der linken Jugendbewegung (es gibt keine andere außer noch kleineren Gruppen von ›Jesus-freaks‹) ist schwierig einzuschätzen. Es ist eine Opposition innerhalb einer Minorität. Nur etwa 17% der amerikanischen Jugend können Hochschulen besuchen. Viele unter den finanziell Begüterten wollen

nicht mehr akademisch studieren. Aus Propaganda-
gründen verspricht Nixon neue Staatssubventionen,
die jedem jungen Menschen ermöglichen sollen, sich
über die Mittelschule weiterzubilden. Tatsächlich ist Erziehung zu einer der größten Industrien geworden. Der
Hauptgrund: man weiß nicht, was mit der Jugend an-
stellen. Viele der neuen lokalen staatlichen oder städtischen Colleges sind nichts als Gewerbeschulen plus
einigen ›humanistischen‹ Kursen, deren Saloppheit geduldet, ja begünstigt wird als politisch harmlos machend.
Es kommt deutlich zu einer neuen Reservearmee ar-
beitsloser Halbakademiker. Unter diesen haben die geringsten Berufsaussichten die Neger, die Mädchen und
andere rassische Minoritäten. Wenn hochgebildete junge Damen mit ›Master of Art‹ sich um Stellungen be-
werben, fragt man sie lediglich: ›Can you type?‹ Die
große Unruhe unter der amerikanischen Jugend stammt
nicht nur von den oben erwähnten neuen und höchst
konkreten Chaosängsten (Vietnam, Atomkrieg, Natur-
schändung, Kulturöde, Nihilismus einer parasitischen
Gesellschaft, die nicht mehr an sich selbst glaubt). Eben
auch die drohende, ja die akute Arbeits- und Aussichtslo-
sigkeit der älteren Jugend gibt deren Vorhut, der Neuen
Linken, einen besonderen Nachdruck. Vielleicht sollte
man hier von einem Vorfeld, nicht einer eigentlichen
Vorhut sprechen. Denn es gibt keine politisch effektive
Organisation. Wohl aber geht eine bestimmte psychische Wirkung von der Linken Jugend aus. Diese erwies
sich eklatant, als Präsident Johnson abdankte. Ohne
die Aktion für die demokratische Vorwahl des Sena-
tors Eugene McCarthy wäre das nicht passiert, und der
neue McCarthy (ein Stimmungspolitiker und -dichter)
wäre ohne die Jugendbewegung, die ihm spontan zu-
strömte, überhaupt ein Niemandskind. Ähnlich heute
wieder, wenn McGovern eine Stimmung repräsentiert,
die diesmal auch die Eltern vieler Jugendlicher beein-
flußt, zumal die Frauen. Wenn diese und andere Faktoren im Vergleich mit den theoretischen Aspirationen

der geistig arbeitenden und forschenden Neuen Linken minimal erscheinen, so bleibt daran zu erinnern, daß Statistik hier nicht ganz zuständig ist. Nur im schematisch-parlamentarischen Gebrauch ist der Begriff ›Majorität‹ anwendbar und meist deprimierend. Es gibt aber auch auf diesem Gebiet politisch-moralischer ›Felder‹ einen qualitativen Faktor. Dieser ist gewiß statistisch unwägbar, jener intensiven, ja kämpferischen Moral zugehörig, von welcher in diesem Buche die Rede gewesen. Selbst wenn keine großen Sozialwirkungen vom ›Mut des individuellen Mannes‹ ausgehen (der unerklärliche Stoizismus der Frau liegt tiefer und ist ausdauernder), so bleibt eine Hauptwirkung die auf ihn selbst und die Freunde. Das ist eine Unsichtbarkeit, von öffentlichen Verhältnissen und zumal von der vulgären Publizität her gesehen; aber es ist keine Kleinigkeit, denn es ist ein je und je wirksam Wesentliches. Chemisch heißt das Katalysator.

Vier große Revolutionen spielen sich unter unseren Augen ab:

1. Die Koloniale Revolution (Asien, Afrika, Südamerika, usw.)
2. Der Verfall des bolschewistischen Blocks mit lauter Versuchsformen eines etwas mehr demokratischen Staatssozialismus plus ›Kultur-Revolution‹.
3. Die Zweite Industrielle Revolution (Kernenergie, Automation)
4. Die Jugendbewegung (überall, außer wo Neo-Stalinismus sie einfach unterdrückt — als spräche das nicht selber ganze Bände auch ohne Marx).

Ich nannte die Linke Jugend an letzter Stelle, nicht um sie gering anzuschlagen, sondern um Illusionen zu vermeiden. Ich glaube, daß selbst wenn der absolute Selbstmord-Krieg vermieden werden kann (das potentiale Hauptchaos, verglichen mit dem die anderen Destruktivfaktoren relativ sekundär erscheinen), die inneren Widersprüche der verschiedenen Staatskapitalismen zu einer Massenverelendung nicht nur materieller Art führen werden. Der falschen Überflußgesellschaft steht klar die Proletarisierung zumal der Jugend gegenüber, und zwar fast ungeachtet der Klassenzugehörigkeit ihrer Eltern. Man könnte von einem kommenden Intelligenz-Proletariat sprechen, zu dem auch die wachsende Zahl der rassischen Minoritäten gehört. Deren Extraimpuls, selbst noch innerhalb der herrschenden, unbeherrschten Gesellschaft einigermaßen bessere Umstände zu erringen, gibt etwa einer Stoßtruppe, wie es die Black Panthers in Amerika darstellen (mit Marxismus als Theorie und einer Reihe echter Märtyrer wie George Jackson als effektives Modell — seine Briefe aus dem Gefängnis sind das bisher eindrucksvollste Zeugnis) eine wirkliche Vorhutrolle. Dies hat Herbert Marcuse dazu verführt, das Proletariat als politisch-moralische Kategorie überhaupt fallen zu lassen oder lediglich auf diese aktivistischen Neger zu beschränken. Ich halte das für objektiv falsch und subjektiv schädlich. Paul Mattick, der nach Amerika ausgewanderte marxistische Sozialökonom und der sachlich eingehendste Kritiker von Marcuse, hat zu bedenken gegeben, daß immer noch ›das gesamte Gebäude der Gesellschaft auf der Arbeitskraft beruht. Die produktiven Arbeiter verfügen somit über mehr latente Macht als jede andere soziale Gruppe, oder alle anderen sozialen Gruppen zusammen. Um diese latente Macht in aktuelle zu verwandeln, müssen die Produzierenden nur (!) die gesellschaftliche Wirklichkeit begreifen und dieses Wissen für ihre eigenen Zwecke verwenden.‹. (zitiert aus Matticks Marx und Keynes, Europäische Verlagsanstalt, Frankfurt 1971, eine in der Ruhe und Klarheit des Arguments vorbildliche Arbeit, der ich selber, zumal in Sachen des Leninismus, überhaupt des Staatskapitalismus viel für die Nachträge dieses Buches verdanke).

Der westliche Kapitalismus hält sich gewiß seines eigenen Untergangs für würdig und fähig, indem er auf Perspektiven völlig verzichtet und nur noch Anpassungs-

344

faktoren im Verhältnis der Produktionsweisen zu den Distributionsfaktoren diskutiert. Dabei ist die latente Bereitschaft beider imperialistischer Hauptmächte, die Welt einzuäschern, sollte die Stellung der privilegierten Regimes von der anderen Seite bedroht sein, ein zugestandener Nihilismus. Gegen diesen gilt es in der Tat, immer wieder neu zu einer Bewußtseins- und Willensbildung aufzufordern und beizutragen. Manches bei Marx ist sicherlich veraltet, und er wäre der erste gewesen, neu nachzuforschen, sobald veränderte Umstände vorliegen. Grade in den kühnsten seiner Versuchsanalysen und -prognosen (in den Grundrissen etc.) soll man nicht marxfromm herumstöbern, sondern die Gesamtinitiative zu gesellschaftskritischen Erkenntnissen hin wahrnehmen und nach Fähigkeit vermehren. Dabei ist es wichtig, bestimmte Positionen von Marx und Engels zwar nicht zu ›revidieren‹ (wie es die Bolschewisten getan, die ihn gradezu kastrieren!), wohl aber gründlicher zu untersuchen, als es ihm gelang oder damals möglich war. Zum Beispiel wußte Marx fast nichts von Bauern als einem doch noch vielfach vorwiegendem, durchaus vielseitigem und geprägten Menschenschlag schaffender Art. Marx sprach voller Verachtung vom ›Lumpenproletariat‹. Nun, sorgen wir dafür, daß wir nicht unsrerseits in eine ähnliche Art passiver Lumpen-Intelligenzler verfallen oder diese im eigenen Lebens- und Denkstil karikieren. Selbst die immer wieder gehörte Parole zur ›Konkretheit‹ enthält noch ein versteckt und verstockt abstraktes Moment, als sei der Wirklichkeit beizukommen, wenn man lediglich sinnliche Daten sammelt. Das einzelne, sachliche Ding ist gar nicht konkret. Es kann es nur werden, falls man es als ein spezifisches Produkt in den besonderen Beziehungszusammenhang stellt, der gesellschaftlicher Prozeß heißt und der die Konkretheit erst als eine weit vermittelte und variierbare erkennen läßt.

Zum Schluß dieses länglichen (und hastigen) Nachtrags möchte ich, nicht abschließend, sondern lediglich haltmachend — (der dingliche und gedankliche Prozeß geht weiter) einen weisen Satz zitieren, der es in sich hat, wahrer zu werden. Ich fand ihn in einem vergilbten Band der lateinischen Briefe des Heiligen Augustinus, aus der nordafrikanischen Diözese an den Vatikan gerichtet. Die Bibliothekarin eines sich besonders progressiv dünkenden Colleges in der Nähe von New York, an dem ich drei Jahre Philosophie diskutierte, hatte diesen Band als ›auszumerzen‹ markiert. Sie schenkte ihn mir, nachdem ich ihr diesen Satz übersetzte:

›Ich liebe dich nicht, Petrus, ich liebe nur, was selbst du zu lieben trachtest.‹

19. Kapitel   Wie zu träumen sei

Einmal wird die Notwendigkeit nicht mehr Not, doch Wende zum Guten sein, aller außermenschliche Zwang in menschliche Verbürgung eingehen. Schicksal ist dann weder mehr die Politik noch die Wirtschaft. Schicksal hat nicht mehr Polizeigewalt, wird uns nicht geschickt als Stellungsbefehl, Gerichtsvollziehung. Schicksal ist dann, was geschieht. Was geschieht, das sind wir selbst, du, ich, unser aller Selbstverständigung und Solidarität. Die menschliche Geschichte hat dann begonnen, alles andere war Vorgeschichte. Milieu des Geistes und der Freiheit kann wirklich werden. Wir können heimkehren aus Gefangenschaft und Wüste.

Diese uralte Verheißung ist inmitten der Hölle von heute seltsam neu und nüchtern geworden. Das Wissen von der neuen Erde ist keine bloße Sehnsucht mehr, kein vergeblicher Wahn (die ja als ein Stück mißlungener Welt noch immer außerhalb unserer selbst wären, so daß wir außer uns wären). Auch ist das neue Wissen und Vertrauen keine Hybris. So bescheiden lernten wir dem Denken und der Wirklichkeit vertrauen, lehren wir die ersten Fragen und Maßnahmen. Die Welt ist damit noch nicht ›gut‹. Aktivste Balance bleibt not, Irrtum in Weg nach vorne zu verwandeln, Halbschlaf und Wachtraum nicht zu verwechseln, dem Abschlußwahn nicht zu verfallen. Vieles vom Neuen ist auch noch Todgeburt oder erst Mimikry der Verwandlung. Auch die bestgelungene Revolution ist kein An-Sich als Gesetz, kein himmelweiter Sprung. Aus dem ›Wunder‹ wären wir sonst nicht heraus, und wir hätten keine normal gangbare Brücke zur Zukunft. Die Zukunft bliebe ein bloßes Gegenbild zur je und je miserablen Gegenwart, ein leeres Transzendieren und Schaukelspiel als Religion.

Doch auch die Zukunft ist nicht ›sich selbst‹, die sind nur wir, unser Wollen und Bessermachen. Das ist keine Willkür, kein

Irgend-Etwas oder Zweitbestes. Sondern die tätige Antwort auf die Grundfragen: woher wir kommen, wohin wir gehen, wer wir sind.

Da ist noch Zwang und mechanisch gewordene Not genug. Die ›Brücke‹ steht uns nicht frei, denn der Ort des Abgrundes ist ›gegeben. Da kommen wir nicht herum. Erkenntnis sieht wohl das andere Ufer und nennt es Gelobtes Land, klassenlose Gesellschaft. Dann aber kehrt sie zurück, wird nüchtern und exakt, greift zu Hammer und Zirkel. Der alte Satz jedoch, der immer wieder neu wahrgenommene und wahrgemachte (des Aristoteles, Thomas von Aquin, Spinoza, Hegel, Engels und zuletzt wieder Lenin): *Freiheit ist Einsicht in die Notwendigkeit* — das ist doch nicht die höchste christliche Freiheit. Sonst wäre jeder Kampf für die Freiheit schon *die* Freiheit, die wir meinen.

Aber so sicher im Kämpfen Freiheitsimpulse frei werden, so furchtbar diktiert hier noch der Feind das Gesetz des Kampfes. Anti-Faschismus wirkt oft wie ein bloßes Nebenprodukt des Faschismus. Mord aber rottet sich doch nicht mit Mord aus, Rache ist gar nicht süß. Amboß wird nicht Hammer durch bloße Umkehrung, was unten war, soll jetzt oben sein. Wollte das die Revolution, wie man es ihr vorwirft, wäre es Verewigung des Bürgerkrieges und der Klassen und des Hasses, statt der raschen Aufhebung und Richtigstellung dieser Verkehrtheiten und Qualen. Um die Welt zu verändern, braucht nicht alles verändert zu werden. Eine Fabrik wird immer eine Fabrik bleiben, verändert wird nur ihre soziale Funktion. Ihre Erzeugnisse sollen künftig ohne den schädlichen Umweg über den Profit allen Menschen direkt zugute kommen. Eine Fabrik ist eine öffentliche Sache. Sie gehört also in die öffentliche Hand, und es ist unvernünftig, eine öffentliche Sache eine Privatsache und zumal eine private Geschäftssache bleiben zu lassen. Es entspricht nur der ältesten aller demokratischen Grundforderungen: *größere Kontrolle der öffentlichen Dinge und größere Freiheit der privaten Dinge* zu fordern. Private Dinge sind aber solche, die nicht im Gegensatz (Kontradiktion), sondern die in Kompensation (Kontradistinktion) zu den öffentlichen Dingen stehen. Getreidebau und Viehzucht und Industrie sind ihrer Funktion nach öffentliche Dinge; Teetrinken und Tennisspielen und Goethes Werke lesen sind aber wesentlich private Dinge, — vorausgesetzt, daß sie allen Menschen gleichermaßen zugänglich werden. Man sieht: nur sehr wenige, aber wesentliche Dinge müssen geändert werden, damit sich alles zum Besseren wendet. Zumal die Natur des Menschen selbst wird sich ändern, weil es endlich möglich sein wird, die natürliche und im gewissen Maße gesunde Selbstsucht des Individuum mit dem Interesse der Gesellschaft zu verbinden. In der Natur der Gesellschaft wird der Mensch seine zweite und bessere Natur entdecken. Die Konkurrenz des Bessermachens ist ja nicht beseitigt, sondern auf die höhere Stufe des ›sozialistischen Wettbewerbs‹ gehoben worden. Fruchtbare Gegensätze und Sonderheiten werden bleiben, aber die absurden Widersprüche sollen und müssen verschwinden.

Dieses Ehrliche, ingrimmig Sachliche, das an der sozialen Bewegung grade nicht Autosuggestion, Ressentiment oder Gier des Niederreißens ist, sondern Erkenntnis: mit der Basis zu beginnen, grade das Untere, Niedere, Banale zuerst ordnen, Harmonie nicht vorwegnehmen (und dadurch unmöglich machen), — das ist so nüchtern und verbürglich, ist nicht Widerruf, nicht Rache, nicht Wiederkehr des ewig Gleichen, ist nicht Pendelausschlag nach rechts, dann links, dann wieder rechts, dann wieder links; sondern erkannte Achse, aktive Balance, Irrtum und Vergangenheit ›reif‹ gemacht, Treue zum Werktag, Weg nach vorn, zur Zukunft wenigstens unserer Kinder.

Das alles sind noch Metaphern, gewiß. Aber was sie meinen, ist doch Kern des Wirklichen, und kein nur gefärbter, künstlich ferngestellter Horizont. Noch nie war so wie heute ein Bündnis von Glauben und Wissen, ein solches *Konkordat von subjektiven Freiheitsimpulsen mit objektiver Freiheitstendenz* möglich. Was kommt, und wie das Neue kommen wird, können wir nicht wissen. Wir können nur das Notwendige erkennen, das Menschenwürdige wollen — und das dann Entwicklung nennen. Das Kommende ist aber noch nicht wirklich, weil es ja erst kommt. Nicht einmal das Vergangene ist wirklich vergangen; denn es reift noch nach. Unsere Realität ist die des Übergangs. An dieser Zwischenzeit, an dem ständig Provisorischen und Zweitbesten der Gegenwart kranken wir alle. Nur soweit wir davon gesunden wollen und um uns herum bereits Zellen der zukünftigen Gesellschaft und Zonen einer von sozialen Perversionen befreiten Atmosphäre zu bilden verstehen, sind wir überhaupt Menschen. Alles andere sind Reflexe der Barbarei.

Der gemeinhin bürgerliche Mensch hat heute nicht nur Angst vor der Zukunft, die jedenfalls nicht-bürgerlich sein wird. Er ist fast noch mehr gelähmt durch die Angst, in die eigene Vergangenheit zu blicken. Und zwar hat er nicht so sehr Angst vor dem vielen Schlechten seiner Vergangenheit, sondern er bricht zusammen angesichts seiner ihm heute unerträglich gewordenen Tugenden. Er muß sein Bestes schlecht machen, um sich für sein radikales Schlechtes ein gutes Gewissen zu machen. Hitlers Funktion ist es, dem deutschen Bürgertum Mut zu machen zu seinem schlechten Gewissen, es zu seinen Schlechtigkeiten zu ermutigen. Upton Sinclair wurde prompt verhaftet, als er in Amerika einige der großartigsten Paragraphen der amerikanischen Konstitution (der gewiß konstitutionellsten Konstitution) auf der Straße laut vorlas. Damit das Bürgertum seine eigene Entwicklungsgeschichte loszuwerden vermag, damit es sich nicht länger seines strengen Planens und Philosophierens, seines Pioniercharakters und Fortschrittsglaubens erinnern muß, fühlt es sich heute zur Regression ins *ungemessene* Vergangene und zur Projektion einer *unangemessenen* Zukunft getrieben. Es blickt in die Vorzeit, auf die Zeiten der Riesen und Mythen zurück, um nicht auf Renaissance und Aufklärung und Bürgerrevolution blicken zu müssen. Es phantasiert ›1000 Jahre Drittes Reich‹, um nicht die einzig konkrete Konsequenz der jährlich, ja täglich fälligen sozialen Erneuerungen sehen zu müssen. Der Faschismus ist gezwungen, die ältesten Barbareien zu mobilisieren, um einigen modernen Raubrittern die Flucht nach vorne freizuhalten. Der Faschismus ist darin weder ganz alt noch ganz neu, er ist eine gemischte harte Flucht nach vorn. Trotzdem ist er nicht, wie viele der von ihm Betroffenen unwillkürlich annehmen, das Jüngste Gericht, sondern lediglich eine der schmachvollsten Stunden der europäischen Geschichte. Hitler verkörpert dabei nicht Deutschland, wie das Hitlerdeutschland nicht Europa verkörpert. Hitler ist die Verkörperung des deutschen Erbübels, vermehrt um die Untergangshysterie des Kapitalismus.

Hitler zog aus, ein ›Chaos‹ zu bekämpfen, aber er brachte ein wahres Chaos nach Hause. Er hatte Erfolg, aber es erfolgte nichts. Alles, was er wollte, konnte er frei entfalten, aber er entfaltete nur den Tod, der in ihm war.

Frühere Kriege waren manchmal ein wildes Antizipieren der Zukunft und hatten darin den Trost ihrer Tapferkeit. So führte Napoleon Kriege. Entdeckerlust war dabei, Pionierinitiative, Pfadfinderfreude. Optimismus hielt die Fahne über alles objektive Grauen. Heute aber ist der geplante zweite Weltkrieg schon in den Anfängen seiner Vorbereitung durch die atmosphärische Unmenschlichkeit seiner wissenschaftlichen Mordwaffen verpestet. Nicht einmal der Schimmer des alten Soldatentums haftet ihm mehr an. Die normannischen Wikinger griffen stromaufwärts Paris an; sie verbrannten, wenn nötig, die Schiffe hinter sich. An den übergroßen, oft auch unmenschlichen Maßstäben der Entwicklungsgeschichte gemessen, waren das Farcen. Aber es war doch Kühnheit und robustes Genießen des Siegs dabei. Wenn die Generalstäbe heute auf Jahre hinaus Flugzeuggeschwader und Stoßtruppen akkumulieren, um in *einer* Nacht ganze Städte und Länder einzustampfen, so ist dafür weder Tapferkeit noch irgendein anderer Optimismus als Rechtfertigung zu finden. Es ist eine mechanisierte Flucht nach vorn, ein einziges Feuern und Brennen, um die Zukunft zu verhindern, eine letzte tollwütige Restauration. Alle die ›Führer‹ führen ja nicht in die Zukunft, sie selbst werden in sie geschleudert wie eine blind dreinfahrende Mine. Ihr Antrieb ist weder die Liebe zur Vergangenheit, deren Bestes sie fälschen und verleugnen müssen, noch leitet sie irgendeine lebendige Zukunftsvision, die *nicht* den Tod beschwört. Im Vergangenen wie im Kommenden sieht Hitler nur die ärgste aller Barbareien der Geschichte: die Knechtschaft. Aus falsch gesehener Vorzeit heckt er neue barbarische Ideale aus, um den alten *originalen Idealen* nicht ins Auge sehen zu müssen.

351

Seit diese Ideale verleugnet werden, strahlen sie freilich wieder mit fast rätselhaftem Glanz. Sie sind so wenig überlebt, daß es mit Todesgefahr verbunden ist, sie zu bekennen. Grade diejenigen Avantgardisten, die sich unter den Marxisten für die fortgeschrittensten hielten, spotteten über die Demokratie und Menschenrechte als über längst überwundene Gemeinplätze. Jetzt, da der Faschismus sie für Aberglauben erklärt, wurden sie plötzlich zu brennenden Glaubensartikeln. Viele erkannten die gesunde Kraft und Vernunft des Christentums erst wieder, als die modernen Heiden und Mythologen auf die ›Jammerlehre und den unheroischen Tod Christi‹ hinwiesen.

Das neue Heidentum (auch Roms!) hilft das Unvergängliche des Christentums neu definieren. Eine verhinderte Religion ist genau so unüberwindlich wie eine verhinderte Revolution. Die Menschheitsideale, die beiden zugrunde liegen, haben schon allein deswegen ewiges Leben, weil sie bisher irdisch unerfüllt blieben. Das neue Wachstum, das mit jeder der großen Menschheits-Revolutionen und -Reformationen anbrach, um oftmals durch eine Konterrevolution und Gegenreformation jäh abgeschnitten zu werden, ist physisch nicht zu töten. Es zieht sich nur zeitweise in seine Wurzel, in die Seele des Volks zurück. Doch jeder neue Menschheitsfrühling sieht es wieder Blüten treiben. Es können nicht alle reifen, aber immer wieder reift unversehens, wenn es keiner glaubt, eine Blüte zur Frucht. Eben weil die Französische Revolution in die Restauration geriet und eigentlich nie beendet wurde, blieben ihre Ideale einer neuen Einfachheit und Gemeinschaft echte Ideale. Grade weil die russische Revolution von 1905 mißlang, lebte sie im Denken und Trachten und Träumen des russischen Volkes unermüdlich weiter, bis der neue große Moment kam. Auch die heutige Restauration von Militarismus und Bürokratie wird die Restauration der ursprünglich gemeinten Freiheit erleben. Die Pariser Kommune konnte angesichts des schamlosen Bündnisses der Versailler Antinationale mit preußischen Bajonetten nicht lange leben. Aber ihr Tod war derart, daß sie ihre zukunfthaltige Lebenskraft dem Volk bewies, daß heute diese Niederlage wie ein Sieg strahlt.

Der große christliche und demokratische Traum der Menschheit ist bis heute im Sinne des praktischen, unmittelbaren Lebens ein unerfüllter Traum geblieben. Grade deswegen aber
bleibt er ein Traum, der auf Erfüllung drängt. Es gibt wüste
und unrealisierbare Träume und Ideale, die das Stigma der
Wahnschaffenheit von Anfang an tragen. Sie klären und nähren nicht den Geist, sie sind Opiate, die die Seelen verzehren.
Menschen, die entgegnen, es gäbe nichts Neues unter der Sonne, vergessen zumindest die tägliche Wiederauferstehung der
immer neuen Sensation: der Sonne selbst. Die großen Ideale
sind wie die Sonne, zu klar, um ihnen gradewegs ins Gesicht
zu sehen.

›Mit seinem Ideal — lehrt Chesterton — läßt sich das eine
wirklich Überraschende anfangen: es verwirklichen. Das heißt,
eine flammende logische Tatsache und ihre erschreckenden
Konsequenzen ins Auge fassen. Christus wußte, daß es ein betäubenderer Blitzschlag wäre, das Wort zu erfüllen, als es zu
brechen‹

›Die Welt ist voll solcher unerfüllter Ideale, solcher unvollendeter Tempel. Die Geschichte besteht nicht aus vollendeten
und eingestürzten Ruinen; eher besteht sie aus halbfertigen
Häusern, die ein bankrotter Erbauer stehengelassen hat. Diese
Welt gleicht mehr einer unfertigen Vorstadt als einem verlassenen Friedhof.‹

Alle großen Revolutionen waren in diesem Sinne konservativ, daß sie auf die Vergangenheit als auf eine Verpflichtung
hinsahen, um die Zukunft nicht irgendwie, sondern auf eine
bestimmte Weise in Angriff zu nehmen. Große Revolutionäre
sind deshalb so große Geschichtskenner. Sie sehen zurück, um
zu wissen, wohin sie gehen sollen. Das Christentum empfand
sich als Ergebnis des Heidentums, wie der Sozialismus sich als
Ergebnis des Kapitalismus weiß. Den schwankenden, den uneigentlichen Heiden und Faschisten sei immer wieder in Erinnerung gebracht: das alte Heidentum endete nicht im Untergang (oder was dasselbe in seiner stillsten und anarchischsten
Form wäre: in ewiger Wiederkehr des Gleichen, des asiatischen Schlangenkreises), sondern das Heidentum ging im

Christentum unter. So auch endet der Kapitalismus nicht im Chaos sondern im Sozialismus.

Wir müssen nur die Revolution als die Wiederherstellung der Norm und der legalen Freiheit auf höherer Stufe sehen lernen. Die Mächtigen dieser Welt, die Richter, die Bürokraten, die Generale, die Staatsanwälte, *sie* sind die Aufwiegler gegen jede natürliche Ordnung, *sie* sind die Verwirrer und Rebellen. Nicht das Volk, nicht die Armen, nicht die ›Agitatoren‹. Das Militär mit seiner grausamen Sicherheit, die Minister mit ihren kalten Gesichtern, die Staatsexekutionen, die Ausnahmegesetze, die Konzentrationslager, die Massenarbeitslosigkeit, die künstliche Vernichtung von Lebensmitteln um des Profits willen, die Überproduktion von Todesmitteln, das Privateigentum an den öffentlichsten Dingen, das öffentliche Usurpieren der privaten Dinge, die offiziellen Phrasen und erfolgreichen Lügen: *sie alle* führen in die Irre, *sie alle* haben wahnwitzige Vorstellungen und empörende Grundsätze vom Wesen des Menschen, *sie allein* organisieren das Chaos und den Tod, weil sie das Leben und die Freiheit nicht zu organisieren vermögen.

Das Bürgertum selbst hat heute den zivilisierten Teil seiner Politik und Philosophie verworfen und den barbarischen noch barbarischer gemacht. Die Bruchstücke gewordener Kultur sind in die Brüche gegangen, seine Barbareien und Laster allein überleben. Alle die großen Bejahungen aus der Zeit der Renaissance bis zu Comte und Hegel, die im großen und ganzen Fortschritt meinten (was immer sie unter ›Fortschritt‹ verstanden haben mögen), — sie alle sind verschwunden, als Rückständigkeiten aufgegeben. Nur wilde und blutige Verneinungen sind übriggeblieben. Die menschenfeindlichsten der Vorzeitmythen werden wie Steinäxte aus den Folterkammern der Menschheit hervorgezogen und feiern höhnische Wiederauferstehung.

Wenn es demgegenüber wirklich so etwas gibt wie Fortschritt und Freiheit und den Triumph menschlicher Vernunft über die nur tierische ›Natur‹ (und sowohl das alte Märchen wie die Wissenschaft und Aktion der Selbstbefreiung aller Unterdrückten künden davon überaus vernünftig im Gegensatz zum dumpf-lastenden Mythos und Sagenbann grotesk überlebender Drachen und Riesen), so kann das nur eine Art Fortschritt sein, der mit mechanischem Gewährenlassen und ächzender, werkloser ›Entwicklung‹ nichts gemein hat. Er muß erobernd und planierend auftreten, dem Eingriff glücklicher Hand vertrauen und gegen die Welt des Usurpators tausend Festen eroberter Gebiete und Tugenden gründen, wo Freiheit und Friede einander umarmen vermögen.

Diese Worte klingen freilich wie vergebliche Gemeinplätze. Aber sie umfassen doch grade als Gemeinplätze die zwei oder drei fundamentalen Bedürfnisse aller Menschen: Arbeit und Brot, eine helle Wohnung und Zukunft, Aufhebung der Kriegsgefahr und der bürokratischen Schikanen. Wenn wir auch nichts von alledem verstehen und keine einzige der Bedingungen zu beurteilen vermögen, die jedem Menschen auch nur das tägliche Brot geben, so sehen wir doch ein: es kann das keine ganz banale, nichtssagende Sache sein, wie die Initiative von Ameisen oder die Toleranz von Rindern. Es muß eine messerscharfe, eifersüchtig gehütete Sache sein, es muß einem fast unmöglichen Glück nach wahnsinniger Gefährdung ähnlich sein, wie Märchen es schildern; oder — für Liebhaber des billigen Kinos und der Detektivgeschichten gesprochen — es muß daherkommen wie der bewaffnete Triumph von Recht und Liebe am Schluß eines Wildwest-Films.

Das Märchenland, die vollkommen vernünftige Phantasie des Volkes über einen glückhaften Anfangszustand der Erde, der auf erhöhter Basis wiederhergestellt werden kann, ist das sonnige Land gesunden Menschenverstands. Das Chaos und das Böse ist hier lediglich Ausnahmezustand. Christentum, Wissenschaft und Demokratie drücken diese alte ritterliche Lehre der Riesen- und Drachentöter nur in veränderter Terminologie aus. Der rechte Rebell aber und Rächer des Volkes, der die Frauen und Kinder der Armen gegen knotige Aristokraten und Bürokraten in Schutz nimmt, ist älter und ehrfurchtgebietender als alle Königreiche und Despotien; denn seine Traditionen leiten sich unmittelbar her aus dem Paradies. Tatsächlich wurde noch keine Revolution verwirklicht ohne diesen sonderbar konservativen Geist in bezug auf eine ursprüngliche Güte der Menschen und Dinge. Schon der bloße Name der Renaissance verweist auf ihren mutigen Blick nach rückwärts, während sie unentwegt vorwärts schritt. Die Reformation sah fast wie gebannt zurück auf die Urchristen. Die englische Revolution Cromwells marschierte vorwärts mit dem Alten Testament in der Hand und im Herzen, sie sah auf Abraham und Kanaan, um das Empire zu gründen. Die Männer der Französischen Revolution feierten die antiken Stadtrepubliken mit religiöser Verehrung ihrer strengen Vernunftsysteme. Das wissenschaftliche Hauptwerk des Sozialismus heißt ›Das Kapital‹, und als sein kulturelles Erbe erkennt der Sozialismus heute den Humanismus wieder. Der Kapitalismus aber traut sich weder rückwärts zu schauen — aus Angst, zur Salzsäule zu erstarren—, noch vorwärts zu sehen—aus Angst, dem schrecklichen Antlitz Christi von neuem zu begegnen, der gekreuzigt ward für die Prophetie, den Tempel in drei Tagen niederreißen und wiederaufbauen zu können.

Die Zukunft als Aufgabe zu sehen, mit der Vergangenheit zu brechen, ohne ihr Bestes zu vergessen, das macht das Genie der Revolution aus. Sie phantasiert also nicht etwas Neues um jeden Preis (weil das Alte zu schwierig wurde), wie der in dieser Beziehung klar faschistische *Futurismus*. Nicht zufällig wurde Marinetti, der Verfasser des inzwischen längst vergessenen ›Futuristischen Manifests‹ aus den Vorkriegstagen, heute zu einem ganz gewöhnlichen Propagandisten Mussolinis. Was das vergangene Italien der Welt Großes und Unvergängliches bedeutet, wird für null und nichtig erklärt, nur um den römischen Kohorten (mit ihrer ganz unrömischen nationalen Hysterie) sozusagen freies Schußfeld zu schaffen. Der Futurismus hat mit dem Faschismus nicht nur dieses Destruktive dem eigenen geistigen Erbe gegenüber gemeinsam; beide meinen auch in ihrer ordinären Überschätzung der politischen Macht und des Führer-Willens, daß sie der Zukunft irgendeine beliebige, den Herren beliebige Form und Willkür aus Eisenbeton und jeweils letzter Modernität würden aufzwingen können.

Ist der gänzlich unhistorische und bodenlose Futurismus seiner Tendenz und Motivierung nach antisozialistisch, so hat der Sozialismus auch mit keiner anderen Art *moderner* Utopien etwas zu tun. Diese stammen allermeist aus einer tiefen Müdigkeit, der Gegenwart gerecht zu werden. Sie träumen nicht der Zukunft entgegen, sondern sie spinnen aus ihrer Müdigkeit trübe Wahnbilder dessen, wie die Welt immer mechanischer und immer unmenschlicher wurden könnte. Von solchem schlecht utopischen Typus sind etwas Wells' Romane mit ihrer meist unerträglichen, gelegentlich auch faszinierend pedantischen Phantasie. Für solche Literaten ist die Vergangenheit eine einzige Leichenkammer, die Geschichte eine Totenprozession als ›Fortschritt‹ von ganz Totem zu immer weniger Totem, während die Zukunft allein zu leben scheint. Fortschritt ist ihnen ein Komparativ, Zukunft ein Superlativ, denen der Positiv völlig abgeht. Die Vergangenheit liegt hinter ihnen wie eine zu Ende gelesene Bücherei. Niemand kann natürlich nach Wellsens Erzählergenie noch etwas erzählen; darum hört er gar nicht erst hin, wenn andere sprechen. Dafür liegt aber die Zukunft vor ihm wie ein unbeschriebenes Blatt, das er — ohne eine Sekunde davor zu zittern — von oben bis unten vollschreibt, und es mag amüsant sein, sich polytechnische Regeln für vierdimensionale Luftschlösser auszudenken, oder aus dem Protoplasma der Zukunft exzentrische Ungeheuer, eine Kreuzung zwischen Sauriern und Engländern zu ziehen, um damit irgendeinen Weltstaat auf irgendeinem Mond zu gründen. Macht es doch auch manchen gelehrten Leuten Spaß, mit den ausgegrabenen Knochen ihrer mutmaßlichen Urgroßväter die Schädel der Mitmenschen zu zertrümmern. Es sind meist dieselben steinernsten, versteinerten Rassisten, die nicht müde werden, in Gedanken und Büchern ungeborene Säuglinge zu schaukeln. Aber nur Menschen ohne Kindlichkeit und Menschenliebe, die schon so altklug geboren wurden, daß sie mit zehn Jahren bereits nicht mehr an den Weihnachtsmann oder etwa an Rübezahl glauben können, nur solche Menschen sind fähig, eine Zukunfts*doktrin* zu lehren statt eine Zukunfts*hoffnung* zu hegen.

Es darf weder die Vergangenheit noch die Zukunft, geschweige denn die Gegenwart als etwas völlig Abgeschlossenes betrachtet werden. Ein unmittelbares Zukunftsbild gerät allemal zu einem Medusenhaupt, das uns bannt und festnagelt wie irgendein blutiger Vorzeit-Mythos. Das mohammedanische Paradies ist etwas Trostloses und Zwangsläufiges. Dies ist aber auch die atmosphärische Trauer aller anderen Vorherbestimmungs-Religionen und Rechtfertigungslehren, die von der Vergangenheit zur Zukunft über eine provisorische Gegenwart hinweg ein unausweichliches Gesetz als Festnagelung folgern. Die Astrologie mit ihrem Terminzwang und Winkelwissen versteinert die Seele zu ›Charakteren‹, macht aus ›Häusern‹ eigentliche Kerker. Die Calvinisten mit ihrer theokratischen Vorherbestimmung und Gnadenwahl ohne Wahl (ein rechtes Hitler-Plebiszit) petrifizierten zu der wenigst christlichen Kirche der christlichen Konfession. Die Darwinisten mit ihrem brutalen Selektionsprinzip gerieten wie alle modernen Rassendoktrinäre mit ihrer biologischen Vorherbestimmung in einen Affenkäfig (mit irgendeinem Fluchtloch in irgendeinen noch engeren Käfig oder Freßraum hinein). Aber auch manche besonders störrischen Marxisten mit ihrer mechanisch-ökonomischen Vorherbestimmung verwuchsen zu eigentlichen Revolutions-Beamten und -Bonzen. Ja, hat nicht die (mit klugem Vorbedacht) negativ gewählte Terminologie ›klassenlose Gesellschaft‹ oft etwas fatal Prädestiniertes, Fahrplanhaftes, Terminushaftes an sich? Klingt das nicht oft wie ›Endstation, alles aussteigen‹, als sei ein Bahnhof schon die ganze Stadt?

Für Wells allerdings kann der sozialistische Zukunftsstaat gar nicht bahnhofsmäßig genug sein. In einem seiner hundertfachen kleinen Aufsätze führt er bewegte Klage und Anklage, ›warum er kein Marxist sei‹. Er beklagt sich dort, nirgends in der marxistischen Literatur gäbe es ein *ausgeführtes* Bild der zukünftigen klassenlosen Gesellschaft zu lesen. Dieser Mangel aber sei für ihn als Spezialisten und Monopolhalter in Zukunftsdoktrinen ein so bezeichnender, daß ihn der Rest nicht weiter interessieren könne.

Nun, diese kleine Klage von Wells spielt uns alles in die Hand, um dessentwillen wir ihn hier beklagenswert finden. Wells ist über die Gegenwartsmisere so erhaben, daß er die Zukunftsmisere gar nicht exakt genug beschrieben sehen kann. Er kann es einfach nicht aushalten, daß da künftig etwas ohne ihn geschehen werde, in das er nicht hineinzureden habe. Vermag Wells schon die Vergangenheit nicht ungeschehen zu machen, steht er unkräftig und unkonkret der Gegenwart gegenüber, so will er wenigstens die Zukunft so geschehen lassen, als sei sie längst vergangen. Es wurden hier Philosophen erwähnt, die ihrer Zeit vorausgewesen sein sollen: Nietzsche schrieb seine ›Unzeitgemäßen Betrachtungen‹; heute, ein halbes Jahrhundert später, lesen sie sich als höchst zeitbedingt. Wells' Zukunft aber, eine vorweggenommene Zeit, die auch der wirklichen Zeit voraus sein soll, das ist ein noch merkwürdigeres (und wohl noch sterblicheres) Ding. Dabei ist es, theologisch gesprochen, eine sehr alte, halbheidnische Theologie, die den Anspruch erhebt, ihren Aberglauben mit den Mitteln letzter Wissenschaft begründet zu haben. Calvins (auch der Astrologen und der Darwinisten und der Faschisten) Fundamentalsatz: ›Wenn ein Mensch einmal geboren ist, ist es zu spät, ihn zu erretten; er kann also nicht früh genug verdammt werden‹ — in ihm kulminiert ein Jahrtausende alter Heidenskandal, in ihm spricht sich die letzte und schrecklichste Lüge der Hölle aus. Wells, wir wiederholen, ist in dieser Beziehung ein ganz gewöhnlicher Calvinist; er ist vorherbestimmt, unter den Christen ein Antichrist, unter den Demokraten ein Volksverächter zu sein.

Wem diese theologische Ausdrucksweise zu fern liegt oder zu hergeholt erscheint, dem mag vielleicht Wellsens Phänomen gegenüber (das tatsächlich eine aufreizend interessante Stupidität enthält) eher ein ästhetisches Bild goutieren. Wells zeigt das entsetzlich durstlose Gesicht eines gewerblichen Weinkosters, der nicht einmal sehr alte, gut ausgekelterte Jahrgänge abschmecken (und wieder ausspucken) muß, sondern der einen hypothetischen Weingeschmack von noch ungekelterten Trauben vorauszubestimmen sich für vorausbestimmt hält. Wells hat daher mit seiner ordinären Verachtung des hausbackenen Brotes und ›Vin ordinaire‹ lauter artifiziellen Geschmack auf der Zunge, womit er seinen unersättlichen Appetit nach außergewöhnlichen, überdeterminierten Dingen doch nie zu befriedigen vermag. Was er am Marxismus vermißt, das ist dieser künstliche Geschmack und diese Gefängnis-Architektur in den Wolken. Aber diese pervertierte Art Utopie ist dẹr Alpdruck von Wells und kein Alpdruck, der von Marx ausgeht.

Grade das Philadelphia der Zukunft leidet keinen Baedeker und auch kein technologisches Modell, sei es nun eins von Wells oder Le Corbusier. Was daraus wird, wenn der Geist politischer Utopie, statt Freiheitsimpulse in Richtung der objektiven Freiheitstendenz zu wecken oder wachzuhalten, sich zu einem Zukunftslogos von gespenstischer Unwirklichkeit ausspinnt, mag ein älteres Beispiel dartun. Im bösartigsten Fall gerät ein Spenglerscher Raubtierstaat mit perfektioniertem Gebiß daraus. Milder und doch wild phantasierte *Fourier;* nicht wild genug, das Bild des modernen Dschungels zu überbieten, während seine Phantasie an dem mechanischen Höllenkreis des kapitalistischen Warenumgangs gefesselt blieb. Fourier rechnet gemeinhin in die Reihe der großen ›utopischen Sozialisten‹. Aber recht besehen, ist er doch nur ein mittelmäßiger Phantast. Ein mittelmäßiger Ingenieur kann ein sehr nützlicher Ingenieur sein. Im Reiche der Phantasie aber ist Mittelmäßigkeit grade das Tödlichste, und sei es nur tödlich durch Langeweile.
Als Vertreter des französischen Kleinbürgertums, das sich nach den Gewitter- und Flitterwochen der Französischen Revolution sehr rasch neu versklavt fühlte, reagierte Fourier zwar gegen den (ökonomisch erledigten) Feudaladel und gegen die neureichen großbürgerlichen Revolutionsgewinnler. Aber er war unfähig, diesen Kampf als einen zu erneuernden Freiheitskampf zu formulieren. Statt dessen entwarf er lieber eine ganze Kosmologie der sozialen Bewegung. Wo er soziologisch genau hätte sein sollen, war er nur kosmologisch komplett. Mit großem sprachlichem Aufwand zeichnete er je vier zyklische Phasen des sozialen Auf- und Abstiegs. Das beginnt mit ›aufsteigendem Chaos, Herrschaft der Unwissenheit und der Philosophie durch den Mangel sozialer Kunst.‹ Es folgt ein unvermittelter ›Sprung vom Chaos in die Harmonie mit

360

zugehörigen Serien des Glücks‹, der langsam überpendelt in eine ›absteigende Harmonie der gemischten Ordnung‹. Aus dem Pendeln wird dann ein ›Sprung von der Harmonie ins Chaos aus Mangel an Luxus‹ (Entropie!) etc. Solches Begriffsschema staffiert Fourier mit grotesken Bildmaterial aus. Da ist die Rede von ›Anti-Walfischen, die die Schiffe in den Windstillen ziehen‹. Er meint aber das (stets nur indirekt gekennzeichnete) Proletariat, jene ›wertvollen Diener, Anti-Walfische und Anti-Haie‹, oder er verweist auf jenes bedeutsame ›noch nicht entdeckte Gestirn, das jedoch existiert, weil man seine Werke in aller Weise sieht‹.

›Nach der Erkenntnis dieser Data würde uns die traurige Gewißheit bleiben, daß diese Gestirne — das Zebra und das Quagga des Proteus — als müßige Umherzicher auf unserer Erde siebenmal mehr Werke hervorgebracht haben, indem sie ein bewegliches Reich schufen, von dem sieben Achtel schädlich sind. Sehr wertvoll wird für uns die Kunst sein, sie wieder in die Schöpfung zurückzuführen durch eine Art Gegendrehung (‚travail contremoulé'), durch welche der Planet uns einen prächtigen und gelehrigen Vierfüßler geben würde, einen elastischen Träger: den Anti-Löwen, mit dem ein Reiter, der am Morgen von Calais auszieht, sein Frühstück in Paris einnimmt, seinen Mittag in Lyon und seinen Abend in Marseille zubringt. Wenn man die ganze Familie der elastischen Träger besitzen wird, wird es ein Vergnügen sein, diese Welt zu bewohnen.‹ (Gekürzt aus ‚Traité d'association'.)

Verblüfft solches Bild durch die Exaktheit der Antizipation (Fourier wurde 1772 geboren), so erfüllen derart ausgeführte Wunschbilder doch eine zwiespältige Rolle. Wirken sie einmal indirekt revolutionierend, indem sie der Gegenwart das Unfertige oder Antiquierte nachweisen, so ist das positive Zukunftsbild doch nur in *sekundären* technischen Einzelheiten getroffen. Solche Rolle verkehrt sich aber in eine direkt reaktionäre, wenn nämlich die Revolution nicht mehr als bloßes ›noch unentdecktes Gestirn‹ an fernen Horizonten daherzieht, sondern wenn sie mit dem leibhaftigen Einsatz der Unterdrückten plötzlich auf der Straße steht. Dann ist es nämlich den herrschenden Mächten ein leichtes Spiel, solche Wunschbilder mit ungleich älteren und stärkeren Gefühlen zu übertrumpfen. Judenhaß, Chaosangst wird dann mobilisiert, um so die Kleinbürger vom Proletariat zu trennen und mit der isolierten Avantgarde gewaltmäßiger fertig zu werden. So sah Fourier an der wirklichen Revolution von 1830 nicht nur vorbei, sondern er haßte sie gradezu, wie er die Juden haßte. Er schwärmte aber blindlings für Napoleon und für sich selbst. Ihm genügte — wie allen schlechten Utopisten — der Beifall eines einzigen. Er gab sich zufrieden, nichtige Dinge — die jeder einmal phantasiert, um sie gleich wieder zu vergessen — mit Emphase aufzutischen. Und den Beifall hat er dahin. Es sind Leute, die heute ernsthaft eine technisch versierte Roboter-Geschichte aushecken, um morgen die Qualen des letzten Menschen auf einer vergletscherten Erde zu schildern. Man erkennt sie auch daran, daß sie die gegenwärtige Praxis als hoffnungslos abtun, um im gleichen Atemzug die Hoffnung auf eine bessere Zukunft als unpraktisch abzutun. Von gewöhnlichen Opportunisten unterscheiden sie sich nur darin, daß sie nicht so sehr den kleinen Status quo und den Erfolg, sondern vielmehr den Status quo *ihrer* Zukunftsdoktrin anbeten und höher achten als alle gegenwärtige Not. Ein Vor-Urteil läßt freilich mehr Spielraum als eine Parteilichkeit, die auf Grund erkannter, aufhebbarer Widersprüche eingegangen und riskiert wird. Es ist viel leichter in die Ferne zu schweifen, wenn das Böse so nahe liegt.

Utopie meint zuletzt nicht schweifen, sondern heimkehren. Wir sind nicht zu sehr zu Hause, sondern wir sind nicht genug zu Hause. Doch wir suchen es noch immer im Draußen, denn wir sind lieblos und treuevergessen, unkräftig des Nächsten und der Gegenwart. All unser Schwimmen an den Horizonten wäre doch ein Wahn, Gemeinschaft im Rausch des Verstehens der Zukunft zu gründen; es wäre immer wieder das Fehlende, das Dritte, was zwei zusammenbindet, wenn es uns nicht gelänge, die Luken aufzureißen und Licht hereinzulassen denen, die im Dunkel des Alltags und der eigenen unverstandenen Wünsche sind. Der ursprünglich gute Geist der

Utopie wird nur allzu leicht fahnenflüchtig und menschenfeindlich, wenn er nur die Augen schließt und sich ins Jenseits
schaukelt, wenn er nicht die *strengere* Mystik der nächsten,
nüchternen Dinge ist. Die romantische Wahnschaffenheit, das
Vorwegnehmen von Harmonien ebensosehr wie das Don-Qui-
xotische Schwärmen ins verlorene Gestern, romantische All-
süchtigkeit und romantischer Solipsismus — das alles sind
Formen schädlicher Utopie. Es sind treulose Träume. Der
Geist der Utopie ist aber eine innige Courage, keine strenge
Düperie. Utopie ist keine individuelle Schrulle, auch kein passives asiatisches Nirgendwo als Nirwana, erst recht keine Fata
Morgana, die Täuschung der Wüstenwanderer. Utopie ist der
Stern der Hirten, ist das süße Lied des Abends, das doch immer mehr der fernen Geliebten gilt als der geliebten Ferne.
Utopie ist unter Dichtern der verzweifelte Versuch, Unbe-
schreibliches zu beschreiben; nicht aber die Routine, Unaus-
gehecktes auszuhecken.
Ist die gute Utopie auch nicht fahnenflüchtig und kein Wahn,
so ist sie freilich von jener Art, die auf Traumwegen und irdisch nie ganz heimgelangen kann. Als der sonst so tiefe und
kenntnisreiche Friedrich Engels ›Die Entwicklung des Sozialismus von der Utopie zur Wissenschaft‹ klassisch beschrieb,
hat er vielleicht diesen allgegenwärtigen Geist der Utopie,
dieses schmerzliche Sehnen ohne näher aufweisbares Objekt
(und jedenfalls jenseits aller politischen Objekte) allzusehr
zugunsten einer objektiven Alternative Utopie: Wissenschaft
ausgelassen und damit zumindest einer Unterlassungssünde
schwächerer Marxisten Vorschub geleistet. Viele vermeiden
nämlich die Schwierigkeit, den Geist der Utopie namhaft zu
machen, durch das billige Auskunftsmittel, das wahrhaft Unbeschreibliche zu leugnen. Das Unbeschreibliche läßt sich
aber, wenn schon nie ganz aussprechen, so doch auch nie ganz
verschweigen, und am wenigsten, wenn man es irgnoriert;
denn dann wirkt es grade durch seine Abwesenheit noch ver-
zehrend genug und die beste Methode der Wissenschaft beein-
trächtigend durch einen ›Atheismus‹ der Sprache und der Gefühle (nicht der Erkenntnis), der verrät, daß man die Menschen
und Dinge als leblos ansieht.

Hier wirkt noch immer eine einseitige Richtungsvorstellung aus der Zeit des bürgerlichen, mechanischen Fortschrittsdogmas nach. Das Dogma nämlich, daß alles präzis Große einem unbestimmten Kleineren entstammen müsse. Ein Baum sei etwas Genaueres und Größeres als eine Samenkapsel. Dabei wird aber vergessen, daß die Samenkapsel ihrerseits einem Umfassenderen entstammt, als sie selbst ist: einem Baum oder Strauch. Diesen banalen Vergleich darf man freilich nicht strapazieren, da er ein Bild aus der Natur ist und nur sehr beschränkte Erkenntniskraft für den Gang menschlicher Geschichte enthält. Immerhin illustriert er die These, daß Wissenschaft ursprünglich durchaus nicht einer keimhaltigen Einzelheit entsprang (die heute nur vergessen ist, weil sie zu gering war, um noch wahrgenommen zu werden). Nein, wir meinen grade umgekehrt: der Geist der Utopie war zu umfassend groß und kühn, um am genauen Ort der Praxis noch gehandhabt werden zu können. Die Wahrheit der Utopie ist aber dergestalt in die Wissenschaft eingegangen, daß sie fähig wurde, ein Hebel der Veränderung zu werden. Der Geist der Utopie gab seine örtliche Universalität auf, um sich unter die universelle Begrenzung der Wissenschaft zu begeben. Daß Marxisten seither redselig in bezug auf den Sozialismus als Wissenschaft, aber schweigsam gegenüber dem unverdingbar utopischen Reich der Utopie sich verhielten, das läßt jenen ursprünglichen und noch heute nachwirkenden Zusammenhang von Utopie und Wissenschaft nur vermissen, nicht aber aufheben.

In seiner charakteristischen Simplizität bemerkt Chesterton einmal: ›Ein Mann, der nicht eine Art Traumbild der Vollendung in sich trägt, ist eine ebenso große Monstrosität wie ein Mann ohne Nase.‹ Dieser Satz des englischen Moralisten ist dem Gedanken eines denkbar anders gerichteten russischen Revolutionärs merkwürdig nahe. In den schlimmsten Tagen der Konterrevolution, der Invasionskriege an sieben Fronten und der ärgsten Not im Innern Rußlands, wo Ungewißheit über den nächsten Schritt herrschte, und das Ziel hinter einem Horizont von Nacht und Blut zu versinken schien, fragte sich ein tatengewaltiger, unerbittlich wacher Mann, ob in solchen Zeiten Zeit zu träumen sei. Da er nicht nur ein großer Revolutionär, also ein wissender Mann war, sondern einer der schlichtesten und aufrichtigsten Menschen, fand er eine klare Antwort. Nur Menschen, die Großes vollbringen und Gewagtes planen, die durch den Feuerofen gingen, ohne daß ihre Seele zu Asche verbrannt sei, fragen und antworten so einfach. Der Einfache und Furchtlose, dem Außerordentliches zu tun und zu schauen gegeben ist, weiß die notwendigen Fragen und die genauen Antworten am rechten Ort und zur rechten Zeit. Er weiß es, weil er beteiligter und erfahrener ist, wenn Menschen und Dinge an ihn herantreten, weil er direkter und wirklichkeitsnäher wiederbringt, was alle bewegt. Lenin notierte:

›*Es gibt zwei Arten des Nichtübereinstimmens von Traum und Wirklichkeit. Mein Traum kann dem natürlichen Gang der Dinge voraus sein, oder aber er kann gänzlich abseits schweifen in Gegenden, wohin der natürliche Gang der Ereignisse nie gelangen wird. Im ersteren Fall ist der Traum gut, er wird unsere Kraft aufrecht halten und stärken; in nichts wird er sie ablenken oder schwächen. Ganz im Gegenteil! Wenn der Mensch die Kraft guten Träumens eingebüßt hätte, wenn er nicht immer wieder vorauseilen und mit seiner Einbildungskraft das Ganze seines Tuns überschauen würde, das sich mühselig unter seinen Händen herauszubilden beginnt, wie könnte er überhaupt das Umfassende seiner Anstrengung durchhalten? — Träumen wir also! Aber unter der Bedingung, ernsthaft an unseren Traum zu glauben, das wirkliche Leben aufs genaueste zu beobachten, unsere Beobachtungen mit unserem Traum zu verbinden, unsere Phantasie gewissenhaft zu verwirklichen! . . . Traum ist notwendig. Und dieses gute Träumen ist in unserer Bewegung leider nur zu selten, von denen ganz zu schweigen, die sich wunder was auf ihren gesunden Menschenverstand und auf ihren fabelhaften Tatsachensinn einbilden.*‹*

Das leidende Heute soll kein bloß hastender Durchgang, kein Abseits sein, die Träume von gestern zu begraben. Es soll der wahrgenommene Moment, der unendlich mühselige Millimeter der Verwirklichung unserer Träume sein. Traum und Tat ohne *Wachsein am richtigen Ort* verwuchert, wird ruheloser Drang und falsches Pathos; geht irr, führt irr und schlägt zuletzt den Bruder tot; ist vertan, dumpf, stumpf, blind, fatal, bejaht am Ende trostlosen Tod und hat noch den Kindern das Tor zugetan. Das ist grauenhafte Totengräberparade, Erdenwurmprozession. Das unaufhörlich auftrumpfende Tschingtaratabumm moderner Diktatoren und Unterdrückungsstrategen ist ganz vergeblicher Lärm, darinnen der Tod Befehle pfeift. So werden keine Triumphe gefeiert, so lärmen kurzlebige Cäsaren, um dem Volk den besten Teil seines Hungers, seines Hungers nach Freiheit und Gerechtigkeit vergessen zu lassen.

Falsch tröstet auch die unglaubhaft gewordene, die modern und treulos gewordene Kirche. Wüst beschwichtigen die Mystagogen: schultert weiter den Spaten und watet im Sumpf. In vierzig Jahren werden wir heraussein und eure Kinder trockene Socken tragen. Jawohl, in vierzig Jahren werden unsere Kinder von ihren Kindern eingesargt sein, sie werden fein christlich aus der Volksgemeinschaft heraussein, sie werden der Erde verbunden und nicht mehr herauszugraben sein, wo man sie verbluten ließ. Die Menschen werden nicht einmal mehr Zeit haben zu fragen, wozu man sie verbluten ließ. Sie krümmen sich schon in ihren Wunden, im unsichtbaren Gas, ersticken und fallen tot hin für etwas, das ihre Eltern, das *wir* unentschieden ließen und das die Herren der Welt längst schon entschieden hatten — gegen unsere Kinder und das mögliche Paradies. Erst sagten sie vier Jahre. Das klang nach Plan und nicht nach Sarg. Heute sagen sie vierzig Jahre oder tausend. Und das klingt genau so trost- und sinnverlassen wie es ist.

Wir haben früher gesagt, Vorzeitsage und Mythen sind Erzählungen des gewesenen Lebens; des Lebens, wie es überwältigend und hoffnungslos gewesen, bevor sich die Menschen aktiver in ihm zurechtfanden und zu helfen wußten. Urbilder und Mythen spiegeln nur wieder, was wir schon sind; wir wiederholen uns in ihnen. Das macht ihre undenklich rück-

wirkende Kraft aus. Andrerseits leuchtet es, nach einem un-
vergeßlichen Wort Ernst Blochs, in den Urbildern auch von
deutlichen Spuren noch ›ungewordnen Lichts‹ und eines ›noch
nicht Bewußten‹, vom Geheimnis des Werdens, von Thule
Traumland und christlichem Advent. Den Spuren dieses Lichts
nachzugehen, diesem unsagbaren Hellerwerden auch nur zu
glauben, das wir selbst in das Kommende ausstrahlen, daran
unsere Sehnsüchte und Hoffnungen zu entzünden, heißt nicht
Wiederholung des ewig gleichen Schlangenkreises, heißt nicht
Schicksal und nicht Nirwana, heißt nicht Vorherbestimmung
und Gnadenwahl (für eine emanzipierte Spitze). Sondern das
ist die unermüdliche Müh' und Möglichkeit, den eigenen Traum
einzuholen.

Der Traum bleibt uns freilich grenzenlos voraus, solange wir
auch unterwegs sind. Träume der Kindheit kommen nie ganz
nach Hause, und erst recht nicht in unseren älteren Jahren,
wenn der Tag Arbeit und Verzweiflung und müdes Resignie-
ren gewesen ist. Der Sinn ist aber zuletzt nicht ziellos und vergebens, jedes kurze Leben anzufüllen mit soviel Traum, Tat
und Plan der Befreiung. Es ist nicht die Stimme einer höhni-
schen Allmacht, kein Gespött jenseits aller Verantwortung
und Initiative, die da fordern und beschwören: Menschen helft
euch selbst, indem ihr euch gemeinsam helft. Wer diese Stimme plötzlich hört, wer entdeckt, er sei nicht allein, erschrickt
wohl erst mehr, als daß er Mut und Sympathie faßt. Grade
die große Stadt isoliert nicht weniger als die Wildnis des Landes die vielen Einzelwillen und -leiden, die nicht schon durch
gemeinsame Arbeitsinteressen und Befreiungsimpulse einander verbunden sind. Grade die künstlichen und käuflichen
Sensationen der Großstadt sperren den Einzelgängern und
isolierten Gruppen den Kontakt mit dem Grundrhythmus der
Zeit. Sie meinen dann, das große Geschehen geschehe von
selbst oder gegen sie, weil sie selbst nichts Unmittelbares damit zu tun haben, und weil nach Jahrzehnten anscheinenden
Gleichmaßes — währenddessen der Beruf und Haushalt der
Reichen auf lautlosen Rädern des Reichtums nach einem kaum
je gestörten Ritual dahinrollt, angetrieben von einem Heer
unsichtbarer Arbeiter — die Ereignisse sich derart überstür-

zen, daß alles von nahem plötzlich wie ein höhnische Farce aussieht. Die meisten Zeitgenossen ohne Zeitbewußtsein haben dem Gewittersturm von 1789 nichts davon angemerkt, daß *das* die Große Revolution ist. Vielen von uns wird die kommende Revolution etwas ähnlich Schreckliches beweisen: daß außer uns noch etwas Lebendiges existiert.

Es ist sinnlos, das Notwendige zu beschönigen. Aus der Unmenschlichkeit und Würdelosigkeit der heute herrschenden Zustände heraus gibt es keinen Weg, der nicht voller Gefahren, ja voller Entsetzen sei. Der Teufel wird nur in der Hölle besiegt, und die Hölle speit keine Paradiese aus. So lehren wir, wie die Hölle zu erkennen sei und die Erde neuzubauen. Eher geht keine Notwendigkeit ein in die Freiheit, die wir von Anbeginn meinten, aber die uns noch mißlang. Es ist hoffnungslos und meist unglücklich genug, sich hier nur privat herausretten zu wollen aus der höllischen Verflechtung. Ist die Revolution auch kein Abgrund, so enthält sie doch alle die Ängste und Spannungen des Springens über einen Abgrund. Mit Recht betont in dieser Frage Ernst Bloch, daß es nichts helfe, ›die Angst vor dem Chaos durch das Pathos der Flachheit zu vertreiben, das grade wieder der Traumsucht, Ideensucht widerspricht‹. Idealisieren wir auch keine Realität, weigern wir uns insbesondere, falschen, menschenfeindlichen Idealen nachzugehen, so sorgen wir doch nur dafür, daß der eine Hirnlappen nicht weiter unmögliche Träume träumt und der andere den Wirkungskoeffizienten einer modernen Brisanzgranate auf ein modernes Wohnhaus berechnet. Gibt es unvergängliche Ideale, so ist die einzig menschenwürdige Haltung zu ihnen, sie zu verwirklichen, nicht aber aus der Wirklichkeit zu Idealen zu flüchten. Die Ideale der Schillerzeit etwa, ihre unerfüllten Freiheitsimpulse wurden so schal, weil man sie zum Genuß machte. Sie sollten Unstimmigkeiten und Festreden ölen.

Nicht die Rettung der Ideale, sondern die Rettung der Menschheit steht zur Frage. Freilich erzeugt die unendlich leidensfähige und hoffnungsfähige Menschheit immer wieder aus sich selbst *Ideale der Rettung,* deren intentional Revolutionäres und Christliches den modernen Despoten so gefährlich dünkt, daß etwa die bloße Deklamation des Marquis Posa-schen ›Sir, geben Sie Gedankenfreiheit‹ ein Zitat ist, das heute in Deutschland nicht einmal mehr als klassizistisches Theater gesprochen werden darf; geschweige denn, daß es im wirk-lichen Leben sich realisieren dürfte. Die Deutschen haben sich durch das Schiller-Deutsch als Sonntags-Sprache des li-beralen Mittelstands zu sehr daran gewöhnt, ihre Revolution als Theater, ja als Hoftheater zu erleben. Nach dem Weltkrieg hatten wir dann noch viel mehr Kunst-Revolte, lauter stili-sierte und montierte Revolution, um uns den Verrat der wirk-lichen vergessen zu machen. Heute darf nun auf dem Theater nicht einmal Revolution gespielt werden, da mit der ›deut-schen‹ Revolution ein Theater in Deutschland aufgeführt wird, das das gesamte öffentliche Leben in die Verlogenheit eines Opernfinales verwandelt. Das Volk wurde zur Charge ge-macht. Es sollte doch nachdenklich machen, warum die an-geblichen Blütezeiten des Theaters immer solche Blutzeiten für das wirkliche Volk sind. Die Operette des zweiten Kaiser-reichs, das Wien von Metternich bis zum Weltkrieg, das deut-sche Nachkriegstheater und das Nazitheater von heute, das sind doch allesamt krampfhaft-virtuose *Kompensationen* zur wirklichen Misere. Sie gestalten nicht den Überschuß an Le-benskraft und -freude, sondern sie sollen die physische Unter-ernährung des Volkes wettmachen durch circenses sine pane. Ich höre auch nie gerne die sowjetrussische Theaterkunst rüh-men und besonders nicht ihren szenischen Aufwand, ohne zu fragen, ob es aufrichtig sei, mit dem Theater so viel Theater zu machen.

Die Gefahr ist überall groß, daß 1.) nach der falschen Ernüch-terung durch die sogenannte ›neue Sachlichkeit‹ — die in Wahrheit sehr alte Nebensächlichkeit neu belebte — und 2.) nach der faschistischen Mobilisation so vieler falscher Ideale, — daß die bleibenden, weil unerfüllt gebliebenen Ideale wie-derum in ein Jenseits der Gegenwart und Wirklichkeit ver-legt werden. Ob der Mythos des Dritten Reichs oder das Po-stulat der klassenlosen Gesellschaft dieses Jenseits abgibt, das hat zwar für den akademischen Fachmann oder aufrichter noch für den Parteimann die Bedeutung von Todfeindschaften und etwas streng Ausschließlichem; aber das einfache Volk beider Lager überträgt beidemal nur seine gleichgearteten Wünsche nach einer besseren irdischen Welt auf solche Begriffe. Das Volk muß sich immer eine bessere Welt wünschen, einfach weil es ihm schlecht geht. Es erhält aber die Erfüllung seiner uralten Wünsche und Weisheit nur versprochen, während die Herrschenden es in der Qual des einseitigen und ständigen Provisoriums, des unaufhörlich Zweitbesten und in der Not der nie zu Ende gelangten Heimkehr belassen. Und hier ist allerdings Schiller zu befragen, der großartiger und weitsichtiger als irgendein anderer den ›Fluch dieses Weltzwecks‹ bezeichnet hat, unter dem die Individuen leiden, um vielleicht die Gattung zur Wahrheit zu führen:

›In welchem Verhältnis stünden wir also zu dem vergangenen und kommenden Weltalter, wenn die Ausbildung der menschlichen Natur ein solches Opfer notwendig machte? Wir wären die Knechte der Menschheit gewesen, wir hätten einige Jahrtausende lang die Sklavenarbeit für sie getrieben und unserer verstümmelten Natur die beschämenden Spuren dieser Dienstbarkeit eingedrückt — damit das spätere Geschlecht in einem seligen Müßiggang seiner moralischen Gesundheit warten und den freien Wuchs seiner Menschheit entwickeln könnte!
Kann aber wohl der Mensch dazu bestimmt sein, über irgendeinem Zwecke sich selbst zu versäumen? Sollte uns die Natur durch ihre Zwecke eine Vollkommenheit rauben können, welche uns die Vernunft durch die ihrigen vorschreibt? Es muß also falsch sein, daß die Ausbildung der einzelnen Kräfte das Opfer ihrer Totalität notwendig macht; oder wenn auch das Gesetz der Natur[1] noch so sehr dahin strebte, so muß es bei uns stehen, diese Totalität in unsrer Natur, welche die Kunst zerstört hat, durch eine höhere Kunst wiederherzustellen.‹

Der Mensch soll nicht Mittel sein, am wenigsten aber Mittel zu einem außermenschlichen oder menschenfeindlichen Zweck. Umgekehrt: der Staat kann gar nicht instrumental und unfeierlich genug aufgefaßt werden. In dem gegenwärtigen staatlich

1 Schiller schreibt ›Natur‹, wo eigentlich Gesellschaft gemeint ist.

organisierten Kampf zwischen Kapitalismus und Sozialismus haben wir aber als freiwählende Menschen in Wahrheit keine Wahl mehr. Der Kapitalismus *hat* längst versagt und ist zumindest geistig schon ein Kadaver. Wir können also eigentlich nur noch darüber streiten, wie der Sozialismus beschaffen sein solle, daß er auch in seinen Mitteln dem Kapitalismus so wenig wie möglich gleiche. Ähneln sich heute auch beider Gewaltmittel und Methoden immer beschämender einander an, so sollen wir doch nicht vergessen, daß ihre Ziele, Motive und Zukunftsvisionen gänzlich disparat sind. Mag sein, beider Parteien Schicksal ist in heutiger Gestalt schon zu ausgewachsen für das enge Tor der Geburt in eine neue Welt.

Das aus dem Chaoswahn Erwachtsein soll daher nicht einfacher Widerruf oder blinde Parteinahme sein. Wer das ›Chaos‹ als Wahn erkannte und in den gepriesenen Ordnungssystemen ein wahres Chaos versteckt sah, der soll nun nicht irgendeine Wunderkur oder endgültig erlöste Welt erwarten. Er soll aber genau fragen, was mit Chaos und Freiheit ›gemeint‹ war. Sonst beleuchtet die Phantasie doch wieder falsch das Wirkliche und wähnt allzu frühen und grünen Kosmos und Harmonie-Salat, der dann natürlich exakt dort, wo du nicht bist, dreimal reichlicher gedeiht. Oder die Nüchternheit wird schale und schlechte unschöpferische Trockenheit. Ganz ärgerlich ist auch das häufige Ressentiment des Intellektuellen zu seiner eigenen Vergangenheit. Wir sollen nicht einfach die Vorzeichen ändern (Idealismus mit negativem Vorzeichen ist noch lange keine Revolution!), sondern wir sollen in die Welt praktisch ändernd eingreifen und uns vor allen Dingen dabei selbst ändern. Denn so wahr es ist, daß veränderte Verhältnisse auch den Menschen ändern werden, so darf keinen Moment lang vergessen werden, daß die *Menschen* die Verhältnisse ändern. Nur so wird das Erbe der Vergangenheit reif gemacht zur gegenwärtigen Aufgabe. Zukunft ist dann: reifgemachte Vergangenheit, neugebautes Haus der Erde, wahrgemachtes Paradies. Nur dann spricht die heimliche, gut sensationelle, auch illegale Gegenwart der zukünftigen Dinge unmittelbar zu uns mit dem Kurzwellensender vom Gelingen der Aussaatkampagne.

Wie das Zukunftshaus der Menschheit aussehen wird, können wir nicht wissen. Wir sollen aber wissen, daß es auch dann das eigne Haus sein wird, wenn wir selbst noch nicht darin wohnen. Gleicht es vielfach noch einer Bauhütte, von der aus das richtige Haus erst wirklich gebaut werden kann, so ziemt uns wohl etwas von jenem christlichen Pioniergeist, den Zinzendorf einmal so Wort werden ließ:

Wir sollen nach Arbeit fragen,
Wo welche ist,
Nicht an dem Amt verzagen
Und unsre Steine tragen
Aufs Baugerüst.

Wie begrenzt dieses Haus auch immer aussehen mag, aus Erfahrung früherer Wohnung und Hoffnung können wir dies sagen: das umgrenzte, befriedete Hier hatte immer ein verborgenes Fenster ins grenzenlose neue Wo. Dieses Fenster, dem wir als Knaben unruhvoll nachgingen und das große Dichter und Forscher nie aus dem Auge verloren, wird auch im sozial und hygienisch neuen Haus nicht fehlen. Wenn es auch bei modernen Architekten nicht vorgesehen ist: Phantasie sieht es ihnen lächelnd nach. Phantasie hat schon das ihre gesehen, die immer ins Heimliche und Offene zugleich sieht, die nicht ans Ende der Welt sieht, sondern — und was noch viel aufregender ist — die gar kein Ende abzusehen vermag und die grade im engsten Winkel und im nächsten Menschen die Heimat entdeckt. Ein rotes Haus steht in einem grünen, und dieses wieder in einem blauen, und das in einem goldnen: das Haus im Haus, das Fenster im Fenster.
Fenster und Haus aber meinen immer nur den Menschen, der heimkehrt.

Nachwort   (statt einer Bibliographie)

Kein Mensch, geschweige denn ein Buch, vermag heute für sich allein zu stehen. Gefährten, Freunde, gleichgeartete Versuche müssen hinzutreten, ein Ganzes sichtbar zu machen. Kein Einzelner, so ungemein er als Person sei, hat heute die ganze Wahrheit. Die Wahrheit ist groß genug, Widersprüche in sich aufzunehmen und vielfach getrennte Lager zu umfassen. Auch die Avantgarde allein vermag nicht zu siegen; ja sie vermag nicht einmal zu kämpfen, ohne daß sie ihre eigene Wahrheit und Rückendeckung erweiterte. Grade insofern die Avantgarde sich Vertreter der vordersten Idee dünkte, befand sie sich eine Idee zu weit vorn. In allzu hastiger Modernität und Fortschrittlichkeit vergaß sie vielfach, daß es Wahrheiten gibt, die nicht nur älter und ehrfürchtiger sind als die zufällig letzte Theorie und Generallinie, sondern die sich auch als lebensklüger und kampftüchtiger erwiesen haben.

Die Erfahrungen der letzten Jahre haben hier schon einige Besinnung gebracht. Reden und schreiben und benehmen sich auch allzuviele weiter, als sei gar nichts passiert, als seien wir *nicht geschlagen* worden und selber zu guten Teilen daran schuld, — so wurden doch im Protest nicht nur gegen den Feind, sondern auch gegen die eigene, vom Feind infizierte Art, den Kampf zu führen, bei allen guten Geistern die alten, ach so neuen Tugenden laut. Auf ihren menschlich direkten, gemeinsamen Ausdruck zusammengefaßt, lauten diese Tugenden vielleicht: Herzen stark und Geister frei!

Die revolutionärste Figur in *Ignazio Silones* ›Brot und Wein‹ (Oprecht & Helbling, Zürich, 1936) ist fraglos die menschlich reinste Gestalt dieses Romans: die des alten Priesters Benedetto. Seine *Weisheit*, seine ruhige Kraft, dem Übel zu widerstreben, wirkt ohne alle direkt-revolutionären Parolen derart empörerisch, daß die Behörden den träumerischen Greis aufs zynischste ermorden müssen. In welchem Zusammenhang auch die übrigen Figuren dieses bisher gelungensten und aufrichtigsten Romans des antifaschistischen Schrifttums mit den Problemen des vorliegenden Buches stehen, haben vielleicht die wenigen Zitate dem Leser schon erwiesen.

Die umgekehrte Konsequenz zum Märtyrertod Benedettos hat *Bernard von Brentano* in seinem Roman ›Prozeß ohne Richter‹ (Querido-Verlag, Amsterdam, 1937) darzustellen versucht. Es ist dort von zwei normalen Menschen inmitten einer verrückten Welt die Rede (der Vorkriegsroman handelte meist von verrückten Menschen in einer normalen Welt), die beide den politischen Konsequenzen ihrer unpolitischen Menschlichkeit zum Opfer fallen. Im Affekt der Erkenntnis, daß heute die Beziehungen der Verantwortlichkeit derart verdinglicht und entmenscht sind, wählt der Mann den Freitod und erschlägt die Frau den Nächsten, den sie am Tod des Mannes für mitschuldig empfindet. Ist hier der Freitod und sogar der Mord als Opfer gemeint, so zeigt er doch erst die Grausamkeit und höllische Verflechtung, noch nicht aber das Licht und den Trost einer tapferen und notwendigen Erkenntnis.

Daß die philosophischsten Geister zuzeiten die streitbarsten zu werden verstehen, hat *Ernst Bloch,* Autor des ›Geistes der Utopie‹ und der ›Spuren‹, in seinem letzten Buch ›Die Erbschaft dieser Zeit‹ (Oprecht & Helbling, Zürich, 1934) bewiesen. Bloch hat die Kraft, nicht nur alte Dämonen zu entlarven, die der Feind für sich mobilisierte, sondern auch moderne, höchst gemischte Teufeleien auszutreiben. Er treibt sie aber aus, nicht um der fortgeschrittenen bolschewistischen Entlarvungstechnik wegen, sondern um der Heilung und des Heiles von morgen wegen. Vieles, was die ideologische Avantgarde bisher als ökonomische und sogar moralische Rückständigkeit traktiert und dadurch dem Feind zugetrieben hatte, entdeckt Bloch als echte ›Ungleichzeitigkeiten‹. Er meint damit Gehalte, die älter und lebendiger sind als ihre kapitalistische Entartung, und die, grade *inmitten* der kapitalistischen Entartung deutliche Spuren ›ungewordenen Lichtes‹ und von Auffahrtsimpulsen an sich tragen. Wer sich dem, was sich in den letzten zwanzig Jahren geistig und politisch in Deutschland zugetragen hat, irgendwie verantwortlich fühlt, wird das intensiv kluge und erhellende Buch Ernst Blochs nicht mehr missen wollen. Ich selbst verdanke nicht nur dem Philosophen, sondern auch dem Freunde für das eigene Buch vielfach entscheidende Anregung, Ermutigung und Kritik.

Soweit vorkapitalistisch-katholisches und bürgerlich-liberales Gedankengut zur Bekämpfung des Kapitalismus dienen kann, mag man sich einiger Bücher *G. K. Chestertons* bedienen. Von dem etwa 80bändigen englischen Gesamtwerk zähle ich hier nur einige Essaybücher auf, die in deutscher Übersetzung zugänglich sind: ›Orthodoxie‹ (München, Musarion-Verlag), ›Was Unrecht ist an der Welt‹ (dito), ›Der unsterbliche Mensch‹, ›Charles Dickens‹ (Wien 1936). Wie ist sein Ernst und Witz geschmackvoll und sicher, wie träumerisch und substantiell. Sind es auch Mischgefühle eigenster Art, die Chesterton wachruft, so wollen wir doch von ihm nehmen und lernen, was bei uns selbst am meisten zu vermissen ist: Kraft des Lachens, des Hassens und unbedingte Vorliebe für gute, unbedingte Dinge.

Soweit ich nicht im Text dazu Gelegenheit hatte, will ich hier noch einige Bücher nennen, die weniger im Ton und Appell, als an Material und zur Konstruktion der Grundlinien dieses Buches beigetragen haben. Vor allem war mir *Edward Conzes* ›Der Satz vom Widerspruch‹ wertvoll durch ein Kapitel, in dem er die nominalistische Chaostheorie dargestellt hat. Auch *Max Raphaels* ›Erkenntnistheorie der konkreten Dialektik‹ (Paris 1934) enthält eine ungemein konzentrierte und systematische Darstellung der dialektischen Methode mit zahlreichen Weiterungen namentlich in Hinsicht auf die modernen Naturwissenschaften. *Franz v. Borkenaus* ›Studien zur Philosophie der Manufakturperiode‹ (Paris 1935) waren mir leider noch nicht bekannt, als ich das Manuskript beendet hatte. Sein Buch hat vor dem meinen den Vorzug des engeren, aus den Quellen studierten Gegenstandes, aber auch den uns gemeinsamen Nachteil, in der so fundamentalen Frage der Naturwissenschaften und Technologie fast ganz auszufallen.

Ein bisher unverdeutschtes, in seiner sprachlichen Schlichtheit und Sorgfalt die meisten deutschen Veröffentlichungen über den gleichen Gegenstand beschämendes Musterbeispiel für fortschrittliche Publizistik sei hier wenigstens nach seinem Titel aufgeführt: *Guterman-Lefèbvre* ‹La conscience mystifiée› (Gallimard, Paris, 1936).

Fast allen diesen, im näheren oder ferneren Zusammenhang mit dem eigenen Buch hier aufgezählten Büchern ist nicht nur die Entstehungszeit, sondern auch das Motiv der Besinnung und Sammlung nach der Niederlage durch den Faschismus gemeinsam. Dabei ist diese Aufstellung höchst lückenhaft und zufällig, sie entspricht keiner irgendwie parteipolitisch gearteten Gruppierung. Zum Schluß möchte ich zu bedenken geben, daß die Heilmittel selber noch keinen Endzustand der Gesundheit bezeichnen. Aber sorgen wir nach unseren Kräften dafür, daß vieles vom Faschismus nicht bloßer Anti-Anti-Faschismus sei.

Nachtrag 1972 zum Nachwort 1937

In diesem Buch wurde vorgestern nach dem morgen gefragt, das heute gestern ist. Das kleine Nachwort möchte ich stehen lassen, wie es geschrieben, als ich bereits in Amerika war. Die Einfachheit der Worte und zumal auch der dort so rudimentär angeführten Liste von Gefährten und Freunden in der uns gemeinsamen Sache Antifaschismus muß heute, angesichts der Katastrophen, die geschahen, und auch der seither unendlich angewachsenen Literatur darüber naiv erscheinen. Immerhin, nebst der dort angeführten relativen Nieten, die keiner Erwähnung mehr bedürfen, stehen doch bedeutungsreiche Treffer.

Über und mit Ernst Bloch wußte ich von je, nicht nur, daß er sein Eigenstes zur Verwirklichung und Entwicklung führen werde, komme was mag, sondern daß solche große Substanz, aus frühen Jahren bis ins hohe Alter geprüfter Weisheit durchgehalten, auch öffentlich in die Erscheinung und Anerkennung treten würde.

Dagegen ist der große Nachlaß des Gesamtwerkes von

Max Raphael, Erkenntnistheoretiker, Kunsthistoriker, Erforscher zumal einer heute noch von niemand anderem ähnlich geleisteten Ikonographie und Morphologie der vorgeschichtlichen Kunst, zumal in Deutschland skandalös unbekannt und ungedruckt geblieben. Es gibt drei große Bände, hervorragend übersetzt von dem ebenfalls in meiner kleinen Liste anderweitig erwähnten Norbert Guterman, und von der Pantheon Presse (Princeton University Press) vorbildlich veröffentlicht. Wir haben eine International Max Raphael Society in Boston gegründet, weitere Kopien des Nachlasses sind im Kunsthistorischen Institut von Nürnberg sichergestellt und warten darauf, geistig angeeignet zu werden. Über meine Vorliebe für G. K. Chesterton will ich nur noch ein Kuriosum angeben. Ich weiß aus dem Mund von drei sehr unterschiedlichen Männern, von denen jeder die andern zwei eigentlich verneinen würde, daß sie Chesterton den gewitzigsten Schriftsteller ihrer Zeit genannt haben: Friedrich Gundolf, Georg Lukács, Ernst Bloch.

P.S. (1978) zum Nachtrag (1972) des Nachworts (1937)

Es gibt sie weiterhin, ja bedrängender denn je, diese Angst vorm Chaos. Es ist ihr nicht begrifflich, sozialkritisch beizukommen, es sei denn, man nenne sie zuerst bei ihrem direktem, nackten Namen; und dieser heißt HUNGER, das wesentliche Merkmal der meisten Menschen auf der Erde außer in den sogenannten ›Überflußländern‹. Auch dort wird die Spanne zwischen Überkomsum privilegierter Gruppen, die organisierten Druck auszuüben vermögen, und einer fast unsichtbar gemachten Majorität Verarmender und Verelendender, arbeits- und aussichtsloser Jugendlicher zumal rassischer Minoritäten, eingeschüchterter Alter, rang- und namenloser Kleinbürger in den verfallenden Städten und auf dem Lande in windigen Klitschen immer größer. Gewiß gibt es geistige und seelische Verwüstungen grade auch weiter oben, von tausenden Psychiatern ausgebeutet, die jegliche Opposition gegen diese Gesellschaft, gar nicht so unähnlich ihren Kollegen in der Sowjetunion, zunächst einmal als krank brandmarken. Dazu kommt die ökologische Schändung der Natur und der Rohstoffe, von der Totalvernichtung durch Atomkrieg ganz zu schweigen, die wirklich verschwiegen wird und dabei latent vorliegt.

Nicht nur eigentlicher Hunger als das elementare Attribut der meisten Menschen — von dem kathederhaft und soziologistisch abzusehen ein Merkmal interessierter Blindheit ist —, sondern auch das Ausmaß der Selbsttäuschungen über die realen Verhältnisse eines jeden Landes von seiten der für Schulung und Führung Verantwortlichen ist nach wie vor als enorm anzusehen. Falls es eine Summe falschen Bewußtseins, gar nicht einmal verfälschender Absichten, in sozialpolitischer Beziehung geben könnte, wäre sie wahrscheinlich heutzutage größer als in den Dunkelperioden der Geschichte. Der furchtbaren Einfachheit des kapitalistischen Prinzips, das mit gröbster Mystifizierung auf die ›unsichtbare Hand‹ verweist, vom sichtbaren Elend einfach absieht, kraß fragt und entscheidet: ›Macht es sich bezahlt?‹, ist von linker Opposition nichts ähnlich primitiv Schlagendes zu erwidern. Nötig und möglich wäre eine neue, klar dargebotene Synthese von Jefferson und Marx. Was immer in Amerika schief gegangen ist, Jeffersons First Amendment verschafft einem jeden aufrechten Herz und Hirn das bestmögliche gute Gewissen, ja die Pflicht zur Gedanken- und Rede- und Pressefreiheit wie in keiner anderen Verfassung. Von Marx stammt die Methode systematischer Analyse und Kritik der wirklichen Produktions- und Distributionsverhältnisse des industriellen Kapitalismus. Dabei sind seine Analysen und Ergebnisse nicht als Fertigfabrikate einzukassieren, sondern ihrerseits kritisch zu erweitern. Der große Sektor der Agrarwirtschaft kommt bei Marx nur nebensächlich vor.

Er hat die Bauern nie kennengelernt, demnach die wirkliche Basis der Gesamtkulturen bis zur industriellen Revolution, der wirklich revolutionärsten in den Folgen, verkannt. Das Parlamentarische als solches ist sehr leicht mißbrauchbar, so daß auch Mehrheitsbeschlüsse diktatorisch monströs geraten können. Überall bedarf es eigentlicher politischer Erziehung. Sie ist die nötigste und schwierigste aller Pädagogik. Auffallenderweise hat grade der korporative Kapitalismus am meisten von Marx gelernt, wieso und wie sehr es im Wirtschaftlichen auf Planung ankommt – eben auf geplanten Profit unter Bedingungen oft weitgehender Zugeständnisse materieller und ideologischer Faktoren an Arbeiter, Angestellte, Intellektuelle, Zeitungs- und Unterhaltungsindustrie etc.

Kritische Analysen wie die von Marx ziehen allemal gerade Linien nach vorn, zu rasch und zu unbekümmert um Mehrschichtigkeiten und unterschiedliche Traditionen und Entwicklungsgrade jeglicher Art, um dem eignen Anspruch an Wissenschaftlichkeit, ja, dem an eine echte Theorie-Praxis gewachsen zu sein. Gewiß, wo und wann immer es zwischen den vermeintlichen Beziehungen zwischen axiomatisch gesetztem materiellen ›Unterbau‹ und sehr fraglich postuliertem geistigen ›Überbau‹ nicht recht klappt, ist rasch die Rede von ›Dialektik‹. Offenbar gibt es diese, eine klassisch-griechische Entdeckung, der es darauf ankam, Wahrscheinlichkeitskriterien für Widersprüchliches im Leben und Denken zu finden und zu bewähren. So entstand Philosophie, von Anfang an eine Oppositionslehre, die sich um Götter und Dämonen überhaupt nicht mehr kümmert, selbst bei einem eher reaktionär gesinnten Plato das statische Sein des Parmenides mit dem Werden des Heraklit so zu verbinden sucht, daß aus diesen polar gesetzten Kräften gar noch das Sollen des Sokrates soziologisch für die bestmögliche Republik hervorgeht. Was Hegel großartig, was östliche Oberlehrerhirne kümmerlichst aus dieser Dreitaktigkeit gemacht, heißt hüben und drüben, meist nur scheingelehrt, ›Dialektik‹. Wir wissen aber lediglich, daß es sie gibt: eine Art Logik der Widersprüche, weiterhin oppositionell, insofern sie im Gegensatz steht zu den beiden neuerdings bevorzugten Hauptformen akademischer Verharmlosung des Denkens: mathematisierte Logistik und ahistorische Semantik.

Die Furcht vor Wahrheit ist offenbar auf politischem Felde ebenso hemmend wie die Angst vor jenem Chaos, das ich in meinem Buch ausdrücklich als falsche Ordnung, also als den autoritativen Staat gekennzeichnet habe. Immer wieder gelingt es jeglichem Staat leicht, unter der Maske des Legalitätsschutzes Geheimorganisationen zu organisieren. Hierzulande gilt es zwar axiomatisch, daß Gewalt korrumpiere, absolute Gewalt demnach absolut. Wie aber, wenn auch grade soziale und persönliche Ohnmacht ähnlich korrumpierte, einerseits zur politischen Indifferenz der meisten, andrerseits zu den Terrorakten abgefeimter Gruppen als Privatrache an der öffentlichen, zynisch geleugneten Schuld? Wie die Nihilisten im zaristischen Rußland das vom Volk schweigsam ertragene Unrecht der sanktionierten Herrscher explosiv zum Ausdruck zu bringen suchten, so greifen die modernen Terroristen, oft mit deutlicher Betonung weiblicher Führung durch größere ›Kühle‹ (die männliche Brutalität zu überbieten trachtet), zu solchen Akten aus Enttäuschung, Langeweile, Größenwahn, deren unmittelbare Wirkung zwar eklatant ist, aber eben sofort danach Ausnahmegesetze zur Folge hat und entschuldigt.

Die gesamte Linke, intern zerspalten und unfähig, sowohl das Ausdauern des Kapitalismus wie das Versagen des Sozialismus auch nur theoretisch zu erforschen, krankt an wirklich lähmenden Enttäuschungsfaktoren. Es gibt Intensitätsgrade der Enttäuschung, deren wesentliches Merkmal Ernst Bloch in seiner Antrittsrede in Tübingen betonte: Grade substantielle Hoffnung kann durchaus enttäuscht werden. Der Wahrheitsgehalt überdauert die Niederlage, die zur Überprüfung der objektiven Bedingungen wie der geistigen Vorstellungen auffordert. Bereits in seinem frühesten Pamphlet, in der Schweizer Emigration geschrieben und veröffentlicht und so auffallenderweise in das Gesamtwerk nicht aufgenommen und von der gesamten sogenannten Sekundärliteratur nie erwähnt, Vademecum für Demokraten (1917), warnte Bloch: ›Jedes Volk hat nur den Sozialismus zu erwarten, den es auf Grund seiner errungenen bürgerlichen Freiheiten verdient. Sozialismus ohne weitgehende Kontrolle von unten, ohne durchgängige zwar regulierte doch nicht dominierte Demokratie ist lediglich ein Preußentum ohne Privateigentum, also Staatssozialismus, mit Akzent auf dem Staat.‹ Auch dem Enttäuschungsfaktor hat der alte ewigjunge Bloch noch kurz vor seinem Tode den Kernsatz hinterlassen: ›Schlimmer als die Pause ist die falsche Erfüllung‹ (in: ›Zeitgenosse Ernst Bloch‹, Südwestfunk Landesstudio Tübingen, Sprechplatte 1977). Die objektiven Bedingungen einer Selbstbefreiung der proletarischen Menschheit liegen weiterhin vor. Auch die meisten geistigen Arbeiter, die politisch unbestechlich sind und aus Wahrheitsimpuls und Gerechtigkeitsdrang wissenschaftlich und künstlerisch und philosophisch produzieren, gehören als Schaffende zu den ›Proletariern aller Länder‹, indem sie kaum anderes auf den Markt zu werfen haben als ihre Arbeitskraft. Nur wissen sie es noch nicht überall.

Zur notwendigen Ernüchterung mag selbst eine Binsenwahrheit dienen: Wir alle sehen gerne der Revolution anderer Länder zu. Des weiteren hat es sich bei großer Bemühung um Sozialforschung den Gründern der ›Frankfurter Schule‹, die hierzulande während der kritischen Jahre des New Deal höchst gepflegte Hegel-Seminare darbot (ich war, eher passiv, für eine Weile dabei), schließlich herausgestellt, daß man der angeblich total verkommenen kapitalistischen Gesellschaft eine Totalskepsis für sich selbst abzulesen habe. Allerdings hat sich Herbert Marcuse dieser Voraussetzung und Folgerung mutig entzogen. Er gab den studentischen Revolten der westlichen Länder nicht nur die persönliche Beteiligung, sondern eine ganze Reihe theoretischer Begründungen. Er reagierte dabei oft zu rasch, zu wetterwendisch, indem er mit völlig einseitiger und kurzfristiger Verengung des Begriffes ›Proletariat‹ auf revoltierende Neger in Amerika Marxismus als eine kritische Methode überhaupt verabschiedete und Gewalttaten von Minderheiten mit der schwachen Metapher ›Kettenzerbrechen‹ verteidigte. Dabei bleibt das Problem weit offen: Was leisten Terroristen objektiv, außer eben es den Unterdrückern zu erleichtern, immer noch abgefeimtere Ketten durch Sondergesetze zu schmieden?

In Millionen Herzen und Hirnen pocht indessen das schlechte Gewissen, ja die zunehmende Gewißheit des eigentlichen Versagens eines gesellschaftlichen Systems, das sich korrekturlos auf die Ausbeutung zur Erhöhung der Profitraten verläßt. Grade eben die USA, nicht nur die Sowjetunion enttäuschen. Lange bevor es im Westen zur Entdeckung der hochgeistigen, manichäisch antimaterialistischen Literatur Rußlands gekommen ist, gewann Charles Dickens auf seiner Reise durch Amerika, das damals als hochradikal demokratisch angesehene, diese Einsicht: ›Ich fürchte, der tödlichste Streich, der jemals gegen die Freiheit geführt wurde, mag aus diesem Lande kommen durch das Versagen seines Vorbilds für die Welt.‹ Gewiß sind alle solche Prophezeiungen und Perspektiven durch zu rasches Identifizieren jeglicher Lücken und Pausen mit totalem Versagen und Absprechen erneuter Ansätze selber versagend. Letzten Endes mag in allen solchen Äußerungen einer bestimmten Person in einem besonderen Ort und in spezifischen Zeitumständen eine Art personaler Grundüberzeugung noch hinter pessimistisch formulierter Weltanschauung und Urteilskraft mitspielen. Gewiß ist etwas wie geschulter, auf bestimmte Umstände gezielter Pessimismus wirklichkeitsnäher und tapferer als ein rosig ahnungsloser Optimismus. Vielleicht stammen beide Grundstimmungen nicht nur aus Klassenbelangen und Traditionen, sondern aus individuell-genetischer Veranlagung: Wenn wir die Welt und das Leben als solches für lebenswert halten, dann können wir Revolutionäre werden mit dem Impetus, daß das elementar Gute nach Besserem verlangt, weil es objektiv möglich und menschlich wünschbar ist. Halten wir aber die Welt und die Kreatur Mensch für eigentlich schlecht, dann müssen wir Konservative und Reaktionäre werden.

Mit dem Vertrauen darauf, daß mein Büchlein in dieser Hinsicht sich eher klar ausgedrückt hat, trotz des ›Chaos‹ seiner Fehler und jugendlicher Übermütigkeiten und Auslassungen, wünsche ich ihm auf dieser nunmehr dritten Ausfahrt gute Reise, sowohl abenteuerlich schweifend wie abendlich heimkehrend.

Sherman Heights
Woodbury, Conn. 06798
Januar 1978

P.P.S.
Beim Durchsehen eines großen Stoßes von Briefen von Ernst Bloch an mich fiel mir einer in die Hände, der sich auf ein kleines Interludium zwischen uns in bezug auf das Thema und den Titel von Die Angst vor dem Chaos bezieht. Auf daß in künftigen Nachlaßfragen diese Episode nicht falsch ausgelegt werde, möchte ich Ernst hier mit seinem Brief aus Wien an mich nach Zürich (5. Dezember 1934) direkt sprechen lassen. Es ist die lautere Wahrheit und lustig dazu:
›Zu den zwei Dingen deines Briefes, deren eines mir nicht Angst, nicht einmal Furcht, sondern bereits Schreck einjagte . . . Aber, aber, aber (sed, sed, sed signiter Sanctus Michael) die Angst vorm Chaos. Liebwerter

Freund (ich muß dich so geschwollen anreden, weil ich dich grade so jetzt nötig habe), der Fall ist der . . .: Wir unterhielten uns, du sprachst von dieser Angst. Ich schnappte auf das Problem sofort ein, schrieb sogleich einen Aufsatz, der vieles Parate unter Dach und Fach brachte. Habe dir beim nächsten Mal auch davon erzählt. Einige Zeit später gabst du mir deinen Aufsatz; er gefiel mir in dieser Fassung nicht recht, schien zu sprunghaft, es war offenbar noch nicht genug Mühe darin. ‚Plagiiert‘ habe ich daraus nichts, sondern der Ausdruck ‚interessierte Blindheit‘ stammt aus deiner Céline-Kritik, daraus habe ich ihn sehr gerne behalten, sah aber keinen Anlaß, dich deswegen mit Namen zu nennen. Dieses Letztere, als angemessene Erbschaft, möchte ich später tun, wenn von dir ein Buch . . . vorliegt. Wer beschreibt nun mein höllisches Entsetzen, als du mir in Mailand — während die ‚Erbschaft dieser Zeit‘ längst ausgedruckt war — von dem Willen sprachst, ausgerechnet ad Chaos ein solches Buch zu schreiben. Ich schwieg und sah die kommende Auseinandersetzung voraus, wobei du selber, sinngemäß, das Wort zu ergreifen hättest... Nach Darlegung des Bestandes fühle ich mich nicht mehr befangen und werde mich für die Überraschung, die du als schwangerer Chaosbuchautor erleben mußtest, revanchieren.‹

Und so geschah es. Demnach: keinerlei Beeinträchtigung für mein Buch durch das Kapitel in Blochs Buch von 1935 (für das ich eine Reihe von Rezensionen schrieb, eine davon mit dem Titel ›Wie zu erben sei‹ (abgedruckt in: Ernst Blochs Wirkung. Ein Arbeitsbuch zum 90. Geburtstag, Suhrkamp 1975). Wir waren und blieben, trotz früher und scharfer Abweichungen der Überzeugungen in re Sowjet-Union, in Blochs Worten aus einem späteren Brief ›Geistesverwandte, beste (gegenseitige) Leser und zentrale Freunde‹.

Anmerkungen zur Vorgeschichte des Begriffes Nichts bei Hegel und seine Aufhebung durch Marx und Ernst Bloch[1]

Motto zum Thema ›Hegel Heute‹ (1970)
Hic Korčula, hic salta!

Wir alle entsinnen uns des Schockeffekts, als wir in Hegels *Encyclopädie* § 40 lasen, der Begriff des abstrakten Seins sei dasselbe wie der des Nichts. Gottseidank, oder Hegel-sei-Dank, klärte sich dieses Dunkel, oder zuviel Licht, dahin auf, daß aus der Einheit des Seins und des Nichts bald erfreulich ein Drittes hervorgehe, das Werden heißt. Wir sind dem Werden meistens sehr gewogen, das uns über die unangenehme Erfahrung hinweghilft, wie eigentlich miserabel es noch immer im Sein zugehe. Fast immer erscheint uns, daß das jeweils vorherrschende Sein wenn auch kein Nichts, wohl aber ein nur erst Ungefähres, ja ein gefährdend Nicht-Sein oder Noch-nicht darstelle. Gewiß gibt es schon gefühlsmäßig einem tiefen Unterschied zwischen Vergeblichkeit und Erwartung, Nihilismus und Hoffnungsimpuls. An bestes Kulturerbe anknüpfend, hat Ernst Bloch für unsere Zeit den Unterschied präzisiert, neu scharf gemacht, wie noch zu zeigen sein wird.

Jeder Begriff hat eine Geschichte, jede Geschichtsphase ihre spezifische Begrifflichkeit. Ein kurzer Rückblick auf die Entwicklung des Begriffes vom *Nichts* vor Hegel gehe dessen Kritik durch Marx und Bloch voraus, die ihn affirmativ, aber auch mit der Warnung ›aufheben‹, daß Rückfälle in barbarisch Vernichtendes einfach möglich sind, in dem eine erstarrte falsche Ordnung ›nichts‹ tut, alles beim Alten läßt, das entwicklungsfeindlich geraten.

---

1 Zuerst veröffentlicht in der jugoslawischen Zeitschrift ›Praxis‹ 1/2 1971.

Gegen die noch mythischen und magischen Vorstellungen der neolitisch-agrarischen Feudalgesellschaft gerichtet, bemühten sich die Vorsokratiker um empirische Nüchternheit zugunsten der im Entstehen begriffenen kommerziellen Revolution. Was immer ein Nichts vorher bedeutet haben mag, etwa die geologische Katastrophe der Eiszeit als ein außergeschichtliches Ende der paläolithischen Kulturen, *Parmenides* setzt das Nichts ab zu einer bloßen Nichtigkeit des leeren Raums im Gegensatz zur körperlichen Fülle der Materie. Seiendes, so lehrt er, stößt an Seiendes. Solche Nachbarschaft auch materiell verschiedener Dinge ist einheitlich, gut gefügt in permanenter Wertigkeit ohne Werden und Verfall. Die aktuelle Welt gleicht einer wohlgerundeten Kugel mit fester Grenze.

Leukippus gelangt, vielleicht auf die Individualisierung der Kaufmannsgesellschaft und des Warenumgangs reagierend, zur Atomtheorie. Auch er unterscheidet zwischen Dingwelt und Raumleere, läßt aber innerhalb der vielfachen Dinge Hohlräume zu, in die sich neu entstehende Atome drängen, alte Gefüge sprengend, neue Formen bildend. Das Nichtsein leeren Raums bleibt eine der Bedingungen für Seinsveränderung, Seinsvervielfaltung.

Plato übernimmt die ursprünglich optimistische Seinslehre, gibt ihr aber, mit einem heraklitisch dynamisierten Blick auf den gesellschaftlichen Verfall der Polis nach dem Scheitern der Kolonisierung Süditaliens, eine pessimistische Wendung. Er betont die Dämonie der Materie, ihre totale Unangemessenheit als Abgrund des Bösen.

Mit überlegener pädagogischer Ruhe anerkennt *Aristoteles* Wertgrad der Verdichtung und Verdünnung, der Anziehung und Abstoßung, der Fülle und des Mangels. Bewegung und Veränderung erklärt er aus der Unfertigkeit der Welt. Viele Dinge und verdinglichte Relationen sind noch nicht, was sie sein könnten. Dieses ihr Streben nach Vervollkommnung (Entelechie) erzeugt die Unruhe, die eine erzeugende Unruhe ist. Aristoteles läßt das Nichts fallen, da es ja nichts leistet. Dagegen taucht immer wieder, an beobachtete Prozesse der Natur und Gesellschaft geknüpft und vielleicht der Expansionskraft des jungen Alexander entsprechend, eine materielle Dialek-

tik des Begriffes Möglichkeit auf: ›Es erscheint möglich, daß
das gleiche Ding sowohl *sei* wie *nicht-sei;* denn für ein jegliches Ding, das möglicherweise geteilt werden kann oder das
sich fortbewegen kann, könnte auch nichtgehen oder nicht-
aufgeteilt werden; der Grund ist: was möglich ist, ist nicht
immer wirklich, und die Negation gehört zum Ding, das gehen oder nicht-gehen kann, und Sichtbares mag ungesehen
bleiben.‹ Ganz neue Horizonte tun sich hier auf, die erst spätere Forscher, zumal Leibniz und Hegel, ausgekundschaftet
und angesiedelt haben.

Auf Grund des materiellen und ideellen Scheiterns der klassi-
schen Gesellschaft läßt *Plotinus* das metaphysisch-dunkle
Nichts wieder hereinkommen. Wie bei Plato gerät die Materie zum Sündenbock. Er benötigt diesen als Gegenpol zur
Emanationslehre. Das Allgute-und-Eine kommt von oben
herab, verdünnt sich aber auf diesem Wege bis herunter zur
Penia, zur düsteren Materie. Diese ist aber noch nicht das
Letzte. Weiter unten liegt das eigentliche *Nihil,* das Urböse
und Zerstreute, nicht einmal eine Nichtwelt sondern die Un-
welt.

Christliche Theologie übernahm diesen krassen Dualismus,
den sie an den Manichäern und Gnostikern nicht terroristisch
genug verdammen konnte und der bisher in der katholischen
Vorstellung einer endgültigen Scheidung zwischen Himmel
und Hölle beibehalten wird. Der Teufel, eine selber teuflische
Erfindung, übernimmt die Stelle und Funktion des Urbösen.

Die *Renaissance* benötigte und vermochte eine Wendung im
Begriff des Nichts, und zwar durch die spekulativ-diplomati-
sche Kraft des Kardinals Nikolaus von Cusa. Er bemühte sich,
das vorher dämonisierte Wesen des Nichts, das nur in der privaten Ekstase skeptischer Mystik in den Nullpunkt ideeller
Indifferenz umschlägt, in einen Spannungszustand zwischen
Endlichem und Unendlichem, Mensch und Gott zu bringen.
Solche mystische Einheit gelingt aber nur kraft jener *coinci-
dentia oppositorum,* die theologisch Gott allein vorbehalten
ist. In das werkhaft Wirkliche der Geschichte und Gesellschaft
wird solche ideal-mathematische Dialektik nicht zugelassen.
Doch leistete der hochgefaßte Begriff des Kusaners einen

wichtigen Beitrag zum ästhetischen Gebrauch der grade im Entstehen begriffenen Italienischen Kunst.

Es muß hier sogleich an Leonardo da Vinci erinnert werden, gewiß weltberühmt genug, aber in bezug auf seinen besonderen Begriff des Nichts bisher einfach ignoriert. Die Straßburger Ausgabe obiger Schrift von 1488 hat er wahrscheinlich gelesen (sagen übereinstimmend Duhem, Klibansky, V. P. Zubov). Im *Codex Atlanticus* gibt es zwei Fragmente, im *Arundel Manuskript* ein paralleles Stück über die Funktion eines erkenntnistheoretisch-empirischen Nichts. So heißt es: ›Unter den ungeheuren Dingen um uns ist die Existenz des Nichts das größte.‹ Sogar in der Formulierung erinnert dies an Hegels ›ungeheure Macht des Negativen.‹ Leonardo leugnet, daß das Nichts ein Vakuum sei oder aber ein metaphysischer Abgrund. Er hat einen Grenzbegriff im Auge, der klar wird, sobald man ein weiteres Fragment heranzieht: ›Angenommen, die Atmosphäre und ein Körper berühren einander, so gibt es keinerlei Raum zwischen ihnen. Also gleicht die Oberfläche einem Nichts und alles Nichts der Welt gleicht dem Nichtigsten . . . Solche nichtige Oberfläche besteht lediglich in der Vorstellung, es hat keine Substanz, denn Substanz besetzt Raum.‹

Diese Erwägung wird sinnvoll, sobald man sie wie Leonardo ästhetisch bedenkt. Der Maler trifft auf diesen Nichts-Faktor jedesmal, wenn er einen Stoff einen andern berühren läßt, etwa Seide und Fleisch, Wasser und Luft. Zwischen diesen liegt das Indifferente, das Nichtseiende, das es aber erlaubt, Seide und Fleisch, Wasser und Luft zu unterscheiden. Der Nichtsfaktor ist ein empirischer Befund, kein metaphysischer Begriff. Er erinnert deutlich an die berühmte Bestimmung des Spinoza, die ebenfalls Unterscheidung und Messung möglich macht: ›omnis determinatio est negatio.‹ Selbst unmeßbar, aber ein spekulativ-notwendiges Axiom jeglichen Messens, stellt dieses neutrale Nichts eine Art ästhetischer Brücke dar, die Identität eines jeden Dinges garantiert. Mythisch-Religiöses ist ihm ebenso fremd wie der merkwürdige Begriff differenzierter *Monaden* bei Leibniz, die mehr oder weniger kräftehaltig sind.

Auf eine genauere Behandlung der Monadenlehre kann hier nicht eingegangen werden. Auch Hegels neue Anerkennung des allenfalls *produktiven Widerspruchs* als einer geschichtlichen Kraftquelle, die es angeblich in der Natur nicht mehr gibt, widersteht schematischer Darstellung. Das Hamletsche ›to be or not to be‹ war ein manieristischer Gemeinplatz, der an andern Stellen des unerhört tiefenpsychologischen Dichters sehr viel genauer gerät, so in *Troilus and Cressida:* ›O madness of discourse / That cause sets up with and against itself! / Bifold authority where reason can revolt / Without perdition, and loss assume all reason / Without revolt: this is and yet is not . . . that a thing inseperate divides more vider than the sky and earth‹(V. ii).

Beim Hegel der *Encyclopädie* und *Logik* steht das Nichts antithetisch gegen die bloße Indifferenz oder aber erstarrte Gestalt bloßen Seins. Das kann fruchtbar, aber auch furchtbar zugehen. Hegel gibt Beispiele eigentlicher Vernichtung durch das Nichts: der Peloponnesische und Dreißigjährige Krieg sind ihm solche, wie andere ›unaufgelöste Widersprüche‹, die nur nihilistisch Unheil wirken aus Niedertracht und Feigheit. Heute fühlen wir noch viel härter konterrevolutionäre Furchtbarkeiten und zwar solche, die immer wieder in der Maske der Ordnung, ja der Revolution selbst erscheinen. Das riesige Nichts der Entmenschlichung, der totalen Verdinglichungen, das Verschrotten ganzer Generationen in den Weltkriegen, heute immer noch in Vietnam, in den Höllenlagern des Faschismus und Stalinismus, in den Ghettos Nord- und Südamerikas. Die Werkstätten der Atomwaffen fabrizieren dieses Nichts, gegen das überhaupt nichts gewachsen ist. Nur zu genau kennen wir diese Satanismen und ihre lähmende Wirkung auf den Willen zum Widerstand gegen den Feuertod von Menschheit und Natur. Schon Hegel empfand die Masse sinnloser Nihilismen für die Würde der Reflexion als so schwer belastend, daß er schließlich nur die affirmative These und Synthese der formalen Dialektik zuließ, nicht aber die scheinbar immer wieder fehlgehende Antithese. In der glühenden Vorrede zur *Phänomenologie* feierte er noch ›die Arbeit des Negativen (als) vonnöten.‹ Die Restauration hat dann diesen revolutionären Optimismus abgedämpft, worauf Hegel von der ursprünglichen Kraft des produktiven Widerspruchs kaum mehr etwas wahrhaben wollte, ja die Stelle des Nichts seinen großen Gegnern Schelling und Schopenhauer überließ. Das empirisch wie metaphysisch Furchtbare erhielt durch diese beiden Denker des tiefsten Mißtrauens gegen Leben überhaupt eine vernichtende Betonung wie kaum je zuvor. Philosophisch heruntergekommen und gegen sein eigenes gesellschaftliches Herkommen sich durch eine tieftönende, mythische Ausdrucksweise abschirmend, hat der moderne Existenzialismus lediglich zu den Spätformen des Nihilismus literarischen Zuschuß, und zwar blutigen, beigetragen. Der Begriff des Absurden, von Kierkegaards Solipsismus übernommen, enthält kaum mehr als unentwickelt gelassenen, ungeprüften Widerspruch. Gewiß gibt es diesen, und zwar in der besonders peinlichen, oft ausweglosen Enge kleinbürgerlich-privater Verhältnisse. Der eigentliche Ahne solchen enorm gemachten Obskurantismus ist Schelling. Gegen dessen totalitäres Dunkel gehalten nehmen sich Hegels Stellen über die vernichtenden Negationen gradezu geheimrätlich-gemütlich aus. Leider gibt es zur schäbigen Unkenntnis der umfassenden Größe Hegels eine Parallele bei schwachen Marxisten Schelling, Schopenhauer und Nietzsche gegenüber. Auch hier wurde fast nur diffamierend verfahren anstelle von eingehend analytisch. Grade das sogenannte fortschrittliche Bewußtsein sollte am wenigsten Grund haben, vor wirklichen Abgründen abzudanken und sich mit den Fiktionen wasserklarer Aufklärung zu begnügen. Das bloße Vernachlässigen des dämonischen Nichts durch bequeme, denkfaule und lebensfremde Zufriedenheit mit den Binsenwahrheiten eines verwässerten Marxismus (oft nur ein verdünnter Engelismus) befördert das Nichts. Jeder Reaktion ist dieses faule Nichts brauchbar, einfach indem objektiv möglichen Alternativen ausgewichen wird, bis es zu spät wird. Dann kann das Nichts auch nicht mehr umschladen, dann kann es nur noch totschlagen.

Diese Fatalität, der Sarg neben der Krippe, hat Hegel gewittert. Der spätere Schelling, dann Schopenhauer und Nietzsche haben die Enormität zur Norm erklärt. Das gelang um so überzeugender und zwar im Tonfall einer gradezu auftrumpfenden Zufriedenheit mit den angeblichen Naturgegebenheiten bestialischer Hölle auf Erden, als die Zunahme gesellschaftlicher Irrungen und staatlich verwalteter Grausamkeiten wirklich nicht zu leugnen war.

Während der Theorie des radikal Bösen das wirkliche Sein als Abgrund erscheint — und der absoluten Negation muß das Negative wirklich sein — liegt für den Kritiker verfahrener gesellschaftlicher Zustände das Maß der Norm im Verhältnis zwischen Produktions- und Distributionsbedingungen gegeben. Genau diese Einsicht gab dem eifernden, genauen Zorn von Marx die Moral des Wissens und wissenden Eingreifens im Gegensatz zum schlechtliberalen Gehenlassen und pathetischen Nihilismus. Gewiß, über die heutigen Hauptsorgen, durch den korporativen Kapitalismus erzeugt, Zerstörung der Natur, Unfähigkeit des parlamentarischen Systems, Bürokratie, Technologie, korrumpierte Gewerkschaften, sterbende Städte etc. steht bei Marx fast nichts geschrieben. Es steht aber auch nichts in der Amerikanischen Konstitution davon geschrieben, an die man sich wie an ein Orakel wendet. Diese Fehlerquellen, genau auf ihre Ursachen hin analysiert, gehen aber auf obiges Grundverhältnis zurück, dessen sich Marx angenommen wie keiner zuvor. In dieser Beziehung bleibt die Entdeckung der Realdialektik bei Marx, im Gegensatz zur Hegelschen Begriffsdialektik, die wirkliche Weiterentwicklung wissenschaftlichen Denkens im Gebiet wissenschaftlicher Prozesse.

Schon beim reifen Hegel hörte das fast mechanische Geklapper der dreitaktigen Begriffsmühle auf. Der erste Band der *Logik* hat dem Lenin so sehr imponiert, daß er sie als Vorübung zum Studium des *Kapital* ernannte. Heute heißt es bei Neu-Hegelianern, daß keiner die *Logik* verstehen könne, der nicht erst aufs gründlichste die *Phänomenologie* verdaut habe (die Marx nur ungenau gelesen). Hegel selbst vollzog die große Wendung zu den Realien der Kulturgeschichte, indem er den Sektoren der Philosophie, der Religion und der Künste ihre wirkliche Entwicklung ablas. In diesen eigentlich ›durchkomponierten‹ Stücken geht es durchaus dramatisch-substantiell, nur dann formal-dialektisch zu, wenn die Kenntnis der Stoffe nicht ausreicht und Hegel sich auf Hegelei verläßt. Die reale Nachfolge der *Logik* heißt aber *Das Kapital*, und erst umgekehrt, von diesem Exemplar konkreter Analysen her (gewiß keine Bibel, die man marxfromm zu lesen habe) gewinnt auch das Ganze bei Hegel einschließlich der *Logik* neue Bedeutung. Der Forscherimpuls bei Hegel (wie bei Plato, wie bei Leibniz) ist beispielhaft, nichts Ideologisches, das der Zeit verhaftet bleibt.

Die Korrekturen des zu abstrakten Begriffs des Nichts bei Hegel durch Marx stehen bereits in den *Grundrissen der Kritik der politischen Ökonomie*. Geschichtlich effektives Werden stamme nicht aus einem bloßen Begriffs-Schema. Die wirkliche Negation ist ein jeweils spezifischer Faktor (kein abstraktes Nichts). Marx verweist auf Beispiele, etwa das Entstehen der freien Konkurrenz gegen die Feudalmonopole betreffend. Diese sei viel zu abstrakt als bloße Negierung vorhandener Gesetze interpretiert worden. Sie müsse aber auch ›etwas *für sich* (gewesen) sein, da bloß ›0‹ (Null) eine leere Negation, Abstrahieren von einer Schranke, die zum Beispiel in Form von Monopol (*neuem* Renaissance-Monopol, von den Kaufmannsfürsten diktiert) sofort wiederaufsteht.‹ Des weiteren: es waren Noch-nicht-Kapitalisten, die die Akkumulation vollbrachten. Die Negation war immer ein Etwas, kein Nichts, selbst wo sie als bloßer Mangel vorkommt. Der Mangel an Kontrolle über Produktionsmittel bei Arbeitern, Bauern und bei der technischen und geistigen Intelligenz ist kein Nichts, sondern das Vorhandensein dieser Mittel beim Kapitalisten. Und selbst wenn das Werden noch nicht zur Evidenz von Etwas führt, ein Novum konstituierend, so ist es auch kein Nichts, sondern das Vorhandensein der Voraussetzungen zur wünschbaren Entwicklung. Mit seiner großen Gerechtigkeit weist Marx auf die wirklich fortschrittlichen, die ›zivilisierenden Tendenzen‹ der ursprünglichen Akkumulation hin, die ›ebenso wie die (neuen) Widersprüche, die später freiwerden, schon *latent* nachweisbar‹ sind.

Diese Beispiele illustrieren die so folgenreiche Entdeckung der Realdialektik zwischen den Faktoren von Latenz und Tendenz. Latenz heißt sachhaft vorhandenes Möglichsein einer Veränderung in einem Prozeß auf dem Schwellenwert, nahezu bemerkbar zu werden. Tendenz heißt, daß innerhalb des historischen Prozesses, so etwa der Kapitalakkumulation (die ja auch heute in den Entwicklungsländern eine schwierige Rolle spielt) widersprüchliche Faktoren erscheinen, die diesem Prozeß wesentlich sind und zwar auf einem objektiven Stärkegrad, der ihre wissenschaftliche Erkenntnis möglich und nötig macht. So etwa ist der noch spürbare Mangel an Kontrolle der Produktions- und Distributionsmittel auf seiten der Arbeiter, Bauern und Intelligenz durchaus kein ›Nichts‹, sondern eine soziale Vermissung. Diese drängt objektiv und subjektiv auf eine konkrete Lösung der Widersprüche hin, löst Kraft- und Willensimpulse in Richtung auf eine optimale, gesellschaftlich herzustellende *Norm* aus. Diese gibt es noch nicht einmal als eine wissenschaftliche Hypothese, eine auffallende Lücke der marxistischen Forschung im Gebiet der Gesellschaftslehre für eine Übergangsphase in einem besonderen Land.

Für uns Außenseiter, die wir mit dem besten Willen und mit vielen Fragen nach Jugoslawien kommen, erscheint dieses Land vielleicht als eine mehr oder weniger anziehende *Enklave,* eine Art Athen, in dem wenigstens sokratische Gespräche möglich sind und man dem Sokrates, wenn nicht besonders gewogen, aber ihm auch keinen Hemlock-Cocktail verschreibt. Gegen die Enormitäten der USA und UdSSR gehalten, die scheinbar der Selbstkorrektur weder fähig noch willens sind und daher bei aller aufprotzenden Machtapparatur objektiv ohnmächtig sind, mag es sehr wohl sein, daß das jugoslawische Experiment innerhalb bestimmter Grenzen zu einer effektiven *Norm* führt, eine echte Antithese darstellend. Es wird auf den *Entwicklungsgrad* dieser Norm ankommen, ebenso augenfällig wie theoriegerecht einer Parole entsprechend, wie ich sie in meinem Buch ›Angst vor dem Chaos‹ naiv ausgesprochen: Größere demokratische Kontrolle der öffentlichen Dinge, größere Freiheit der wirklich privaten Dinge. Gewiß herrscht heute fast überall das Gegenteil: immer geheimere Kontrolle der öffentlichen Dinge, immer mehr Hereinpfuschen der Verwaltungs- und Publikationsapparate in private Dinge. Grade diese Umkehrung der möglichen, menschenwürdigen Norm ist ein eigentliches Chaos, dem es ein militantes Nein entgegenzusetzen gilt. Auch die Schwächen des Neuen sind ein zusätzlicher Grund zum Abgründigen der herrschenden Barbareien. Das eigentliche Nichts hat eben die zweifache Wurzel, versteinerte Mangelhaftigkeit des Alten und mangelnde Stärke des Neuen.

Leider genügt es in dieser Beziehung nicht, obwohl es immer wieder von Publizisten des Fortschritts gesagt wird, sich auf die sagenhafte ›List der Vernunft‹ (Hegel) zu verlassen, auf diesen besonderen Mephistopheles, der angeblich ›stets das Böse will und stets das Gute schafft.‹ Der Pakt mit dem Teufel kann auch teuflisch ausgehen! Selbst wenn zwischen Produzent und Produkt nicht mehr der Kapitalist steht, sondern ein bürokratischer Apparat, macht sich nach befriedigtem physischen Hunger eine neue Sucht bemerkbar — die nach Verfügungsgewalt über Menschen und Dinge, über Menschen als bloßen verdinglichten Mitteln zu einem unmenschlichen Zweck.

Mit seiner charakteristischen Kraßheit stellt Ernst Bloch die Frage: ›Wo denn liegt der Ursprung des Nichts?‹ *(Philosophische Grundfragen I)*. Die Antwort: ›Im originären Anfang tritt einzig Nicht-Haben auf, dieses Mangeln, dieser Hunger, diese Sehnsucht. Nicht-Haben hat alles begonnen, nichts fällt aus ihm heraus, also auch nicht das Nichts selber.‹ Diese Formulierung ist sowohl streng materiell als auch formallogisch richtig. Das Nichts stammt aus der Scheinstärke des Habenwollen auf seiten der Nichtproduzenten, ob die nun Feudalfürsten, Kapitalisten oder Bürokraten heißen. Auch das produktive Nicht stammt aus dem gleichen Notstand, der erst Hunger heißt, dann aber aus Drangsal, Mangel, Vermissung die Kraft zum Wissen der Gründe und zum Willen der produktiven Korrektur aufbringt. Wann immer geschichtlich der subjektive Impuls, der zunächst Einsicht in die Vermissung mit sich bringt *plus* Glücksvision, schließlich mit Marx ›Humanisierung der Natur‹ heißt und die Natur der Gesellschaft miteinschließt, sich der objektiven Bedingungen und Möglichkeiten der Verbesserung angenommen hat, verschwindet auch psychologisch das Nihil des Nichts, erscheint poetisch und soziologisch das Was und Wie der werthaften Negation. Demnach: ›Die Unheilsgeschichte ist mit der Heilsgeschichte verschränkt, wird eben mit ihr erst groß‹ (Bloch). Das Unheil reproduziert sich aus dämonischem Beharren in falschen Besitz-, Verteilungs- und Produktionsverhältnissen. Das Festhalten an und Erstarren in falschen, veränderbaren Bedingungen erscheint psychologisch als starrmachendes Grauen (Medusa), ökonomisch als fruchtloses Schuften (Tantalus, Sysiphus), ontologisch als schlechte Wiederkehr des ewig Gleichen (Nietzsche, Heidegger, etc.), kulturell als Leerlauf eines kraftlosen, langweiligen Pluralismus, physikalisch als Entropie (Kältetod der bewohnbaren Welt).

Das wirklich vernichtend auftretende oder die Versuche zu einer besseren Norm verhindernde Nichts hat zwar riesige Machtmittel, aber überhaupt keine objektive und moralische Autorität. Es usurpiert nur, herrscht aber nicht. Es vermag nichts anderes zu entfalten als seine eigenen, ihm selbst unlösbaren Unsinnigkeiten. Dieser aufprotzende Nihilismus, ursprünglich aus ehrlichem Mangel stammend, macht nun Mangelhaftes permanent, und zwar verschärft durch seinen Widerstand gegen den affirmativen Widerspruch. Das Nichts speist sich aber auch von der relativen Schwäche des Gegenzuges, vergleichbar etwa der schlechten Homogenität des Detektiven (er ist korrumpierbar!) zum Verbrecherischen. Die zwei sozialen, nichtontologischen Quellen des Nichts bestehen also im Wahn des Veralteten, das keine Selbstkorrekturen mehr enthält, und das, was im Neuen noch Fehlleistung und zumal Fetischisierung der Mittel (Produktionsprozeß!) zu Eigenzwecken darstellt. Dennoch ist das Neue selbst noch im gehemmten Werden der Entwicklungsländer werthaft realer als das massiv Wahnschaffene des saurierhaften Alten. Marx zufolge wäre auch noch die teilweise Fehlerhaftigkeit des Fortschrittlichen kein Nichts, sondern immer noch ein menschenwürdiges *Etwas,* ein Ansatz mit hoffnungsvoller Latenz zu entwickelbarer Wahrheit, die Voraussetzungen enthaltend zum objektiv-optimal Möglichen und subjektiv Wünschbaren einer gerechten Gesellschaft. Ernst Bloch hat der Erforschung dieses so schwierigen Konkordats in einem opus maximum *Das Prinzip Hoffnung* die Fülle der geschichtlichen Real-Ideale und Dialektik mitgeteilt. Wieder einmal stellt es sich heraus, daß die philosophischsten Geister auch die streitbarsten zu sein vermögen. Bereits *Giordano Bruno* erfaßte von Grund aus die Dialektik zwischen Nichts und Nochnicht, ohne allerdings den Produktionsfaktor *homo faber sapiens* genügend in diese Spannung eingesetzt zu haben. Hier nur ein Bruchstück aus einem Dialog: ›Wie wollt ihr den Tod, den Untergang, die Laster, die Leiden, die Mißgeburten erklären?‹ — ›Diese Dinge sind nicht die wahre Wirklichkeit und Vermögen, sie sind Mangel und Unvermögen, die sich in den einzelnen entwickelten Dingen als Rückstände finden, weil sie nicht sind, was sie sein könnten, und die zu dem, was sie sein könnten erst verpflichtet werden sollten.‹

Hier ist klar das revolutionäre Nein angemeldet, das nihilistische Nichts überbietend. Das Subjekt der Veränderung ist allerdings noch nicht genannt, nämlich die Hegemonie der Produktionsträger. Während der Renaissance hat nur Leonardo sich einer eigentlichen Produktionstheorie des Könnens, Erkennens und der Kunst angenommen. Das blieb aber eine mit den Grundverhältnissen der Gesellschaft und Politik unvermittelte, isolierte Einsicht. Erst bei Marx wird ›das Freisetzen der Produktionskräfte‹ gesellschaftlich verpflichtendes Grundprinzip. Allerdings liegt auch in dieser Forderung noch die Falle rücksichtsloser Natur- und Menschenausbeutung, die die fruchtbare Erde zu verwüsten droht und auch geistig zum Nihilismus verführt. Marx wußte sehr wohl, daß der Sozialismus als eine mögliche Norm menschenwürdiger Arbeit und Gerechtigkeit sehr wohl vermeidbar bleibt, weil es den so leicht gehbaren Weg zum Barbarismus als schrecklich mögliche Alternative gibt. Die staatskapitalistischen Apparaturen in Form hoch technokratisierter, aber faktisch unkontrollierter, nur der Fiktion nach ›geplanter‹ Verwaltungs- und Funktionärsysteme denken gar nicht daran, ›abzusterben‹, der freundlichen Parole von Engels entsprechend. Viel eher lassen sie Marx selbst absterben. Das Nichts gegenseitiger Vernichtung durch diese Apparate mit nur scheinbar gegensätzlichen Ideologien liegt ständig nahe.

Es sind überall die unkontrollierten Kontrollapparate, die das Nichts produzieren und ihre eigenen, nichtigen Interessen. Offensichtlich kommt es nicht so sehr auf Besitzverhältnisse als auf Kontrollfunktionen an. Die Verneinung des Kapitalismus, summarisch Sozialismus genannt, ist selber noch unfrei, wo immer zentralisiert bürokratische Apparate Sonderinteressen gegen das Volk als einem Ganzen verfolgen (und das braucht den ›Apparatschicks‹ nicht bewußt zu sein). Es kommt also weiterhin auf eine zweifache Verneinung an: die erste geht gegen falsches Besitzen der Produktionsmittel, die zweite gegen verselbständigtes Verfügen über die Produktionsbedingungen (Produzenten und Produkte).

Sehr früh schon, ganz am Anfang der griechisch-klassischen Wendung gegen die bürokratisch erstarrten und mythologisch verabsolutierten Feudalstaaten von Ägypten und Persien (wo die Priesterkasten wenig ›besaßen‹ und alles beherrschten!) erkannte Homer die Überzeugungskraft doppelter Verneinung zur wenigstens poetischen Herstellung einer wünschbaren Norm. Auch künstlerische Phantasie ist offenbar eine besonders interessante ›Produktionskraft‹ und daher auch heute noch besonders gefürchtet und verdächtigt! Der Dichter schickte seinen neuen Typus des Helden Odysseus auf den Weg humanistischer Selbstverwirklichung durch die konfliktreiche, wirkliche Welt, also weder ins bloß Innere noch ins zufällig Auswendige. Gegen die einäugige Monstrosität des Riesen Polyphem in der vorgeschichtlichen Höhle muß Odysseus selber noch monströs, listenreich und gewalttätig verfahren, bedeutsamerweise selber noch als ein ›Niemand‹, wie er sich nennt, dessen wahre Identität noch aussteht. Den zwei anderen Hauptgefahren gegen die Vermenschlichung des Exemplars MENSCH begegnet der Held sehr viel affirmativer. Erstens widersteht er der Gefahr, von Kirke wie seine Gefährten zum Tier erniedrigt zu werden, zweitens lehnt er gegen die Dämonin Kalypso das verführende Anerbieten ab, von ihr zum unsterblichen Gott erhöht zu werden. Odysseus will also weder ein Unter- noch ein Übermensch sein. Er will ›erfahren‹, geographisch wie moralisch, was es bedeute, vollinhaltlich ein Mensch zu werden; und zwar Selbstsüchtiges ebenso mitnehmend (also weder christlich noch buddhistisch verabschiedend) wie neue Verantwortlichkeit lernend (die wunderbare Nausikaa-Episode enthält die Moral weisen Verzichtes einzigartig). Grade als gründlich nicht-idealer Typ des die seßhafte Besitzweise des Klein-Tyrannen aufgebenden Abenteurers wurde Odysseus zum eigentlichen Modell der griechischen Humanität.

Ähnlich griechisch inspiriert durch den Aufklärungsimpetus der Französischen Revolution kam der noch glühend junge Hegel der *Phänomenologie* zur Formulierung des ›Weder Knecht noch Herr‹ (denn beide verknechten einander). Das Postulat von Marx, das aus jeder seiner theoretischen Erkenntnisse hervorgeht, heißt dementsprechend ›Weder ein Kapitalist noch ein Prolet‹, mit der inhaltlichen Ergänzung: schöpferische Menschheit in klassenloser Gesellschaft.

Weiter oben wurde schon in Verbindung mit Leonardos Begriff eines ästhetisch-erkenntnistheoretisch, nicht-metaphysischen Nichts an die Bestimmung Spinozas gerührt, die auch der junge Marx erwähnt: ›Omnis determinatio est negatio.‹ Selber einleuchtende Gestalt durchgehaltener Unabhängigkeit von zwei intoleranten Orthodoxien, einer christlichen und einer jüdischen, dürfen wir vielleicht diesen Satz guter Dialektik etwas erweitern: *Determinatio novi sunt duae negationes.* Ich möchte hier auf dem der Klassik so nahen Boden Korculas diese Formulierung jedenfalls zur Debatte stellen.